제1회
서울교통공사
기술직

NCS 직업기초능력평가
+ 직무수행능력평가

www.sdedu.co.kr

〈문항 및 시험시간〉

평가영역	문항 수	시험시간	모바일 OMR 답안분석		
직업기초능력평가+ 직무수행능력평가	80문항	100분	기계일반	전기일반	전자일반
			통신일반	건축일반	토목일반

제1회 모의고사

제**1**영역 직업기초능력평가

01 다음 글에 대한 설명으로 적절한 것은?

보름달 중에 가장 크게 보이는 보름달을 슈퍼문이라고 한다. 이때 보름달이 크게 보이는 이유는 달이 평소보다 지구에 가까이 있기 때문이다. 슈퍼문이 되려면 보름달이 되는 시점과 달이 지구에 가장 가까워지는 시점이 일치해야 한다. 달의 공전 궤도가 완벽한 원이라면 지구에서 달까지의 거리가 항상 똑같을 것이다. 하지만 실제로는 타원 궤도여서 달이 지구에 가까워지거나 멀어지는 현상이 생긴다. 유독 달만 그런 것은 아니고 태양계의 모든 행성이 태양을 중심으로 타원 궤도로 돈다. 이것이 바로 그 유명한 케플러의 행성운동 제1법칙이다.

지구와 달의 평균 거리는 약 38만km인 반면 슈퍼문일 때는 그 거리가 35만 7,000km 정도로 가까워진다. 달의 반지름은 약 1,737km이므로, 지구와 달의 거리가 평균 정도일 때 지구에서 보름달을 바라보는 시각도*는 0.52도 정도인 반면, 슈퍼문일 때는 시각도가 0.56도로 커진다. 반대로 보름달이 가장 작게 보일 때, 다시 말해 보름달이 지구에서 제일 멀 때는 그 거리가 약 40만km여서 보름달을 보는 시각도가 0.49도로 작아진다.

밀물과 썰물이 생기는 원인은 지구에 작용하는 달과 태양의 중력 때문인데, 달이 태양보다는 지구에 훨씬 더 가깝기 때문에 더 큰 영향을 미친다. 달이 지구에 가까워지면 평소 달이 지구를 당기는 힘보다 더 강하게 지구를 당긴다. 그리고 달의 중력이 더 강하게 작용하면, 달을 향한 쪽의 해수면은 평상시보다 더 높아진다. 실제 우리나라에서도 슈퍼문일 때 제주도 등 해안가에 바닷물이 평소보다 더 높게 밀려 들어와서 일부 지역이 침수 피해를 겪기도 했다.

한편 달의 중력 때문에 높아진 해수면이 지구와 함께 자전을 하다보면 지구의 자전을 방해하게 된다. 일종의 브레이크가 걸리는 셈이다. 이 때문에 지구의 자전 속도가 느려지게 되고 그 결과 하루의 길이에 미세하게 차이가 생긴다. 실제 연구 결과에 따르면 100만 년에 17초 정도씩 길어지는 효과가 생긴다고 한다.

*시각도 : 물체의 양끝에서 눈의 결합점을 향하여 그은 두 선이 이루는 각을 의미한다.

① 지구에서 태양까지의 거리는 1년 동안 항상 일정하다.
② 해수면의 높이는 지구와 달의 거리와 관계가 없다.
③ 달이 지구에서 멀어지면 궤도에서 벗어나지 않기 위해 평소보다 더 강하게 지구를 잡아당긴다.
④ 지구와 달의 거리가 36만km 정도인 경우, 지구에서 보름달을 바라보는 시각도는 0.49도보다 크다.
⑤ 달의 중력 때문에 지구가 자전하는 속도는 점점 빨라지고 있다.

02 S공사에 근무하는 D사원은 다음 시트와 같이 [D2:D7] 영역에 사원들의 업무지역별 코드번호를 입력하였다. D사원이 [D2]셀에 입력한 수식으로 옳은 것은?

	A	B	C	D	E	F	G
1	성명	부서	업무지역	코드번호		업무지역별	코드번호
2	김수로	총무부	서울	1		서울	1
3	이경제	인사부	부산	4		경기	2
4	박선하	영업부	대구	5		인천	3
5	이지현	인사부	광주	8		부산	4
6	김일수	총무부	울산	6		대구	5
7	서주완	기획부	인천	3		울산	6
8						대전	7
9						광주	8

① =VLOOKUP(C2,$F$2:$G$9,1,0)

② =VLOOKUP(C2,$F$2:$G$9,2,0)

③ =HLOOKUP(C2,$F$2:$G$9,1,0)

④ =HLOOKUP(C2,$F$2:$G$9,2,0)

⑤ =INDEX($F$2:$G$9,2,1)

03 다음 글을 읽고 이해한 내용으로 적절하지 않은 것은?

제21조의7(관제교육훈련)

① 관제자격증명을 받으려는 사람은 관제업무의 안전한 수행을 위하여 국토교통부장관이 실시하는 관제업무에 필요한 지식과 능력을 습득할 수 있는 교육훈련(이하 관제교육훈련이라 한다)을 받아야 한다. 다만, 다음 각 호의 어느 하나에 해당하는 사람에게는 국토교통부령으로 정하는 바에 따라 관제교육훈련의 일부를 면제할 수 있다.

    1. 고등교육법 제2조에 따른 학교에서 국토교통부령으로 정하는 관제업무 관련 교과목을 이수한 사람

    2. 다음 각 목의 어느 하나에 해당하는 업무에 대하여 5년 이상의 경력을 취득한 사람

        가. 철도차량의 운전업무

        나. 철도신호기·선로전환기·조작판의 취급업무

② 관제교육훈련의 기간 및 방법 등에 필요한 사항은 국토교통부령으로 정한다.

③ 국토교통부장관은 관제업무에 관한 전문 교육훈련기관(이하 관제교육훈련기관이라 한다)을 지정하여 관제교육훈련을 실시하게 할 수 있다.

④ 관제교육훈련기관의 지정기준 및 지정절차 등에 필요한 사항은 대통령령으로 정한다.

⑤ 관제교육훈련기관의 지정취소 및 업무정지 등에 관하여는 제15조 제6항 및 제15조의2를 준용한다. 이 경우 운전적성검사기관은 관제교육훈련기관으로, 운전적성검사는 관제교육훈련으로, 제15조 제5항은 제21조의7 제4항으로, 운전적성검사 판정서는 관제교육훈련 수료증으로 본다.

제21조의8(관제자격증명시험)

① 관제자격증명을 받으려는 사람은 관제업무에 필요한 지식 및 실무역량에 관하여 국토교통부장관이 실시하는 학과시험 및 실기시험(이하 관제자격증명시험이라 한다)에 합격하여야 한다.

② 관제자격증명시험에 응시하려는 사람은 제21조의5 제1항에 따른 신체검사와 관제적성검사에 합격한 후 관제교육훈련을 받아야 한다.

③ 국토교통부장관은 다음 각 호의 어느 하나에 해당하는 사람에게는 국토교통부령으로 정하는 바에 따라 관제자격증명시험의 일부를 면제할 수 있다.

    1. 운전면허를 받은 사람

    2. 삭제

    3. 관제자격증명을 받은 후 제21조의3 제2항에 따른 다른 종류의 관제자격증명에 필요한 시험에 응시하려는 사람

④ 관제자격증명시험의 과목, 방법 및 절차 등에 필요한 사항은 국토교통부령으로 정한다.

---

① 관제교육훈련은 신체검사와 관제적성검사에 합격한 후 받아야 한다.

② 관제자격증명을 받은 후 다른 종류의 관제자격증명 시험에 응시하려는 사람은 관제자격증명시험의 일부를 면제받을 수 있다.

③ 선로전환기 업무에 대하여 10년의 경력을 취득한 사람은 관제교육훈련 전부를 면제받을 수 있다.

④ 관제교육훈련기관 지정기준에 필요한 사항은 대통령령으로 정하며, 관제교육훈련의 방법에 필요한 사항은 국토교통부령으로 정한다.

⑤ 철도차량의 운전업무 경력이 3년인 사람은 관제교육훈련을 면제받을 수 없다.

04 다음 제시된 문장의 빈칸에 들어갈 단어로 적절하지 않은 것은?

- 교칙은 모든 학생에게 예외 없이 _____된다.
- 회사까지는 지하철을 _____하는 것이 편리하다.
- 여가를 _____하여 외국어를 배우는 직장인이 늘고 있다.
- 그는 너무 순진해서 주변 사람들에게 종종 _____을 당하곤 한다.
- 새로운 경제 정책이 성공적으로 _____되고 있다.

---

① 사용
② 이용
③ 적용
④ 활용
⑤ 운용

05 다음 글의 제목으로 가장 적절한 것은?

우리 고유의 발효식품이자 한식 제1의 반찬인 김치는 천년이 넘는 역사를 함께해 온 우리 삶의 일부이다. 채소를 오래 보관하여 먹기 위한 절임 음식으로 시작된 김치는 양념을 버무리고 숙성시키는 우리만의 발효과학 식품으로 변신하였고, 김장은 우리 민족의 가장 중요한 행사 중 하나가 되었다. 다른 나라에도 소금 등에 채소를 절인 절임 음식이 존재하지만, 절임 후 양념으로 2차 발효시키는 음식으로는 우리 김치가 유일하다. 김치는 발효과정을 통해 원재료보다 영양이 한층 더 풍부하게 변신하며, 암과 노화, 비만 등의 예방과 억제에 효과적인 기능성을 보유한 슈퍼 발효 음식으로 탄생한다.

김치는 지역마다, 철마다, 또 특별한 의미를 담아 다양하게 변신하여 300가지가 넘는 종류로 탄생하는데, 기후와 지역 등에 따라서 다채로운 맛을 담은 김치들이 있으며, 주재료로 채소뿐만 아니라 수산물이나 육류를 이용한 독특한 김치도 있고, 같은 김치라도 사람에 따라 특별한 김치로 재탄생되기도 한다. 지역과 집안마다 저마다의 비법으로 담그기 때문에 유서 깊은 종가마다 비법으로 만든 특별한 김치가 전해오며, 김치를 담그고 먹는 일도 수행의 연속이라 여기는 사찰에서는 오신채를 사용하지 않은 김치가 존재한다.

우리 문화의 정수이자 자존심인 김치는 현대에 들어서는 문화와 전통이 결합한 복합 산업으로 펼쳐지고 있다. 김치에 들어가는 수많은 재료에 관련된 산업의 생산액은 3.3조 원이 넘으며, 주로 배추김치로 형성된 김치 생산은 약 2.3조 원의 시장을 형성하고 있고, 시판 김치의 경우 대기업의 시장 주도력이 증가하고 있다. 소비자 요구에 맞춘 다양한 포장 김치가 등장하고, 김치냉장고는 1.1조 원의 시장을 형성하고 있으며, 정성과 기다림을 상징하는 김치는 문화산업의 소재로 활용되며, 김치 문화는 관광 관련 산업으로 활성화되고 있다. 김치의 영양 기능성과 김치 유산균을 활용한 여러 기능성 제품이 개발되고, 부식뿐 아니라 새로운 요리의 식재료로서 김치는 39조 원의 외식산업 시장을 뒷받침하고 있다.

---

① 김치의 탄생
② 김치산업의 활성화 방안
③ 우리 민족의 축제, 김장
④ 지역마다 다양한 종류의 김치
⑤ 우리 민족의 전통이자 자존심, 김치

※ 다음은 산업별 취업자 수에 관한 자료이다. 자료를 참고하여 이어지는 질문에 답하시오. **[6~7]**

〈2014 ~ 2022년 산업별 취업자 수〉

(단위 : 천 명)

연도	총계	농·임·어업		광공업		사회간접자본 및 기타·서비스업				
		합계	농·임업	합계	제조업	합계	건설업	도소매·음식·숙박업	전기·운수·통신·금융업	사업·개인·공공서비스 및 기타
2014년	21,156	2,243	2,162	4,311	4,294	14,602	1,583	5,966	2,074	4,979
2015년	21,572	2,148	2,065	4,285	4,267	15,139	1,585	5,874	2,140	5,540
2016년	22,169	2,069	1,999	4,259	4,241	15,841	1,746	5,998	2,157	5,940
2017년	22,139	1,950	1,877	4,222	4,205	15,967	1,816	5,852	2,160	6,139
2018년	22,558	1,825	1,749	4,306	4,290	16,427	1,820	5,862	2,187	6,558
2019년	22,855	1,815	1,747	4,251	4,234	16,789	1,814	5,806	2,246	6,923
2020년	23,151	1,785	1,721	4,185	4,167	17,181	1,835	5,762	2,333	7,251
2021년	23,432	1,726	1,670	4,137	4,119	17,569	1,850	5,726	7,600	2,393
2022년	23,577	1,686	w-	3,985	3,963	17,906	1,812	5,675	2,786	7,633

06 다음 중 자료를 해석한 것으로 적절하지 않은 것은?

① 2014년 도소매·음식·숙박업 분야에 종사하는 사람의 수는 총 취업자 수의 30% 미만이다.

② 2014 ~ 2022년 농·임·어업 분야의 취업자 수는 꾸준히 감소하고 있다.

③ 2022년 취업자 수가 2014년 대비 가장 많이 증가한 분야는 사업·개인·공공서비스 및 기타이다.

④ 2021년 취업자 수의 2014년 대비 증감률이 50% 이상인 분야는 2곳이다.

⑤ 2014 ~ 2022년 건설업 분야의 취업자 수는 꾸준히 증가하고 있다.

07 다음 중 적절한 설명을 모두 고르면?

ㄱ. 2017년 어업 분야의 취업자 수는 73천 명이다.

ㄴ. 2021년 취업자 수가 가장 많은 분야는 전기·운수·통신·금융업이다.

ㄷ. 2022년 이후 농·임업 분야의 종사자는 계속 줄어들 것이지만, 어업 분야의 종사자는 현상을 유지하거나 늘어난다고 볼 수 있다.

① ㄱ

② ㄴ

③ ㄱ, ㄴ

④ ㄱ, ㄷ

⑤ ㄱ, ㄴ, ㄷ

08 다음은 조직심리학 수업을 수강한 학생들의 성적이다. 최종점수는 중간과 기말의 평균점수 90%, 출석점수 10%가 반영된다. 최종점수를 높은 순으로 나열했을 때, 1 ~ 2등은 A, 3 ~ 5등은 B, 나머지는 C를 받는다. 최종점수, 등수, 등급을 엑셀의 함수기능을 이용하여 작성하려고 할 때, 필요가 없는 함수는?(단, 최종점수는 소수점 둘째 자리에서 반올림한다)

	A	B	C	D	E	F	G
1	이름	중간	기말	출석	최종점수	등수	등급
2	유재석	97	95	10	87.4	1	A
3	김종국	92	89	10	82.5	3	B
4	이광수	65	96	9	73.4	5	B
5	전소민	77	88	8	75.1	4	B
6	지석진	78	75	8	69.7	6	C
7	하하	65	70	7	61.5	7	C
8	송지효	89	95	10	83.8	2	A

① IFS
② AVERAGE
③ RANK
④ ROUND
⑤ AVERAGEIFS

09 다음 중 엑셀(Excel)의 단축키에 대한 설명으로 옳은 것은?

① 〈Alt〉+〈F〉 : 삽입 메뉴
② 〈Alt〉+〈Enter〉 : 자동합계
③ 〈Shift〉+〈F5〉 : 함수 마법사
④ 〈F12〉 : 다른 이름으로 저장
⑤ 〈Ctrl〉+〈9〉 : 창 최소화

10 다음 중 엑셀의 메모에 대한 설명으로 옳지 않은 것은?

① 새 메모를 작성하려면 바로가기 키 〈Shift〉+〈F2〉를 누른다.
② 작성된 메모가 표시되는 위치를 자유롭게 지정할 수 있고, 메모가 항상 표시되도록 설정할 수 있다.
③ 피벗 테이블의 셀에 메모를 삽입한 경우 데이터를 정렬하면 메모도 데이터와 함께 정렬된다.
④ 메모의 텍스트 서식을 변경하거나 메모에 입력된 텍스트에 맞도록 메모 크기를 자동으로 조정할 수 있다.
⑤ [메모서식]에서 채우기 효과를 사용하면 이미지를 삽입할 수 있다.

11 C사원은 현재 진행하는 업무가 자신의 흥미나 적성과 맞지 않아 고민이나, 현재까지 해왔던 일을 그만둘 수는 없는 상황이다. 이러한 상황에서 C사원이 취할 수 있는 방법으로 적절하지 않은 것은?

① '나는 지금 주어진 일이 적성에 맞는다.'라고 지속적으로 자기암시를 한다.
② 일을 너무 큰 단위로 하지 않고 작은 단위로 나누어 수행해 본다.
③ 선천적으로 부여되는 흥미나 적성은 개발이 불가능하므로 적성검사를 다시 수행한다.
④ 하루의 일과가 끝나면 자신이 수행한 결과물을 점검해본다.
⑤ 회사의 문화와 풍토를 고려한다.

12 경력단계는 직업선택, 조직 입사, 경력 초기, 경력 중기, 경력 말기의 단계로 구분된다. 다음 중 경력 초기에 해당하는 사원 D의 과제에 대한 설명으로 적절하지 않은 것은?

① 자신이 맡은 업무의 내용을 파악해야 한다.
② 회사의 규칙이나 규범을 파악해야 한다.
③ 회사의 분위기를 파악하여 적응해 나가야 한다.
④ 자신의 역량을 증대시키고 꿈을 추구해 나가야 한다.
⑤ 자신의 성취를 평가하고, 생산성을 유지해야 한다.

13 A회사에 재직 중인 김대리는 10월에 1박 2일로 할머니댁을 방문하려고 한다. 〈조건〉을 참고할 때, 다음 중 김대리가 시골로 내려갈 수 있는 날짜는?

───────〈조건〉───────
• 10월은 1일부터 31일까지이며, 1일은 목요일, 9일은 한글날이다.
• 10월 1일은 추석이며, 추석 다음날부터 5일간 제주도 여행을 가고, 돌아오는 날이 휴가 마지막 날이다.
• 김대리는 이틀까지 휴가 외에 연차를 더 쓸 수 있다.
• 김대리는 셋째 주 화요일부터 4일간 외부출장이 있으며, 그 다음 주 수요일과 목요일은 프로젝트 발표가 있다.
• 제주도 여행에서 돌아오는 마지막 날이 있는 주가 첫째 주이다.
• 주말 및 공휴일에는 할머니댁에 가지 않는다.
• 휴가에는 가지 않고 따로 연차를 쓰고 방문할 것이다.

① 3일, 4일   ② 6일, 7일
③ 12일, 13일   ④ 21일, 22일
⑤ 27일, 28일

※ S공사에서는 새로운 직원을 채용하기 위해 채용시험을 실시하고자 한다. 다음은 공사에서 채용시험을 실시할 때 필요한 〈조건〉과 채용시험장 후보 대상에 대한 정보이다. 자료를 참고하여 이어지는 질문에 답하시오. **[14~15]**

〈조건〉

- 신입직 지원자는 400명이고, 경력직 지원자는 80명이다(단, 지원자 모두 시험에 응시한다).
- 시험은 방송으로 진행되므로 스피커가 있어야 한다.
- 시험 안내를 위해 칠판이나 화이트보드가 있어야 한다.
- 신입직의 경우 3시간, 경력직의 경우 2시간 동안 시험이 진행된다.
- 비교적 비용이 저렴한 시설을 선호한다.

〈채용시험장 후보 대상〉

구분	A중학교	B고등학교	C대학교	D중학교	E고등학교
수용 가능 인원	380명	630명	500명	460명	500명
시간당 대여료	300만 원	450만 원	700만 원	630만 원	620만 원
시설	스피커, 화이트보드	스피커, 칠판	칠판, 스피커	화이트보드, 스피커	칠판
대여 가능 시간	토 ~ 일요일 10 ~ 13시	일요일 09 ~ 12시	토 ~ 일요일 14 ~ 17시	토요일 14 ~ 17시	토 ~ 일요일 09 ~ 12시 13 ~ 15시

14 S공사가 신입직 채용시험을 토요일에 실시한다고 할 때, 다음 중 채용시험 장소로 가장 적절한 곳은?

① A중학교
② B고등학교
③ C대학교
④ D중학교
⑤ E고등학교

15 S공사는 채용 일정이 변경됨에 따라 신입직과 경력직의 채용시험을 동시에 동일한 장소에서 실시하려고 한다. 다음 중 채용시험 장소로 가장 적절한 곳은?(단, 채용시험일은 토요일이나 일요일로 한다)

① A중학교
② B고등학교
③ C대학교
④ D중학교
⑤ E고등학교

※ 다음은 S공사의 국내 출장여비지급 기준이다. 자료를 보고 이어지는 질문에 답하시오. **[16~17]**

<국내 출장여비지급 기준>

① 근무지로부터 편도 100km 미만의 출장은 공사 차량 이용을 원칙으로 하며, 다음 각호에 따라 별표1*에 해당하는 여비를 지급한다.

  1. 일비

    가. 근무시간 4시간 이상 : 전액

    나. 근무시간 4시간 미만 : 1일분의 2분의 1

  2. 식비 : 명령권자가 근무시간이 모두 소요되는 1일 출장으로 인정한 경우에는 1일분의 3분의 1 범위 내에서 지급

  3. 숙박비 : 편도 50km 이상의 출장 중 출장일수가 2일 이상으로 숙박이 필요할 경우, 증빙자료 제출 시 숙박비 지급

② 제1항에도 불구하고 공사 차량을 이용할 수 없어 개인소유 차량으로 업무를 수행한 경우에는 일비를 지급하지 아니하고 사장이 따로 정하는 바에 따라 교통비를 지급한다.

③ 근무지로부터 100km 이상의 출장은 별표1에 따라 교통비 및 일비는 전액을, 식비는 1일분의 3분의 2 해당액을 지급한다. 다만, 업무형편상 숙박이 필요하다고 인정할 경우에는 출장기간에 대하여 숙박비, 일비, 식비 전액을 지급할 수 있다.

* 별표1

(단위 : 천 원)

구분	교통비				일비 (1일)	숙박비 (1박)	식비 (1일)
	철도임	선임	항공임	자동차임			
임원 및 본부장	1등급	1등급	실비	실비	30	실비	45
1, 2급 부서장	1등급	2등급	실비	실비	25	실비	35
2, 3, 4급 부장	1등급	2등급	실비	실비	20	실비	30
4급 이하 팀원	2등급	2등급	실비	실비	20	실비	30

1. 교통비는 실비를 기준으로 하되, 실비정산은 국토해양부장관 또는 특별시장·광역시장·도지사·특별자치도지사 등이 인허한 요금을 기준으로 한다.
2. 수로 여행 시 "페리호"를 이용하는 경우에는 1등급 해당자는 특등, 2등급 해당자는 1등을 적용한다.
3. 철도임 구분표 중 1등급은 고속철도 특실, 2등급은 고속철도 일반실을 적용한다.
4. 임원 및 본부장의 식비가 위 정액을 초과하였을 경우 실비를 지급할 수 있다.
5. 운임 및 숙박비의 할인이 가능한 경우에는 할인요금으로 지급한다.
6. 자동차임 실비 지급은 연료비와 실제 통행료를 지급한다.
  연료비＝여행거리(km)×유가÷연비
7. 임원 및 본부장을 제외한 직원의 숙박비는 7만 원을 한도로 실비를 정산할 수 있다.

16 다음 중 S공사의 국내 출장여비지급 기준을 잘못 이해한 것은?

① 근무지와 출장지 간의 거리에 따라 지급받을 수 있는 출장여비가 달라지는군.

② 근무지로부터 100km 미만의 출장에 공사 차량을 이용하지 않는다면 별도의 규정에 따라 교통비를 지급받겠군.

③ 근무지로부터 100km 이상인 1일 출장의 경우 숙박비를 제외한 교통비, 일비, 식비 전액을 지급받을 수 있어.

④ 근무지로부터 50km 이상 100km 미만의 출장 중 숙박을 했다면 증빙자료를 제출해야만 숙박비를 지급받을 수 있어.

⑤ 임원 및 본부장의 경우 1일 식비가 45,000원을 초과할 경우 초과 금액에 대하여 실비로 지급받을 수 있어.

17 다음은 얼마 전 A시로 출장을 다녀온 M사원의 출장복명서이다. M사원에게 지급되는 출장여비는 얼마인가?

<table>
<tr><td colspan="4" style="text-align:center">〈M사원의 출장복명서〉</td></tr>
<tr><td>부서</td><td>영업부</td><td>직급</td><td>사원</td></tr>
<tr><td>출장일자</td><td>2022.08.01. ~ 08.02.
(1박 2일간)</td><td>지역명</td><td>A시
(근무지로부터 약 400km
떨어진 곳에 위치)</td></tr>
<tr><td>내용</td><td colspan="3">A시 영업점 방문</td></tr>
<tr><td rowspan="6">지출내역</td><td>품목</td><td>내역</td><td>금액(원)</td></tr>
<tr><td>숙박비</td><td>○○비즈니스호텔 1박</td><td>70,200</td></tr>
<tr><td>교통비</td><td>KTX 특실 왕복</td><td>167,400</td></tr>
<tr><td>식비</td><td>조식 포함</td><td>53,000</td></tr>
<tr><td>합계</td><td></td><td>294,400</td></tr>
</table>

※ ○○비즈니스호텔 8월 이벤트로 10% 할인혜택을 받아 예약한 금액임

※ KTX 일반실 좌석 매진으로 편도 23,900원의 추가 금액 지불 후 특실 좌석 왕복 구매

① 345,400원
② 337,400원
③ 289,800원
④ 289,600원
⑤ 282,600원

18 다음 사례에서 총무부 L부장에게 가장 필요한 태도는 무엇인가?

> 총무부 L부장은 신입사원 K가 얼마 전 처리한 업무로 인해 곤경에 빠졌다. 신입사원 K가 처리한 서류에서 기존 금액에 0이 하나 추가되어 회사에 엄청난 손실을 끼치게 생긴 것이다.

① 개인적인 일을 먼저 해결하려는 자세가 필요하다.
② 나 자신뿐만 아니라 나의 부서의 일은 내 책임이라고 생각한다.
③ '왜 이런 일이 나에게 일어났는지' 생각해 본다.
④ 다른 사람의 입장에서 생각해보는 태도가 필요하다.
⑤ 책임을 가리기 위해 잘잘못을 분명하게 따져본다.

19 다음 중 직장에서의 정직한 생활로 보기 어려운 것은?

① 사적인 용건에는 회사 전화를 사용하지 않는다.
② 부정에 타협하지 않고, 눈감아 주지 않는다.
③ 나의 입장과 처지를 보호하기 위한 거짓말도 하지 않는다.
④ 사회생활에 있어 남들도 다 하는 관행은 따라야 한다.
⑤ 비록 실수를 하였더라도, 정직하게 밝히고, 그에 대한 대가를 치른다.

20 다음 〈보기〉 중 직장에서 근면한 생활을 하는 사람을 모두 고르면?

> ───〈보기〉───
>
> A사원 : 저는 이제 더 이상 일을 배울 필요가 없을 만큼 업무에 익숙해졌어요. 실수 없이 완벽하게 업무를 해결할 수 있어요.
> B사원 : 저는 요즘 매일 운동을 하고 있어요. 일에 지장이 가지 않도록 건강관리에 힘쓰고 있습니다.
> C대리 : 나도 오늘 할 일을 내일로 미루지 않으려고 노력 중이야. 그래서 업무 시간에는 개인적인 일을 하지 않아.
> D대리 : 나는 업무 시간에 잡담을 하지 않아. 대신 사적인 대화는 사내 메신저를 활용하는 편이야.

① A사원, B사원　　　　　　　② A사원, C대리
③ B사원, C대리　　　　　　　④ B사원, D대리
⑤ C대리, D대리

21 다음 글에서 앞뒤 문맥을 고려할 때 이어질 문장을 논리적 순서대로 바르게 나열한 것은?

전쟁 소설 중에는 실제로 일어났던 전쟁을 배경으로 한 작품들이 있다. 이런 작품들은 허구를 매개로 실재 전쟁을 새롭게 조명하고 있다.

(가) 가령, 작자 미상의 조선 후기 소설 『박씨전』의 후반부는 조선이 패전했던 병자호란에 등장하는 실존 인물 '용골대'와 그의 군대를 허구의 여성인 '박씨'가 물리치는 허구의 내용인데, 이는 패전의 치욕을 극복하고 싶은 수많은 조선인의 바람을 반영한 것이다.

(나) 한편, 1964년 박경리가 발표한 『시장과 전장』은 극심한 이념 갈등 사이에서 생존을 위해 몸부림치는 인물을 통해 6·25 전쟁이 남긴 상흔을 직시하고 이에 좌절하지 않으려는 작가의 의지를 드러낸다.

(다) 또한 『시장과 전장』에서는 전쟁터를 재현하여 전쟁의 폭력과 맞닥뜨린 개인의 연약함을 강조하고, 무고한 희생을 목격한 인물의 내면을 드러냄으로써 개인의 존엄을 탐색한다.

(라) 박씨와 용골대 사이의 대립 구도 아래 전개되는 허구의 이야기는 조선인들의 슬픔을 위로하고 희생자를 추모함으로써 공동체로서의 연대감을 강화하였다.

우리는 이러한 작품들을 통해 전쟁의 성격을 탐색할 수 있다. 전쟁이 폭력적인 것은 공동체 사이의 갈등 과정에서 사람들이 죽기 때문만은 아니다. 전쟁의 명분은 폭력을 정당화하기 때문에 적군의 죽음은 불가피한 것으로, 아군의 죽음은 불의한 적군에 의한 희생으로 간주한다. 전쟁은 냉혹하게도 피아(彼我)를 막론하고 민간인의 죽음조차 외면하거나 자신의 명분에 따라 이를 이용하게 한다는 점에서 폭력성을 띠는 것이다.

두 작품에서 사람들이 죽는 장소가 군사들이 대치하는 전선만이 아니라는 점도 주목할 수 있다. 전쟁터란 전장과 후방, 가해자와 피해자가 구분하기 힘든 혼돈의 현장이다.

이 혼돈 속에서 사람들은 고통을 받으면서도 생의 의지를 추구해야 한다는 점에서 전쟁의 비극성은 극대화된다. 이처럼, 전쟁의 허구화를 통해 우리는 전쟁에 대한 인식을 새롭게 할 수 있다.

① (가) – (다) – (나) – (라)
② (가) – (라) – (다) – (나)
③ (가) – (라) – (나) – (다)
④ (나) – (가) – (라) – (다)
⑤ (나) – (가) – (다) – (라)

22 다음은 S공사의 4월 일정이다. S공사 직원들은 본사에서 주관하는 윤리교육 8시간을 이번 달 안에 모두 이수해야 한다. 이 윤리교육은 일주일에 2회씩 같은 요일 오전에 1시간 동안 진행되고, 각 지사의 일정에 맞춰 요일을 지정할 수 있다. S공사 직원들은 어떤 요일에 윤리교육을 수강해야 하는가?

〈4월 일정표〉

월	화	수	목	금	토	일
	1	2	3	4	5	6
7	8	9	10	11	12	13
14 최과장 연차	15	16	17	18	19	20
21	22	23	24	25 오후 김대리 반차	26	27
28	29 오전 성대리 외근	30				

〈S공사 행사일정〉

- 4월 3일 오전 : S공사 사장 방문
- 4월 7일 오후 ~ 4월 8일 오전 : 1박 2일 전사 워크숍
- 4월 30일 오전 : 지사 임원진 간담회 개최

① 월, 수   ② 화, 목

③ 수, 목   ④ 수, 금

⑤ 화, 금

※ 다음은 어린이보호구역 지정현황을 나타낸 자료이다. 이어지는 질문에 답하시오. [23~25]

〈어린이보호구역 지정현황〉

(단위 : 개소)

구분	2017년	2018년	2019년	2020년	2021년	2022년
초등학교	5,365	5,526	5,654	5,850	5,917	5,946
유치원	2,369	2,602	2,781	5,476	6,766	6,735
특수학교	76	93	107	126	131	131
보육시설	619	778	1,042	1,755	2,107	2,313
학원	5	7	8	10	11	11

23 2020년과 2022년의 전체 어린이보호구역 시설의 차는 몇 개소인가?

① 1,748개소
② 1,819개소
③ 1,828개소
④ 1,839개소
⑤ 1,919개소

24 다음 중 학원을 제외한 전년 대비 2019년 어린이보호구역 지정 증가율이 가장 높은 시설은 무엇인가?(단, 증가율은 소수점 셋째 자리에서 반올림한다)

① 초등학교
② 유치원
③ 특수학교
④ 보육시설
⑤ 학원

25 다음 중 자료를 설명한 내용으로 옳지 않은 것은?

① 2017년 어린이보호구역으로 지정된 시설은 총 8,434개소이다.
② 2022년 어린이보호구역으로 지정된 시설은 2017년 지정 시설보다 총 6,607개소 증가했다.
③ 2021년과 2022년의 특수학교 어린이보호구역 지정개소 수는 같다.
④ 초등학교 어린이보호구역은 계속해서 증가하고 있다.
⑤ 학원 어린이보호구역은 2022년에 전년 대비 증가율이 0%이다.

26 다음 사례에서 위반하고 있는 직업윤리의 원칙으로 가장 적절한 것은?

> 한 중국인이 맨 몸으로 큰 수조 안에 들어가 몸에 김치를 범벅한 채 중국산 김치를 만드는 사진이 이슈가 되면서, 중국산 김치를 쓰는 식당들에 사람들의 발길이 끊기기 시작했다. 이에 중국산 김치를 쓰는 A식당은 손님들을 끌어들이기 위해 국산 김치를 소량 구매해 기존에 구매했던 중국산 김치에 섞었고, 자신의 식당은 국산 김치만 쓴다고 홍보하였다. 그 결과 중국산 김치를 쓰는 식당들에는 손님이 끊긴 반면, A식당에는 손님들이 줄을 서 사먹기 시작했다.

① 객관성의 원칙
② 고객중심의 원칙
③ 전문성의 원칙
④ 정직과 신용의 원칙
⑤ 공정경쟁의 원칙

27 다음 중 이사원이 처리해야 할 업무를 순서대로 바르게 나열한 것은?

> 현재 시각은 10시 30분. 이사원은 30분 후 거래처 직원과의 미팅이 예정되어 있다. 거래처 직원에게는 회사의 제1회의실에서 미팅을 진행하기로 미리 안내하였으나, 오늘 오전 현재 제1회의실 예약이 모두 완료되어 금일 사용이 불가능하다는 연락을 받았다. 또한 이사원은 오후 2시에 김팀장과 면담 예정이었으나, 오늘까지 문서 작업을 완료해달라는 부서장의 요청을 받았다. 이사원은 면담 시간을 미뤄보려 했지만 김팀장은 이사원과의 면담 이후 부서 회의에 참여해야 하므로 면담 시간을 미룰 수 없다고 답변했다.

> ⊙ 거래처 직원과의 미팅
> ⓒ 11시에 사용 가능한 회의실 사용 예약
> ⓒ 거래처 직원에게 미팅 장소 변경 안내
> ⓔ 김팀장과의 면담
> ⑩ 부서장이 요청한 문서 작업 완료

① ⊙ - ⓒ - ⓒ - ⓔ - ⑩
② ⓒ - ⓒ - ⊙ - ⑩ - ⓔ
③ ⓒ - ⓒ - ⊙ - ⓔ - ⑩
④ ⓒ - ⓒ - ⊙ - ⑩ - ⓔ
⑤ ⓒ - ⓒ - ⊙ - ⓔ - ⑩

28 다음은 2022년 하반기 노동시장의 특징 및 주요 요인에 대한 자료이다. 〈보기〉 중 이에 대한 설명으로 적절하지 않은 것을 모두 고르면?

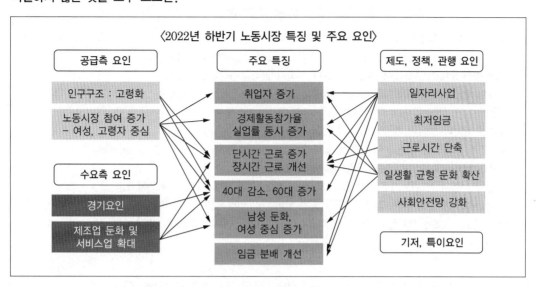

〈보기〉
ㄱ. 정부의 일자리사업으로 60대 노동자가 증가하였다.
ㄴ. 제조업이 둔화함에 따라 남성 중심의 노동시장이 둔화하고 있다.
ㄷ. 정부의 최저임금 정책으로 단시간 근로자 수가 증가하였다.
ㄹ. 여성의 노동시장 참여가 늘어나면서 전체 취업자 수가 증가하였다.
ㅁ. 인구 고령화가 심화됨에 따라 경제활동참가율과 실업률이 동시에 증가하고 있다.

① ㄱ, ㄴ   ② ㄱ, ㄷ
③ ㄴ, ㄹ   ④ ㄴ, ㅁ
⑤ ㄷ, ㅁ

※ 다음 자료는 제습기 사용과 보증기간에 대한 설명이다. 이를 읽고 이어지는 물음에 답하시오. [29~30]

〈사용 전 알아두기〉

- 제습기의 적정 사용온도는 18 ~ 35℃입니다.
  - 18℃ 미만에서는 냉각기에 결빙이 시작되어 제습량이 줄어들 수 있습니다.
- 제습 운전 중에는 컴프레서 작동으로 실내 온도가 올라갈 수 있습니다.
- 설정한 희망 습도에 도달하면 운전을 멈추고 실내 습도가 높아지면 자동 운전을 다시 시작합니다.
- 물통이 가득 찰 경우 제습기 작동이 멈춥니다.
- 안전을 위하여 제습기 물통에 다른 물건을 넣지 마십시오.
- 제습기가 작동하지 않거나 아무 이유 없이 작동을 멈추는 경우 다음 사항을 확인하세요.
  - 전원플러그가 제대로 끼워져 있는지 확인하십시오.
  - 위의 사항이 정상인 경우, 전원을 끄고 10분 정도 경과 후 다시 전원을 켜세요.
  - 여전히 작동이 안 되는 경우, 판매점 또는 서비스 센터에 연락하시기 바랍니다.
- 현재 온도 / 습도는 설치장소 및 주위 환경에 따라 실제와 차이가 있을 수 있습니다.

〈보증기간 안내〉

- 품목별 소비자 피해 보상규정에 의거 아래와 같이 제품에 대한 보증을 실시합니다.
- 보증기간 산정 기준
  - 제품 보증기간이라 함은 제조사 또는 제품 판매자가 소비자에게 정상적인 상태에서 자연 발생한 품질 성능 기능 하자에 대하여 무료 수리해 주겠다고 약속한 기간을 말합니다.
  - 제품 보증기간은 구입일자를 기준으로 산정하며 구입일자의 확인은 제품보증서를 기준으로 합니다. 단, 보증서가 없는 경우는 제조일(제조번호, 검사필증)로부터 3개월이 경과한 날부터 보증기간을 계산합니다.
  - 중고품(전파상 구입, 모조품) 구입 시 보증기간은 적용되지 않으며 수리 불가의 경우 피해보상을 책임지지 않습니다.
- 당사와의 계약을 통해 납품되는 제품의 보증은 그 계약내용을 기준으로 합니다.
- 제습기 보증기간은 일반제품으로 1년으로 합니다.
  - 2017년 1월 이전 구입분은 2년 적용

〈제습기 부품 보증기간〉

- 인버터 컴프레서(2016년 1월 이후 생산 제품) : 10년
- 컴프레서(2018년 1월 이후 생산 제품) : 4년
- 인버터 컴프레서에 한해서 5년차부터 부품대만 무상 적용함

29 제습기 구매자가 사용 전 알아두기에 대한 설명서를 읽고 나서 제습기를 사용했다. 다음 중 구매자가 서비스 센터에 연락해야 할 작동 이상으로 적절하지 않은 것은?

① 실내 온도가 17℃일 때 제습량이 줄어들었다.

② 제습기 사용 후 실내 온도가 올라갔다.

③ 물통에 물이 $\frac{1}{2}$ 정도 들어있을 때 작동이 멈췄다.

④ 제습기가 갑자기 작동되지 않아 잠시 10분 꺼두었다가 다시 켰더니 작동하였다.

⑤ 희망 습도에 도달하니 운전을 멈추었다.

30 보증기간 안내 및 제습기 부품 보증기간을 참고할 때, 제습기 사용자가 잘못 이해한 내용은?

① 제품 보증서가 없는 경우, 영수증에 찍힌 구입한 날짜부터 보증기간을 계산한다.

② 보증기간 무료 수리는 정상적인 상태에서 자연 발생한 품질 성능 기능 하자가 있을 때이다.

③ 제습기 보증기간은 구입일로부터 1년이다.

④ 2017년도 이전에 구입한 제습기는 보증기간이 2년 적용된다.

⑤ 2016년도에 생산된 인버터 컴프레서는 10년이 보증기간이다.

31 다음 빈칸에 들어갈 문장으로 적절하지 않은 것은?

> 기술능력은 직업에 종사하기 위해 모든 사람들이 필요로 하는 능력이며, 이것을 넓은 의미로 확대해 보면 기술교양(Technical Literacy)이라는 개념으로 사용될 수 있다. 즉 기술능력은 기술교양의 개념을 보다 구체화시킨 개념으로 볼 수 있다. 일반적으로 기술교양을 지닌 사람들은 _____

① 기술학의 특성과 역할을 이해한다.

② 기술과 관련된 위험을 평가할 수 있다.

③ 기술에 의한 윤리적 딜레마에 대해 합리적으로 반응할 수 있다.

④ 기술체계가 설계되고, 사용되고, 통제되어지는 방법을 이해한다.

⑤ 기술과 관련된 이익을 가치화하지 않는다.

32 다음 중 업무상 미국인 C씨와 만나야 하는 B대리가 알아 두어야 할 예절로 적절하지 않은 것은?

> A부장 : B대리, ○○기업 C씨를 만날 준비는 다 되었습니까?
> B대리 : 네, 부장님. 필요한 자료는 다 준비했습니다.
> A부장 : 그래요. 우리 회사는 해외 진출이 경쟁사에 비해 많이 늦었는데 ○○기업과 파트너만 된다면 큰 도움이 될 겁니다. 아, 그런데 업무 관련 자료도 중요하지만 우리랑 문화가 다르니까 실수하지 않도록 준비 잘하세요.
> B대리 : 네, 알겠습니다.

① 무슨 일이 있어도 시간은 꼭 지켜야 한다.

② 악수를 할 때 눈을 똑바로 보는 것은 실례이다.

③ 어떻게 부를 것인지 상대방에게 미리 물어봐야 한다.

④ 명함은 악수를 한 후 교환한다.

⑤ 인사하거나 이야기할 때 어느 정도의 거리(공간)를 두어야 한다.

33 국제문화에 대한 다음 대화 내용 중 적절하지 않은 말을 한 사람은?

> 철수 : 오늘 뉴스를 보니까 엔화가 계속해서 하락하고 있다고 하더라.
> 만수 : 환율이 많이 떨어져서 일본으로 여행가기에는 정말 좋겠다.
> 영수 : 요즘 100엔에 900원 정도 밖에 안 하지?
> 희수 : 나는 여름휴가로 미국을 가려고 했는데 전자여권으로 ESTA를 신청해야 하더라.
> 병수 : 엇, 아니야! 미국은 무조건 비자를 받아서 가야 하지 않아?

① 철수 　　　　　　　　　　② 만수

③ 희수 　　　　　　　　　　④ 병수

⑤ 없음

34 다음 빈칸에 들어갈 용어로 가장 적절한 것은?

> _____ 분야에서 유망한 기술로 전망되는 것은 지능형 로봇 분야이다. 지능형 로봇이란 외부 환경을 인식하여 스스로 상황을 판단하여 자율적으로 동작하는 기계 시스템을 말한다. 지능형 로봇은 소득 2만 달러 시대를 선도할 미래 유망산업으로 발전할 것이며, 타 분야에 대한 기술적 파급 효과가 큰 첨단 기술의 복합체이다. 산업적 측면에서 볼 때 지능형 로봇 분야는 자동차 산업 규모 이상의 성장 잠재력을 가지고 있으며, 기술 혁신과 신규투자가 유망한 신산업으로, 국내 로봇 산업은 2020년 국내 시장 규모 100조 원을 달성할 것으로 예측되고 있다.
>
> 최근에는 기술혁신과 사회적 패러다임의 변화에 따라 인간 공존, 삶의 질 향상을 이룩하기 위한 새로운 '지능형 로봇'의 개념이 나타나고 있다. 지능형 로봇은 최근 IT기술의 융복합화, 지능화 추세에 따라 점차 네트워크를 통한 로봇의 기능 분산, 가상 공간 내에서의 동작 등 IT와 융합한 '네트워크 기반 로봇'의 개념을 포함하고 있다.
>
> 일본이 산업형 로봇 시장을 주도하였다면, IT기술이 접목되는 지능형 로봇은 우리나라가 주도하기 위해 국가 발전 전략에 따라 국가 성장 동력산업으로 육성하고 있다.

① 토목공학
② 환경공학
③ 생체공학
④ 전기전자공학
⑤ 자원공학

35 다음은 협상과정을 5단계로 구분한 것이다. 빈칸 (A) ~ (E)에 들어갈 내용으로 적절하지 않은 것은?

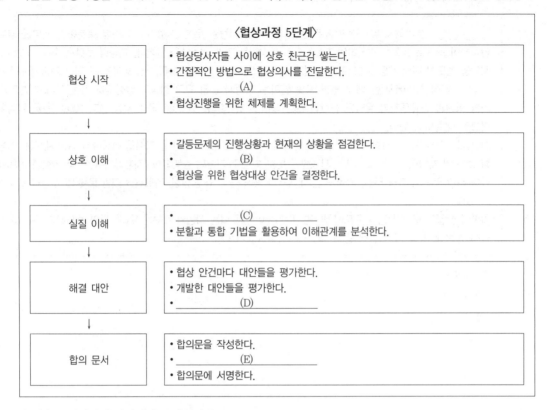

〈협상과정 5단계〉

협상 시작	• 협상당사자들 사이에 상호 친근감 쌓는다. • 간접적인 방법으로 협상의사를 전달한다. • _____(A)_____ • 협상진행을 위한 체제를 계획한다.
상호 이해	• 갈등문제의 진행상황과 현재의 상황을 점검한다. • _____(B)_____ • 협상을 위한 협상대상 안건을 결정한다.
실질 이해	• _____(C)_____ • 분할과 통합 기법을 활용하여 이해관계를 분석한다.
해결 대안	• 협상 안건마다 대안들을 평가한다. • 개발한 대안들을 평가한다. • _____(D)_____
합의 문서	• 합의문을 작성한다. • _____(E)_____ • 합의문에 서명한다.

① (A) : 상대방의 협상의지를 확인한다.

② (B) : 최선의 대안에 대해서 합의하고 선택한다.

③ (C) : 겉으로 주장하는 것과 실제로 원하는 것을 구분하여 실제로 원하는 것을 찾아낸다.

④ (D) : 대안 이행을 위한 실행계획을 수립한다.

⑤ (E) : 합의내용, 용어 등을 재점검한다.

36 다음에서 설명하고 있는 설득전략으로 적절한 것은?

어떤 과학적인 논리보다도 동료를 비롯한 사람들의 말과 행동으로 상대방을 설득하는 것이 협상과정에서 생기는 갈등을 해결하기가 더 쉽다는 것이다. 즉 사람은 과학적 이론보다 자신의 동료나 이웃의 말이나 행동에 의해서 쉽게 설득된다는 것이다. 예를 들어 광고를 내보내서 고객들로 하여금 자신의 제품을 구매하도록 설득하는 것보다, 소위 '입소문'을 통해서 설득하는 것이 매출에 더 효과적임 알 수 있다.

① See-Feel-Change 전략   ② 호혜 관계 형성 전략

③ 헌신과 일관성 전략   ④ 사회적 입증 전략

⑤ 희소성 해결 전략

37 다음은 팀워크(Teamwork)와 응집력의 정의를 나타낸 글이다. 팀워크의 사례로 적절하지 않은 것은?

> 팀워크(Teamwork)란 '팀 구성원이 공동의 목적을 달성하기 위하여 상호관계성을 가지고 협력하여 업무를 수행하는 것'으로 볼 수 있다. 반면 응집력은 '사람들로 하여금 집단에 머물도록 느끼게끔 만들고, 그 집단의 멤버로서 계속 남아 있기를 원하게 만드는 힘'으로 볼 수 있다.

① 다음 주 조별 발표 준비를 위해 같은 조원인 A와 C는 각자 주제를 나누어 조사하기로 했다.

② K사의 S사원과 C사원은 내일 진행될 행사 준비를 위해 함께 야근을 할 예정이다.

③ D고등학교 학생인 A와 B는 내일 있을 시험 준비를 위해 도서관에서 공부하기로 했다.

④ 같은 배에서 활약 중인 D와 E는 곧 있을 조정경기 시합을 위해 열심히 연습하고 있다.

⑤ 연구원 G와 S는 효과적인 의약품을 개발하기 위해 함께 연구하기로 했다.

38 K레스토랑에서 근무하는 A씨는 다음과 같은 손님의 불만을 듣게 되었다. A씨의 고객 응대 방안으로 가장 적절한 것은?

> (음식 주문 5분 후) 아니 음식 기다린 지가 언제인데 아직도 안 나오는 거예요? 아까부터 말했는데 너무 안 나오네. 이거 테이블보도 너무 더러운 것 같아요. 이거 세탁한 지 얼마나 된 거예요? 수저도 너무 무거워요. 좀 가벼운 수저 없나요? 의자에 물자국도 있는데 닦기는 한건가요?

① 흥분이 가라앉을 때까지 가만히 내버려 둔다.

② 정중하게 잘 모르겠다고 대답한다.

③ 잘못이 없음을 타당하게 설명한다.

④ 경청하고 맞장구치며 설득한다.

⑤ 분명한 증거를 내세우며 반박한다.

39 S공사의 사원 월급과 사원수를 알아보기 위해 다음과 같은 정보를 얻었다. 이를 참고하여 구한 S공사의 사원수와 사원 월급 총액을 바르게 나열한 것은?(단, 월급 총액은 S공사가 사원 모두에게 주는 한 달 월급의 합을 말한다)

〈정보〉

- 사원은 모두 동일한 월급을 받는다.
- 사원이 10명 더 늘어나면, 기존 월급보다 100만 원 작아지고, 월급 총액은 기존의 80%이다.
- 사원이 20명 줄어들면, 월급은 기존과 동일하고, 월급 총액은 기존의 60%가 된다.

	사원수	월급 총액
①	45명	1억 원
②	45명	1억 2천만 원
③	50명	1억 2천만 원
④	50명	1억 5천만 원
⑤	55명	1억 5천만 원

40 다음은 주택용 전력 요금에 대한 자료이다. 단독주택에 거주하는 A씨는 전력을 저압으로 공급받고, 빌라에 거주하는 B씨는 전력을 고압으로 공급받는다. 이번 달 A씨의 전력사용량은 285kWh이고, B씨의 전력사용량은 410kWh일 때, A씨와 B씨의 전기요금을 바르게 나열한 것은?

〈주택용 전기요금〉

구분	기본요금(원/호)		전력량요금(원/kWh)	
주택용 전력(저압)	200kWh 이하 사용	910	처음 200kWh 까지	93.3
	201 ~ 400kWh 사용	1,600	다음 200kWh 까지	187.9
	400kWh 초과 사용	7,300	400kWh 초과	280.6
주택용 전력(고압)	200kWh 이하 사용	730	처음 200kWh 까지	78.3
	201 ~ 400kWh 사용	1,260	다음 200kWh 까지	147.3
	400kWh 초과 사용	6,060	400kWh 초과	215.6

※ (전기요금)=(기본요금)+(전력량요금)+(부가가치세)+(전력산업기반기금)
※ (부가가치세)=[(기본요금)+(전력량요금)]×0.1(10원 절사)
※ (전력산업기반기금)=[(기본요금)+(전력량요금)]×0.037(10원 절사)
※ 전력량요금은 주택용 요금 누진제 적용(10원 절사)
　– 주택용 요금 누진제는 사용량이 증가함에 따라 순차적으로 높은 단가가 적용되며, 현재 200kWh 단위로 3단계 운영

	A씨의 전기요금	B씨의 전기요금
①	41,190원	55,830원
②	40,500원	55,300원
③	41,190원	60,630원
④	46,890원	55,830원
⑤	40,500원	60,630원

| 01 | 기계일반

01 길이 15m, 지름 10mm의 강봉에 8kN의 인장하중을 걸었더니 탄성변형이 생겼다. 이때 늘어난 길이는? (단, 이 강재의 탄성계수 E=210GPa)

① 0.073mm   ② 2.28mm

③ 0.73mm   ④ 0.28mm

⑤ 7.3mm

02 굽힘모멘트 M과 비틀림모멘트 T를 동시에 받는 축에서 최대주응력설에 적용할 상당굽힘 모멘트 M_e은?

① $M_e = \frac{1}{2}(M + \sqrt{M^2 + T^2})$

② $M_e = (\sqrt{M^2 + T^2})$

③ $M_e = (M + \sqrt{M^2 + T^2})$

④ $M_e = \frac{1}{2}(M + T)$

⑤ $M_e = \frac{1}{2}\sqrt{M^2 + T^2}$

03 바깥지름 $d_1 = 5$cm, 안지름 $d_2 = 3$cm인 중공원 단면의 극관성 모멘트 I_p는 얼마인가?

① 25.2cm^4

② 34.8cm^4

③ 53.4cm^4

④ 62.5cm^4

⑤ 71.2cm^4

04 지름이 d이고 길이가 L인 전동축이 있다. 비틀림모멘트에 의해 발생된 비틀림각이 a라고 할 때 이 축의 비틀림각을 $\dfrac{a}{4}$로 줄이고자 한다면 축의 지름을 얼마로 변경해야 하겠는가?

① $\sqrt{2}\,d$

② $2d$

③ $\sqrt[3]{4}\,d$

④ $4d$

⑤ $\sqrt{8}\,d$

05 허용인장강도 600MPa의 연강봉에 50kN의 축방향 인장하중이 가해질 경우 안전율을 7이라 하면 강봉의 최소 지름은 몇 cm까지 가능한가?

① 2.7

② 3.4

③ 5.7

④ 7.3

⑤ 9.4

06 다음 중 주철의 장점으로 옳지 않은 것은?

① 주조성이 우수하다.

② 고온에서 쉽게 소성변형 되지 않는다.

③ 값이 싸므로 널리 이용된다.

④ 복잡한 형상으로도 쉽게 주조된다.

⑤ 압축강도가 크다.

07 다음 중 강에서 열처리 조직으로 경도가 가장 큰 것은?

① 오스테나이트

② 마텐자이트

③ 페라이트

④ 펄라이트

⑤ 시멘타이트

08 다음 (가)~(다)는 항온열처리의 종류이다. 〈보기〉에서 옳은 것을 골라 바르게 짝지은 것은?

> (가) Ms점과 Mf점 사이에서 항온처리하며, 마텐자이트와 베이나이트의 혼합조직을 얻는다.
> (나) 특정 온도로 유지 후 공기 중에서 냉각, 베이나이트 조직을 얻는다.
> (다) 과랭 오스테나이트에서 소성 가공을 한 후 마텐자이트화한다.

<hr>

─────────〈보기〉─────────
㉠ 오스템퍼링
㉡ 오스포밍
㉢ 마템퍼링

① (가) – ㉠, (나) – ㉡, (다) – ㉢
② (가) – ㉡, (나) – ㉠, (다) – ㉢
③ (가) – ㉡, (나) – ㉢, (다) – ㉠
④ (가) – ㉢, (나) – ㉠, (다) – ㉡
⑤ (가) – ㉢, (나) – ㉡, (다) – ㉠

09 다음 내용과 관련된 시험 방법은?

> 가. 해머의 낙하 높이와 반발 높이
> 나. 끝에 다이아몬드가 부착된 해머를 시편 표면에 낙하
> 다. 반발 높이가 높을수록 시편의 경도가 높음

① 피로 시험
② 브리넬 경도 시험
③ 샤르피식 시험
④ 로크웰 경도 시험
⑤ 쇼어 경도 시험

10 다음 중 재결정온도에 대한 설명으로 옳은 것은?
① 1시간 안에 완전하게 재결정이 이루어지는 온도
② 재결정이 시작되는 온도
③ 시간에 상관없이 재결정이 완결되는 온도
④ 재결정이 완료되어 결정립성장이 시작되는 온도
⑤ 가공도가 클수록 낮아지는 온도

11 다음 중 상온에서 금속결정의 단위격자가 면심입방격자(FCC)인 것만을 모두 고르면?

ㄱ. Pt	ㄴ. Cr
ㄷ. Ag	ㄹ. Zn
ㅁ. Cu	

① ㄱ, ㄷ, ㄹ　　　　　　　　　② ㄱ, ㄷ, ㅁ
③ ㄴ, ㄷ, ㄹ　　　　　　　　　④ ㄷ, ㄹ, ㅁ
⑤ ㄱ, ㄹ, ㅁ

12 다음 중 열경화성 수지에 해당하지 않는 것은?

① 요소수지　　　　　　　　　② 페놀수지
③ 멜라민 수지　　　　　　　　④ 폴리에틸렌 수지
⑤ 에폭시

13 알루미늄합금인 두랄루민은 기계적 성질이 탄소강과 비슷하며 무게를 중시하고 강도가 큰 것을 요구하는 항공기, 자동차, 유람선 등에 사용되는데 두랄루민의 주요 성분은?

① Al – Cu – Ni　　　　　　　② Al – Cu – Cr
③ Al – Cu – Mg – Mn　　　　④ Al – Si – Ni
⑤ Al – Cu – Mg – Ni

14 다음 중 크리프(Creep) 변형에 대한 설명으로 적절한 것은?

① 응력이 증가하여 재료의 항복점을 지났을 때 일어나는 파괴현상이다.
② 반복응력이 장시간 가해졌을 때 일어나는 파괴현상이다.
③ 응력과 온도가 일정한 상태에서 시간이 지남에 따라 변형이 연속적으로 진행되는 현상이다.
④ 균열이 진전되어 소성변형 없이 빠르게 파괴되는 현상이다.
⑤ 외력이 증가할 때, 시간이 흐름에 따라 재료의 변형이 증대하는 현상이다.

15 다음 중 구성인선(Built Up Edge)에 대한 설명으로 옳지 않은 것은?

① 구성인선은 일반적으로 연성재료에서 많이 발생한다.
② 구성인선은 공구 윗면경사면에 윤활을 하면 줄일 수 있다.
③ 구성인선에 의해 절삭된 가공면은 거칠게 된다.
④ 구성인선은 절삭속도를 느리게 하면 방지할 수 있다.
⑤ 구성인선은 절삭깊이를 작게 하여 방지할 수 있다.

16 다음 중 소성가공법에 대한 설명으로 옳지 않은 것은?

① 압출 : 상온 또는 가열된 금속을 용기 내의 다이를 통해 밀어내어 봉이나 관 등을 만드는 가공법이다.
② 인발 : 금속봉이나 관 등을 다이를 통해 축방향으로 잡아당겨 지름을 줄이는 가공법이다.
③ 압연 : 열간 혹은 냉간에서 금속을 회전하는 두 개의 롤러 사이를 통과시켜 두께나 지름을 줄이는 가공법이다.
④ 전조 : 형을 사용하여 판상의 금속재료를 굽혀 원하는 형상으로 변형시키는 가공법이다.
⑤ 단조 : 재료를 가열하고 두들겨서 하는 가공법이다.

17 다음 중 절삭가공에서 공구수명을 판정하는 방법으로 옳지 않은 것은?

① 공구날의 마모가 일정량에 달했을 때
② 절삭저항이 절삭개시 때와 비교해 급격히 증가하였을 때
③ 절삭가공 직후 가공표면에 반점이 나타날 때
④ 가공물의 온도가 일정하게 유지될 때
⑤ 가공물의 완성치수 변화가 일정량에 달했을 때

18 지름이 50mm인 황동봉을 주축의 회전수 2,000rpm인 조건으로 원통 선삭할 때 최소절삭동력은?(단, 주절삭분력은 60N이다)

① $0.1\pi\,\mathrm{kW}$　　　　　　　② $0.2\pi\,\mathrm{kW}$
③ $\pi\,\mathrm{kW}$　　　　　　　　④ $2\pi\,\mathrm{kW}$
⑤ $4\pi\,\mathrm{kW}$

19 다음 중 회전수 400rpm, 이송량 2mm/rev로 120mm 길이의 공작물을 선삭가공할 때 걸리는 가공시간은?

① 7초   ② 9초

③ 11초   ④ 13초

⑤ 15초

20 다음 중 소재에 없던 구멍을 가공하는 데 적합한 것은?

① 브로칭(Broaching)

② 밀링(Milling)

③ 셰이핑(Shaping)

④ 리밍(Reaming)

⑤ 카운터 보링(Counter boring)

21 다음 중 헬리컬 기어(Helical Gear)의 특징으로 옳지 않은 것은?

① 원통 기어의 하나이다.

② 스퍼 기어(평 기어)보다 큰 힘을 전달한다.

③ 기어 제작이 쉽다.

④ 주로 동력 전달 장치나 감속기에 사용한다.

⑤ 2중 헬리컬 기어는 서로 방향이 다른 기어를 조합한 것을 말한다.

22 다음 중 나사를 1회전을 시켰을 때 축방향 이동거리가 가장 큰 것은?

① M48×5

② 2줄 M30×2

③ 2줄 M20×3

④ 3줄 M8×1

⑤ 4줄 M12×1

23 다음 중 단열 깊은 홈 볼베어링에 대한 설명으로 옳지 않은 것은?

① 내륜과 외륜을 분리할 수 없다.

② 전동체가 접촉하는 면적이 크다.

③ 마찰저항이 적어 고속회전축에 적합하다.

④ 반경방향과 축방향의 하중을 지지할 수 있다.

⑤ 표준화된 규격품이 많아 교환하기 쉽다.

24 다음에서 설명하고 있는 나사는?

> • 애크미(Acme)나사라고도 하며, 정밀가공이 용이하다.
> • 공작기계의 리드스크루와 같이 정밀한 운동의 전달용으로 사용한다.

① 사각나사   ② 톱니나사

③ 사다리꼴나사   ④ 둥근나사

⑤ 볼나사

25 다음 중 감기 전동기구에 대한 설명으로 옳지 않은 것은?

① 벨트 전동기구는 벨트와 풀리 사이의 마찰력에 의해 동력을 전달한다.

② 타이밍 벨트 전동기구는 동기(Synchronous)전동을 한다.

③ 체인 전동기구를 사용하면 진동과 소음이 작게 발생하므로 고속회전에 적합하다.

④ 구동축과 종동축 사이의 거리가 멀리 떨어져 있는 경우에도 동력을 전달할 수 있다.

⑤ 체인 전동장치는 사용하면 큰 동력 전달이 가능해 전동 효율이 90% 이상이다.

26 다음 중 도면의 필수요소를 모두 고르면?

> ㉠ 윤곽선   ㉡ 표제란
> ㉢ 중심마크   ㉣ 부품란

① ㉠, ㉡   ② ㉡, ㉢

③ ㉢, ㉣   ④ ㉠, ㉡, ㉢

⑤ ㉡, ㉢, ㉣

27 다음 중 전달 토크가 크고 정밀도가 높아 가장 널리 사용되는 키(Key)로서, 벨트풀리와 축에 모두 홈을 파서 때려 박는 키는?

① 평키   ② 안장키

③ 접선키   ④ 묻힘키

⑤ 새들키

28 지름이 600mm인 브레이크드럼의 축에 4,500N · cm의 토크가 작용하고 있을 때, 이 축을 정지시키는 데 필요한 최소제동력은?

① 15N   ② 75N

③ 150N   ④ 300N

⑤ 400N

29 다음 중 유량제어 밸브를 실린더의 출구 쪽에 설치해서 유출되는 유량을 제어하여 피스톤 속도를 제어하는 회로는?

① 미터 아웃 회로

② 블리드 오프 회로

③ 미터 인 회로

④ 카운터 밸런스 회로

⑤ 언로딩 회로

30 다음 중 유압장치에 대한 설명으로 옳지 않은 것은?

① 유량의 조절을 통해 무단변속운전을 할 수 있다.

② 파스칼의 원리에 따라 작은 힘으로 큰 힘을 얻을 수 있는 장치제작이 가능하다.

③ 유압유의 온도 변화에 따라 액추에이터의 출력과 속도가 변화되기 쉽다.

④ 공압에 비해 입력에 대한 축력의 응답속도가 떨어진다.

⑤ 제어하기 쉽고 비교적 정확하다.

31 다음 중 유압회로에서 사용하는 축압기(Accumulator)의 기능에 해당되지 않는 것은?

① 유압회로 내의 압력맥동 완화

② 유속의 증가

③ 충격압력의 흡수

④ 유압에너지 축적

⑤ 비상 동력 공급

32 다음 중 유압 작동유에 요구되는 성질이 아닌 것은?

① 비인화성일 것

② 오염물 제거 능력이 클 것

③ 체적탄성계수가 작을 것

④ 캐비테이션에 대한 저항이 클 것

⑤ 공기 흡수가 작을 것

33 수조에 지름의 비율이 $1:2:3$인 모세관을 동일 높이로 엎어놓았을 때, 모세관 속으로 올라간 물의 높이의 비율은?

① $A:B:C = 1:1:1$

② $A:B:C = 1:2:3$

③ $A:B:C = 4:3:2$

④ $A:B:C = 3:2:1$

⑤ $A:B:C = 6:3:2$

34 지름이 70mm인 소방노즐에서 물이 50m/s의 속도로 건물 벽에 수직으로 충돌하고 있다. 벽이 받는 힘은 약 몇 N인가?(단, 물의 밀도는 $1,000kg/m^3$ 이다)

① 2.4kN

② 4.8kN

③ 9.6kN

④ 19.2kN

⑤ 38.4kN

35 다음 중 정상유동이 일어나는 경우는 무엇인가?

① 유동상태가 모든 점에서 시간에 따라 변화하지 않을 때

② 유동상태가 시간에 따라 점차적으로 변화할 때

③ 모든 순간에 유동상태가 이웃하는 점들과 같을 때

④ $\partial V / \partial t$ 가 일정할 때

⑤ $\partial V / \partial s = 0$ 일 때

36 다음 중 가솔린기관과 디젤기관에 대한 비교 설명으로 옳지 않은 것은?

① 가솔린기관은 압축비가 디젤기관보다 일반적으로 크다.

② 디젤기관은 혼합기형성에서 공기만 압축한 후 연료를 분사한다.

③ 열효율은 디젤기관이 가솔린기관보다 상대적으로 크다.

④ 디젤기관이 저속성능이 좋고 회전력도 우수하다.

⑤ 연소실 형상은 가솔린기관이 디젤기관보다 간단하다.

37 다음 중 열역학 제2법칙에 대한 설명으로 옳은 것은?

① 물질 변화과정의 방향성을 제시한다.

② 에너지의 양을 결정한다.

③ 에너지의 종류를 판단할 수 있다.

④ 공학적 장치의 크기를 알 수 있다.

⑤ 에너지 보존 법칙을 알 수 있다.

38 다음 중 2개의 단열과정과 1개의 정적과정, 1개의 정압과정으로 이루어진 가스터빈 이상 사이클은?

① 에릭슨 사이클(Ericsson Cycle)

② 사바테 사이클(Sabathé Cycle)

③ 앳킨슨 사이클(Atkinson Cycle)

④ 브레이턴 사이클(Brayton Cycle)

⑤ 카르노 사이클(Carnot Cycle)

39 두 물체가 제3의 물체와 온도가 같다면 두 물체도 서로 온도가 같다는 법칙으로, 온도 측정의 기초가 되는 것은?

① 열역학 제0법칙

② 열역학 제1법칙

③ 열역학 제2법칙

④ 열역학 제3법칙

⑤ 엔트로피 보존의 법칙

40 이상적인 역 카르노 냉동사이클에서 응축온도가 330K, 증발온도가 270K이면 성능계수는 얼마인가?

① 2.7

② 3.3

③ 4.5

④ 5.4

⑤ 6.3

| 02 | 전기일반

01 $+ Q_1$[C]과 $- Q_2$[C]의 전하가 진공 중에서 r[m]의 거리에 있을 때 이들 사이에 작용하는 정전기력 F[N]는?

① $9 \times 10^{-7} \times \dfrac{Q_1 Q_2}{r^2}$

② $9 \times 10^{-9} \times \dfrac{Q_1 Q_2}{r^2}$

③ $9 \times 10^9 \times \dfrac{Q_1 Q_2}{r^2}$

④ $9 \times 10^{10} \times \dfrac{Q_1 Q_2}{r^2}$

⑤ $9 \times 10^{11} \times \dfrac{Q_1 Q_2}{r^2}$

02 전속 밀도가 100C/m^2, 전기장의 세기가 50V/m인 유전체의 단위 체적에 축적되는 에너지를 구하면?

① $5{,}000 \text{J/m}^3$

② $2{,}500 \text{J/m}^3$

③ $1{,}500 \text{J/m}^3$

④ $1{,}000 \text{J/m}^3$

⑤ 500J/m^3

03 4μ F 및 6μ F의 콘덴서를 직렬로 접속하고 100V의 전압을 가하였을 때, 합성 정전 용량은?

① 2.4μ F

② 3.8μ F

③ 1.8μ F

④ 5μ F

⑤ 7μ F

04 내구의 반지름이 a[m], 외구의 반지름이 b[m]인 동심 구형 콘덴서에서 내구의 반지름과 외구의 반지름을 각각 $2a$[m], $2b$[m]로 증가시키면 구형 콘덴서의 정전용량은 몇 배로 되는가?

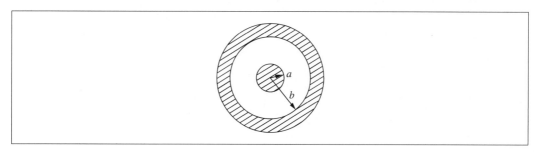

① 1배   ② 2배

③ 4배   ④ 8배

⑤ 10배

05 서로 다른 종류의 안티몬과 비스무트의 두 금속을 접합한 후 여기에 전류를 통하면 그 접점에서 열의 발생 또는 흡수가 일어난다. 줄열과 달리 전류의 방향에 따라 열의 흡수와 발생이 다르게 나타나는 현상은?

① 펠티에 효과   ② 제벡 효과

③ 제3금속의 법칙   ④ 열전 효과

⑤ 톰슨 효과

06 점 A에 정지해 있던 질량 1kg, 전하량 1C의 물체가 점 A보다 전위가 2V 낮은 점 B로 전위차에 의해서 가속되었을 때, 이 물체가 점 B에 도달하는 순간의 속도는?

① 1m/s   ② 2m/s

③ 3m/s   ④ 4m/s

⑤ 5m/s

07 직선 전류가 흐르는 무한히 긴 도체에서 80cm 떨어진 점의 자기장의 세기가 20AT/m일 때, 도체에 흐른 전류는 몇 A인가?

① 2π[A]   ② 4π[A]

③ 8π[A]   ④ 16π[A]

⑤ 32π[A]

08 다음 중 전류에 의한 자계의 세기와 관계가 있는 법칙은?

① 옴의 법칙

② 렌츠의 법칙

③ 키르히호프의 법칙

④ 비오 – 사바르의 법칙

⑤ 플레밍의 왼손 법칙

09 권수 300회의 코일에 6A의 전류가 흘러서 0.05Wb의 자속이 코일을 지날 때, 이 코일의 자체 인덕턴스는 몇 H인가?

① 0.25H

② 0.35H

③ 2.5H

④ 3.5H

⑤ 4.5H

10 인덕턴스가 100mH인 코일에 전류가 0.5초 사이에 10A에서 20A로 변할 때, 이 코일에 유도되는 평균기전력과 자속의 변화량은?

	평균기전력[V]	자속의 변화량[Wb]
①	1	0.5
②	1	1
③	2	0.5
④	2	1
⑤	3	2

11 다음 중 가공전선의 구비조건으로 옳지 않은 것은?

① 도전율이 클 것

② 비중이 클 것

③ 기계적 강도가 클 것

④ 부식성이 작을 것

⑤ 가선공사가 용이할 것

12 직경이 3.2mm인 경동연선의 소선 총 가닥수가 37가닥일 때, 연선의 바깥지름은?

① 12.4mm

② 14.6mm

③ 18.7mm

④ 22.4mm

⑤ 25.5mm

13 다음 중 송전선에 복도체를 사용할 경우의 특징으로 적합하지 않은 것은?

① 인덕턴스는 감소하고, 정전용량은 증가한다.

② 허용전류가 증가하고, 송전용량이 증가한다.

③ 전선표면의 전위경도가 증가한다.

④ 코로나 임계전압이 증가한다.

⑤ 154kV는 2도체, 345kV는 4도체, 765kV는 6도체 방식을 채용한다.

14 송전선로의 코로나 손실을 나타내는 Peek식에서 E_o에 해당하는 것은?(단, Peek식은 $P = \dfrac{241}{\delta}(f+25)$

$\sqrt{\dfrac{d}{2D}}\,(E-E_o)^2 \times 10^{-5}$[kW/km/선]이다)

① 코로나 임계전압

② 전선에 걸리는 대지전압

③ 송전단 전압

④ 기준충격 절연강도 전압

⑤ 수전단 전압

15 전압과 역률이 일정할 때, 전력을 몇 % 증가시키면 전력손실이 3배로 증가하는가?

① 43%

② 53%

③ 63%

④ 73%

⑤ 83%

16 다음 중 직류 송전 방식의 장점이 아닌 것은?

① 리액턴스가 없으므로, 리액턴스에 의한 전압강하가 없다.

② 기기 및 선로의 절연에 요하는 비용이 절감된다.

③ 회전자계를 쉽게 얻을 수 있다.

④ 안정도가 좋으므로 송전 용량을 높일 수 있다.

⑤ 도체이용률이 좋다.

17 다음 중 페란티 현상이 발생하는 주된 원인은?

① 선로의 저항

② 선로의 정전용량

③ 선로의 누설리엑턴스

④ 선로의 인덕턴스

⑤ 선로의 누설컨덕컨스

18 다음 중 발전기의 정태안정 극한전력에 대한 내용으로 옳은 것은?

① 부하가 급격히 감소할 때의 극한전력

② 부하가 일정할 때의 극한전력

③ 부하가 갑자기 크게 증가할 때의 극한전력

④ 부하에 사고가 났을 때의 극한전력

⑤ 부하가 서서히 증가할 때의 극한전력

19 다음 중 3상 차단기의 정격차단용량을 바르게 나타낸 것은?

① $\sqrt{3} \times$(정격전압)$\times$(정격전류)

② $3 \times$(정격전압)$\times$(정격차단전류)

③ $3 \times$(정격전압)$\times$(정격전류)

④ $\sqrt{3} \times$(정격전압)$\times$(정격차단전류)

⑤ $\dfrac{1}{\sqrt{3}} \times$(정격전압)$\times$(정격차단전류)

20 다음 중 수전용 변전설비의 1차측 차단기의 용량은 주로 어느 것에 의하여 정해지는가?

① 공급측 전원의 단락용량　　② 수전 계약용량
③ 수전전력의 역률　　　　　 ④ 부하설비의 용량
⑤ 수전전력의 부하율

21 정격 출력 5kW, 정격 전압 100V의 직류 분권전동기를 전기 동력계를 사용하여 시험하였더니 전기 동력계의 저울이 5kg을 지시했을 때, 전동기의 출력은 약 얼마인가?(단, 동력계의 암의 길이는 0.6m, 전동기의 회전수는 1,500rpm으로 한다)

① 3.69kW　　　　　　　　 ② 3.81kW
③ 4.62kW　　　　　　　　 ④ 4.87kW
⑤ 4.92kW

22 다음 중 직류기에서 전기자 반작용을 방지하기 위한 보상권선의 전류 방향은?

① 계자 전류의 방향과 같다.
② 계자 전류의 방향과 반대이다.
③ 전기자 전류 방향과 같다.
④ 전기자 전류 방향과 반대이다.
⑤ 정류자 전류 방향과 같다.

23 다음 중 3상 유도전동기를 급속 정지할 때 사용하는 제동방식은?

① 단상제동　　　　　　　　 ② 회생제동
③ 발전제동　　　　　　　　 ④ 역상제동
⑤ 저항제동

24 다음 동기기 손실 중 무부하손(No Load Loss)이 아닌 것은?

① 풍손   ② 와류손

③ 전기자 동손   ④ 베어링 마찰손

⑤ 히스테리시스손

25 다음 중 변압기유의 구비조건으로 옳지 않은 것은?

① 냉각효과가 클 것

② 응고점이 높을 것

③ 절연내력이 클 것

④ 고온에서 화학반응이 없을 것

⑤ 발화점이 높을 것

26 변압기의 2차측 부하 임피던스 Z가 $20\,\Omega$ 일 때 1차측에서 보아 $18\mathrm{k}\,\Omega$ 이 되었다면 이 변압기의 권수비는 얼마인가?(단, 변압기의 임피던스는 무시한다)

① 3   ② 30

③ $\dfrac{1}{3}$ ④ $\dfrac{1}{30}$

⑤ $\dfrac{1}{300}$

27 다음 단상 유도 전동기의 기동방법 중 기동토크가 가장 큰 것은?

① 반발 기동형   ② 분상 기동형

③ 반발 유도형   ④ 콘덴서 기동형

⑤ 셰이딩 코일형

28 4극, 60Hz의 유도 전동기가 슬립 5%로 전부하 운전하고 있다. 2차 권선의 손실이 94.25W라고 할 때, 토크의 크기는?

① 1.02N·m
② 2.04N·m
③ 10.00N·m
④ 20.00N·m
⑤ 30.00N·m

29 상전압 300V의 3상 반파 정류 회로의 직류 전압은 약 몇 V인가?

① 420V
② 351V
③ 330V
④ 271V
⑤ 250V

30 $e = \sqrt{2}\,V\sin\theta$[V]의 단상 전압을 SCR 한 개로 반파 정류하여 부하에 전력을 공급하는 경우, $\alpha = 60°$에서 점호하면 직류분의 전압은?

① 0.338V
② 0.395V
③ 0.672V
④ 0.785V
④ 0.826V

31 기전력 1.5V, 전류 용량 1A인 건전지 6개가 있다. 이것을 직·병렬로 연결하여 3V, 3A의 출력을 얻으려면 어떻게 접속하여야 하는가?

① 2개 직렬 연결한 것을 3조 병렬 연결
② 3개 직렬 연결한 것을 2조 병렬 연결
③ 3개 병렬 연결한 것을 2조 직렬 연결
④ 6개 모두 직렬 연결
⑤ 6개 모두 병렬 연결

32 다음 중 $e=141\sin(120\pi t-\dfrac{\pi}{3})$인 파형의 주파수는 몇 Hz인가?

① 10Hz ② 15Hz

③ 30Hz ④ 50Hz

⑤ 60Hz

33 다음 중 $10\,\Omega$의 저항 회로에 $e=100\sin(377t+\dfrac{\pi}{3})$[V]의 전압을 가했을 때, $t=0$에서의 순시전류는?

① 5A ② $5\sqrt{3}$ A

③ 10A ④ $10\sqrt{3}$ A

⑤ 15A

34 기전력 120V, 내부저항(r)이 $15\,\Omega$인 전원이 있다. 다음 중 부하저항(R)을 연결하여 얻을 수 있는 최대전력은?

① 100W ② 140W

③ 200W ④ 240W

⑤ 300W

35 한 상의 임피던스가 $30+j40\,\Omega$인 Y결선 평형부하에 선간전압 200V를 인가할 때, 발생되는 무효전력은?

① 580var ② 640var

③ 968var ④ 1,024var

⑤ 1,246var

36 다음 중 3상 교류 전력을 나타내는 식으로 옳은 것은?

① $P = \sqrt{4} \times$ (선간 전압)×(상전류)×(역률)

② $P = \sqrt{2} \times$ (상전압)×(상전류)×(역률)

② $P = \sqrt{2} \times$ (선간 전압)×(상전류)×(역률)

④ $P = \sqrt{3} \times$ (상전압)×(선간 전압)×(역률)

⑤ $P = \sqrt{3} \times$ (선간 전압)×(선전류)×(역률)

37 다음 중 정전 용량이 $0.1\mu\mathrm{F}$인 콘덴서의 1MHz의 주파수에 대한 용량 리액턴스는?

① 약 $1.59\,\Omega$　　　　　　　② 약 $2.05\,\Omega$

③ 약 $2.35\,\Omega$　　　　　　　④ 약 $3.45\,\Omega$

⑤ 약 $5.29\,\Omega$

38 다음 중 RLC 병렬회로의 동작에 대한 설명으로 옳은 것을 〈보기〉에서 모두 고르면?

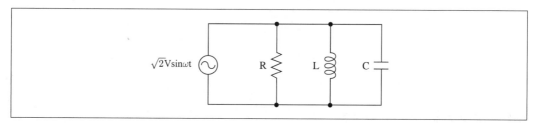

─── 〈보기〉 ───

ㄱ. 각 소자 R, L, C 양단에 걸리는 전압은 전원전압과 같다.

ㄴ. 회로의 어드미턴스 $Y = \dfrac{1}{R} + j\left(\omega L - \dfrac{1}{\omega C}\right)$ 이다.

ㄷ. ω를 변화시켜 공진일 때 전원에서 흘러나오는 모든 전류는 R에만 흐른다.

ㄹ. L에 흐르는 전류와 C에 흐르는 전류는 동상(In Phase)이다.

ㅁ. 모든 에너지는 저항 R에서만 소비된다.

① ㄱ, ㅁ　　　　　　　② ㄱ, ㄴ, ㄹ

③ ㄱ, ㄷ, ㅁ　　　　　　④ ㄴ, ㄷ, ㄹ

⑤ ㄴ, ㄹ, ㅁ

39 다음 회로에 표시된 테브난 등가저항은?

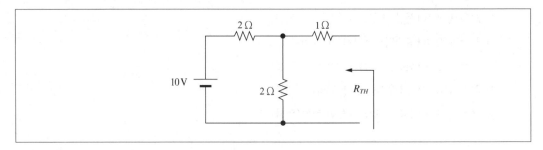

① $1\,\Omega$ ② $1.5\,\Omega$

③ $2\,\Omega$ ④ $3\,\Omega$

⑤ $4.5\,\Omega$

40 다음 회로에서 전압 V_o의 값은?

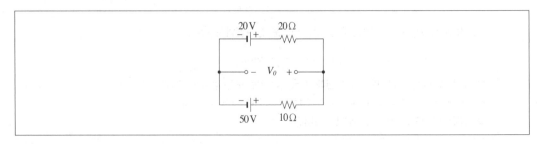

① $-60V$ ② $-40V$

③ $40V$ ④ $60V$

⑤ $80V$

01 무한평면 전하와 무한장 선전하에서 r[m] 떨어진 점의 전위는 각각 몇 V인가?(단, ρ_s = 평면전하밀도, ρ_L = 선전하밀도이다)

	무한평면도체	무한직선도체
①	$\dfrac{\rho_s}{\varepsilon}$	$\dfrac{\rho_L}{2\pi\varepsilon_o}$
②	∞	$\dfrac{\rho_L}{\varepsilon}$
③	$\dfrac{\rho_s}{2\pi\varepsilon_o}$	∞
④	$\dfrac{\rho_s}{\varepsilon}$	$\dfrac{\rho_L}{4\pi\varepsilon_o r}$
⑤	∞	∞

02 다음 중 외부의 자계 H_0를 자성체에 가했을 경우에 자화의 세기 J와의 관계식으로 옳은 것은?(단, μ는 투자율, N은 감자율이다)

① $J = \dfrac{H_0\mu_0(\mu_r-1)}{1+N(\mu_r-1)}$ [Wb/m^2]

② $J = \dfrac{H_0(\mu_r-1)}{1+N\mu_0(\mu_0-1)}$ [Wb/m^2]

③ $J = \dfrac{H_0(\mu_r-1)}{1+N}$ [Wb/m^2]

④ $J = \dfrac{H_0}{1+N(\mu_r-1)}$ [Wb/m^2]

⑤ $J = \dfrac{H_0\mu_0(\mu_r-1)}{1-N(\mu_r+1)}$ [Wb/m^2]

03 환상철심에 감은 코일에 10A의 전류를 흘리면, 1,000AT의 기자력을 발생시킬 경우에 코일의 권수는 몇 회인가?

① 50회

② 100회

③ 200회

④ 250회

⑤ 500회

04 다음 중 변위전류와 가장 관계가 깊은 것은?

① 도체   ② 초전도체

③ 반도체   ④ 유전체

⑤ 자성체

05 다음 중 비투자율(μ_r)은 1, 비유전율(ε_r) 80인 전자파의 고유임피던스는 몇 Ω 인가?

① $160\,\Omega$ ② $80\,\Omega$

③ $61\,\Omega$ ④ $42\,\Omega$

⑤ $21\,\Omega$

06 동심구형 콘덴서의 안쪽과 바깥 반지름이 각각 5배로 증가되면 정전용량은 처음의 몇 배가 되는가?

① 2배   ② 5배

③ 10배   ④ 20배

⑤ 100배

07 다음 중 물 속에서 전자파의 속도는 몇 m/s인가?(단, $\mu_r = 1$, $\varepsilon_r = 80$이다)

① 약 $9.0 \times 10^9\,\mathrm{m/s}$ ② 약 $5.3 \times 10^8\,\mathrm{m/s}$

③ 약 $3.35 \times 10^7\,\mathrm{m/s}$ ④ 약 $3.30 \times 10^9\,\mathrm{m/s}$

⑤ 약 $2.67 \times 10^8\,\mathrm{m/s}$

08 다음 중 자기인덕턴스 L의 단위는 무엇인가?

① A   ② V

③ H   ④ T

⑤ Wb

09 다음 그림과 같은 L−C 회로의 구동점 임피던스로 옳은 것은?

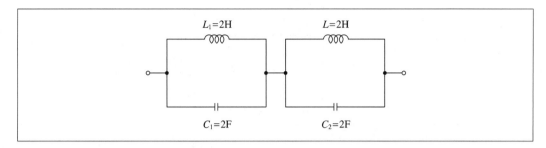

① $\dfrac{4s}{4s^2+1}\,\Omega$

② $\dfrac{4s}{4s^2-1}\,\Omega$

③ $\dfrac{s}{4s^2-1}\,\Omega$

④ $\dfrac{s}{4s^2+1}\,\Omega$

⑤ $\dfrac{1}{4s^2+1}\,\Omega$

10 다음 그림과 같은 L형 회로에 대한 영상 임피던스 Z_{01}과 Z_{02}가 바르게 짝지어진 것은?

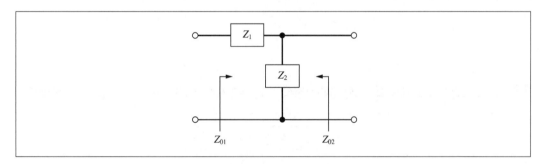

	Z_{01}	Z_{02}
①	$\sqrt{Z_1(Z_1+Z_2)}\,\Omega$	$\sqrt{\left(\dfrac{Z_1 Z_2}{Z_1+Z_2}\right)Z_2}\,\Omega$
②	$\sqrt{Z_1(Z_1+Z_2)}\,\Omega$	$\sqrt{Z_1+Z_2}\,\Omega$
③	$\sqrt{Z_2(Z_1+Z_2)}\,\Omega$	$\sqrt{\left(\dfrac{Z_1 Z_2}{Z_1+Z_2}\right)Z_2}\,\Omega$
④	$\sqrt{Z_1+Z_2}\,\Omega$	$\sqrt{\left(\dfrac{Z_1 Z_2}{Z_1+Z_2}\right)Z_1}\,\Omega$
⑤	$\sqrt{Z_1+Z_2}\,\Omega$	$\sqrt{Z_1(Z_1+Z_2)}\,\Omega$

11 다음 회로에서 $10\,\Omega$에 흐르는 전류 I는 얼마인가?

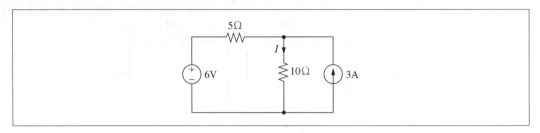

① $-1.0A$　　　　　　　　　　② $+1.2A$

③ $-1.2A$　　　　　　　　　　④ $+1.4A$

⑤ $-1.4A$

12 정격전압에서 2kW의 전력을 소비하는 저항에 70%인 전압을 인가할 때의 전력은 몇 W인가?

① 1,220W　　　　　　　　　　② 980W

③ 890W　　　　　　　　　　　④ 680W

⑤ 560W

13 다음 그림의 회로에서 독립적인 전류방정식 N과 독립적인 전압방정식 B는 각각 몇 개인가?

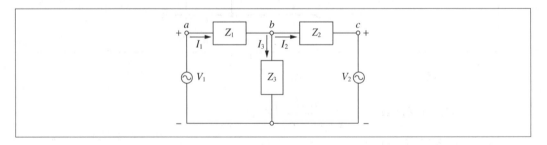

	N	B
①	3개	4개
②	2개	3개
③	2개	2개
④	1개	2개
⑤	1개	1개

14 다음 회로가 정저항 회로가 되기 위한 C의 값은 얼마인가?(단, $L = 500\text{mH}$, $R = 1,000\,\Omega$ 이다)

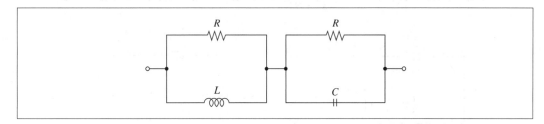

① $0.1\mu\text{F}$

② $0.2\mu\text{F}$

③ $0.5\mu\text{F}$

④ $1\mu\text{F}$

⑤ $2\mu\text{F}$

15 RL 직렬회로에 $v(t) = 160\sin(10^4 t + Q_1)\text{[V]}$의 전압을 가했더니 $i(t) = 4\sin(10^4 t + Q_2)\text{[A]}$의 전류가 흘렀다. 이때, $R = 10\sqrt{15}\,\Omega$ 이라면 인덕턴스 L은 얼마인가?

① 100mH

② 10mH

③ 1mH

④ 0.1mH

⑤ 0.01mH

16 다음 중 리액턴스 함수가 $Z(s) = \dfrac{3s}{s^2 + 9}$ 로 표시되는 리액턴스 2단자 회로망은 무엇인가?

①
$\frac{1}{3}$H (병렬)

$\frac{1}{3}$F

②
$\frac{1}{3}$H — $\frac{1}{3}$F (직렬)

③
$\frac{1}{3}$H (병렬)

3F

④
3H — $\frac{1}{3}$F (직렬)

⑤
3[H] (병렬)

$\frac{1}{3}$[F]

17 다음 중 빈칸에 들어갈 원소로 옳지 않은 것은?

> P형 반도체는 전하 운반자 역할을 하는 양공의 수가 전자의 수에 비해서 훨씬 많이 있는 반도체로 순수한 반도체에서 양공을 증가시키기 위해서는 불순물인 _____, _____, _____, _____ 등 의 3가인 원소를 첨가해야 한다.

① Al
② Si
③ B
④ Ga
⑤ In

18 다음 중 프로그램 카운터가 명령의 주소 부분과 더해져서 유효 주소가 결정되는 방법으로, 명령의 주소 부분은 보통 부호를 포함한 수이며, 음수(2의 보수 표현)나 양수 둘 다 될 수 있는 것은?

① 상대 주소 지정 방식

② 절대 주소 지정 방식

③ 간접 주소 지정 방식

④ 직접 주소 지정 방식

⑤ 색인 주소 지정 방식

19 다음 중 저항체 내에서 불규칙한 운동으로 생기는 잡음은?

① 열잡음   ② 백색잡음

③ 산탄잡음   ④ 분배잡음

⑤ 충격잡음

20 다음 중 증폭기에 대한 설명으로 옳지 않은 것은?

① 직류 증폭기는 직류 및 교류 신호 모두를 증폭한다.

② 플레이트 접지 증폭기는 진공관의 양극을 접지한 증폭기이다.

③ 아날로그인 연산증폭기는 입력저항이 크다.

④ 직류 증폭기는 드리프트 현상이 일어난다.

⑤ 증폭기는 입력신호의 에너지를 감소시켜 출력측에 에너지로 변환시킨다.

21 다음 중 전계효과 트랜지스터(FET)에 대한 설명으로 옳지 않은 것은?

① 전압이 아닌 전류를 증폭시킨다.

② 트랜지스터의 병렬연결이 가능하다.

③ 제어전류가 거의 흐르지 않는다.

④ 입력저항이 $10^{14} \, \Omega$ 정도까지 높다.

⑤ 출력 손실이 거의 없다.

22 다음 중 입력 신호파형의 한 부위를 어느 일정한 레벨로 고정시키는 회로로 옳은 것은?

① 클램퍼   ② 클리퍼

③ 리미터   ④ 필터

⑤ 커패시터

23 다음 중 수정발진기에 대한 설명으로 옳지 않은 것은?

① 송신기의 중심주파수를 결정하는 주발진기는 대부분 수정발진기이다.

② 수정 결정의 압전현상을 이용한 수정진동자를 발진주파수의 제어소자로 사용한다.

③ 피어스(Pierce) 수정제어발진기가 대표적인 예이다.

④ 발진주파수가 수정진동자의 고유주파수에 의해 결정되며 안정한 주파수를 가진다.

⑤ 수정발진기의 주파수 안정도는 10^{-8} 미만으로 작동한다.

24 다음 중 슈미트 트리거 회로에 대한 설명으로 옳지 않은 것은?

① 히스테리시스 특성을 가지고 있어 어떤 입력 파형이라도 깨끗한 구형파로 만들 수 있다.

② 비교기, 파형 정형, 펄스폭 변조, 펄스증폭 등에 쓰인다.

③ 입력진폭이 소정의 값을 넘으면 출력값을 얻을 수 없다.

④ 입력진폭이 소정의 값 이하가 되면 즉시 복구하는 동작을 한다.

⑤ 쌍안정 멀티바이브레이터에 속한다.

25 다음 중 피에조 저항(Piezo Resistance)에 대한 설명으로 옳은 것은?

① 압력에 따라 변하는 저항이다.

② 온도에 따라 변하는 저항이다.

③ 질량에 따라 변하는 저항이다.

④ 광전류에 따라 변하는 저항이다.

⑤ 자기장에 따라 변하는 저항이다.

26 다음 중 초전도 현상에 대한 설명으로 옳지 않은 것은?

① 초전도체는 마이스너 효과를 갖는다.
② 초전도체는 완전 반자성체의 특성이 있다.
③ 초전도 상태에 있는 물질 내에서는 전계가 무한대이다.
④ 초전도체를 완전도체의 특성이 있다.
⑤ 초전도 현상이 활용되는 예는 핵자기 공명, 자기공명화상 등이다.

27 상온에서 계단형 PN접합 다이오드에서 P영역과 N영역에서의 불순물 농도가 각각 $10^{13}\,\mathrm{cm}^{-3}$, $10^{17}\,\mathrm{cm}^{-3}$일 때 접속 전위차는 몇 V인가?(단, 진성캐리어 농도 $n_i = 1.5 \times 10^{10}\,\mathrm{cm}^{-3}$, $\dfrac{kT}{q} = 0.0259\mathrm{V}$이다)

① 0.325V
② 0.425V
③ 0.575V
④ 0.685V
⑤ 0.785V

28 다음 중 평형상태의 트랜지스터에 대한 설명으로 옳지 않은 것은?

① 세 단자가 동시에 접속된 상태이다.
② 페르미 준위는 균일한 상태이다.
③ 다수캐리어는 확산운동을 한다.
④ 소수캐리어는 드리프트 운동을 한다.
⑤ 트랜지스터가 열평형 상태에 있다.

29 질량 m, 광속도 c인 입자의 드브로이 물질파의 진동수 f는?(단, h는 플랑크 상수이다)

① $\dfrac{mc}{h}$
② $\dfrac{c^2}{hm}$
③ $\dfrac{hc}{m}$
④ $\dfrac{mc^2}{h}$
⑤ $\dfrac{1}{mc^2 h}$

30 다음 중 광전자 방출에 관한 특징에 대한 설명으로 옳지 않은 것은?

① 방출전자의 흐름은 빛의 세기에 비례한다.

② 금속 표면에 빛을 조사하면 전자가 방출되는 현상을 말한다.

③ 빛을 조사한 즉시 전자가 방출한다.

④ 방출전자의 흐름 및 속도는 온도에 비례하다.

⑤ 방출전자 에너지는 빛의 파장에 반비례한다.

31 다음 중 PN접합 양측에 불순물 함유량이 많을 경우에 일어나는 현상으로 옳지 않은 것은?

① 공핍층의 폭이 얇아진다.

② 터널현상이 발생한다.

③ 접합부분에서 P형의 가전자 대역과 N형 전도대역 사이가 줄어든다.

④ 낮은 역방향 전압에서도 역방향 전류가 증가한다.

⑤ 접촉전위차가 커진다.

32 다음 중 터널 다이오드에 대한 설명으로 옳지 않은 것은?

① 부성 저항 특성을 나타낸다.

② 마이크로파 발진용으로 사용된다.

③ 낮은 순방향 다이오드에서 확산 전류가 흐른다.

④ 역바이어스 상태에서 전도성이 양호하다.

⑤ 순바이어스 전압일 때 N형에서 P형으로 전자가 이동한다.

33 다음 중 다중처리(Multi Processing) 시스템에 대한 설명으로 옳지 않은 것은?

① 하나 이상의 중앙처리장치가 있어서 기억장치와 주변장치들을 공유하는 시스템이다.

② 사용하는 목적은 신뢰성과 컴퓨터의 능력을 증대시키는 데 있다.

③ 여러 처리기의 능력을 조합하여 컴퓨터 시스템의 연산능력을 향상시킬 수 있다.

④ 하나의 처리기가 고장났을 경우 다른 처리기들도 사용할 수 없다.

⑤ 경식결합 다중처리 시스템과 연식결합 다중처리 시스템이 있다.

34 다음은 1비트를 비교하는 진리표이다. 빈칸에 들어갈 값으로 옳은 것은?

A	B	A>B	A=B	A<B
0	0	0	1	0
0	1	0	0	(ㄱ)
1	0	1	(ㄴ)	0
1	1	(ㄷ)	1	0

	(ㄱ)	(ㄴ)	(ㄷ)
①	0	0	0
②	1	0	0
③	1	0	1
④	0	0	1
⑤	1	1	1

35 컴퓨터의 감시 프로그램 쪽에서 단말 장치로 신호를 보내어, 정보의 유무를 주기적으로 검사하는 방법은?

① 폴링 방법
② 벡터 방식
③ 슈퍼바이저 모드
④ 데이지 체인 방법
⑤ 사이클 스틸링

36 다음 중 분산처리시스템의 특징으로 옳지 않은 것은?

① 중앙집중형시스템에 비해 소프트웨어 개발이 어렵다.
② 다른 시스템에 비해 보안 강화에 효율적이다.
③ 작업을 병렬로 처리하므로 전체적인 처리율을 향상시킬 수 있다.
④ 시분할시스템보다 신뢰성과 가용성이 높다.
⑤ 하드 디스크, 프린터 등 비싼 하드웨어를 공유할 수 있다.

37 다음 중 I/O 제어기의 주요기능에 대한 설명으로 옳지 않은 것은?

① CPU와의 통신을 담당한다.
② I/O 장치의 제어와 타이밍을 조정한다.
③ 오류를 검출한다.
④ I/O 장치와의 통신을 담당한다.
⑤ 데이터 구성 기능을 수행한다.

38 다음 중 인터럽트 동작의 수행 순서를 바르게 나열한 것은?

> ㄱ. 인터럽트 요청
> ㄴ. 현재의 프로그램 상태 보존
> ㄷ. 상태 복구
> ㄹ. 인터럽트 처리 루틴 실행
> ㅁ. 중단된 프로그램 실행 재개
> ㅂ. 프로그램 실행 중단
> ㅅ. 인터럽트 서비스 루틴 실행

① ㄱ－ㄴ－ㄹ－ㅅ－ㄷ－ㅂ－ㅁ
② ㄱ－ㅅ－ㄹ－ㄷ－ㄴ－ㅂ－ㅁ
③ ㄱ－ㅅ－ㅂ－ㄷ－ㄹ－ㄴ－ㅁ
④ ㄱ－ㅂ－ㄴ－ㄹ－ㅅ－ㄷ－ㅁ
⑤ ㄱ－ㄹ－ㄷ－ㄴ－ㅂ－ㅅ－ㅁ

39 한 Word가 24비트로 이루어지고 총 32,768개의 Word를 가진 기억장치가 있다. 이 기억장치를 사용하는 컴퓨터 시스템의 MBR, MAR, PC에 필요한 각각의 최소 비트 수는?

	MBR	MAR	PC
①	24	24	24
②	24	15	24
③	24	24	15
④	24	15	15
⑤	15	24	24

40 다음 밑줄 친 ㉠에 해당되지 않는 것은?

> Major state는 현재 CPU가 무엇을 하고 있는가를 나타내는 상태로서, CPU가 무엇을 위해 주기억장치에 접근하느냐에 따라 ㉠ 네 가지 상태가 있다.

① Fetch Cycle
② Branch Cycle
③ Indirect Cycle
④ Execute Cycle
⑤ Interrupt Cycle

01 다음 중 무선 LAN 시스템의 구성요소가 아닌 것은?

① BSS(Basic Service Set)

② ESS(Extended Service Set)

③ MSS(Mobile Satellite Service)

④ DS(Distribution System)

⑤ AP(Access Point)

02 샘플된 신호로부터 원래의 아날로그 신호를 에러 없이 복원하기 위해서는 샘플링 주파수와 샘플되는 신호의 주파수의 관계는 어떠해야 하는가?

① 최고 주파수와 동일해야 한다.

② 최고 주파수의 두 배 이상이어야 한다.

③ 최저 주파수와 동일해야 한다.

④ 최저 주파수의 두 배 이상이어야 한다.

⑤ 최고 주파수의 세 배 이상이어야 한다.

03 다음 중 아날로그 신호 전송에 사용되는 기본 신호는?

① 신호파

② 변조파

③ 정현파

④ 고조파

⑤ 반송파

04 다음 중 4진폭 편이 변조 방식에서 한 번에 변조할 수 있는 데이터의 수는?

① 1bit

② 2bit

③ 3bit

④ 4bit

⑤ 5bit

05 다음 중 코덱에서 사용되는 변조 방식은?

① ASK   ② FSK

③ QAM   ④ PCM

⑤ QPSK

06 데이터를 전송하는 두 나라 간에 디지털 데이터가 원활하게 전송되기 위하여 수행되어야 할 여러 가지 절차들을 무엇이라고 하는가?

① 에러 제어 기법   ② 전송 제어 기법

③ 회선 규범   ④ 입출력 제어 기법

⑤ 동기 제어 기법

07 다음 중 Router의 기능이라고 할 수 없는 것은?

① NAT 기능

② DHCP 기능

③ 데이터 전송을 위한 경로 지정 기능

④ 인위적인 착신 및 발신

⑤ 자동 절단 기능

08 다음 중 지상 마이크로파 통신에서 주로 사용되는 통신 주파수 대역은?

① 2 ~ 20KHz   ② 2 ~ 40GHz

③ 10 ~ 20MHz   ④ 30 ~ 300GHz

⑤ 10 ~ 100MHz

09 다음 중 8상 QPSK 변조 방식에서 데이터 전송률이 2,400bps인 경우의 변조율은?

① 400baud

② 800baud

③ 1,200baud

④ 2,400baud

⑤ 3,600baud

10 다음 중 TCP 계층의 역할을 설명한 내용으로 적절하지 않은 것은?

① Connection Oriented Protocol

② User Data를 순서적으로 확실하게 전송하기 위한 프로토콜

③ 긴급 데이터 표시, 응답 확인, 흐름 제어, 재송신 등과 같은 송신 제어 기능 보유

④ 전이중 방식의 양방향 가상 회선 제공

⑤ 독립된 UDP 패킷을 Application이 직접 주고받기 위한 프로토콜

11 다음 중 ILS에서 로컬라이저의 기능은 무엇인가?

① 착륙코스의 수평위치를 지시한다.

② 착륙코스의 수직위치를 지시한다.

③ 활주로 끝에서의 거리를 표시한다.

④ 비행착륙의 보조장치이다.

⑤ 수직면 내에서 특정한 지향성을 갖는 전파를 송신한다.

12 다음 중 무선 수신기의 기본 회로가 아닌 것은?

① 고주파 증폭부

② 중간주파증폭 및 복조부

③ 국부 발진부

④ 주파수 변환 회로

⑤ 대역 확대 회로

13 다음 중 송신기와 송신 안테나가 떨어져 있을 경우에 송신기의 출력을 안테나까지 공급하기 위한 케이블은?

① 의사 공중선   ② 트롤리 선

③ 송신 공중선   ④ 수신장치(STL)

⑤ 급전선

14 다음 중 FM의 특징이 아닌 것은?

① 다이내믹 레인지가 넓다.

② 잡음이 많다.

③ 충실도와 왜율이 적다.

④ 주파수 특성이 넓은 범위에서 평탄하다.

⑤ 장애물의 영향을 많이 받는다.

15 다음 중 단파 수신기에서 리미터를 사용하는 주된 이유는?

① 주파수 특성을 좋게 하기 위하여

② 페이딩을 방지하기 위하여

③ 이득을 높이기 위하여

④ 출력을 크게 하기 위하여

⑤ 진폭에 변화를 주기 위하여

16 다음 중 TV의 영상 반송파의 변조 방식은?

① AM 방식   ② FM 방식

③ PM 방식   ④ SSB 방식

⑤ PCM 방식

17 다음 중 TV 음성신호는 영상 반송파보다 얼마나 높은 주파수를 보내는가?

① 2.5MHz   ② 3.5MHz

③ 4.5MHz   ④ 6.5MHz

⑤ 7.5MHz

18 다음 중 DSB와 SSB 통신방식을 비교할 때 SSB 방식의 장점이 아닌 것은?

① S/N비가 개선된다.

② 소 전력으로 양질의 통신이 가능하다.

③ 대역폭이 대략 반으로 된다.

④ 자동이득제어(AGC)작용이 매우 용이하다.

⑤ 선택성 페이딩(3dB 개선)에 의한 왜곡이 적다.

19 다음 중 방송국에서 발사된 전파가 150km 떨어진 거리에 도달하려면 걸리는 시간은?

① 0.5초   ② 0.05초

③ 0.001초   ④ 0.0005초

⑤ 0.00001초

20 수직 공중선에 유입되는 전압이 6mV, 입력 회로에서 반사되는 전압이 3mV일 때, 다음에서 전압 정재파비(SWR)는?

① 1   ② 2

③ 3   ④ 4

⑤ 5

21 다음 중 반도체에서의 홀 효과(Hall-Effect)란 무엇인가?

① 상온에서 반도체 내에 캐리어가 발생하는 현상

② 반도체 내의 자계에 의하여 고유 저항이 변화되는 효과

③ 반도체 내의 자유 전자가 정공(Hall)으로 변화되는 현상

④ 반도체에 빛을 쪼이면 자유 전자가 발생되는 효과

⑤ 전자에 X선을 쪼였을 때 전자가 튀어나오는 현상

22 멀티바이브레이터의 단 안정, 무 안정, 쌍 안정은 다음 중 무엇으로 결정되는가?

① 바이어스 전압 크기   ② 전원 전압 크기

③ 결합 회로 구성   ④ 컬렉터 전류

⑤ 이미터 전류

23 정류 회로에서 무부하일 때의 출력 전압이 14V이고 부하를 연결하였을 때 부하 양단에 걸리는 전압이 12V 이면 이 정류 회로의 전압 변동률은?

① 15.4%   ② 16.0%

③ 16.7%   ④ 17.6%

⑤ 18.4%

24 다음 중 입력 신호의 S/N비가 20이고, 출력 신호의 S/N비가 100인 증폭기의 잡음 지수는?

① -54   ② -48

③ -38   ④ -26

⑤ -14

25 다음 중 트랜지스터에 걸어주는 바이어스 전압에 대한 설명으로 잘못된 것은?

① 바이어스 전압의 대부분은 공핍층에 걸린다.
② 포화영역에서는 컬렉터 접합의 저항이 작다.
③ NPN일 때는 전자가, PNP일 때는 정공이 소수 캐리어로서 주 역할을 한다.
④ NPN일 때와 PNP일 때는 바이어스 전압을 걸어주는 극성이 정반대이다.
⑤ 바이어스가 적정하지 않을 때는 출력 파형이 일그러질 수 있다.

26 다음 중 C급 증폭기에 대한 설명으로 옳지 않은 것은?

① 출력이 높다.
② 출력의 왜곡이 크다.
③ 전류가 신호의 반주기보다 짧은 시간 동안에만 흐른다.
④ 저주파 전력 증폭에 많이 사용된다.
⑤ 플레이트 효율이 높다.

27 다음 중 수정 발진기의 특성에 대한 설명으로 옳지 않은 것은?

① 주파수 유도성폭이 매우 넓다.
② 주파수 안정도가 대단히 높다.
③ Q지수가 매우 높다.
④ 발진 주파수가 기계적·물리적으로 안정되어 있다.
⑤ 송신기의 중심주파수를 결정하는 주발진기에 대부분 사용된다.

28 다음 중 신호파의 변화를 반송파의 주파수 변화로 변조하여 전송하는 변조 방식은?

① 위상 변조   ② 진폭 변조
③ 델타 변조   ④ 펄스 코드 변조
⑤ 주파수 변조

29 다음은 바리스터(Varister)에 대한 설명이다. 설명으로 올바른 것은?

① 전류에 따라 저항 값이 변화하는 소자

② 온도에 따라 전압이 변화하는 소자

③ 온도에 따라 저항 값이 변화하는 소자

④ 전압에 따라 저항 값이 변화하는 소자

⑤ 전류에 따라 전압이 변화하는 소자

30 다음 중 펄스 파형에서 오버슈트란?

① 상승 파형에서 이상적인 펄스의 파형보다 높은 부분

② 이상적인 파형에 비하여 10%의 크기가 되는 데 걸리는 시간

③ 하강 파형에서 이상적인 펄스파의 기본 레벨보다 아래로 내려가는 높이

④ 펄스의 파형 중 이상적인 펄스 진폭의 50%를 넘는 부분

⑤ 증폭기에서 고역 차단 주파수와 저역 차단 주파수 사이의 주파수 폭

31 다음 중 정현 대칭 푸리에 급수식에 나타나는 성분은?

① 직류 성분만

② cos성분만

③ sin성분만

④ 직류 성분과 sin성분만 존재

⑤ 직류 성분과 cos성분만 존재

32 다음 중 주파수 분할 다중화의 특징으로 옳지 않은 것은?

① 주로 TV 방송, CATV 방송, 위성 통신, 이동 전화 시스템 등에서 이용된다.

② 각 신호들은 서로 상이한 주파수로 변조된다.

③ 여러 주파수 대역의 신호들이 하나의 회선을 통하여 전송된다.

④ 반송 주파수는 서로의 대역폭이 겹치지 않도록 충분히 분리된다.

⑤ 전송 매체의 유효 대역폭보다 전송하고자 하는 신호의 대역폭이 큰 경우에 사용한다.

33 다음 중 디지털 신호를 아날로그 신호로 변환하는 과정을 무엇이라고 하는가?

① 인코딩
② 변조
③ 데이터 합성
④ 디코딩
⑤ 복조

34 다음 중 IP 주소와 MAC 주소의 Mapping를 수행하는 것은?

① ARP
② TCP
③ UDP
④ SLIP
⑤ DHCP

35 다음 중 데이터 전송 제어에서 수행되는 내용에 속하지 않는 것은?

① 회선 제어
② 흐름 제어
③ 에러 제어
④ 동기 제어
⑤ 입출력 제어

36 다음 중 광섬유의 특성에 대한 설명으로 옳지 않은 것은?

① 넓은 대역폭을 가진다.
② 신호의 감쇠가 적다.
③ 외부 전자장에 의하여 영향을 받는다.
④ 고도의 통신 안전성이 보장된다.
⑤ 직경은 0.1mm 정도로 가늘다.

37 다음 중 코드 분할 다중 액세스(CDMA) 방식에 대한 설명으로 옳지 않은 것은?

① FDMA와 TDMA의 혼합된 형태이다.
② 전송 시간은 TDMA로, 각 시간 대역에서는 FDMA로 전송한다.
③ 전체 신호에 미치는 페이딩의 영향을 줄일 수 있다.
④ 전체적인 데이터 전송률을 증대시킬 수 있다.
⑤ Code 사용기법이기 때문에 자동적으로 프라이버시가 보장된다.

38 다음 중 동기식 데이터 전송 방식의 특성에 대한 설명으로 옳지 않은 것은?

① 문자나 비트에 시작 및 정지 비트를 사용한다.
② 송수신간 동기화가 이루어져야 한다.
③ 데이터 블록이 큰 경우 비동기식 전송보다 훨씬 효율적이다.
④ 2단계 인코딩 동기화 기법을 사용한다.
⑤ 타이밍은 각 메시지 또는 데이터 블록의 출발점에 있는 동기 부호들에 의해 유도된다.

39 파형의 상승 시간 t_r와 대역폭(bandwidth) B와의 관계를 나타내는 것은?

① 비례한다.   ② 반비례한다.
③ 제곱에 반비례한다.   ④ 평방근에 반비례한다.
⑤ 제곱에 비례한다.

40 다음 중 실시간 통신을 위한 프로토콜의 형태라고 할 수 없는 것은?

① IVv6   ② RSVP
③ RTSP   ④ P2P
⑤ RTP

| 05 | 건축일반

01 다음 중 상점 정면(Facade)구성에 요구되는 5가지 광고 요소(AIDMA 법칙)에 속하지 않는 것은?

① Attention(주의)

② Identity(개성)

③ Desire(욕구)

④ Memory(기억)

⑤ Action(행동)

02 아스팔트 방수층, 개량아스팔트 시트 방수층, 합성고분자계 시트 방수층 및 도막 방수층 등 불투수성 피막을 형성하여 방수하는 공사를 총칭하는 용어로 옳은 것은?

① 실링방수

② 멤브레인방수

③ 구체침투방수

④ 벤토나이트방수

⑤ 시멘트액체방수

03 모살치수 8mm, 용접길이 500mm인 양면모살용접의 유효 단면적은 약 얼마인가?

① $2,100\text{mm}^2$

② $3,221\text{mm}^2$

③ $4,300\text{mm}^2$

④ $5,421\text{mm}^2$

⑤ $5,820\text{mm}^2$

04 다음 중 직류 엘리베이터에 대한 설명으로 옳지 않은 것은?

① 임의의 기동 토크를 얻을 수 있다.

② 고속 엘리베이터용으로 사용이 가능하다.

③ 원활한 가감속이 가능하여 승차감이 좋다.

④ 교류 엘리베이터에 비하여 가격이 저렴하다.

⑤ 종류로는 직류 기어드, 기어레스 등이 있다.

05 다음은 건축법령상 직통계단의 설치에 대한 기준 내용이다. 빈칸에 들어갈 개수로 옳은 것은?

초고층 건축물에는 피난층 또는 지상으로 통하는 직통계단과 직접 연결되는 피난안전구역(건축물의 피난·안전을 위하여 건축물 중간층에 설치하는 대피공간)을 지상층으로부터 최대 _____ 층마다 1개소 이상 설치하여야 한다.

① 10개   ② 20개
③ 30개   ④ 40개
⑤ 50개

06 6층 이상의 거실면적의 합계가 $3,000m^2$인 경우, 건축물의 용도별 설치하여야 하는 승용승강기의 최소 대수가 옳은 것은?(단, 15인승 승강기의 경우)

① 업무시설 − 2대
② 의료시설 − 2대
③ 숙박시설 − 2대
④ 위락시설 − 2대
⑤ 교육연구시설 − 2대

07 다음은 옥내소화전설비에서 전동기에 따른 펌프를 이용하는 가압송수장치에 대한 설명이다. 빈칸 ㉠ ～ ㉡ 안에 들어갈 내용으로 옳은 것은?

특정소방대상물의 어느 층에 있어서도 해당 층의 옥내소화전(5개 이상 설치된 경우에는 5개의 옥내소화전)을 동시에 사용할 경우 각 소화전의 노즐선단에서의 방수압력이 (㉠) 이상이고, 방수량이 (㉡) 이상이 되는 성능의 것으로 할 것

① ㉠ 0.17MPa, ㉡ 130ℓ/min
② ㉠ 0.17MPa, ㉡ 250ℓ/min
③ ㉠ 0.34MPa, ㉡ 130ℓ/min
④ ㉠ 0.34MPa, ㉡ 250ℓ/min
⑤ ㉠ 0.4MPa, ㉡ 300ℓ/min

08 다음 중 주철근으로 사용된 D22 철근 180° 표준갈고리의 구부림 최소 내면 반지름(γ)으로 옳은 것은?

① $\gamma = 1d_b$

② $\gamma = 2d_b$

③ $\gamma = 2.5d_b$

④ $\gamma = 3d_b$

⑤ $\gamma = 3.5d_b$

09 철근콘크리트 PC 기둥을 8톤 트럭으로 운반하고자 한다. 차량 1대에 최대로 적재 가능한 PC 기둥의 수는? (단, PC 기둥의 단면크기는 30cm×60cm이고, 길이는 3m이다)

① 1개

② 2개

③ 4개

④ 6개

⑤ 8개

10 다음 중 공장 건축의 레이아웃 계획에 대한 설명으로 옳지 않은 것은?

① 플랜트 레이아웃은 공장건축의 기본설계와 병행하여 이루어진다.

② 고정식 레이아웃은 조선소와 같이 제품이 크고 수량이 적을 경우에 적용된다.

③ 다품종 소량생산이나 주문생산 위주의 공장에는 공정 중심의 레이아웃이 적합하다.

④ 레이아웃 계획은 작업장 내의 기계설비 배치에 대한 것으로 공장규모변화에 따른 융통성은 고려대상이 아니다.

⑤ 제품 중심의 레이아웃은 대량생산에 유리하며 생산성이 높다.

11 다음 중 쇼핑센터의 몰(Mall)의 계획에 대한 설명으로 옳지 않은 것은?

① 전문점들과 중심상점의 주출입구는 몰에 면하도록 한다.

② 몰에는 자연광을 끌어들여 외부공간과 같은 성격을 갖게 하는 것이 좋다.

③ 다층으로 계획할 경우, 시야의 개방감을 적극적으로 고려하는 것이 좋다.

④ 중심상점들 사이의 몰의 길이는 150m를 초과하지 않아야 하며, 길이 40~50m마다 변화를 주는 것이 바람직하다.

⑤ 각종 연회, 이벤트 행사 등을 유치하기 위해 코트를 설치하기도 한다.

12 다음 중 건축물 높낮이의 기준이 되는 벤치마크(Bench mark)에 대한 설명으로 옳지 않은 것은?

① 이동 또는 소멸 우려가 없는 장소에 설치한다.

② 수직규준틀이라고도 한다.

③ 이동 등 훼손될 것을 고려하여 2개소 이상 설치한다.

④ 공사가 완료된 뒤라도 건축물의 침하, 경사 등의 확인을 위해 사용되기도 한다.

⑤ 지면에서 0.5m~1.0m 정도 바라보기 좋고 공사에 지장이 없는 곳에 설치한다.

13 그림과 같은 단면을 가진 압축재에서 유효좌굴길이 $KL=250$mm일 때 Euler의 좌굴하중 값은?
(단, $E=210,000$MPa이다)

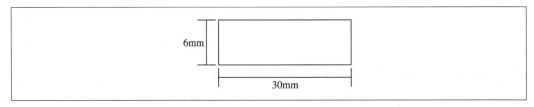

6mm

30mm

① 17.9kN   ② 43.0kN

③ 52.9kN   ④ 64.7kN

⑤ 68.9kN

14 다음 중 공기조화방식 중 팬코일유닛 방식에 대한 설명으로 옳지 않은 것은?

① 덕트 방식에 비해 유닛의 위치 변경이 용이하다.

② 유닛을 창문 밑에 설치하면 콜드 드래프트를 줄일 수 있다.

③ 전공기 방식으로 각 실에 수배관으로 인한 누수의 염려가 없다.

④ 각 실의 유닛은 수동으로도 제어할 수 있고, 개별 제어가 용이하다.

⑤ 실내용 소형 공조기이므로 고도의 공기처리를 할 수 없다.

15 공작물을 축조할 때 특별자치시장·특별자치도지사 또는 시장·군수·구청장에게 신고를 하여야 하는 대상 공작물에 속하지 않는 것은?(단, 건축물과 분리하여 축조하는 경우)

① 높이 3m인 담장

② 높이 5m인 굴뚝

③ 높이 5m인 광고탑

④ 높이 5m인 광고판

⑤ 높이 5m인 옹벽

16 다음 중 건축법령상 연립주택의 정의로 옳은 것은?

① 주택으로 쓰는 층수가 5개 층 이상인 주택

② 주택으로 쓰는 1개 동의 바닥면적 합계가 $660m^2$ 이하이고, 층수가 4개 층 이하인 주택

③ 주택으로 쓰는 1개 동의 바닥면적 합계가 $660m^2$를 초과하고, 층수가 4개 층 이하인 주택

④ 1개 동의 주택으로 쓰이는 바닥면적의 합계가 $300m^2$ 이하이고, 주택으로 쓰는 층수가 3개 층 이하인 주택

⑤ 1개 동의 주택으로 쓰이는 바닥면적의 합계가 $330m^2$ 이하이고, 주택으로 쓰는 층수가 3개 층 이하인 주택

17 다음 중 광원의 연색성에 대한 설명으로 옳지 않은 것은?

① 고압수은램프의 평균 연색평가수(Ra)는 100이다.

② 연색성을 수치로 나타낸 것을 연색평가수라고 한다.

③ 평균 연색평가수(Ra)가 100에 가까울수록 연색성이 좋다.

④ 물체가 광원에 의하여 조명될 때, 그 물체의 색의 보임을 정하는 광원의 성질을 말한다.

⑤ 할로겐전구의 연색평가수(Ra)가 가장 크다.

18 그림과 같은 교차보(Cross beam) A, B부재의 최대 휨모멘트의 비로서 옳은 것은?(단, 각 부재의 EI는 일정하다)

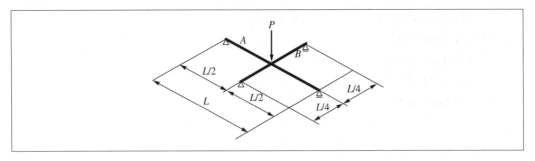

① 1 : 2
② 1 : 3
③ 1 : 4
④ 1 : 8
⑤ 1: 10

19 다음 중 건축마감공사로서 단열공사에 대한 설명으로 옳지 않은 것은?

① 단열시공바탕은 단열재 또는 방습재 설치에 못, 철선, 모르타르 등의 돌출물이 도움이 되므로 제거하지 않아도 된다.
② 설치위치에 따른 단열공법 중 내단열공법은 단열성능이 적고 내부 결로가 발생할 우려가 있다.
③ 단열재를 접착제로 바탕에 붙이고자 할 때에는 바탕면을 평탄하게 한 후 밀착하여 시공하되 초기박리를 방지하기 위해 압착상태를 유지시킨다.
④ 단열재료에 따른 공법은 성형판단열재 공법, 현장발포재 공법, 뿜칠단열재 공법 등으로 분류할 수 있다.
⑤ 시공부위에 따른 공법은 벽단열, 바닥단열, 지붕단열 공법 등으로 분류할 수 있다.

20 다음 내용과 같은 특징을 갖는 부엌의 평면형은?

> • 작업 시 몸을 앞뒤로 바꾸어야 하는 불편이 있다.
> • 식당과 부엌이 개방되지 않고 외부로 통하는 출입구가 필요한 경우에 많이 쓰인다.

① 일렬형
② ㄱ자형
③ 병렬형
④ ㄷ자형
⑤ LDK형

21 다음은 지하층과 피난층 사이의 개방공간 설치에 대한 기준 내용이다. 빈칸 안에 들어갈 숫자로 가장 적절한 것은?

> 바닥면적의 합계가 _____ 이상인 공연장·집회장·관람장 또는 전시장을 지하층에 설치하는 경우에는 각 실에 있는 자가 지하층 각 층에서 건축물 밖으로 피난하여 옥외 계단 또는 경사로 등을 이용하여 피난층으로 대피할 수 있도록 천장이 개방된 외부 공간을 설치하여야 한다.

① $1{,}000\text{m}^2$

② $2{,}000\text{m}^2$

③ $3{,}000\text{m}^2$

④ $4{,}000\text{m}^2$

⑤ $5{,}000\text{m}^2$

22 900명을 수용하고 있는 극장에서 실내 CO_2 농도를 0.1%로 유지하기 위해 필요한 환기량은?(단, 외기 CO_2 농도는 0.04%, 1인당 CO_2 배출량은 18L/h 이다.)

① $27{,}000\text{m}^3/\text{h}$

② $30{,}000\text{m}^3/\text{h}$

③ $60{,}000\text{m}^3/\text{h}$

④ $66{,}000\text{m}^3/\text{h}$

⑤ $72{,}000\text{m}^3/\text{h}$

23 프리스트레스하지 않는 부재의 현장치기 콘크리트에서 흙에 접하여 콘크리트를 친 후, 영구히 흙에 묻혀 있는 콘크리트 부재의 최소 피복두께로 옳은 것은?

① 40mm

② 50mm

③ 60mm

④ 80mm

⑤ 100mm

24 다음 중 조적조에 발생하는 백화현상을 방지하기 위하여 취하는 조치로 적절하지 않은 것은?

① 줄눈부분을 방수처리하여 빗물을 막는다.

② 잘 구워진 벽돌을 사용한다.

③ 줄눈 모르타르에 방수제를 넣는다.

④ 석회를 혼합하여 줄눈 모르타르를 바른다.

⑤ 차양 등의 비막이를 설치하여 벽에 직접 비가 맞지 않도록 한다.

25 다음 중 일반적으로 연면적에 대한 숙박 관계 부분의 비율이 가장 큰 호텔은 무엇인가?

① 해변 호텔

② 리조트 호텔

③ 커머셜 호텔

④ 레지덴셜 호텔

⑤ 터미널 호텔

26 다음 중 건축양식의 시대적 순서를 바르게 나열한 것은?

㉠ 로마네스크	㉡ 바로크
㉢ 고딕	㉣ 르네상스
㉤ 비잔틴	

① ㉠ → ㉢ → ㉣ → ㉡ → ㉤

② ㉠ → ㉢ → ㉣ → ㉤ → ㉡

③ ㉤ → ㉣ → ㉢ → ㉠ → ㉡

④ ㉤ → ㉠ → ㉢ → ㉣ → ㉡

⑤ ㉤ → ㉠ → ㉣ → ㉢ → ㉡

27 다음 설명이 의미하는 공법으로 옳은 것은?

미리 공장 생산한 기둥이나 보, 바닥판, 외벽, 내벽 등을 한 층씩 쌓아 올라가는 조립식으로 구체를 구축하고 이어서 마감 및 설비공사까지 포함하여 차례로 한 층씩 완성해 가는 공법

① 하프 PC합성바닥판공법

② 역타공법

③ 적층공법

④ 지하연속벽공법

⑤ 어스앵커공법

28 그림과 같은 옹벽에 토압 10kN이 가해지는 경우, 이 옹벽이 전도되지 않기 위해서는 어느 정도의 자중(自重)을 필요로 하는가?

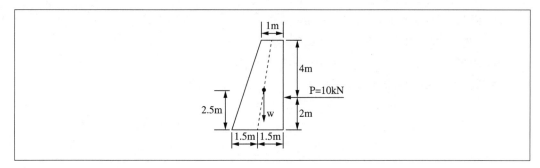

① 12.71kN

② 11.71kN

③ 10.44kN

④ 9.71kN

⑤ 8.44kN

29 압력탱크식 급수설비에서 탱크 내의 최고압력이 350kPa, 흡입양정이 5m인 경우, 압력탱크에 급수하기 위해 사용되는 급수펌프의 양정은?

① 약 3.5m

② 약 8.5m

③ 약 35m

④ 약 40m

⑤ 약 45m

30 피난안전구역(건축물의 피난·안전을 위하여 건축물 중간층에 설치하는 대피공간)의 구조 및 설비에 관한 기준 내용으로 옳지 않은 것은?

① 피난안전구역의 높이는 2.1m 이상일 것

② 비상용 승강기는 피난안전구역에서 승하차할 수 있는 구조로 설치할 것

③ 건축물의 내부에서 피난안전구역으로 통하는 계단은 피난계단의 구조로 설치할 것

④ 피난안전구역에는 식수공급을 위한 급수전을 1개소 이상 설치하고 예비전원에 의한 조명설비를 설치할 것

⑤ 내부마감재료는 불연재료로 설치할 것

31 다음 중 간접가열식 급탕법에 대한 설명으로 옳지 않은 것은?

① 대규모 급탕설비에 적합하다.

② 보일러 내부에 스케일의 발생 가능성이 높다.

③ 가열코일에 순환하는 증기는 저압으로도 된다.

④ 난방용 증기를 사용하면 별도의 보일러가 필요 없다.

⑤ 열효율이 직접가열식에 비해 낮다.

32 다음 그림과 같은 부정정 라멘의 B.M.D에서 P값을 구하면?

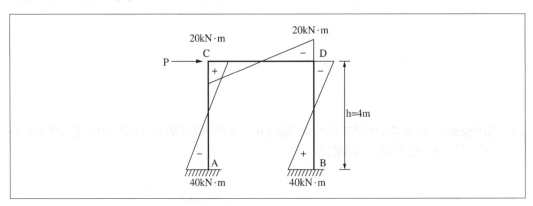

① 20kN

② 30kN

③ 50kN

④ 60kN

⑤ 70kN

33 다음 중 고대 로마 건축에 대한 설명으로 옳지 않은 것은?

① 인술라(Insula)는 다층의 집합주거 건물이다.

② 콜로세움의 1층에는 도릭 오더가 사용되었다.

③ 바실리카 울피아는 황제를 위한 신전으로 배럴 볼트가 사용되었다.

④ 판테온은 거대한 돔을 얹은 로툰다와 대형 열주 현관이라는 두 주된 요소로 이루어진다.

⑤ 카라칼라 욕장은 대칭적 질서를 유지하였다.

34 다음 중 경량골재콘크리트와 관련된 기준으로 옳지 않은 것은?

① 단위시멘트량의 최솟값 : 400kg/m²

② 물–결합재비의 최댓값 : 60%

③ 기건단위질량(경량골재 콘크리트 1종) : 1,700~2,000kg/m³

④ 굵은골재의 최대치수 : 20mm

⑤ 슬럼프 값 : 180mm 이하

35 다음 중 아파트의 평면형식에 대한 설명으로 옳지 않은 것은?

① 중복도형은 모든 세대의 향을 동일하게 할 수 없다.

② 편복도형은 각 세대의 거주성이 균일한 배치 구성이 가능하다.

③ 홀형은 각 세대가 양쪽으로 개구부를 계획할 수 있는 관계로 일조와 통풍이 양호하다.

④ 집중형은 공용 부분이 오픈되어 있으므로, 공용 부분에 별도의 기계적 설비계획이 필요 없다.

⑤ 입체형식은 단층형, 복층형으로 분류된다.

36 다음 중 파이프구조에 대한 설명으로 옳지 않은 것은?

① 파이프구조는 경량이며, 외관이 경쾌하다.

② 파이프구조는 대규모의 공장, 창고, 체육관, 동·식물원 등에 이용된다.

③ 접합부의 절단가공이 어렵다.

④ 파이프의 부재형상이 복잡하여 공사비가 증대된다.

⑤ 형강에 비해 경량이며, 공사비가 저렴하다.

37 강도설계법에 의해서 전단보강 철근을 사용하지 않고 계수하중에 의한 전단력 $V_u = 50$kN을 지지하기 위한 직사각형 단면보의 최소 유효깊이 d는?(단, 보통중량콘크리트 사용, $f_{ck} = 28$MPa, $b_w = 300$mm)

① 405mm

② 444mm

③ 504mm

④ 605mm

⑤ 648mm

38 다음 중 전기설비의 전압구분에서 저압 기준으로 옳은 것은?

① 교류 300V 이하, 직류 600V 이하

② 교류 600V 이하, 직류 600V 이하

③ 교류 600V 이하, 직류 750V 이하

④ 교류 750V 이하, 직류 750V 이하

⑤ 교류 750V 이하, 직류 800V 이하

39 다음은 건축법령상 리모델링에 대비한 특혜 등에 대한 기준 내용이다. 빈칸 안에 들어갈 내용으로 옳은 것은?

> 리모델링이 쉬운 구조의 공동주택의 건축을 촉진하기 위하여 공동주택을 대통령령으로 정하는 구조로 하여 건축허가를 신청하면 제56조(건축물의 용적률), 제60조(건축물의 높이 제한) 및 제61조(일조 등의 확보를 위한 건축물의 높이 제한)에 따른 기준을 _____의 범위에서 대통령령으로 정하는 비율로 완화하여 적용할 수 있다.

① 100분의 110　　　　　　　　② 100분의 120

③ 100분의 130　　　　　　　　④ 100분의 140

⑤ 100분의 150

40 다음 중 사무소 건축에서 기둥간격(Span)의 결정 요소로 적절하지 않은 것은?

① 건물의 외관

② 주차배치의 단위

③ 책상배치의 단위

④ 채광상 층고에 의한 안깊이

⑤ 구조상 스팬의 한도

| 06 | 토목일반

01 단면이 원형인 보에 휨모멘트 M이 작용할 때, 다음 중 이 보에 작용하는 최대 휨응력은?(단, 원형의 반지름은 r이다)

① $\dfrac{2M}{\pi r^3}$ ② $\dfrac{4M}{\pi r^3}$

③ $\dfrac{8M}{\pi r^3}$ ④ $\dfrac{16M}{\pi r^3}$

⑤ $\dfrac{32M}{\pi r^3}$

02 폭 b, 높이 h인 구형 단면에서 중립축의 단면 2차 모멘트를 I_A, 밑면의 단면 2차 모멘트를 I_B라 할 때 $\dfrac{I_A}{I_B}$는?

① 1 ② $\dfrac{1}{2}$

③ $\dfrac{1}{3}$ ④ $\dfrac{1}{4}$

⑤ $\dfrac{1}{5}$

03 다음 그림과 같은 단면적 1cm^2, 길이 1m인 철근 AB부재가 있다. 이 철근이 최대 $\delta = 1.0\text{cm}$ 늘어날 때 이 철금의 허용하중 $P[\text{kN}]$는?[단, 철근의 탄성계수(E)는 $2.1 \times 10^4 \text{kN/cm}^2$로 한다]

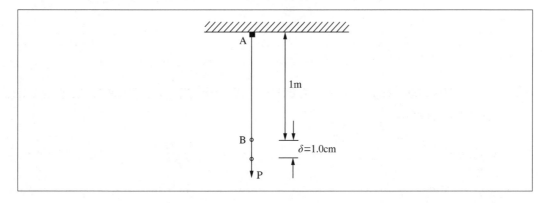

① 160   ② 180

③ 210   ④ 240

⑤ 270

04 다음 중 구조해석의 기본 원리인 겹침의 원리(Principal of Superposition)를 설명한 것으로 옳지 않은 것은?

① 탄성한도 이하의 외력이 작용할 때 성립한다.

② 외력과 변형이 비선형관계가 있을 때 성립한다.

③ 여러 종류의 하중이 실린 경우에 이 원리를 이용하면 편리하다.

④ 부정정 구조물에서도 성립한다.

⑤ 작용하는 하중에 의해 구조물의 변형이 많아서는 안 된다.

05 다음 그림에서 휨모멘트가 최대가 되는 단면의 위치는 B점에서 얼마만큼 떨어져 있는가?

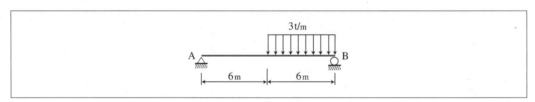

① 4.2m   ② 4.5m

③ 4.8m   ④ 5.2m

⑤ 5.5m

06 양단이 고정된 기둥에 축방향력에 의한 좌굴하중 P_{cr} 을 구하면?(단, E는 탄성계수, I는 단면 2차모멘트, L은 기둥의 길이이다)

① $P_{cr} = \dfrac{\pi^2 EI}{L^2}$ ② $P_{cr} = \dfrac{\pi^2 EI}{2L^2}$

③ $P_{cr} = \dfrac{\pi^2 EI}{4L^2}$ ④ $P_{cr} = \dfrac{4\pi^2 EI}{L^2}$

⑤ $P_{cr} = \dfrac{4\pi^2 EI}{2L^2}$

07 다음 단순보에 하중 $P=10t$이 보의 중앙에 작용한다. 이때 보 중앙에 생기는 처짐은?(단, 보의 길이 $l=$ 8.0m, 휨 강성계수 $EI=1,205\times10^4 t\cdot cm^2$ 이다)

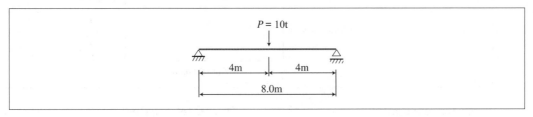

① 약 5.459cm   ② 약 8.852cm

③ 약 11.542cm   ④ 약 15.472cm

⑤ 약 17.352cm

08 축척 1 : 2,000 도면상의 면적을 축척 1 : 1,000으로 잘못 알고 면적을 관측하여 24,000m^{2}을 얻었을 때, 다음 중 실제 면적은 얼마인가?

① 6,000m^2 ② 12,000m^2

③ 24,000m^2 ④ 48,000m^2

⑤ 96,000m^2

09 다음 트래버스 측량의 각 관측 방법 중 방위각법에 대한 설명으로 옳지 않은 것은?

① 진북을 기준으로 어느 측선까지 시계 방향으로 측정하는 방법이다.

② 험준하고 복잡한 지역에서는 적합하지 않다.

③ 각이 독립적으로 관측되므로 오차 발생 시 개별각의 오차는 이후의 측량에 영향이 없다.

④ 각 관측값의 계산과 제도가 편리하고 신속히 관측할 수 있다.

⑤ 노선측량 또는 지형측량에 널리 쓰인다.

10 다음 중 지형측량의 과정을 논리적 순서대로 바르게 나열한 것은?

① 측량계획 – 골조측량 – 측량원도작성 – 세부측량

② 측량계획 – 세부측량 – 측량원도작성 – 골조측량

③ 측량계획 – 측량원도작성 – 골조측량 – 세부측량

④ 측량계획 – 골조측량 – 세부측량 – 측량원도작성

⑤ 측량계획 – 측량원도작성 – 세부측량 – 골조측량

11 직사각형의 가로, 세로의 거리가 아래와 같을 때, 다음 중 면적 A의 표현으로 가장 적절한 것은?

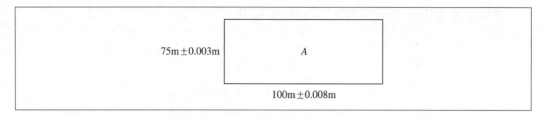

① $7,500\text{m}^2 \pm 0.67\text{m}^2$

② $7,500\text{m}^2 \pm 0.41\text{m}^2$

③ $7,500.9\text{m}^2 \pm 0.67\text{m}^2$

④ $7,500.9\text{m}^2 \pm 0.41\text{m}^2$

⑤ $7,500\text{m}^2 \pm 0.24\text{m}^2$

12 다음 중 DGPS(Differential GPS)에 대한 설명으로 옳지 않은 것은?

① DGPS는 기준국에서 추적 가능한 모든 위성의 의사거리 보정치를 계산한다.

② DGPS는 실시간 또는 후처리방식으로 가능하며, 코드측정법이라 한다.

③ 실시간 DGPS는 보정자료를 실시간으로 제공하고, 현장인력이 필요하지 않다.

④ 후처리 DGPS는 반송파를 이용함으로 정밀도가 낮은 편이다.

⑤ DGPS의 이동국은 보정치를 사용하여 보정 가능한 오차를 제거한다.

13 관수로에서 관의 마찰손실계수가 0.02, 관의 지름이 40cm일 때, 관내 물의 흐름이 100m를 흐르는 동안 2m의 마찰손실수두가 발생하였다면 관내의 유속은?

① 약 0.3m/s

② 약 1.3m/s

③ 약 2.8m/s

④ 약 3.8m/s

⑤ 약 4.2m/s

14 저수지의 측벽에 폭 20cm, 높이 5cm의 직사각형 오리피스를 설치하여 유량 200L/s를 유출시키려고 할 때, 수면으로부터의 오피리스 설치 위치는?(단, 유량계수 $C=0.62$이다)

① 약 33m

② 약 43m

③ 약 53m

④ 약 63m

⑤ 약 73m

15 수평으로 관 A와 B가 연결되어 있다. 관 A에서 유속은 2m/s, 관 B에서의 유속은 3m/s이며, 관 B에서의 유체압력이 9.8kN/m² 일 때, 다음 중 관 A에서의 유체압력은?(단, 에너지 손실은 무시한다)

① 약 2.5kN/m²

② 약 12.3kN/m²

③ 약 22.6kN/m²

④ 약 29.4kN/m²

⑤ 약 37.6kN/m²

16 안지름 2m의 관내를 20℃의 물이 흐를 때 동점성계수가 0.0101cm²/s이고 속도가 50cm/s일 때, 다음 중 레이놀즈수(Reynolds Number)는?

① 960,000

② 970,000

③ 980,000

④ 990,000

⑤ 1,000,000

17 어느 소유역의 면적이 20ha이고, 유수의 도달시간이 5분이다. 강수자료의 해석으로부터 얻어진 이 지역의 강우강도식이 다음과 같을 때, 다음 중 합리식에 의한 홍수량은?(단, 유역의 평균유출계수는 0.6이다)

$$(강우강도식)\ I = \frac{6,000}{(t+35)}\ (단,\ t는\ 강우지속시간이다)$$

① 18.0m³/s

② 5.0m³/s

③ 1.8m³/s

④ 0.5m³/s

⑤ 0.18³/s

18 다음과 같은 집중호우가 자기기록지에 기록되었다. 지속기간 20분 동안의 최대강우강도는?

시간	5분	10분	15분	20분	25분	30분	35분	40분
누가우량	2mm	5mm	10mm	20mm	35mm	40mm	43mm	45mm

① 95mm/h

② 105mm/h

③ 115mm/h

④ 135mm/h

⑤ 200mm/h

19 다음 중 DAD 해석에 관계되는 요소로 짝지어진 것을 모두 고르면?

① 강우깊이, 면적, 지속기간

② 적설량, 분포면적, 적설일수

③ 수심, 하천 단면적, 홍수기간

④ 강우량, 유수단면적, 최대수심

⑤ 강설량, 통수단면적, 강설일수

20 다음 중 일반적인 상수도 계통도를 순서대로 바르게 나열한 것은?

① 수원 및 저수시설 → 취수 → 배수 → 송수 → 정수 → 도수 → 급수

② 수원 및 저수시설 → 취수 → 도수 → 정수 → 급수 → 배수 → 송수

③ 수원 및 저수시설 → 취수 → 도수 → 정수 → 송수 → 배수 → 급수

④ 수원 및 저수시설 → 취수 → 배수 → 정수 → 급수 → 도수 → 송수

⑤ 수원 및 저수시설 → 취수 → 정수 → 배수 → 도수 → 급수 → 송수

21 지름 15cm, 길이 50m인 주철관으로 유량 $0.03\text{m}^3/\text{s}$의 물을 50m 양수하려고 한다. 양수 시 발생되는 총손실수두가 5m이었을 때, 이 펌프의 소요 축동력은?(단, 여유율은 0이며, 펌프의 효율은 80%이고, 소수점 둘째 자리에서 반올림한다)

① 20.2kW   ② 30.5kW

③ 33.5kW   ④ 37.2kW

⑤ 42.8kW

22 부유물 농도 200mg/L, 유량 $3,000\text{m}^3/\text{day}$인 하수가 침전지에서 70% 제거된다. 이때 슬러지의 함수율이 95%, 비중이 1.1일 때 슬러지의 양은?

① 약 $5.9\text{m}^3/\text{day}$ ② 약 $6.1\text{m}^3/\text{day}$

③ 약 $7.6\text{m}^3/\text{day}$ ④ 약 $8.5\text{m}^3/\text{day}$

⑤ 약 $9.5\text{m}^3/\text{day}$

23 BOD 300mg/L의 폐수 25,000m³/day를 활성슬러지법으로 처리하려고 한다. 반응조 내의 MLSS 농도가 2,000mg/L, F/M비가 1.0kg, BOD/kg MLSS · day로 처리하려고 한다면, BOD 용적부하는?

① 5kg BOD/m^3 · day

② 4kg BOD/m^3 · day

③ 3kg BOD/m^3 · day

④ 2kg BOD/m^3 · day

⑤ 1kg BOD/m^3 · day

24 다음 중 하수슬러지 소화공정에서 혐기성 소화법에 비하여 호기성 소화법의 장점으로 옳지 않은 것은?

① 유효 부산물 생성　　　　　　② 상징수 수질 양호

③ 악취발생 감소　　　　　　　④ 운전용이

⑤ 저렴한 최초 시공비

25 다음 중 급수관의 배관에 대한 설비기준으로 옳지 않은 것은?

① 급수관을 부설하고 되메우기를 할 때에는 양질토 또는 모래를 사용하여 적절하게 다짐한다.

② 동결이나 결로의 우려가 있는 급수장치의 노출부에 대해서는 적절한 방한 장치가 필요하다.

③ 급수관의 부설은 가능한 한 배수관에서 분기하여 수도미터 보호통까지 직선으로 배관한다.

④ 급수관을 지하층에 배관할 경우에는 가급적 지수밸브와 역류방지장치를 설치하지 않는다.

⑤ 급수관을 공공도로에 부설하는 경우 다른 매설물과의 간격은 30cm 이상 확보한다.

26 다음 터널공법 중 TBM공법에 대한 설명으로 옳은 것은?

① 터널 내의 반발량이 크고 분진량이 많다.

② 초기 투자비가 적고 사용하기에 편리하다.

③ 터널의 품질관리가 어렵다.

④ 암반자체를 지보재로 사용한다.

⑤ 숏크리트와 록볼트가 주로 사용된다.

27 다음 중 지표가 연직 수평인 옹벽에 있어 수동토압계수와 주동토압계수의 비는?(단, 흙의 내부마찰각은 30°이다)

① $\dfrac{1}{9}$

② $\dfrac{1}{3}$

③ 1

④ 3

⑤ 9

28 다음 중 표준관입시험에 대한 설명으로 옳지 않은 것은?

① 질량(63.5±0.5)kg인 해머를 사용한다.

② 해머의 낙하높이는 (760±10)mm이다.

③ 고정 Piston 샘플러를 사용한다.

④ 샘플러를 지반에 300mm 박아 넣는 데 필요한 타격횟수를 N값이라고 한다.

⑤ 사질토의 경우에는 N값에서 전단 강도나 모래의 압축성 등을 판정할 수 있다.

29 지름(D)이 10cm, 높이(h)가 20cm인 모래시료에 정수위 투수시험을 진행한 결과 정수두 40cm로 하여 5초 간의 유출량이 86.3cm^{3}이 되었다. 이 시료의 투수계수(k)는?

① 12.683×10^{-2}cm/sec

② 11.800×10^{-2}cm/sec

③ 10.988×10^{-2}cm/sec

④ 9.029×10^{-2}cm/sec

⑤ 8.683×10^{-2}cm/sec

30 다음 중 철근 콘크리트 보에 배치되는 철근의 순간격에 대한 설명으로 옳지 않은 것은?

① 동일 평면에서 평행한 철근 사이의 수평 순간격은 25mm 이상이어야 한다.

② 상단과 하단에 2단 이상으로 배치된 경우 상하 철근의 순간격은 25mm 이상으로 하여야 한다.

③ 철근의 순간격에 대한 규정은 서로 접촉된 겹침이음 철근과 인접된 이음철근 또는 연속철근 사이의 순간격에도 적용하여야 한다.

④ 벽체 또는 슬래브에서 휨 주철근의 간격은 벽체나 슬래브 두께의 2배 이하로 하여야 한다.

⑤ 철근 콘크리트 부재의 철근을 설계 배치하는 경우에 현장에서의 시공성 및 충분한 부착성을 확보하기 위하여 정해진 철근의 간격이다.

31 다음 중 철근콘크리트 부재의 철근 이음에 대한 설명으로 옳지 않은 것은?

① D35를 초과하는 철근은 겹침이음을 하지 않아야 한다.

② 인장 이형철근의 겹침이음에서 A급 이음은 $1.3l_d$ 이상, B급 이음은 $1.0l_d$ 이상 겹쳐야 한다(단, l_d는 규정에 의해 계산된 인장 이형철근의 정착 길이이다).

③ 압축 이형철근의 이음에서 콘크리트의 설계기준 압축강도가 21MPa 미만인 경우에는 겹침이음길이를 1/3 증가시켜야 한다.

④ 용접이음과 기계적이음은 철근의 항복강도의 125% 이상을 발휘할 수 있어야 한다.

⑤ 각 철근의 이음부는 서로 600mm 이상 엇갈려야 하고, 이음부에서 계산된 인장응력의 2배 이상을 발휘할 수 있도록 이어야 한다.

32 폭 40cm, 유효깊이 70cm인 직사각형보의 위험단면에 계수전단력 0.1MN이 작용했다면 공칭전단강도 V_u는 얼마 이상이어야 하는가?

① 0.025MN

② 0.133MN

③ 0.324MN

④ 0.355MN

⑤ 0.386MN

33 다음 중 비틀림철근에 대한 설명으로 옳지 않은 것은?(단, A_{oh}는 가장 바깥의 비틀림 보강철근의 중심으로 닫혀진 단면적이고, P_h는 가장 바깥의 횡방향 폐쇄스터럽 중심선의 둘레이다.)

① 횡방향 비틀림철근은 종방향 철근 주위로 135° 표준갈고리에 의해 정착하여야 한다.

② 비틀림모멘트를 받는 속빈 단면에서 횡방향 비틀림철근의 중심선으로부터 내부 벽면까지의 거리는 0.5 A_{oh}/P_h 이상이 되도록 설계하여야 한다.

③ 횡방향 비틀림철근의 간격은 $P_h/6$ 및 400mm보다 작아야 한다.

④ 종방향 비틀림철근은 양단에 정착하여야 한다.

⑤ 비틀림에 요구되는 종방향 철근은 폐쇄스터럽의 둘레를 따라 300mm 이하의 간격으로 분포시켜야 한다.

34 다음 중 아치(Arch)의 특성으로 옳지 않은 것은?

① 부재 단면은 주로 축방향력을 받는 구조이다.

② 아치는 통상 수평반력이 생긴다.

③ 휨모멘트나 압축에는 저항이 불가능하며 오직 장력에만 견딘다.

④ 수평반력은 각 단면에서의 휨모멘트를 감소시킨다.

⑤ 굽힙 응력을 적게 하기 위해 하중이 작용하는 방향을 볼록 곡선형으로 만든 구조이다.

35 다음 중 폭이 b이고 높이가 h인 직사각형의 도심에 대한 단면 2차 모멘트는?

① $\dfrac{bh}{3}(b^2 + h^2)$

② $\dfrac{\sqrt{bh}}{3}(b^3 + h^3)$

③ $\dfrac{\sqrt{bh}}{12}(b^3 + h^3)$

④ $\dfrac{bh}{12}(b^2 + h^2)$

⑤ $\dfrac{bh}{6}(b^2 + h^2)$

36 다음 중 세장비에 대한 설명으로 옳은 것은?

① $\dfrac{(기둥의 길이)}{(최소 회전 반경)}$

② $\dfrac{(최소 단면계수)}{(기둥의 길이)}$

③ $\dfrac{(기둥의 길이)}{(최대 지점 반지름)}$

④ $\dfrac{(최대 단면계수)}{(기둥의 길이)}$

⑤ $\dfrac{(최소 단면계수)}{(최소 지점 반지름)}$

37 금속의 탄성계수가 $E = 230,000$MPa이고, 전단탄성계수 $G = 60,000$MPa일 때, 이 금속의 푸아송비 (ν)는?

① 약 0.917

② 약 0.824

③ 약 0.766

④ 약 0.621

⑤ 약 0.486

38 중공 원형 강봉에 비틀림력 T가 작용할 때 최대 전단 변형률 $\gamma_{max} = 750 \times 10^{-6}$으로 측정되었다. 봉의 내경은 60mm이고 외경은 75mm일 때, 봉에 작용하는 비틀림력 T를 구하면?(단, 전단탄성계수는 $G = 8.15 \times 10^5 \text{kg}_f/\text{cm}^2$이며, 비틀림력은 소수점 첫째 자리에서 반올림한다)

① 29.9t · cm
② 32.7t · cm
③ 35.3t · cm
④ 39.2t · cm
⑤ 41.3t · cm

39 한 변의 길이가 10m인 정사각형 토지를 축척 1 : 600인 도상에서 관측한 결과, 도상의 변 관측 오차가 0.2mm씩 발생하였다. 다음 중 실제 면적에 대한 오차 비율은?

① 1.2%
② 2.4%
③ 4.8%
④ 6.0%
⑤ 7.2%

40 하천의 유속측정결과, 수면으로부터 깊이의 2/10, 4/10, 6/10, 8/10 되는 곳의 유속(m/s)이 각각 0.662, 0.552, 0.442, 0.332이었다면 3점법에 의한 평균유속은?

① 0.4603m/s
② 0.4695m/s
③ 0.5245m/s
④ 0.5337m/s
⑤ 0.5463m/s

2권

제2회
서울교통공사
기술직

NCS 직업기초능력평가
+ 직무수행능력평가

www.sdedu.co.kr

〈문항 및 시험시간〉

평가영역	문항 수	시험시간	모바일 OMR 답안분석		
직업기초능력평가+ 직무수행능력평가	80문항	100분	기계일반	전기일반	전자일반
			통신일반	건축일반	토목일반

제2회 모의고사

| 문항 수 : 80문항 |
| 시험시간 : 100분 |

제1영역 직업기초능력평가

01 다음 글의 제목으로 가장 적절한 것은?

> 사회보장제도는 사회구성원에게 생활의 위험이 발생했을 때 사회적으로 보호하는 대응체계를 가리키는 포괄적 용어로 크게 사회보험, 공공부조, 사회서비스가 있다. 예를 들면 실직자들이 구직활동을 포기하고 다시 노숙자가 되지 않도록 지원하는 것 등이 있다.
> 사회보험은 보험의 기전을 이용하여 일반주민들을 질병, 상해, 폐질, 실업, 분만 등으로 인한 생활의 위협으로부터 보호하기 위하여 국가가 법에 의하여 보험가입을 의무화하는 제도로 개인적 필요에 따라 가입하는 민간보험과 차이가 있다.
> 공공부조는 극빈자, 불구자, 실업자 또는 저소득계층과 같이 스스로 생계를 영위할 수 없는 계층의 생활을 그들이 자립할 수 있을 때까지 국가가 재정기금으로 보호하여 주는 일종의 구빈제도이다.
> 사회서비스는 복지사회를 건설할 목적으로 법률이 정하는 바에 의하여 특정인에게 사회보장 급여를 국가 재정부담으로 실시하는 제도로 군경, 전상자, 배우자 사후, 고아, 지적 장애아 등과 같은 특별한 사유가 있는 자나 노령자 등이 해당된다.

① 사회보험제도와 민간보험제도의 차이
② 사회보장제도의 의의
③ 우리나라의 사회보장제도
④ 사회보장제도의 대상자
⑤ 사회보장제도와 소득보장의 차이점

02 다음 시트에서 [B1] 셀에 수식 「=INT(A1)」 함수를 입력했을 때 결과로 올바른 것은?

	A	B
1	100.58	

① 100
② 100.5
③ 100.58
④ 100.6
⑤ 101

03 다음 중 승진을 하면 할수록 무능력하게 되는 현상을 가리키는 용어는?

① 피터의 법칙
② 샐리의 법칙
③ 무어의 법칙
④ 머피의 법칙
⑤ 파킨스의 법칙

04 평소 자동차에 관심이 많은 귀하는 자동차 잡지에서 흥미로운 글을 발견하였다. 이 글을 동료들과 함께 읽은 후 나눈 대화로 적절하지 않은 것은?

교통사고를 예방하고 운전자와 보행자의 안전을 지키는 첨단 전자식 안전장치, 과연 언제나 안전할까? 정답은 '아니오'이다. ABS, 에어백, 긴급제동장치(AEB), 차선유지 장치(LKAS), 차체자세제어장치(ESC), 능동형스마트크루즈컨트롤(ACC)과 같은 자동차 첨단 안전장치가 주목받고 있다. 물론 첨단 전자식 안전장치들이 정상적으로 작동할 경우 운전자와 교통안전을 위해 쓰이겠지만, 그렇지 않을 때는 교통사고 위험이 매우 크다. 자동차는 다양한 센서장치와 제어장치 등으로 구성되어 있으며, 이러한 각종 장치는 다른 전자제품처럼 시간이 지나면 낡고 성능이 떨어지거나 오작동하는 것이 어쩌면 당연하다.

그러나 운전자가 이 사실을 간과하거나 자동차 정기검사 시 이와 관련된 검사를 못 하고 있는 것은 교통안전을 위협하는 요인이 될 수 있다. 일례로 에어백 관련 센서장치 등이 노후화되어 정상적으로 작동하지 않아 추돌사고가 발생할 경우 에어백이 터지지 않거나 차선을 감지하는 센서장치가 차선 이탈 여부를 정상적으로 감지하지 못하여 차선유지제어장치를 작동하지 못하고 옆 차와 충돌하는 등 이러한 문제는 사고의 위험성뿐만 아니라 사고 책임 등 큰 사회적 문제로 발전할 수 있다. 독일은 첨단 전자식 안전장치에 대한 검사의 필요성에 대하여 사회적 공감대를 형성하고, 2015년 5월부터 첨단 전자식 안전장치 검사를 의무화하고 있으며, 유럽연합(EU)에서도 2018년까지 첨단 전자식 안전장치 검사를 의무화하는 법령을 개정하여 유럽연합 회원국에서는 검사를 이미 시행하거나 시행준비 중이다.

우리나라도 이러한 첨단 안전장치를 검사하기 위하여 검사장비 및 검사기준 개발 등을 적극적으로 추진하고 있다. 해외에서 첨단 전자식 안전장치에 대한 검사를 위하여 크게 두 가지 형태를 운영하고 있다. 하나는 첨단 안전장치를 전자적으로 검사할 수 있는 '진단장비' 형태의 검사와 다른 하나는 성능을 직접 검사할 수 있는 '검사장비'를 개발하여 적용하고 있다. 더불어, 지능형교통안전시스템(C-ITS)기반의 통신 기술이 접목된 차량과 차량 통신(V2V), 차량과 인프라 통신(V2I) 등 V2X(=Car2X)에 대한 검사기술 개발과 긴급구난시스템(e-Call) 등 미래형 자동차에 대한 검사기술 개발 중이다.

① A사원 : 자동차의 다양한 센서장치와 제어장치는 시간의 경과에 영향을 받네요.
② B사원 : 유럽연합에서는 이미 첨단 전자식 안전장치 검사를 의무화하는 법령을 개정했어요.
③ C사원 : 우리나라는 아직 첨단 안전장치를 검사하는 데 소극적인 입장이군요.
④ D사원 : 첨단 전자식 안전장치를 제때에 점검하지 않을 경우 사고의 위험성뿐만 아니라 사회적 책임 문제로 발전할 수 있어요.
⑤ E사원 : 해외에서 첨단 전자식 안전장치를 검사하는 방법에는 진단장비와 검사장비가 있네요.

05 다음 중 어느 빈칸에도 적절하지 않은 단어는?

• 그때의 감정은 4년이 지난 지금, 다시 떠올려도 _____할 길이 없다.

• 그렇게 올곧은 사람이 왜 그 사건은 _____하고 넘어갔는지 모르겠다.

• 태풍으로 인해 비행기가 어쩔 수 없이 연착되는 것을 _____해 줄 것을 부탁했다.

• 팀장님은 프로젝트 시 어떠한 실수도 _____하지 않는다.

• 팀원들의 _____을/를 구하지 않고 막무가내로 결정하는 그의 행동은 정말 불쾌하다.

• 1년 반만의 취업으로 _____할 수 없는 기쁨을 느꼈다.

---

① 형언

② 묵인

③ 양해

④ 공인

⑤ 용납

06 다음 문단을 논리적 순서대로 바르게 나열한 것은?

(가) 여기에 반해 동양에서는 보름달에 좋은 이미지를 부여한다. 예를 들어, 우리나라의 처녀귀신이나 도깨비는 달빛이 흐린 그믐 무렵에나 활동하는 것이다. 그런데 최근에는 동서양의 개념이 마구 뒤섞여 보름달을 배경으로 악마의 상징인 늑대가 우는 광경이 동양의 영화에 나오기도 한다.

(나) 동양에서 달은 '음(陰)'의 기운을, 해는 '양(陽)'의 기운을 상징한다는 통념이 자리를 잡았다. 그래서 달을 '태음', 해를 '태양'이라고 불렀다. 동양에서는 해와 달의 크기가 같은 덕에 음과 양도 동등한 자격을 갖춘다. 즉, 음과 양은 어느 하나가 좋고 다른 하나는 나쁜 것이 아니라 서로 보완하는 관계를 이루는 것이다.

(다) 옛날부터 형성된 이러한 동서양 간의 차이는 오늘날까지 영향을 끼치고 있다. 동양에서는 달이 밝으면 달맞이를 하는데, 서양에서는 달맞이를 자살 행위처럼 여기고 있다. 특히 보름달은 서양인들에게 거의 공포의 상징과 같은 존재이다. 예를 들어, 13일의 금요일에 보름달이 뜨게 되면 사람들이 외출조차 꺼린다.

(라) 하지만 서양의 경우는 다르다. 서양에서 낮은 신이, 밤은 악마가 지배한다는 통념이 자리를 잡았다. 따라서 밤의 상징인 달에 좋지 않은 이미지를 부여하게 되었다. 이는 해와 달의 명칭을 보면 알 수 있다. 라틴어로 해를 'Sol', 달을 'Luna'라고 하는데 정신병을 뜻하는 단어 'Lunacy'의 어원이 바로 'Luna'이다.

---

① (가) – (나) – (라) – (다)

② (나) – (라) – (가) – (다)

③ (나) – (라) – (다) – (가)

④ (나) – (다) – (가) – (라)

⑤ (다) – (나) – (라) – (가)

07 다음 중 우리나라의 직장생활에서 식사와 회식예절에 대한 설명으로 적절한 것은?

① 식사 중에는 음식 먹는 소리를 내는 것이 좋다.

② 회식 중에는 회식 분위기를 위해 주량이 넘도록 마신다.

③ 식사 중에 국은 그릇째 들고 마신다.

④ 식사 속도는 윗사람에게 맞추는 것이 좋다.

⑤ 윗사람보다 먼저 식사를 시작하는 것이 좋다.

08 다음 중 직장 내 승강기 이용에 대한 예절로 적절하지 않은 것은?

① 승강기를 탈 때는 내리는 사람이 전부 나온 후 타야 한다.

② 승강기 내에서는 잡담을 금하는 것이 좋다.

③ 승강기 문이 이미 닫히기 시작한 경우에는 빠르게 버튼을 눌러 탑승한다.

④ 승강기에 내리는 사람이 많은 경우 쉽게 내릴 수 있도록 비켜선다.

⑤ 승강기에 사람들이 타는 동안 안전을 위하여 'Open' 버튼을 누른다.

09 다음 중 직장 내에서 정직성에 어긋난 사례로 적절한 것은?

① 출퇴근 시간은 반드시 지키도록 한다.

② 점심시간이 부족하더라도 철저히 시간을 엄수한다.

③ 제품에 대한 단점은 언급하지 않도록 한다.

④ 자신의 실수는 반드시 인정한다.

⑤ 지각에 대해서는 변명을 하지 않는다.

10 다음 지시사항의 내용으로 적절하지 않은 것은?

> 은경씨, 금요일 오후 2시부터 10명의 인·적성검사 합격자의 1차 면접이 진행될 예정입니다. 5층 회의실 사용 예약을 지금 미팅이 끝난 직후 해주시고, 2명씩 5개 조로 구성하여 10분씩 면접을 진행하니 지금 드리는 지원 서류를 참고하시어 수요일 오전까지 다섯 조를 구성한 보고서를 저에게 주십시오. 그리고 2명의 면접 위원님께 목요일 오전에 면접 진행에 대해 말씀드려 미리 일정 조정을 완료해주시기 바랍니다.

① 면접은 10분씩 진행된다.
② 은경씨는 수요일 오전까지 보고서를 제출해야 한다.
③ 면접은 금요일 오후에 10명을 대상으로 실시된다.
④ 인·적성검사 합격자는 본인이 몇 조인지 알 수 있다.
⑤ 은경씨는 면접 위원님에게 면접 진행에 대해 알려야 한다.

11 다음은 조직목표의 특징을 나타낸 것이다. 5가지의 특징 중 옳지 않은 내용은 총 몇 가지인가?

> 〈조직목표의 특징〉
>
> • 공식적 목표와 실제적 목표가 다를 수 있다.
> • 다수의 조직목표를 추구할 수 있다.
> • 조직목표 간에는 수평적 상호관계가 있다.
> • 불변적 속성을 가진다.
> • 조직의 구성 요소와 상호관계를 가진다.

① 1가지   ② 2가지
③ 3가지   ④ 4가지
⑤ 5가지

※ S공사 인사팀에 근무하고 있는 E대리는 다른 부서의 D대리와 B과장의 승진심사를 위해 다음 표를 작성하였다. 이어지는 질문에 답하시오. [12~13]

〈승진심사 점수〉

(단위 : 점)

구분	기획력	업무실적	조직 성과업적	청렴도	승진심사 평점
B과장	80	72	78	70	
D대리	60	70	48		63.6

※ 승진심사 평점은 기획력 30%, 업무실적 30%, 조직 성과업적 25%, 청렴도 15%로 계산한다.
※ 각 부문별 만점 기준점수는 100점이다.

12 D대리의 청렴도 점수로 옳은 것은?

① 80점   ② 81점
③ 82점   ④ 83점
⑤ 84점

13 S공사에서 과장이 승진후보에 오르기 위해서는 승진심사 평점이 80점 이상이어야 한다. B과장이 과장 승진후보가 되려면 몇 점이 더 필요한가?

① 4.2점   ② 4.4점
③ 4.6점   ④ 4.8점
⑤ 5.0점

〈게임규칙〉

- 4×4 낱말퍼즐에는 다음과 같이 각 조각당 숫자 1개와 알파벳 1개가 함께 적혀 있다.

1 B	2 M	3 A	4 J
5 P	6 Y	7 L	8 D
9 X	10 E	11 O	12 R
13 C	14 K	15 U	16 I

- 게임을 하는 사람은 '가 ~ 다' 카드 3장 중 2장을 뽑아 카드에 적힌 규칙대로 조각끼리 자리를 바꿔 단어를 만든다.
- 카드는 '가', '나', '다' 각 1장이 있고, 뽑힌 각 1장의 카드로 낱말퍼즐 조각 2개를 아래와 같은 방식으로 1회 맞바꿀 수 있다.

구분	내용
가	낱말퍼즐 조각에 적힌 숫자가 소수인 조각끼리 자리바꿈
나	낱말퍼즐 조각에 적힌 숫자를 5로 나눈 나머지가 같은 조각끼리 자리바꿈
다	홀수가 적혀 있는 낱말퍼즐 조각끼리 자리바꿈

- 카드 2장을 모두 사용할 필요는 없다.
- '단어'란, 낱말퍼즐에서 같은 가로 혹은 세로 줄에 있는 4개의 문자를 가로는 왼쪽에서부터 세로는 위에서부터 차례대로 읽는 것을 의미한다.

14 규칙에 따라 게임을 진행할 때, 〈보기〉의 설명 중 옳은 것을 모두 고르면?

─〈보기〉─

ㄱ. 카드 '가', '다'를 뽑았다면 'BEAR'라는 단어를 만들 수 있다.

ㄴ. 카드 '나', '다'를 뽑았다면 'MEAL'이라는 단어를 만들 수 있다.

ㄷ. 카드 '가', '나'를 뽑았다면 'COLD'라는 단어를 만들 수 있다.

① ㄱ
② ㄴ
③ ㄱ, ㄷ
④ ㄴ, ㄷ
⑤ ㄱ, ㄴ, ㄷ

15 사용가능한 '가 ~ 다' 카드 중 '나·다' 카드를 다음과 같이 교체하였다. 변경된 카드와 기존의 게임 규칙에 따라 게임을 진행할 때, 〈보기〉의 설명 중 옳지 않은 것을 모두 고르면?

<table>
<tr><td colspan="2">〈교체 사항〉</td></tr>
<tr><td>구분</td><td>내용</td></tr>
<tr><td>가</td><td>낱말퍼즐 조각에 적힌 숫자가 소수인 조각끼리 자리바꿈</td></tr>
<tr><td>나</td><td>낱말퍼즐 조각에 적힌 숫자를 5로 나눈 나머지가 같은 조각끼리 자리바꿈</td></tr>
<tr><td>다</td><td>홀수가 적혀 있는 낱말퍼즐 조각끼리 자리바꿈</td></tr>
</table>

↓

<table>
<tr><td>구분</td><td>내용</td></tr>
<tr><td>가</td><td>낱말퍼즐 조각에 적힌 숫자가 소수인 조각끼리 자리바꿈</td></tr>
<tr><td>라</td><td>낱말퍼즐 조각에 적힌 숫자를 4로 나눈 나머지가 같은 조각끼리 자리바꿈</td></tr>
<tr><td>마</td><td>낱말퍼즐 조각에 적힌 숫자를 더하여 15를 초과하는 낱말퍼즐 조각끼리 자리바꿈</td></tr>
</table>

〈보기〉
ㄱ. 카드 '가', '라'를 뽑았다면 'PLAY'라는 단어를 만들 수 있다.
ㄴ. 카드 '가', '마'를 뽑았다면 'XERO'라는 단어를 만들 수 있다.
ㄷ. 카드 '라', '마'를 뽑았다면 'COLD'라는 단어를 만들 수 있다.

① ㄱ
② ㄷ
③ ㄱ, ㄴ
④ ㄱ, ㄷ
⑤ ㄴ, ㄷ

강점(Strength)	약점(Weakness)
• 경쟁력 있는 화물창출 인프라 확보 • 다기능 항만 전환 등을 통한 고부가가치 창출 기회 확보 및 수익구조 다양화 • 국내 최대 산업항만(수출·입 기준 국내 1위) • _____(가)_____	• 하역 능력 대비 컨테이너 물동량 증가세 저조 • 낮은 국내·외 인지도 • 자체 물량 창출을 위한 배후시장 미흡 • _____(나)_____
기회(Opportunity)	위협(Threat)
• FTA 확대로 다기능 항만 역량 요구 • 산업클러스터 항만에 대한 정부의 정책 변화 • 수출 자동차의 국내 환적 물동량 급증 • _____(다)_____	• 글로벌 해운동맹의 M&A로 물류거점 경쟁 가열 • 선박대형화에 따른 시설 증·개축 투자 소요 • 한진해운 사태 등으로 해운항만 경기 침체 • 글로벌 경기침체에 따른 물량증가 둔화 • _____(라)_____

16 SWOT 분석에 대한 설명이 다음과 같을 때, 빈칸 (가)~(라)에 들어갈 내용으로 적절하지 않은 것은?

> SWOT 분석은 기업의 내부환경을 분석하여 강점(Strength)과 약점(Weakness)을 발견하고, 외부환경을 분석하여 기회(Opportunity)와 위협(Threat)을 찾아내어 이를 토대로 강점은 살리고 약점은 죽이고, 기회는 활용하고 위협은 억제하는 마케팅 전략을 수립하는 것을 말한다.

① (가) : 글로벌 기업의 유치가 가능한 광활한 배후단지 보유
② (나) : 부채 감축 계획으로 사업 투자 여력 부족
③ (다) : 정부의 지속적 해양 신산업 육성
④ (라) : 일부 시설물 노후 심화에 따른 대규모 리뉴얼 사업 필요
⑤ (가) : 초대형 항만시설 보유로 신규 투자 불요

17 SWOT 분석에 의한 마케팅 전략이 다음과 같을 때, S공사에서 분석한 SWOT 분석 자료에 대한 마케팅 전략의 내용으로 적절하지 않은 것은?

<SWOT 마케팅 전략>

① SO전략(강점-기회전략) : 시장의 기회를 활용하기 위해 강점을 사용하는 전략을 선택한다.
② ST전략(강점-위협전략) : 시장의 위협을 회피하기 위해 강점을 사용하는 전략을 선택한다.
③ WO전략(약점-기회전략) : 약점을 극복함으로써 시장의 기회를 활용하는 전략을 선택한다.
④ WT전략(약점-위협전략) : 시장의 위협을 회피하고 약점을 최소화하는 전략을 선택한다.

① SO전략 : 화물창출 인프라를 활용하여 다양한 기능을 가진 항만으로 발돋움한다.
② ST전략 : 경기 침체에 대비하여 국내항만공사 중에서 수출·입 1위인 점을 적극 홍보한다.
③ WO전략 : 수출 자동차의 환적 물동량 급증 현상을 이용하여 경기침체 위기를 극복하도록 한다.
④ WT전략 : 물류거점을 확보하여 글로벌 해운동맹의 M&A에 대비하고 자체적으로 물량을 더 창출하도록 한다.
⑤ SO전략 : 정부의 정책 변화에 발맞춰 다기능 항만으로 전환하여 고부가가치를 창출한다.

18 영업부장에게 '거래처로 다음 달까지 납품하기로 한 제품이 5배 더 늘었다.'라는 문자를 받았다. 이때 생산팀을 담당하고 있는 A사원의 행동으로 가장 적절한 것은?

① 영업부장에게 왜 납품량이 5배나 늘었냐며 화를 낸다.
② 거래처 담당자에게 납품량을 다시 확인한 후 생산라인에 통보한다.
③ 잘못 보낸 문자라 생각하고 아무런 조치를 취하지 않는다.
④ 생산해야 할 제품 수가 5배나 늘었다고 바로 생산라인에 통보한다.
⑤ 추가로 더 생산할 수 없다고 단호히 거절한다.

19 Windows에서 실행 중인 다른 창이나 프로그램으로 빠르게 전환하는 방법으로 가장 적절한 것은?

① 〈Alt〉+〈Tab〉을 눌러 이동한다.
② 〈Ctrl〉+〈Tab〉을 눌러 이동한다.
③ 〈Ctrl〉+〈Alt〉+〈Delete〉를 눌러 나타나는 작업 관리자에서 이동한다.
④ 제어판에서 이동한다.
⑤ 컴퓨터를 재부팅한다.

20 다음 중 엑셀의 차트와 스파크라인에 대한 공통점을 설명한 것으로 옳지 않은 것은?

① 작성 시 반드시 원본 데이터가 있어야 한다.
② 데이터의 추이를 시각적으로 표현한 것이다.
③ 데이터 레이블을 입력할 수 있다.
④ 원본 데이터를 변경하면 내용도 자동으로 함께 변경된다.
⑤ 디자인 도구를 활용하여 디자인 편집이 가능하다.

21 다음 글의 빈칸 (가)와 (나)에 들어갈 문장으로 적절하지 않은 것은?

우리나라 교과서에는 아메리카 정복 시기의 역사적인 사실들을 잘못 기록하거나 왜곡하여 서술한 오류도 자주 발견된다.
             (가)
위의 인용문에는 유럽 사람들이 "라틴아메리카를 탐험하고 정복하였다."라고 기술했는데, '라틴아메리카'를 '아메리카'로 정정해야 한다. 이 사건은 영국이 아메리카 북동부에 식민지를 건설하기 전에 이루어졌기 때문이다. 1670년 에스파냐와 영국 간의 협약에 따라 북쪽 지역이 영국의 식민지가 된 이후에야 앵글로아메리카와 라틴아메리카라는 용어를 사용할 수 있다. 또한 에스파냐인 정복자 에르난 코르테스가 16세기 중반에 멕시코를 탐험했다는 내용도 오류다. 그는 16세기 중반이 아니라 초반인 1519년에 멕시코의 베라크루스 지역에 도착했고, 아스테카 제국의 수도인 테노치티틀란을 멸망시킨 것은 1521년이었다. 그리고 엘도라도가 '황금으로 가득 찬 도시'라는 뜻이라고 설명한 것도 오류다. 에스파냐어 El Dorado는 직역하자면 '황금으로 도금된 사람' 정도이고, 의역하면 아메리카에서 황금을 찾아 벼락부자가 된 '황금의 사나이'란 뜻이다. 이외에도 아메리카 정복에 관해 흔히들 오해하는 내용이 있다.

             (나)
우리는 일반적으로 에스파냐 왕실이 아메리카 정복을 직접 지휘했고 정복자들은 에스파냐의 정식 군인이었다고 생각한다. 이러한 생각은 완전히 착각이다. 아메리카 정복은 민간 무장 집단이 주도했고, 정복자들도 민간인이었다.

① "엘도라도에 대한 호기심과 황금에 대한 욕심 때문에 유럽 사람들이 라틴아메리카를 탐험하고 정복하였다."
② "1532년 11월 16일 잉카 제국은 에스파냐의 피사로가 이끄는 180여 명의 군대에 의해 멸망했다."
③ "이후 16세기 중반에 멕시코를 탐험하였던 코르테스가 카카오를 에스파냐의 귀족과 부유층에 소개하여, 17세기 중반에는 유럽 전역에 퍼졌다."
④ "코르테스는 이 도시를 철저하게 파괴하여 폐허로 만들고, 그 위에 '새로운 에스파냐'라고 불리는 멕시코시티를 건설하였다."
⑤ "엘도라도는 에스파냐어로 '황금으로 가득 찬 도시'라는 뜻이 있다."

22 다음 중 Windows에서 32bit 운영체제인지 64bit 운영체제인지 확인하는 방법으로 옳은 것은?

① [시작] – [바로 가기 메뉴] – [속성]

② [시작] – [컴퓨터] – [바로 가기 메뉴] – [속성]

③ [시작] – [제어판] – [바로 가기 메뉴] – [관리 센터]

④ [시작] – [기본 프로그램] – [바로 가기 메뉴] – [열기]

⑤ [시작] – [컴퓨터] – [바로 가기 메뉴] – [네트워크]

23 Q회사는 해외지사와 화상 회의를 1시간 동안 하기로 하였다. 모든 지사의 업무시간은 오전 9시부터 오후 6시까지이며, 점심시간은 낮 12시부터 오후 1시까지이다. ⟨조건⟩이 다음과 같을 때, 회의가 가능한 시간은 언제인가?(단, 회의가 가능한 시간은 서울 기준이다)

---⟨조건⟩---

- 헝가리는 서울보다 7시간 느리고, 현지시간으로 오전 10시부터 2시간 동안 외부출장이 있다.
- 호주는 서울보다 1시간 빠르고, 현지시간으로 오후 2시부터 3시간 동안 회의가 있다.
- 베이징은 서울보다 1시간 느리다.
- 헝가리와 호주는 서머타임 ＋1시간을 적용한다.

① 오전 10시 ~ 오전 11시   ② 오전 11시 ~ 낮 12시

③ 오후 1시 ~ 오후 2시   ④ 오후 2시 ~ 오후 3시

⑤ 오후 3시 ~ 오후 4시

24 K회사에서 근무하는 김사원은 수출계약 건으로 한국에 방문하는 바이어를 맞이하기 위해 인천공항에 가야 한다. 미국 뉴욕에서 오는 바이어는 현지시각으로 21일 오전 8시 30분에 한국행 비행기에 탑승할 예정이며, 비행시간은 17시간이다. K회사에서 인천공항까지는 1시간 30분이 걸리고, 바이어의 도착 예정시각보다는 30분 일찍 도착하여 대기하려고 할 때, 김사원이 적어도 회사에서 출발해야 하는 시각은?(단, 뉴욕은 한국보다 13시간이 느리다)

① 21일 10시 30분   ② 21일 12시 30분

③ 22일 12시   ④ 22일 12시 30분

⑤ 22일 14시 30분

25 다음 글을 읽고 ㉠에 대한 이해로 적절한 것을 고르면?

최근 컴퓨터로 하여금 사람의 신체 움직임을 3차원적으로 인지하게 하여, 이 정보를 기반으로 인간과 컴퓨터가 상호작용하는 다양한 방법이 연구되고 있다. 리모컨 없이 손짓으로 TV 채널을 바꾼다거나 몸짓을 통해 게임 속 아바타를 조종하는 것 등이 바로 그것이다. 이때 컴퓨터가 인지하고자 하는 대상이 3차원 공간 좌표에서 얼마나 멀리 있는지에 대한 정보가 필수적인데 이를 '깊이 정보'라 한다.

깊이 정보를 획득하는 방법으로 우선 수동적 깊이 센서 방식이 있다. 이는 사람이 양쪽 눈에 보이는 서로 다른 시각 정보를 결합하여 3차원 공간을 인식하는 것과 비슷한 방식으로, 두 대의 카메라로 촬영하여 획득한 2차원 영상에서 깊이 정보를 추출하는 것이다. 하지만 이 방식은 두 개의 영상을 동시에 처리해야 하므로 시간이 많이 걸리고, 또한 한쪽 카메라에는 보이지만 다른 카메라에는 보이지 않는 부분에 대해서는 정확한 깊이 정보를 얻기 어렵다. 두 카메라가 동일한 수평선상에 정렬되어 있어야 하고, 카메라의 광축도 평행을 이루어야 한다는 제약조건도 따른다.

그래서 최근에는 능동적 깊이 센서 방식인 TOF(Time of Flight) 카메라를 통해 깊이 정보를 직접 획득하는 방법이 주목받고 있다. TOF 카메라는 LED로 적외선 빛을 발사하고, 그 신호가 물체에 반사되어 돌아오는 시간차를 계산하여 거리를 측정한다. 한 대의 TOF 카메라가 1초에 수십 번 빛을 발사하고 수신하는 것을 반복하면서 밝기 또는 색상으로 표현된 동영상 형태로 깊이 정보를 출력한다.

㉠TOF 카메라는 기본적으로 '빛을 발사하는 조명'과 '대상에서 반사되어 돌아오는 빛을 수집하는 두 개의 센서'로 구성된다. 그중 한 센서는 빛이 발사되는 동안만, 나머지 센서는 빛이 발사되지 않는 동안만 활성화된다. 전자는 A센서, 후자는 B센서라 할 때 TOF 카메라가 깊이 정보를 획득하는 기본적인 과정은 다음과 같다. 먼저 조명이 켜지면서 빛이 발사된다. 동시에, 대상에서 반사된 빛을 수집하기 위해 A센서도 켜진다. 일정 시간 후 조명이 꺼짐과 동시에 A센서도 꺼진다. 조명과 A센서가 꺼지는 시점에 B센서가 켜진다. 만약 카메라와 대상 사이가 멀어서 반사된 빛이 돌아오는 데 시간이 걸려 A센서가 활성화되어 있는 동안에 A센서로 다 들어오지 못하면 나머지 빛은 B센서에 담기게 된다. 결국 대상에서 반사된 빛이 A센서와 B센서로 나뉘어 담기게 되는데 이러한 과정이 반복되면서 대상과 카메라 사이가 가까울수록 A센서에 누적되는 양이 많아지고, 멀수록 B센서에 누적되는 양이 많아진다. 이렇게 A, B 각 센서에 누적되는 반사광의 양의 차이를 통해 깊이 정보를 얻을 수 있는 것이다.

TOF 카메라도 한계가 없는 것은 아니다. 적외선을 사용하기 때문에 태양광이 있는 곳에서는 사용하기 어렵고, 보통 10m 이내로 촬영 범위가 제한된다. 하지만 실시간으로 빠르고 정확하게 깊이 정보를 추출할 수 있기 때문에 다양한 분야에서 응용되고 있다.

① 대상의 깊이 정보를 수치로 표현하겠군.
② 햇빛이 비치는 밝은 실외에서 더 유용하겠군.
③ 빛 흡수율이 높은 대상일수록 깊이 정보 획득이 용이하겠군.
④ 손이나 몸의 상하좌우뿐만 아니라 앞뒤 움직임도 인지하겠군.
⑤ 사물이 멀리 있을수록 깊이 정보를 더욱 정확하게 측정하겠군.

26 다음 중 매슬로우(A. H. Maslow)의 5단계 욕구이론에 대한 설명으로 적절하지 않은 것은?

① 최상의 욕구인 자기실현 욕구는 하위 기본 욕구들이 충족되어야만 추구될 수 있다.

② 생리적 욕구는 최하위 욕구로, 인간의 기본적인 식욕·수면욕 등이 이에 해당한다.

③ 사회적 욕구는 다른 사람과의 관계에 대한 욕구로, 인간은 원만한 대인관계를 추구한다.

④ 자기실현의 욕구는 한 번 충족되어지면 더 이상 추구되지 않는다.

⑤ 성공적인 자기개발을 위해서는 욕구를 다스릴 필요가 있다.

27 다음 중 업무수행 성과를 높이기 위한 행동전략을 잘못 사용하고 있는 사람은?

- A사원 : 저는 해야 할 일이 생기면 미루지 않고, 그 즉시 바로 처리하려고 노력합니다.
- B사원 : 저는 여러 가지 일이 생기면 비슷한 업무끼리 묶어서 한 번에 처리하곤 합니다.
- C대리 : 저는 다른 사람이 일하는 방식과 다른 방식으로 생각하여 더 좋은 해결책을 발견기도 합니다.
- D대리 : 저도 C대리의 의견과 비슷합니다. 저는 저희 팀의 업무 지침이 마음에 들지 않아 저만의 방식을 찾고자 합니다.
- E인턴 : 저는 저희 팀에서 가장 일을 잘한다고 평가받는 김부장님을 제 역할모델로 삼았습니다.

① A사원 ② B사원

③ C대리 ④ D대리

⑤ E인턴

28 다음 글의 주장에 대한 비판으로 가장 적절한 것은?

> 고대 그리스 시대의 사람들은 신에 의해 우주가 운행된다고 믿는 결정론적 세계관 속에서 신에 대한 두려움이나 신이 야기한다고 생각되는 자연재해나 천체 현상 등에 대한 두려움을 떨치지 못했다. 에피쿠로스는 당대의 사람들이 이러한 잘못된 믿음에서 벗어나도록 하는 것이 중요하다고 보았고, 이를 위해 인간이 행복에 이를 수 있도록 자연학을 바탕으로 자신의 사상을 전개하였다.
>
> 에피쿠로스는 신의 존재는 인정하나 신의 존재 방식이 인간이 생각하는 것과는 다르다고 보고, 신은 우주들 사이의 중간 세계에 살며 인간사에 개입하지 않는다는 이신론적(理神論的) 관점을 주장한다. 그는 불사의 존재인 신이 최고로 행복한 상태이며, 다른 어떤 것에게도 고통을 주지 않고, 모든 고통은 물론 분노와 호의와 같은 것으로부터 자유롭다고 말한다. 따라서 에피쿠로스는 인간의 세계가 신에 의해 결정되지 않으며, 인간의 행복도 자율적 존재인 인간 자신에 의해 완성된다고 본다.
>
> 한편 에피쿠로스는 인간의 영혼도 육체와 마찬가지로 미세한 입자로 구성된다고 본다. 영혼은 육체와 함께 생겨나고 육체와 상호작용하며 육체가 상처를 입으면 영혼도 고통을 받는다. 더 나아가 육체가 소멸하면 영혼도 함께 소멸하게 되어 인간은 사후(死後)에 신의 심판을 받지 않으므로, 살아있는 동안 인간은 사후에 심판이 있다고 생각하여 두려워 할 필요가 없게 된다. 이러한 생각은 인간으로 하여금 죽음에 대한 모든 두려움에서 벗어나게 하는 근거가 된다.

① 신은 우리가 생각하는 것처럼 인간 세계에 대해 그다지 관심이 많지 않다.

② 인간은 신을 믿지 않기 때문에 두려움도 느끼지 않는다.

③ 신이 만든 인간의 육체와 영혼은 서로 분리될 수 없으므로 사후세계는 인간의 허상에 불과하다.

④ 신은 인간 세계에 개입하지 않으므로 신의 섭리에 따라 인간의 삶을 이해하려 해서는 안 된다.

⑤ 인간이 아픔 때문에 죽음에 대해 두려움을 느낀다면, 사후에 대한 두려움을 떨쳐버리는 것만으로 두려움은 해소될 수 없다.

29 S공사에는 직원들의 편의를 위해 휴게실에 전자레인지가 구비되어 있다. E사원은 회사의 기기를 관리하는 업무를 맡고 있는데, 동료 사원들로부터 전자레인지를 사용할 때 가끔씩 불꽃이 튀고 음식이 잘 데워지지 않는다는 이야기를 들었다. 다음 제품설명서를 토대로 서비스를 접수하기 전에 점검할 사항으로 옳지 않은 것은?

증상	원인	조치 방법
전자레인지가 작동하지 않는다.	• 전원 플러그가 콘센트에 바르게 꽂혀 있습니까? • 문이 확실히 닫혀 있습니까? • 배전판 퓨즈나 차단기가 끊어지지 않았습니까? • 조리방법을 제대로 선택하셨습니까? • 혹시 정전은 아닙니까?	• 전원 플러그를 바로 꽂아주십시오. • 문을 다시 닫아 주십시오. • 끊어졌으면 교체하고 연결시켜 주십시오. • 취소를 누르고 다시 시작하십시오.
동작 시 불꽃이 튄다.	• 조리실 내벽에 금속 제품 등이 닿지 않았습니까? • 금선이나 은선으로 장식된 그릇을 사용하고 계십니까? • 조리실 내에 찌꺼기가 있습니까?	• 벽에 닿지 않도록 하십시오. • 금선이나 은선으로 장식된 그릇은 사용하지 마십시오. • 깨끗이 청소해 주십시오.
조리 상태가 나쁘다.	• 조리 순서, 시간 등 사용 방법을 잘 선택하셨습니까?	• 요리책을 다시 확인하고 사용해 주십시오.
회전 접시가 불균일하게 돌거나 돌지 않는다.	• 회전 접시와 회전 링이 바르게 놓여 있습니까?	• 각각을 정확한 위치에 놓아 주십시오.
불의 밝기나 동작 소리가 불균일하다.	• 출력의 변화에 따라 일어난 현상이니 안심하고 사용하셔도 됩니다.	

① 조리실 내 위생 상태 점검
② 사용 가능 용기 확인
③ 사무실, 전자레인지 전압 확인
④ 조리실 내벽 확인
⑤ 조리 순서, 시간 확인

※ S공사에서는 화장실의 청결을 위해 비데를 구매하고 화장실과 가까운 곳에 위치한 귀하의 팀원들에게 비데를 설치하도록 지시하였다. 다음 내용은 비데를 설치하기 위해 참고할 제품설명서의 일부 내용이다. 이어지는 질문에 답하시오. [30~32]

〈설치방법〉

1) 비데 본체의 변좌와 변기의 앞면이 일치되도록 전후로 고정하십시오.
2) 비데용 급수호스를 정수필터와 비데 본체에 연결한 후 급수밸브를 열어 주십시오.
3) 전원을 연결하십시오(반드시 전용 콘센트를 사용하십시오).
4) 비데가 작동하는 소리가 들린다면 설치가 완료된 것입니다.

〈주의사항〉

• 전원은 반드시 AC220V에 연결하십시오(반드시 전용 콘센트를 사용하십시오).
• 변좌에 걸터앉지 말고 항상 중앙에 앉고, 변좌 위에 어떠한 것도 놓지 마십시오(착좌센서가 동작하지 않을 수도 있습니다).
• 정기적으로 수도필터와 정수필터를 청소 또는 교환해 주십시오.
• 급수밸브를 꼭 열어 주십시오.

〈A/S 신청 전 확인 사항〉

현상	원인	조치 방법
물이 나오지 않을 경우	급수밸브가 잠김	매뉴얼을 참고하여 급수밸브를 열어 주세요.
	정수필터가 막힘	매뉴얼을 참고하여 정수필터를 교체하여 주세요(A/S상담실로 문의하세요).
	본체 급수호스 등이 동결	더운물에 적신 천으로 급수호스 등의 동결부위를 녹여 주세요.
기능 작동이 되지 않을 경우	수도필터가 막힘	흐르는 물에 수도필터를 닦아 주세요.
	착좌센서 오류	착좌센서에서 의류, 물방울, 이물질 등을 치워 주세요.
수압이 약할 경우	수도필터에 이물질이 낌	흐르는 물에 수도필터를 닦아 주세요.
	본체의 호스가 꺾임	호스의 꺾인 부분을 펴 주세요.
노즐이 나오지 않을 경우	착좌센서 오류	착좌센서에서 의류, 물방울, 이물질 등을 치워 주세요.
본체가 흔들릴 경우	고정 볼트가 느슨해짐	고정 볼트를 다시 조여 주세요.
비데가 작동하지 않을 경우	급수밸브가 잠김	매뉴얼을 참고하여 급수밸브를 열어 주세요.
	급수호스의 연결문제	급수호스의 연결상태를 확인해 주세요. 계속 작동하지 않는다면 A/S상담실로 문의하세요.
변기의 물이 샐 경우	급수호스가 느슨해짐	급수호스 연결부분을 조여 주세요. 계속 샐 경우 급수밸브를 잠근 후 A/S상담실로 문의하세요.

30 귀하는 지시에 따라 비데를 설치하였는데, 동료 K사원으로부터 비데의 기능이 작동하지 않는다는 사실을 접수하였다. 다음 중 귀하가 해당 문제점에 대한 원인을 파악하기 위해 확인해야 할 사항으로 가장 적절한 것은?

① 급수밸브의 잠김 여부
② 수도필터의 청결 상태
③ 정수필터의 청결 상태
④ 급수밸브의 연결 상태
⑤ 비데의 고정 여부

31 30에서 확인한 사항이 추가로 다른 문제를 일으킬 수 있는지 미리 점검하고자 할 때, 다음 중 가장 적절한 행동은?

① 수압이 약해졌는지 확인한다.
② 물이 나오지 않는지 확인한다.
③ 본체가 흔들리는지 확인한다.
④ 노즐이 나오지 않는지 확인한다.
⑤ 변기의 물이 새는지 확인한다.

32 앞 문제들과 동일한 현상이 재발되지 않도록 하기 위한 근본적인 해결방안으로 가장 적절한 것은?

① 변좌에 이물질이나 물방울이 남지 않도록 수시로 치워준다.
② 정수필터가 막히지 않도록 수시로 점검하고 교체한다.
③ 수도필터가 청결함을 유지할 수 있도록 수시로 닦아준다.
④ 급수호수가 꺾여있는 부분이 없는지 수시로 점검한다.
⑤ 급수호스 연결부분이 느슨해지지 않도록 정기적으로 조여준다.

33 T은행의 행원인 귀하는 새로 입사한 A사원이 은행업무에 잘 적응할 수 있도록 근무 지도를 하고 있다. 상황을 토대로 다음 중 귀하가 A사원에게 지도할 사항으로 적절하지 않은 것은?

> A사원 : 안녕하십니까? 고객님. 어떤 업무를 도와드릴까요?(자리에서 앉아 컴퓨터 모니터를 응시한 채로 고객을 반김)
> 고객　 : 지난 한 달간 제가 거래한 내역이 필요해서요. 발급이 가능한가요?
> A사원 : 네, 지난 한 달간 은행 입출금 거래내역서 발급을 도와드리겠습니다. 신분증을 확인할 수 있을까요?
> 고객　 : 여기 있습니다.
> A사원 : 네, 감사합니다(응대용 접시에서 신분증만 회수함). 1월 1일부터 1월 30일까지 거래내역을 조회해 드리면 될까요?
> 고객　 : 네. 그리고 체크카드 신청도….
> A사원 : 우선 먼저 요청하신 거래내역서를 발급해드리고 다른 업무를 도와드리겠습니다.
> 고객　 : 알겠습니다.
> A사원 : (거래내역서 인쇄 중) 거래내역서 발급 시에는 2천 원의 수수료가 발생합니다.

① 고객이 다가오면 하는 일을 멈추고 고객을 응시하여야 합니다.
② 고객을 맞이할 때에는 되도록이면 자리에서 일어나 밝은 모습으로 반기도록 합니다.
③ 업무에 필요한 고객의 물품을 가져갈 때에는 응대용 접시와 함께 회수하도록 합니다.
④ 고객과 대화할 때에는 고객의 말을 끊지 않도록 합니다.
⑤ 업무 처리와 관련하여 고객이 알아야 할 모든 사항은 업무가 완료된 후에 전달해야 합니다.

34 다음과 같은 상황에서 주문처가 취해야 할 대응방안으로 가장 적절한 것은?

> 고객이 상품을 주문했는데 배송이 일주일이 걸렸다. 상품을 막상 받아보니 사이즈가 작아 반품을 했으나, 주문처에서 갑자기 반품 배송비용을 청구하였다. 고객은 반품 배송비용을 고객이 부담해야 한다는 공지를 받은 적이 없어 당황해했으며 기분 나빠했다.

① 배송을 빨리 하도록 노력하겠습니다.
② 사이즈를 정확하게 기재하겠습니다.
③ 반품 배송비가 있다는 항목을 제대로 명시하겠습니다.
④ 주문서를 다시 한 번 확인하겠습니다.
⑤ 고객에게 사이즈를 교환해주겠습니다.

35 다음 중 ○○은행의 행원인 귀하가 신입사원을 교육하기 위해 고객 응대 태도를 정리한 것으로 적절하지 않은 것은?

① 고객을 응대할 때는 눈을 정면으로 마주친다.

② 수수료 발생 등 고객의 부담이 되는 사항은 미리 고지해야 한다.

③ 자신의 담당인 고객을 맞이할 때에는 자리에서 일어서서 인사해야 한다.

④ 고객 응대 중 업무 관련 전화가 왔을 때는 사적인 통화가 아니기 때문에 전화를 받으면서 일 처리를 해도 무방하다.

⑤ 고객의 직접적인 질문 외에도 관련된 질문을 먼저 드리는 것이 필요하다.

36 C사원은 자기계발을 위해 집 근처 학원들을 탐방하고 다음과 같이 표로 정리하였다. C사원이 배우려는 프로그램에 대한 내용으로 옳지 않은 것은?(단, 시간이 겹치는 프로그램은 수강할 수 없다)

〈프로그램 시간표〉

프로그램	수강료	횟수	강좌시간
필라테스	300,000원	24회	09:00 ~ 10:10
			10:30 ~ 11:40
			13:00 ~ 14:10
플라잉 요가	330,000원	20회	09:00 ~ 10:10
			10:30 ~ 11:40
			13:00 ~ 14:10
액세서리 공방	260,000원	10회	13:00 ~ 15:00
가방 공방	360,000원	12회	13:30 ~ 16:00
복싱	320,000원	30회	10:00 ~ 11:20
			14:00 ~ 15:20

※ 강좌시간이 2개 이상인 프로그램은 그 중 원하는 시간에 수강이 가능하다.

① C사원은 오전에 운동을 하고, 오후에 공방에 가는 스케줄이 가능하다.

② 가방 공방의 강좌시간이 액세서리 공방 강좌시간보다 길다.

③ 공방 프로그램 중 하나를 들으면, 최대 두 프로그램을 더 들을 수 있다.

④ 프로그램을 최대로 수강할 시 가방 공방을 수강해야 총 수강료가 가장 비싸다.

⑤ 강좌 1회당 수강료는 플라잉 요가가 가방 공방보다 15,000원 이상 저렴하다.

37 어떤 고고학 탐사대가 발굴한 네 개의 유물 A, B, C, D에 대하여 다음과 같은 사실을 알게 되었다. 발굴된 유물을 시대 순으로 오래된 것부터 나열한 것은?

- B보다 시대가 앞선 유물은 두 개다.
- C는 D보다 시대가 앞선 유물이다.
- A는 C에 비해 최근의 유물이다.
- D는 B가 만들어진 시대 이후에 제작된 유물이다.

① C - D - B - A   ② C - B - D - A

③ C - D - A - B   ④ C - A - B - D

⑤ C - A - D - B

38 다음 글을 근거로 판단할 때, 〈보기〉에서 옳은 것을 모두 고르면?

- A국의 1일 통관 물량은 1,000건이며, 모조품은 1일 통관 물량 중 1%의 확률로 존재한다.
- 검수율은 전체 통관 물량 중 검수대상을 무작위로 선정해 실제로 조사하는 비율을 뜻하는데, 현재 검수율은 10%로 전문 조사 인력은 매일 10명을 투입한다.
- 검수율을 추가로 10%p 상승시킬 때마다 전문 조사 인력은 1일당 20명이 추가로 필요하다.
- 인건비는 1인당 1일 기준 30만 원이다.
- 모조품 적발 시 부과되는 벌금은 건당 1,000만 원이며, 이 중 인건비를 차감한 나머지를 세관의 '수입'으로 한다.
- ※ 검수대상에 포함된 모조품은 모두 적발되고, 부과된 벌금은 모두 징수된다.

〈보기〉

ㄱ. 1일 평균 수입은 700만 원이다.
ㄴ. 모든 통관 물량을 전수조사한다면 수입보다 인건비가 더 클 것이다.
ㄷ. 검수율이 40%면 1일 평균 수입은 현재의 4배 이상일 것이다.
ㄹ. 검수율을 30%로 하는 방안과 검수율을 10%로 유지한 채 벌금을 2배로 인상하는 방안을 비교하면 벌금을 인상하는 방안의 1일 평균 수입이 더 많을 것이다.

① ㄱ, ㄴ   ② ㄴ, ㄷ

③ ㄱ, ㄴ, ㄹ   ④ ㄱ, ㄷ, ㄹ

⑤ ㄴ, ㄷ, ㄹ

39 다음은 방송통신위원회가 발표한 2022년 지상파방송의 프로그램 수출입 현황이다. 프로그램 수입에서 영국이 차지하는 비율은?(단, 비율은 소수점 둘째 자리에서 반올림한다)

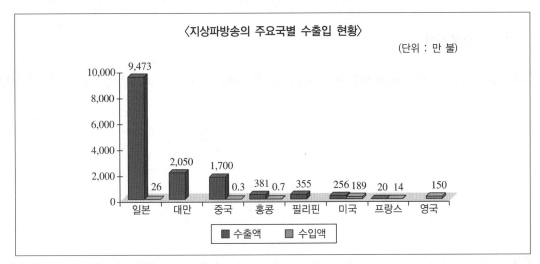

① 45.2%
② 43.8%
③ 41.1%
④ 39.5%
⑤ 37.7%

40 다음은 A중학교 여름방학 방과 후 학교 신청 학생 중 과목별 학생 수를 비율로 나타낸 그래프이다. 방과 후 학교를 신청한 전체 학생이 200명일 때, 수학을 선택한 학생은 미술을 선택한 학생보다 몇 명이 더 적은가?

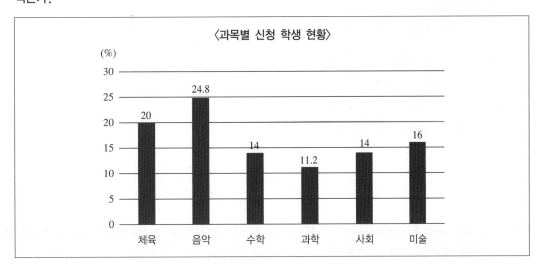

① 3명
② 4명
③ 5명
④ 6명
⑤ 7명

| 01 | 기계일반

01 탄성한도 내 인장 하중을 받는 봉이 있다. 응력을 4배로 증가시키면 최대 탄성에너지는 몇 배인가?

① 4배
② 8배
③ $\frac{1}{4}$배
④ $\frac{1}{8}$배
⑤ 16배

02 지름 3m, 두께 3cm의 얇은 원통에 860kPa의 내압이 작용할 때, 이 원통에 발생하는 최대 전단응력은?

① -8.2MPa
② -10.75MPa
③ 10.75MPa
④ -15.85MPa
⑤ 15.85MPa

03 2축 응력의 횡단면과 $60°$ 경사진 단면에서 $\sigma_x = 132.6$MPa, $\sigma_y = 45.6$MPa일 때 법선응력 σ_n과 전단응력 τ의 값은?

① $\sigma_n = 67.4$MPa, $\tau = 37.7$MPa
② $\sigma_n = -67.4$MPa, $\tau = -37.7$MPa
③ $\sigma_n = -102.3$MPa, $\tau = 37.7$MPa
④ $\sigma_n = 102.3$MPa, $\tau = -37.7$MPa
⑤ $\sigma_n = 132.3$MPa, $\tau = 37.7$MPa

04 지름 150mm인 축이 200rpm으로 회전한다. 1m 떨어진 두 단면에서 측정한 비틀림 각이 1/20rad이었다면 이 축에 작용하는 비틀림 모멘트의 크기는 약 몇인가?(단, 가로탄성계수는 100GPa이다)

① 135.2kN · m
② 152.7kN · m
③ 198.2kN · m
④ 232.5kN · m
⑤ 248.5kN · m

05 폭 30cm, 높이 10cm, 길이 1.5m의 외팔보의 자유단에 8kN의 집중하중을 작용시킬 때의 최대 처짐은?(단, 탄성계수 E＝200GPa이다)

① 2.5mm

② 2.0mm

③ 1.8mm

④ 1.5mm

⑤ 1.2mm

06 다음 중 응력집중현상에 대한 설명으로 옳지 않은 것은?

① 필릿의 반지름을 크게 하여 응력집중현상을 감소시킨다.

② 노치, 구멍, 홈 및 단 부위에 응력집중현상이 발생된다.

③ 응력집중 정도를 알아보기 위한 응력집중계수는 재료의 크기와 재질에 영향을 크게 받는다.

④ 단면부분을 열처리하거나 표면 거칠기를 향상시켜서 응력집중현상을 감소시킨다.

⑤ 열간 압연이나 열간 단조 등을 통해 내부의 기공을 압축시켜 응력집중현상을 감소시킨다.

07 다음 중 금속이 고온에서 장시간 외력을 받으면 서서히 변형이 증가하는 현상은?

① 전성

② 크리프

③ 가단성

④ 연성

⑤ 피로

08 단면적 500mm², 길이 100mm의 봉에 50kN의 길이방향하중이 작용했을 때, 탄성영역에서 늘어난 길이는 2mm일 때, 이 재료의 탄성계수는?

① 5GPa

② 2.5GPa

③ 5MPa

④ 2.5MPa

⑤ 5kPa

09 다음 중 열처리에 대한 설명으로 옳지 않은 것은?

① 완전 풀림처리(Full Annealing)에서 얻어진 조직은 조대 펄라이트(Pearlite)이다.

② 노멀라이징(Normalizing)은 강의 풀림처리에서 일어날 수 있는 과도한 연화를 피할 수 있도록 공기 중에서 냉각하는 것을 의미한다.

③ 오스템퍼링(Austempering)은 오스테나이트(Austenite)에서 베이나이트(Bainite)로 완전히 등온변태가 일어날 때까지 특정온도로 유지한 후 공기 중에서 냉각한다.

④ 스페로다이징(Spherodizing)은 미세한 펄라이트 구조를 얻기 위해 공석온도 이상으로 가열한 후 서랭하는 공정이다.

⑤ 마템퍼링(Martempering)은 마텐자이트와 베이나이트의 혼합조직을 얻는 방법이다.

10 다음 중 황 성분이 적은 선철을 용해로, 전기로에서 용해한 후 주형에 주입 전 마그네슘, 세륨, 칼슘 등을 첨가시켜 흑연을 구상화 한 것은?

① 합금주철　　　　　　　　　　② 구상흑연주철
③ 칠드주철　　　　　　　　　　④ 가단주철
⑤ 백주철

11 다음 중 재료의 원래 성질을 유지하면서 내마멸성을 강화시키는데 가장 적합한 열처리 공정은?

① 풀림(Annealing)
② 뜨임(Tempering)
③ 담금질(Quenching)
④ 고주파 경화법(Induction Hardening)
⑤ 피닝(Peening)

12 다음 중 항온 열처리 방식으로 옳지 않은 것은?

① 마템퍼링　　　　　　　　　　② Ms퀜칭
③ 오스포밍　　　　　　　　　　④ 마퀜칭
⑤ 쇼트피닝

13 다음 중 스테인리스강에 대한 설명으로 옳지 않은 것은?

① 스테인리스강은 뛰어난 내식성과 높은 인장강도의 특성을 갖는다.

② 스테인리스강은 산소와 접하면 얇고 단단한 크롬산화막을 형성한다.

③ 스테인리스강에서 탄소량이 많을수록 내식성이 향상된다.

④ 오스테나이트계 스테인리스강은 주로 크롬, 니켈이 철과 합금된 것으로 연성이 크다.

⑤ 12~18%의 Cr을 함유한 내식성이 아주 강한 강이다.

14 다음 중 경도 시험의 종류와 경도 시험의 명칭을 바르게 짝지은 것은?

(가) 원뿔형 다이아몬드 및 강구를 누르는 방법

(나) 낙하시킨 추의 반발높이를 이용

(다) 구형 누르개를 일정한 시험하중으로 압입

ㄱ. 쇼어 경도(H_S)

ㄴ. 브리넬 경도(H_B)

ㄷ. 로크웰 경도(H_R)

---

① (가) - ㄱ, (나) - ㄴ, (다) - ㄷ

② (가) - ㄴ, (나) - ㄱ, (다) - ㄷ

③ (가) - ㄴ, (나) - ㄷ, (다) - ㄱ

④ (가) - ㄷ, (나) - ㄱ, (다) - ㄴ

⑤ (가) - ㄷ, (나) - ㄴ, (다) - ㄱ

15 다음 중 금속의 결정 구조를 올바르게 연결한 것은?

① 알루미늄(Al) - 체심입방격자

② 금(Au) - 조밀육방격자

③ 크롬(Cr) - 체심입방격자

④ 마그네슘(Mg) - 면심입방격자

⑤ 구리(Cu) - 조밀율방격자

16 다음 중 표준성분이 Al-Cu-Ni-Mg으로 구성되어 있으며, 내열성 주물로서 내연기관의 실린더나 피스톤으로 많이 사용되는 합금은?

① 실루민
② 하이드로날륨
③ 두랄루민
④ Y합금
⑤ 코비탈륨

17 다음 중 심냉처리의 목적으로 가장 적절한 것은?

① 자경강에 인성을 부여하기 위함
② 담금질 후 시효변형을 방지하기 위해 잔류 오스테나이트를 마텐자이트 조직으로 얻기 위함
③ 항온 담금질하여 베이나이트 조직을 얻기 위함
④ 급열, 급냉 시 온도 이력현상을 관찰하기 위함
⑤ 담금질 후 일정한 시간동안 온도를 유지하기 위함

18 다음 중 탄소강 중의 펄라이트(Pearlite)조직은 어떤 것인가?

① α 고용체+γ 고용체 혼합물
② γ 고용체+α 고용체 혼합물
③ α 고용체+ Fe_3C 혼합물
④ γ 고용체+ Fe_3C 혼합물
⑤ δ 고용체+α 고용체 혼합물

19 다음 중 냉간가공의 특징에 대한 설명으로 옳지 않은 것은?

① 인장강도, 경도가 증가한다.
② 가공면이 아름답다.
③ 가공방향으로 섬유조직이 되어 방향에 따라 강도가 달라진다.
④ 가공도가 크므로 거친 가공에 적합하다.
⑤ 연신율, 단면수축률, 인성 등은 감소한다.

20 다음 중 용접에서 열영향부(Heat Affected Zone)에 대한 설명으로 적절한 것은?

① 융합부로부터 멀어져서 아무런 야금학적 변화가 발생하지 않은 부분

② 용융점 이하의 온도이지만 금속의 미세조직 변화가 일어난 부분

③ 높은 온도로 인하여 경계가 뚜렷하며 화학적 조성이 모재금속과 다른 조직이 생성된 부분

④ 용가재금속과 모재금속이 액체상태로 융해되었다가 응고된 부분

⑤ 용융점보다 높은 온도로 금속조직이 용융되어 일부가 소실된 부분

21 다음 중 일반적으로 공작물의 회전운동에 의하여 절삭이 이루어지는 공작기계는?

① 드릴링 머신

② 플레이너

③ 프레스

④ 선반

⑤ 슬로터

22 다음 중 윤활유의 구비조건으로 옳지 않은 것은?

① 온도에 따른 점도 변화가 적을 것

② 인화점이 높고 발열이나 화염에 인화되지 않을 것

③ 사용 중에 변질되지 않으며 불순물이 잘 혼합되지 않을 것

④ 발생열을 방출하여 열전도율이 낮을 것

⑤ 내열, 내압성이면서 가격이 저렴할 것

23 다음 중 사출성형품의 불량원인과 대책에 대한 설명으로 옳지 않은 것은?

① 플래싱(Flashing) : 고분자 수지가 금형의 분리면(Parting Line)의 틈으로 흘러나와 고화 또는 경화된 것으로, 금형 자체의 체결력을 높임으로써 해결될 수 있다.

② 주입부족(Short Shot) : 용융수지가 금형공동을 완전히 채우기 전에 고화되어 발생하는 결함으로, 성형 압력을 높임으로써 해결될 수 있다.

③ 수축(Shrinkage) : 수지가 금형공동에서 냉각되는 동안 발생하는 수축에 의한 치수 및 형상 변화로, 성형 수지의 온도를 낮춰 해결될 수 있다.

④ 용접선(Weld Line) : 용융수지가 금형공동의 코어 등의 주위를 흐르면서 반대편에서 서로 만나는 경계 부분의 기계적 성질이 떨어지는 결함으로, 게이트의 위치변경 등으로 개선할 수 있다.

⑤ 번 마크(Burn mark) : 과도하게 가열된 수지의 유입으로 성형품의 표면에 탄 모양이 생긴 결함으로, 용융 수지 및 금형의 온도를 낮춰 개선할 수 있다.

24 다음 중 밀링절삭 중 상향절삭에 대한 설명으로 옳지 않은 것은?

① 공작물의 이송방향과 날의 진행방향이 반대인 절삭작업이다.

② 이송나사의 백래시(Backlash)가 절삭에 미치는 영향이 거의 없다.

③ 마찰을 거의 받지 않으므로 날의 마멸이 적고 수명이 길다.

④ 칩이 가공할 면 위에 쌓이므로 시야가 좋지 않다.

⑤ 기계에 무리를 주지 않으므로 강성은 낮아도 된다.

25 다음 중 금속재료의 연성이나 전성을 이용한 가공방법을 〈보기〉에서 모두 고르면?

┌─────────────〈보기〉─────────────┐
│ ㄱ. 자유단조   ㄴ. 구멍 뚫기   │
│ ㄷ. 굽힘가공   ㄹ. 밀링가공   │
│ ㅁ. 압연가공   ㅂ. 선삭가공   │
└─────────────────────────────┘

① ㄱ, ㄴ, ㄹ   ② ㄱ, ㄷ, ㅁ

③ ㄴ, ㄷ, ㅂ   ④ ㄹ, ㅁ, ㅂ

⑤ ㄷ, ㄹ, ㅁ

26 다음 중 제품과 같은 모양의 모형을 양초나 합성수지로 만든 후 내화재료로 도포하여 가열경화시키는 주조방법은?

① 셸몰드법   ② 다이캐스팅법

③ 원심주조법   ④ 인베스트먼트주조법

⑤ 풀몰드법

27 다음 중 유동형 칩(Flow Type Chip)에 대한 설명으로 옳은 것은?

① 점성이 큰 재료를 절삭할 때 발생한다.

② 절삭할 때 진동을 동반한다.

③ 바이트 경사면에 따라 흐르듯이 연속적으로 발생한다.

④ 미끄럼 면에 간격이 조금 크게 된 상태에서 발생하는 칩이다.

⑤ 바이트가 충격에 의해 결손을 일으켜 불량한 절삭 상태이다.

28 다음 중 불활성가스 아크용접에 대한 설명으로 옳지 않은 것은?

① 용접 가능한 판의 두께 범위가 크며, 용접능률이 높다.

② 용제를 사용하여 균일한 용접을 할 수 있다.

③ 산화와 질화를 방지할 수 있다.

④ 철금속뿐만 아니라 비철금속용접이 가능하다.

⑤ 청정작용이 있고 슬래그나 잔류 용제를 제거할 필요가 없다.

29 다음 중 핀(Pin)의 종류에 대한 설명으로 옳지 않은 것은?

① 테이퍼 핀은 보통 1/50정도의 테이퍼를 가진다.

② 평행핀은 분해·조립하는 부품 맞춤면의 관계 위치를 일정하게 할 때 주로 사용한다.

③ 분할핀은 축에 끼워진 부품이 빠지는 것을 막는데 사용된다.

④ 스프링핀은 2개의 봉을 연결하여 2개의 봉이 상대각운동을 할 수 있도록 하는데 사용한다.

⑤ 조인트핀은 2개 부품을 연결할 때 사용된다.

30 다음 중 웜 기어에 대한 설명으로 옳은 것을 〈보기〉에서 모두 고르면?

---〈보기〉---

ㄱ. 역전 방지를 할 수 없다.

ㄴ. 웜에 축방향 하중이 생긴다.

ㄷ. 부하용량이 크다.

ㄹ. 진입각(Lead Angle)의 증가에 따라 효율이 증가한다.

① ㄱ, ㄹ   ② ㄴ, ㄷ

③ ㄱ, ㄴ, ㄷ   ④ ㄴ, ㄷ, ㄹ

⑤ ㄷ, ㄹ

31 다음 중 $\phi45\ \text{H7}\left(\phi45^{+0.024}_{0}\right)$인 구멍에 $\phi45\ \text{k6}\left(\phi45^{+0.017}_{+0.003}\right)$인 축을 끼워 맞춤할 때, 최대 틈새와 최대 죔새로 옳은 것은?

① 최대 틈새 : 0.021   최대 죔새 : 0.017

② 최대 틈새 : 0.017   최대 죔새 : 0.007

③ 최대 틈새 : 0.014   최대 죔새 : 0.007

④ 최대 틈새 : 0.021   최대 죔새 : 0.014

⑤ 최대 틈새 : 0.017   최대 죔새 : 0.014

32 다음 중 사각나사의 축방향하중이 Q, 마찰각이 p, 리드각이 α일 때, 사각나사가 저절로 풀리는 조건은?

① $Q\tan(p+\alpha)>0$

② $Q\tan(p+\alpha)<0$

③ $Q\tan(p-\alpha)<0$

④ $Q\tan(p-\alpha)>0$

⑤ $QQ\tan(p-\alpha)=0$

33 다음 중 규격나사의 명칭에 대한 설명으로 옳은 것은?

① $M8\times3$: 피치가 8mm이고 바깥지름이 3mm인 미터 가는나사

② $\dfrac{1}{4}-20UNC$: 바깥지름이 $\dfrac{1}{4}$ 인치이고 inch당 나사산 수가 20인 유니파이 가는 나사

③ $\dfrac{1}{2}-10UNF$: inch당 나사산 수가 $\dfrac{1}{2}$이고 바깥지름이 10mm인 유니파이 보통 나사

④ $Tr10\times1$: 바깥지름이 10mm이고 피치가 1mm인 미터 사다리꼴 나사

⑤ $Tr30\times2$: 바깥지름이 30인치이고 피치가 2인치인 미터 사다리꼴 나사

34 다음 중 V벨트의 특징을 설명한 것으로 옳은 것은?

① 접촉 면적이 작아서 큰 동력 전달에는 불리하다.

② 평 벨트보다는 잘 벗겨진다.

③ 효율이 크지만 구조가 복잡하다.

④ 미끄럼이 작고 속도비가 크다.

⑤ 고속운전에는 적합하지 않다.

35 다음 중 기어와 치형곡선에 대한 설명으로 옳은 것은?

① 사이클로이드곡선은 기초원에 감은 실을 잡아당기면서 풀어나갈 때 실의 한 점이 그리는 곡선이다.

② 인벌루트곡선은 기초원 위에 구름원을 굴렸을 때 구름원의 한 점이 그리는 곡선이다.

③ 물림률이 클수록 소음이 커진다.

④ 2개의 기어가 일정한 각속도비로 회전하려면 접촉점의 공통법선은 일정한 점을 통과해야 한다.

⑤ 인벌류트 치형곡선은 마모가 잘 안되고, 맞물림이 원활하다.

36 다음 중 표면거칠기에 대한 설명으로 옳지 않은 것은?

① 표면거칠기에 대한 의도를 제조자에게 전달하는 경우 삼각기호를 일반적으로 사용한다.

② R_{max}, R_a, R_z의 표면거칠기 표시 중에서 R_a값이 가장 크다.

③ 표면거칠기는 공작물표면의 임의위치의 기준길이 내에서 채취한 데이터로부터 평가한다.

④ 표면거칠기 검사법으로는 접촉식과 비접촉식 방법 모두 사용된다.

⑤ 표면거칠기값의 최대높이는 R_y로 표시한다.

37 다음 중 배관에서 역류를 방지하고 압력을 통해 자동으로 작동하는 밸브는?

① 셔틀 밸브(Shuttle Valve) ② 로터리 밸브(Rotary Valve)

③ 스풀 밸브(Spool Valve) ④ 체크 밸브(Check Valve)

⑤ 스톱 밸브(Stop Valve)

38 다음 중 유압 회로 내의 압력이 설정 압을 넘으면 유압에 의하여 막이 파열되어 유압유를 탱크로 귀환시키며 압력 상승을 막아 기기를 보호하는 역할을 하는 유압요소는?

① 압력 스위치
② 감압밸브
③ 유체 퓨즈
④ 포핏 밸브
⑤ 카운터 밸런스 밸브

39 다음 중 원심 펌프에 대한 설명으로 옳지 않은 것은?

① 비속도를 성능이나 적합한 회전수를 결정하는 지표로 사용할 수 있다.
② 펌프의 회전수를 높임으로서 캐비테이션을 방지할 수 있다.
③ 송출량 및 압력이 주기적으로 변화하는 현상을 서징현상이라 한다.
④ 평형공(Balance Hole)을 이용하여 축추력을 방지할 수 있다.
⑤ 용량이 작고 양정이 높은 곳에 적합하다.

40 다음 중 베인 펌프의 일반적인 특징에 대한 설명으로 옳은 것을 고르면?

① 베인의 마모에 의한 압력저하가 발생되기 쉽다.
② 펌프의 유동력에 비해서 형상치수가 크다.
③ 송출 압력의 맥동이 크다.
④ 작동유의 점도에 제한이 있다.
⑤ 비교적 부품이 적으며, 간단한 구조로 되어 있다.

| 02 | 전기일반

01 공기 중에서 $2 \times 10^{-5}C$과 $2.5 \times 10^{-5}C$의 두 전하가 2m 거리에 있을 때, 그 사이에 작용하는 힘은 얼마인가?

① 0.75N

② 1.2N

③ 1.125N

④ 1.238N

⑤ 1.246N

02 다음 중 전기력선의 성질에 대한 설명으로 옳은 것만을 〈보기〉에서 모두 고르면?

────────────〈보기〉────────────

ㄱ. 전기력선은 양(+)전하에서 시작하여 음(−)전하에서 끝난다.

ㄴ. 전기장 내에 도체를 넣으면 도체 내부의 전기장이 외부의 전기장을 상쇄하나 도체 내부에 전기력선은 존재한다.

ㄷ. 전기장 내 임의의 점에서 전기력선의 접선방향은 그 점에서의 전기장의 방향을 나타낸다.

ㄹ. 전기장 내 임의의 점에서 전기력선의 밀도는 그 점에서의 전기장의 세기와 비례하지 않는다.

① ㄱ, ㄴ

② ㄱ, ㄷ

③ ㄱ, ㄹ

④ ㄴ, ㄹ

⑤ ㄷ, ㄹ

03 다음 평판 커패시터의 극판 사이에 서로 다른 유전체를 평판과 평행하게 각각 d_1, d_2의 두께로 채웠다. 각각의 정전용량을 C_1과 C_2라 할 때, $C_1 \div C_2$의 값은?(단, $V_1 = V_2$이고, $d_1 = 2d_2$이다)

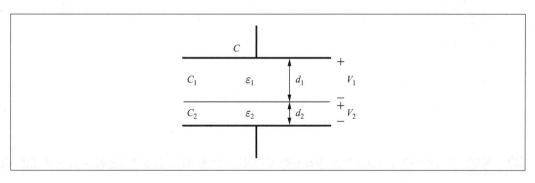

① 0.5

② 1

③ 2

④ 4

⑤ 6

04 다음 〈보기〉에서 도체의 전기저항 $R[\Omega]$과 고유저항 $\rho[\Omega \cdot m]$, 단면적 $A[m^2]$, 길이 $l[m]$의 관계에 대한 설명으로 옳은 것만을 모두 고르면?

―――――――〈보기〉―――――――

ㄱ. 전기저항 R은 고유저항 ρ에 비례한다.

ㄴ. 전기저항 R은 단면적 A에 비례한다.

ㄷ. 전기저항 R은 길이 l에 비례한다.

ㄹ. 도체의 길이를 n배 늘리고 단면적을 $1/n$배만큼 감소시키는 경우, 전기저항 R은 n^2배로 증가한다.

① ㄱ, ㄴ   ② ㄱ, ㄷ

③ ㄷ, ㄹ   ④ ㄴ, ㄷ

⑤ ㄱ, ㄷ, ㄹ

05 다음 중 물질 중의 자유전자가 과잉된 상태를 의미하는 말로 옳은 것은?

① 음의 대전상태   ② 발열상태

③ 중성상태   ④ 양의 대전상태

⑤ 전이상태

06 220V, 55W 백열등 2개를 매일 30분씩 10일간 점등했을 때 사용한 전력량과 110V, 55W인 백열등 1개를 매일 1시간씩 10일간 점등했을 때 사용한 전력량의 비는?

① 1 : 1   ② 1 : 2

③ 1 : 3   ④ 1 : 4

⑤ 1 : 5

07 동일한 크기의 전류가 흐르고 있는 왕복 평행 도선에서 간격을 2배로 넓히면 작용하는 힘은 몇 배로 되는가?

① 반으로 줄게 된다.   ② 변함이 없다.

③ 2배로 증가한다.   ④ 3배로 증가한다.

⑤ 4배로 증가한다.

08 다음 그림과 같이 평행한 무한장 직선 도선에 각각 I[A], $8I$[A]의 전류가 흐른다. 두 도선 사이의 점 P에서 측정한 자계의 세기가 0V/m이라면 $\dfrac{b}{a}$ 는?

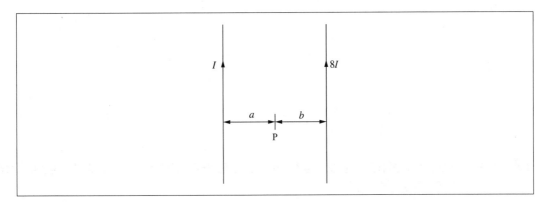

① $\dfrac{1}{8\pi}$

② $\dfrac{1}{8}$

③ 8π

④ 8

⑤ 16π

09 상호인덕턴스가 10mH이고, 두 코일의 자기인덕턴스가 각각 20mH, 80mH일 경우, 상호유도회로에서의 결합계수 k는?

① 0.125

② 0.25

③ 0.375

④ 0.5

⑤ 0.525

10 권수가 600회인 코일에 3A의 전류를 흘렸을 때, 10^{-3}Wb의 자속이 코일과 쇄교하였다면 인덕턴스는?

① 200mH

② 300mH

③ 400mH

④ 500mH

⑤ 600mH

11 다음 중 비교적 장력이 작고 협소한 장소에 설치하는 지선의 종류로 옳은 것은?

① 궁지선

② 보통지선

③ 공동지선

④ Y지선

⑤ 수평지선

12 22.9kV 배전선로의 전압선 및 중성선, 송전선로 전압선 및 가공지선으로 사용되며, 강선과 경알루미늄연선의 합성연선인 전선의 약호는?

① IV

② ACSR

③ DV

④ OW

⑤ GV

13 진상콘덴서에서 2배의 교류전압을 가했을 때, 충전용량의 변화량으로 옳은 것은?

① 4배

② 2배

③ 불변한다.

④ $\frac{1}{2}$ 배

⑤ $\frac{1}{4}$ 배

14 다음 중 연가의 효과로 볼 수 없는 것은?

① 선로정수의 평형

② 임피던스의 평형

③ 유도장해 감소

④ 대지정전용량의 감소

⑤ 소호리엑터 접지 시 직렬공진 방지

15 송전전력, 송전거리, 전선의 비중 및 전력 손실률이 일정하다고 할 때, 전선의 단면적 A와 송전전압 V와의 관계로 옳은 것은?

① $A \propto V$

② $A \propto \dfrac{1}{V^2}$

③ $A \propto V^2$

④ $A \propto \dfrac{1}{V}$

⑤ $A \propto \dfrac{1}{\sqrt{V}}$

16 다음 중 각 전력계통을 연계할 경우의 장점으로 옳지 않은 것은?

① 사고 시 타 계통으로 사고가 파급되지 않는다.
② 건설비 및 운전 경비가 절감된다.
③ 계통의 신뢰도가 증가한다.
④ 설비 용량이 절감된다.
⑤ 주파수의 변화가 작아진다.

17 다음 중 고압 배전선로의 중간에 승압기를 설치하는 주목적은?

① 선로의 전력손실의 감소
② 역률 개선
③ 말단의 전압강하 방지
④ 부하의 불평형 방지
⑤ 이상전압으로 선로 보호

18 다음 중 송전선로에서 고조파 제거 방법이 아닌 것은?

① 능동형 필터를 설치한다.
② 고조파 전용변압기를 설치한다.
③ 직렬리엑터를 설치한다.
④ 변압기를 △결선한다.
⑤ 서지흡수기를 설치한다.

19 다음 중 선간 단락 고장을 대칭 좌표법으로 해석할 경우 필요한 것은?

① 정상 임피던스도

② 정상 임피던스도 및 영상 임피던스도

③ 정상 임피던스도 및 역상 임피던스도

④ 역상 임피던스도 및 영상 임피던스도

⑤ 역상 임피던스도 및 영상 임피던스도 및 정상 임피던스도

20 송전용량이 증가함에 따라 송전선의 단락 및 지락전류도 증가하여 계통에 여러가지 장해요인이 되고 있다. 다음 중 단락전류를 억제하기 위한 방법으로 옳지 않은 것은?

① 계통의 전압을 낮춘다.

② 임피던스가 큰 기기를 채택한다.

③ 송전선 또는 모선 간에 한류리엑터를 삽입한다.

④ 고장 시 모선분리방식을 채용한다.

⑤ 계통분할방식을 채택한다.

21 직류 전동기의 회전수를 $\frac{1}{2}$로 하려면, 계자 자속을 몇 배로 해야 하는가?

① $\frac{1}{4}$배   ② $\frac{1}{2}$배

③ 2배   ④ 4배

⑤ 6배

22 100V, 10A, 1,500rpm인 직류 분권 발전기의 정격 시의 계자 전류는 2A이고, 계자 회로에는 $10\,\Omega$의 외부 저항이 삽입되어 있을 때, 계자 권선의 저항은?

① $100\,\Omega$ ② $80\,\Omega$

③ $60\,\Omega$ ④ $40\,\Omega$

⑤ $20\,\Omega$

23 다음 중 동기 발전기의 병렬운전 조건이 아닌 것은?

① 유도 기전력의 크기가 같을 것

② 동기 발전기의 용량이 같을 것

③ 유도 기전력의 위상이 같을 것

④ 유도 기전력의 주파수가 같을 것

⑤ 유도 기전력의 파형이 같을 것

24 다음 중 단락비가 큰 동기 발전기에 대한 설명으로 옳지 않은 것은?

① 단락전류가 크다.

② 동기 임피던스가 작다.

③ 전기자 반작용이 크다.

④ 공극이 크고 전압변동률이 작다.

⑤ 전압변동률이 작다.

25 용량 100kVA인 동일 정격의 단상 변압기 4대로 낼 수 있는 3상 최대 출력 용량은?

① $200\sqrt{3}$ kVA

② $200\sqrt{2}$ kVA

③ $300\sqrt{2}$ kVA

④ 400kVA

⑤ $400\sqrt{3}$ kVA

26 1차 Y, 2차 △로 결선한 권수비가 20 : 1인 서로 같은 단상 변압기 3대가 있다. 이 변압기군에 2차 단자 전압 200V, 30kVA의 평형 부하를 걸었을 때, 각 변압기의 1차 전류는?

① 50A

② 25A

③ 5A

④ 2.5A

⑤ 0.5A

27 6극, 3상 유도 전동기가 있다. 회전자도 3상이며 회전자 정지 시의 1상의 전압은 200V이다. 전부하 시의 속도가 1,152rpm이면 2차 1상의 전압은 몇 V인가?(단, 1차 주파수는 60Hz이다)

① 8.0V   ② 8.3V
③ 11.5V   ④ 15.0V
⑤ 23.0V

28 다음 중 4극 고정자 홈 수 36개의 3상 유도 전동기의 홈 간격은 전기각으로 몇 도인가?

① 5°   ② 10°
③ 15°   ④ 20°
⑤ 25°

29 단상 50Hz, 전파 정류 회로에서 변압기의 2차 상전압 100V, 수은 정류기의 전호 강하 15V에서 회로 중의 인덕턴스는 무시한다. 외부 부하로서 기전력 60V, 내부 저항 0.2Ω 의 축전지를 연결 할 때, 평균 출력은?

① 5,625W   ② 7,425W
③ 8,385W   ④ 9,205W
⑤ 9,635W

30 다음 그림과 같은 정류 회로에서 전류계의 지시값은?(단, 전류계는 가동 코일형이고, 정류기의 저항은 무시한다)

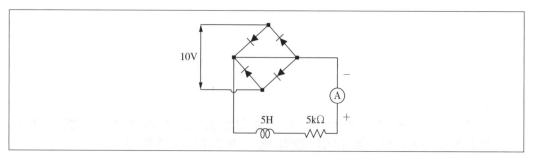

① 9mA   ② 6.4mA
③ 4.5mA   ④ 1.8mA
⑤ 1.2mA

31 다음 그림은 내부가 빈 동심구 형태의 콘덴서이다. 내구와 외구의 반지름 a, b를 각각 2배 증가시키고 내부를 비유전율 $\varepsilon_r = 2$인 유전체로 채웠을 때, 정전용량은 몇 배로 증가하는가?

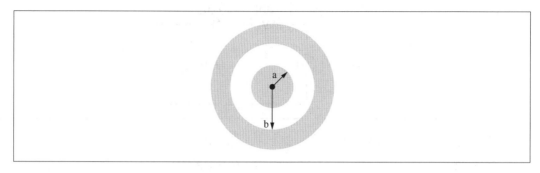

① 1배

③ 3배

④ 5배

② 2배

④ 4배

32 다음 회로에서 스위치 S가 충분히 오래 단자 a에 머물러 있다가 $t=0$에서 스위치 S가 단자 a에서 단자 b로 이동하였다. $t>0$일 때의 전류 $i_L(t)$[A]는?

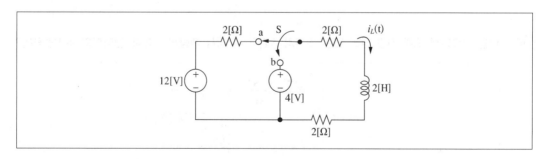

① $2+e^{-3t}$

③ $1+e^{-2t}$

⑤ $1+e^{-4t}$

② $2+e^{-2t}$

④ $1+e^{-3t}$

33 다음 회로에서 부하임피던스 Z_L에 최대전력이 전달되기 위한 $Z_L[\Omega]$은?

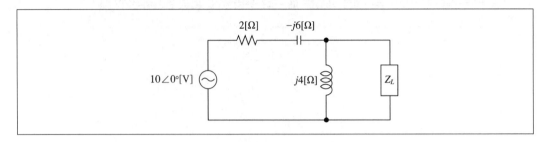

① $4\sqrt{5}$

② $4\sqrt{6}$

③ $5\sqrt{3}$

④ $6\sqrt{3}$

⑤ $6\sqrt{3}$

34 다음 회로에서 오랜 시간 닫혀 있던 스위치 S가 $t=0$에서 개방된 직후에 인덕터의 초기전류는?

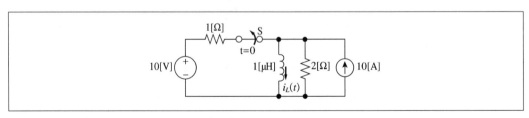

① 5A

② 10A

③ 20A

④ 30A

⑤ 40A

35 다음 직류회로에서 전류 I_A[A]는?

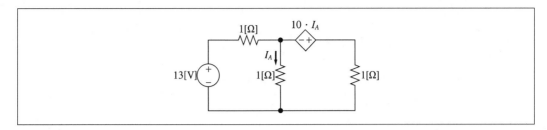

① 13A

② $\dfrac{13}{2}$A

③ $\dfrac{13}{7}$A

④ 5A

⑤ 1A

36 다음 그림과 같은 회로에서 저항(R_1) 양단의 전압 V_{R1}[V]은?

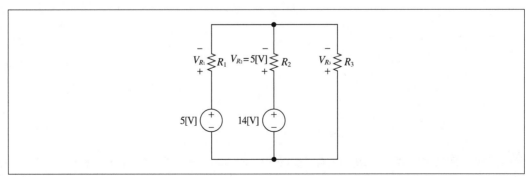

① 4V

② $-$4V

③ 5V

④ $-$5V

⑤ 7V

37 단상용 전류력계형 역률계에서 전압과 전류가 동위상일 경우 역률은?

① 0   ② 1

③ $+\infty$ ④ $-\infty$

⑤ 2

38 다음 중 3상 교류 발전기의 기전력에 대하여 $90°$ 늦은 전류가 통할 때, 반작용 기자력은?

① 자극축과 일치하는 감자작용

② 자극축보다 $90°$ 빠른 증자작용

③ 자극축보다 $90°$ 늦은 감자작용

④ 자극축과 직교하는 교차자화작용

⑤ 자극축과 일치하는 증자작용

39 교류 회로에서 전압과 전류의 위상차를 θ[rad]라 할 때, $\cos\theta$가 뜻하는 것은?

① 전압변동률   ② 왜곡률

③ 효율   ④ 역률

⑤ 맥동률

40 어떤 회로에 $V=200\sin\omega t$의 전압을 가했더니 $I=50\sin(\omega t+\dfrac{\pi}{2})$의 전류가 흘렀다. 이 회로는 무엇인가?

① 저항회로   ② 유도성회로

③ 용량성회로   ④ 임피던스회로

⑤ 부성저항회로

01 두 개의 코일이 직렬로 연결되어 있는 다음 그림의 회로에 1A의 전류가 흐를 경우에 이 합성코일에 축적되는 에너지는 몇 J인가?(단, $L_1 = 30mH$, $L_2 = 60mH$, 결합계수$(k) = 0.5$이다)

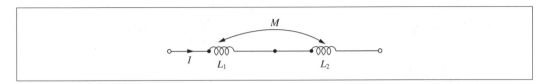

① $4.4 \times 10^{-2}J$ ② $6.6 \times 10^{-2}J$

③ $6.6 \times 10^{-3}J$ ④ $4.4 \times 10^{-4}J$

⑤ $6.6 \times 10^{-4}J$

02 $0.4Wb/m^2$의 평등자계 속에 자계와 수직 방향으로 놓인 30cm 길이의 도선이 자계와 30°의 방향으로 30m/s로 이동할 경우에 도체의 양단에 유기되는 기전력은 얼마인가?

① 1.2V   ② 1.5V

③ 1.8V   ④ 2.1V

⑤ 2.4V

03 다음 중 전류에 의한 자계의 방향을 결정하는 법칙은?

① 렌츠의 법칙   ② 비오 사바르의 법칙

③ 키르히호프의 법칙   ④ 플레밍의 오른손 법칙

⑤ 암페어의 오른나사 법칙

04 무한평면도체의 표면에서 수직거리 a[m] 떨어진 곳에 점전하 $+Q$[C]가 있을 경우에 영상전하와 평면도체 사이에 작용하는 힘의 크기와 방향으로 옳은 것은?(단, 공간 매질의 유전율은 ε[F/m]이다)

① $\dfrac{Q^2}{16\pi\varepsilon a^2}$[N], 흡인력

② $\dfrac{Q^2}{4\pi\varepsilon a^2}$[N], 흡인력

③ $\dfrac{Q^2}{4\pi\varepsilon a^2}$[N], 반발력

④ $\dfrac{Q^2}{16\pi\varepsilon a^2}$[N], 반발력

⑤ $\dfrac{Q^2}{8\pi\varepsilon a^2}$[N], 반발력

05 다음 중 유전체의 경계면 조건에 대한 설명으로 옳지 않은 것은?

① 완전유전체 내에서는 자유전하가 존재하지 않는다.
② 유전율이 서로 다른 두 유전체의 경계면에서 전계의 수평(접선) 성분이 같다.
③ 유전체의 경계면에서 전속밀도의 수직(법선) 성분은 서로 다르고 불연속적이다.
④ 유전체의 표면전하 밀도는 유전체 내의 구속전하의 변위 현상에 의해 발생한다.
⑤ 경계면에 외부 전하가 있으면 유전체의 외부와 내부의 전하는 평형을 이루지 않는다.

06 2개의 자극판이 놓여 있을 경우에 투자율 μ[H/m], 자속밀도 B[Wb/m^2], 자계의 세기 H[AT/m]인 곳의 자계의 에너지밀도[J/m^3]는 얼마인가?

① $\dfrac{1}{2}\mu^2 H$[J/m^3]

② $\dfrac{1}{2}B^2 H$[J/m^3]

③ $\dfrac{\mu H}{2}$[J/m^3]

④ $\dfrac{1}{2}\mu H^2$[J/m^3]

⑤ $\dfrac{H^2}{2\mu}$[J/m^3]

07 다음 중 스토크스의 정리로 옳은 것은?

① $\displaystyle\int B \cdot ds = \int_s (\nabla \times H) \cdot ds$　　② $\displaystyle\oint_c H \cdot dl = \int_s (\nabla \times H) \cdot ds$

③ $\displaystyle\oint H \cdot ds = \int\int_s (\nabla \cdot H) \cdot ds$　　④ $\displaystyle\oint_c H \cdot ds = \int (\nabla \cdot H) \cdot dl$

⑤ $\displaystyle\oint H \cdot dl = \int_s (\nabla \times H) \cdot ds$

08 길이가 4cm이고, 자극의 세기가 6×10^{-6}Wb인 막대자석을 100AT/m의 평등자계 안에 30°의 각도로 놓았을 경우에 이 막대자석이 받는 회전력은 얼마인가?

① 3.2×10^{-4}N·m　　② 2.4×10^{-4}N·m

③ 2.4×10^{-5}N·m　　④ 1.2×10^{-4}N·m

⑤ 1.2×10^{-5}N·m

09 다음 그림의 4단자 회로망의 4단자 정수(또는 $ABCD$ 파라미터) 중 정수 A와 C의 정의로 바른 것은?

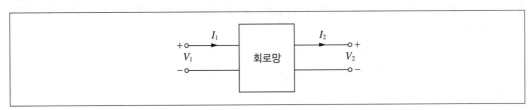

	A	C			A	C
①	$\dfrac{V_1}{V_2}\big|_{I_2=0}$	$\dfrac{V_2}{I_1}\big|_{I_2=0}$	②	$\dfrac{V_1}{V_2}\big|_{I_2=0}$	$\dfrac{I_1}{V_2}\big|_{I_2=0}$
③	$\dfrac{I_1}{I_2}\big|_{I_2=0}$	$\dfrac{V_1}{I_2}\big|_{I_2=0}$	④	$\dfrac{V_2}{V_1}\big|_{I_2=0}$	$\dfrac{I_1}{V_2}\big|_{I_2=0}$
⑤	$\dfrac{V_1}{I_2}\big|_{I_2=0}$	$\dfrac{I_1}{I_2}\big|_{I_2=0}$			

10 다음 회로에서 부하에 전력을 최대로 공급할 수 있는 저항 R은 몇 Ω인가?

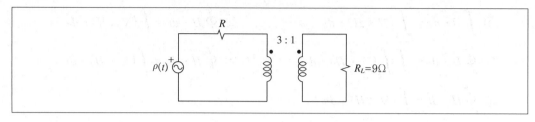

① $3\,\Omega$　　　　　　　　　　　② $9\,\Omega$

③ $27\,\Omega$　　　　　　　　　　④ $72\,\Omega$

⑤ $81\,\Omega$

11 다음 그림의 회로에서 단자 A, B에 대해 테브난 등가회로로 변경했을 경우에 등가저항과 등가전압은 얼마인가?

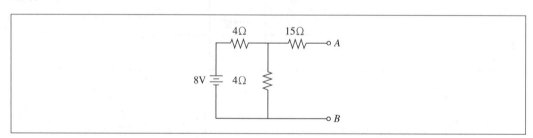

	등가저항(Ω)	등가전압(V)			등가저항(Ω)	등가전압(V)
①	16	6		②	17	5
③	16	4		④	15.5	5
⑤	17	4				

12 다음과 같은 회로에서 단자 1과 2 사이의 인덕턴스 L을 나타낸 것으로 옳은 것은?

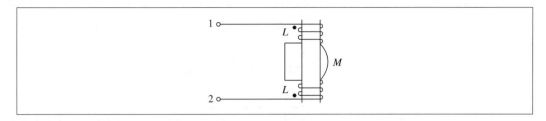

① $L_1 + L_2$[H]

② $L_1 + L_2 + \dfrac{M}{2}$[H]

③ $L_1 + L_2 - 2M$[H]

④ $L_1 + L_2 + 2M$[H]

⑤ $L_1 + L_2 \pm \sqrt{L_1 L_2}$[H]

13 다음 그림의 회로에서 저항 $7\,\Omega$ 에 걸리는 전압은 얼마인가?

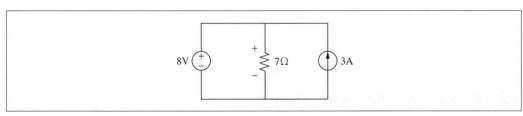

① 5V

② 6V

③ 7V

④ 8V

⑤ 9V

14 다음 그림의 회로에서 스위치(S)를 닫은 후의 전류 $i(t)$는?[단, $i(0) = 0$이다]

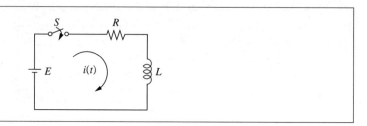

① $\dfrac{E}{R}e^{-\frac{R}{L}t}$ [A]

② $\dfrac{E}{R}e^{-\frac{L}{R}t}$ [A]

③ $\dfrac{E}{R}(1-e^{-\frac{R}{L}t})$ [A]

④ $\dfrac{E}{R}(1-e^{-\frac{L}{R}t})$ [A]

⑤ $\dfrac{R}{E}(1-e^{-\frac{R}{L}t})$ [A]

15 다음 중 $4+j3$을 극좌표 형식으로 표현하면?

① $4\angle89.4°$

② $5\angle36.9°$

③ $6\angle153.4°$

④ $7\angle78.6°$

⑤ $8\angle36.9°$

16 다음 그림의 회로에서 등가(합성) 인덕턴스 L_{eq}[H]로 바른 것은?

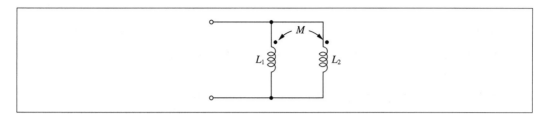

① $\dfrac{L_1L_2 + M^2}{L_1 + L_2 - 2M}$[H]

② $\dfrac{L_1L_2 - M^2}{L_1 + L_2 - 2M}$[H]

③ $\dfrac{L_1L_2 + M^2}{L_1 + L_2 + 2M}$[H]

④ $\dfrac{L_1L_2 - M^2}{L_1 + L_2 + 2M}$[H]

⑤ $\dfrac{L_1L_2 - M^2}{L_1 - L_2 - 2M}$[H]

17 다음 중 드리프트(Drift)가 일어나는 원인으로 옳지 않은 것은?

① 전원 전압의 변동

② 트랜지스터 특성 변화

③ 저항기의 특성 변화

④ 부품의 경년 변화

⑤ 대역폭의 변화

18 다음 중 부울 대수의 관한 법칙으로 옳은 것은?

① $X + 0 = 0$

② $X + YZ = XY + Z$

③ $(X + Y)' = X' + Y'$

④ $X + XY = X$

⑤ $X(X + Y) = Y$

19 다음 중 발진회로에 대한 설명으로 옳지 않은 것은?

① 외부에서 입력 신호가 없어도 출력 신호가 나오는 회로이다.

② 발진회로의 출력이 직접 부하와 결합되면 부하의 변동으로 인하여 발진주파수가 변동된다.

③ 증폭 회로에서 출력의 일부를 입력측에 정궤환시키면 발진이 발생한다.

④ 발진회로는 정전압 회로를 사용하고, 온도가 일정한 곳에 두어 변동에 대처한다.

⑤ 궤환 속도에 따라 컬렉터 동조, 베이스 동조 등의 발진 회로가 있다.

20 다음 설명에 해당하는 용어로 옳은 것은?

> 1개의 회로나 장치의 출력 단자에 접속해서 신호를 추출할 수 있는 최대 허용 출력선의 수이다. 이것이 많을수록 논리 회로 구성상 제약이 적어서 고속 회로를 꾸미기 쉽고, 안정성이 커서 취급하기가 쉽지만, 실제로는 구성 소자나 비용 등 기타 요소와의 균형을 고려해야 하는 점이 있다. 1개의 출력으로 구동할 수 있는 장치의 수량은 그 출력으로부터 얻을 수 있는 전력과 다음 단 입력의 소요 전력에 의해 결정된다.

① 버퍼(Buffer)

② 팬 아웃(Fan Out)

③ 팬 인(Fan In)

④ 드라이브(Drive)

⑤ 마운트(Mount)

21 정전압 전원 회로에서 무부하 시의 단자 전압이 15V, 전부하일 때의 단자 전압이 10V라면 전압 변동률은 몇 %인가?

① 30%

② 40%

③ 50%

④ 60%

⑤ 70%

22 다음 중 정궤환과 부궤환에 대한 설명으로 옳지 않은 것은?

① 정궤환은 증폭 회로의 이득이 궤환을 걸지 않을 때보다 커진다.

② 정궤환은 재생 궤환이라고도 하며, 재생 검파기 등에 응용된다.

③ 부궤환은 출력의 일부를 입력측으로 위상을 반대로 하여 되돌리는 것이다.

④ 부궤환은 증폭기에 있어 일그러짐 발생의 원인이 될 수 있다.

⑤ 증폭기에서 부궤환을 하면 이득이 감소된다.

23 다음 중 QAM(직교 진폭 변조)에 대한 설명으로 옳지 않은 것은?

① 반송파의 진폭과 위상을 동시에 변조하는 것이다.

② ASK(Amplitude Shift Keying)와 PSK(Phase Shift Keying)가 결합된 방식이다.

③ 비트 전송 속도가 다소 떨어지지만, 많은 정보를 전달할 수 있다.

④ 16-QAM의 경우, 피변조파 1파당 4값의 진폭, 4값의 위상을 각각 판별할 수 있다.

⑤ 최근에는 자동 등화 기술이 발달되어 64 - QAM, 256 - QAM 등이 있다.

24 다음에서 설명하는 변조방식으로 옳은 것은?

> 일정진폭의 반송파 위상을 2등분, 4등분, 8등분 등으로 나누어 각각 다른 위상에 0 또는 1을 할당하거나 2비트 또는 3비트를 한꺼번에 할당하여 상대방에 보내고, 수신측에서는 이를 약속된 원래의 데이터 신호의 상태로 만들어주는 변조방식이다. 즉, 신호파의 파형에 따라 반송파의 위상을 변조시키는 방법이다.

① PSK(Phase Shift Keying)

② ASK(Amplitude Shift Keying)

③ FSK(Frequency Shift Keying)

④ PCM(Pulse Code Modulation)

⑤ FDM(Frequency Division Multiplex System)

25 다음 중 Fermi 준위에 대한 설명으로 옳은 것은?

① 진성반도체의 Fermi 준위는 전도대의 중앙에 위치한다.

② N형 반도체의 Fermi 준위는 불순물 농도와 상관없이 일정하다.

③ 진성반도체의 Fermi 준위는 온도에 관계없이 일정하다.

④ P형 반도체의 Fermi 준위는 불순물 농도와 상관없이 일정하다.

⑤ N형 반도체의 Fermi 준위는 억셉터 준위 밑에 있다.

26 다음 중 파울리의 베타원리에 대한 설명으로 옳지 않은 것은?

① 원자 내 전자 배열의 법칙이다.

② 원자 내에서 2개의 전자가 동일한 양자상태에 있을 수 있다.

③ 하나의 양자 궤도에 Spin이 다른 2개의 전자가 존재할 수 있다.

④ 원자 내 존재하는 어떠한 전자도 4개의 양자수가 전부 같을 수 없다.

⑤ 주양자수는 0이 아닌 양의 정수이다.

27 다음 중 서미스터(Thermistor)에 대한 설명으로 옳지 않은 것은?

① 반도체의 일종이다.

② 온도제어 회로, 온도감지기 등에 사용된다.

③ 일반적으로 정(+)의 온도계수를 가진다.

④ NTC 서미스터와 PTC 서미스터가 있다.

⑤ 온도변화에 저항값이 변화한다.

28 PN접합 다이오드에 역방향 바이어스 전압을 공급할 때 나타나는 현상으로 옳지 않은 것은?

① 접합용량이 증가   ② 공간전하의 영역 증가

③ 전위장벽이 증가   ④ 공핍층이 증가

⑤ 이온화 증가

29 운동 전자의 드브로이 파장이 2×10^{-8}m인 경우 전자의 속도는?(단, 플랑크 상수 $h = 6.6 \times 10^{-34}$J · sec, 전자의 질량 $m = 9.1 \times 10^{-31}$kg이다)

① 3.6×10^6m/s   ② 3.6×10^4m/s

③ 4.6×10^6m/s   ④ 6.6×10^4m/s

⑤ 8.2×10^5m/s

30 절대온도 300K에서 페르미 준위보다 0.03eV만큼 낮은 에너지 준위에 전자가 점유하는 확률은 약 얼마인가?(단, $KT = 0.026$이다)

① 0.32   ② 0.5

③ 0.69   ④ 0.77

⑤ 0.95

31 전기장의 세기가 $E = 400V/m$인 곳에 놓인 전자에 가해지는 가속도(a)는 몇 m/s^2인가?(단, 전하량은 $1.602 \times 10^{-19}C$, 전자의 질량은 $9.11 \times 10^{-31}kg$이다)

① $52.1 \times 10^{12} m/s^2$

② $60.5 \times 10^{12} m/s^2$

③ $67.8 \times 10^{12} m/s^2$

④ $70.3 \times 10^{12} m/s^2$

⑤ $74.9 \times 10^{12} m/s^2$

32 열전자 방출에서 양극전위를 높이면 전류가 완전히 포화되지 않고 조금씩 증가하고, 전위장벽이 저하하는 현상은?

① Zener 현상

② Piezo 효과

③ Schottky 효과

④ Shot 효과

⑤ Edison 효과

33 PN접합에서 푸아송(Poisson) 방정식을 올바르게 나타낸 식은?(단, V는 전압, I는 전류, x는 거리, ρ는 전하밀도, ϵ는 유전율이다)

① $\nabla^2 I = \dfrac{\rho}{\epsilon}$

② $\nabla^2 V = \dfrac{\epsilon}{\rho}$

③ $\nabla^2 V = -\dfrac{\rho}{\epsilon}$

④ $\nabla^2 I = -\dfrac{\epsilon}{\rho}$

⑤ $\nabla^2 V = \dfrac{1}{\epsilon \rho}$

34 다음 중 연관기억장치(Associative Memory)에 대한 설명으로 옳지 않은 것은?

① 기억된 내용의 일부를 이용하여 원하는 정보가 기억된 위치를 찾아내서 접근하는 기억장치이다.

② 보통 한 CPU에 2개 이상의 연관기억장치가 사용된다.

③ 연관기억장치를 이용하면 검색 시간을 단축할 수 있다.

④ 임의접근기억장치(DRAM)보다 가격이 비싼 것이 단점이다.

⑤ 주기억장치보다 속도가 빨라 많은 양의 정보를 검색할 때나 데이터베이스에 주로 사용한다.

35 다음 중 2진수 10111101001를 16진수로 변환시킨 것은?

① 5D9$_{(16)}$ ② AE9$_{(16)}$

③ 5E9$_{(16)}$ ④ B59$_{(16)}$

⑤ AD9$_{(16)}$

36 다음 용어에 대한 설명으로 옳지 않은 것은?

① 문제분석 : 주어진 문제가 무엇인가를 분석한다.

② 알고리즘 : 분석된 문제에 대해 논리적으로 해결책을 표현한다.

③ 코딩 : 알고리즘을 기호로 나타낸다.

④ 문서화 : 프로그램을 유지 보수할 목적으로 문서화하여 보관한다.

⑤ C언어 : 시스템 기술에 적합한 프로그래밍 언어이다.

37 CPU의 B레지스터에 2의 보수 101011101이 저장되어 있을 때, B레지스터에 산술적 우측 시프트를 세 번 수행한 결과는?

① 10001010   ② 00010101

③ 11100011   ④ 01110101

⑤ 11110101

38 다음 소프트웨어의 분류에 대한 설명이 옳지 않은 것은?

① 미들웨어 : 응용프로그램과 그 프로그램이 운영될 경우 통신이 원만하게 이루어지도록 하는 소프트웨어이다.

② 프리웨어 : 무료로 복제하고 계속 사용할 수 있는 공개 소프트웨어이다.

③ 셰어웨어 : 자유롭게 사용하거나 복사할 수 있도록 시장에 공개하고 있는 소프트웨어이다.

④ 라이트웨어 : 상용 소프트웨어 버전에서 몇 가지 핵심기능을 제거한 채 유료로 배포되는 소프트웨어이다.

⑤ 애드웨어 : 광고와 소프트웨어의 합성어로, 특정 소프트웨어를 실행할 때 또는 자동으로 활성화되는 광고 프로그램을 말한다.

39 다음 중 C언어에 대한 설명으로 옳지 않은 것은?

① 프로그래밍하기 쉬운 편리한 언어로 평가되고 있다.

② ASCII코드 체계로 영문 대문자 집합을 바탕으로 하고 있다.

③ 함수(Function)의 정의문들의 집합으로 구성되어 있다.

④ 컴파일 단위가 다른 함수의 외부 변수를 참조할 수 있게 되어 있다.

⑤ 함수 호출 시 매개변수의 값만 넘겨주는 호출 방식을 따르고 있다.

40 다음 중 부동 소수점(Floating Point)에 대한 설명으로 옳지 않은 것은?

① 소수점의 위치를 고정시키지 않으며 가수와 지수를 사용하여 실수를 표현한다.

② 기존의 고정 소수점 방식보다 아주 크거나 작은 수를 나타낼 수 있어, 과학 분야로 응용되어 사용된다.

③ 메모리의 효율성이 높으며 음수의 표현이 간단하다.

④ 유효숫자인 가수의 자릿수가 정해져 있다.

⑤ 하드웨어의 비용이 저렴하고 고정 소수점 방식에 비해 연산 속도가 빠르다.

| 04 | 통신일반

01 데이터를 송수신하는 두 단말기 사이의 신호를 교환하는 순서와 타이밍, 절차 등에 대한 제어를 수행하는 데이터 전송 제어는?

① 흐름 제어
② 에러 제어
③ 동기 제어
④ 순서 제어
⑤ 다축 제어

02 다음 중 반이중(Half-Duplex) 통신의 특징에 대한 설명으로 옳지 않은 것은?

① 실질적으로는 단방향 통신이므로 1개의 링크를 사용한다.
② 스테이션에서 송수신 전환을 위한 지연이 있다.
③ 전송할 수 있는 데이터의 전송량이 비교적 적다.
④ 통신 회선의 용량이 클 때 사용한다.
⑤ 대표적으로 휴대용 무전기가 있다.

03 다음 중 LAN에 대한 설명으로 옳지 않은 것은?

① 지역적으로 비교적 넓은 범위의 통신망에 사용된다.
② 데이터의 고속 전송에 이용된다.
③ 적용 범위는 반경 1km 정도이다.
④ 10~100Mbps의 전송 속도를 가진다.
⑤ 토폴로지(Topology)에 따라 링형, 버스형, 스타형 등으로 분류된다.

04 다음 중 USB와 IEEE1394에 대한 설명으로 옳지 못한 것은?

① USB는 병렬 전송에 대한 규약이다.
② IEEE1394는 최대 400Mbps까지 지원이 가능하다.
③ USB를 이용하여 주변 기기와의 연결이 가능하다.
④ IEEE1394는 Apple사에서 Fore Wire라는 이름으로 개발되었다.
⑤ IEEE1394는 직렬 버스 방식으로 사용 편의성이 우수하다.

05 다음 중 마이크로파 통신방식의 특징으로 맞지 않는 것은?

① 예리한 지향성 공중선을 사용할 수 있다.

② S/N 개선도를 크게 할 수 있다.

③ 광대역 신호 전송이 곤란하다.

④ 대기 중의 전파 손실이 적다.

⑤ 이온층의 영향을 받지 않고 그대로 이온층을 통과한다.

06 다음 중 병렬 전송 방식의 특징으로 옳지 않은 것은?

① 비교적 데이터 전송 속도가 빠르다.

② 직렬 전송과 동일한 비용으로 데이터를 전송할 수 있다.

③ 비교적 짧은 거리의 데이터 전송에 사용된다.

④ 여러 개의 비트가 동시에 여러 회선을 통하여 전송된다.

⑤ 동기화 신호가 필요하다.

07 다음 중 FSK 변조에 대한 설명으로 옳지 않은 것은?

① 통상 1,200bps 이내의 동기식 모뎀에서 사용된다.

② ASK 방식에 비하여 에러에 둔감하다.

③ 고주파 라디오 전송에도 이용된다.

④ LAN에서의 데이터 신호 전송에 사용된다.

⑤ 클록 펄스 신호의 1, 0(2진수)를 주파수의 고저로 치환하는 것이다.

08 다음 중 적절하지 않은 것은?

① 압축 팽창 방법은 출력 신호에 이득을 다르게 주는 방법이다.

② 압축 팽창 방법을 사용하면 신호의 밀도가 압축된다.

③ 델타 변조 방법은 진폭의 변화치가 출력된다.

④ 델타 변조 방식에서는 피드백 메커니즘이 사용된다.

⑤ 델타 변조 방식은 아날로그 신호를 디지털 신호로 변환해서 변조하는 것이다.

09 다음 중 TCP의 특징이라고 할 수 없는 것은?

① 작은 데이터를 간헐적으로 송수신하는 데 적합하다.

② 글로벌적으로 연결하는 것이 가능하다.

③ 신뢰성이 우수하다.

④ 누구나 쉽게 입수하거나 제안하는 것이 가능하다.

⑤ 전이중(Full Duplex) 방식의 양방향 가상 회선을 제공한다.

10 다음 중 디지털 데이터를 아날로그 신호로 변조하여 전송할 때 사용되는 통신망은?

① PSTN

② PSDN

③ ISDN

④ 마이크로파 통신망

⑤ VPN

11 다음 중 에러를 발생시키는 원인에 해당되지 않는 것은?

① 전송 지연

② 열잡음

③ 지연 왜곡

④ 상호 변조 잡음

⑤ 누화

12 다음 중 1,600baud의 변조 속도로 4상차 분위상 변조된 데이터의 신호 속도는 몇 bps인가?

① 800bps

② 1,200bps

③ 3,200bps

④ 4,800bps

⑤ 6,400bps

13 시분할 변조 방식에서 변조 신호의 상한 주파수를 fm 으로 하고 표본화 주파수를 fs 로 표시할 경우, 표본화 정리에 해당되는 주파수는?

① $f_s = f_m$　　　　　　　　　　　② $2f_s = f_m$

③ $f_s = 2f_m$　　　　　　　　　　　④ $f_s = \frac{1}{4}f_m$

⑤ $2f_s = \frac{1}{2}f_m$

14 마이크로파 통신에서 일단 음성신호로 변환한 다음 다시 마이크로파로 만들어 중계함으로 Voice 중계방식이라고도 하며, 회선의 분기나 삽입이 가장 쉬운 중계 방식은?

① 헤테로다인 중계방식　　　　　　② 무급전 중계방식
③ 검파 중계방식　　　　　　　　　④ 직접 중계방식
⑤ 재생 중계방식

15 다음 중 텍스트의 시작을 나타내는 전송 제어 문자는?

① SOH　　　　　　　　　　　② STX
③ EOT　　　　　　　　　　　④ SYN
⑤ ACK

16 진폭 변조에서 반송파 전력을 P_c, 피변조파 전력을 P_m 이라 할 때, 다음 중 피변조파 전력은?(단, m은 100%이다)

① $P_m = \frac{3}{2}P_c$　　　　　　　　　② $P_m = P_c$

③ $P_m = \frac{1}{4}P_c$　　　　　　　　　④ $P_m = 4P_c$

⑤ $P_m = \frac{1}{2}P_c$

17 다음 중 마이크로웨이브(Microwave) 통신 방식의 특징이 아닌 것은?

① 공중선 이득을 높일 수 있다.

② 지향성은 좋지 않으나, S/N비 개선도가 크다.

③ 광대역성을 얻기가 용이하다.

④ 전파 특성이 안정하다.

⑤ 직선성, 반사성을 가진다.

18 다음 중 위성 통신에 사용하는 주파수로 적절한 것은?

① 100MHz ~ 1GHz

② 1GHz ~ 10GHz

③ 10GHz ~ 100GHz

④ 100MHz ~ 1THz

⑤ 100MHz ~ 10THz

19 다음 중 지구 자계의 영향에 의해 전리층이 부등방성의 매질로 됨에 따라서 전파 현상이 생겨서 편파성 페이딩의 원인으로 되어 전파에 의해 방위 측정 등을 할 때 생기는 오차는?

① 편파 오차

② 야간 오차

③ 해안선 오차

④ 대척점 효과

⑤ 계기 오차

20 위성 통신의 다원접속방식 중 복수개의 반송파를 스펙트럼이 서로 겹치지 않도록 주파수 축상에 배치함으로써 실현되는 다원 접속방식은 무엇인가?

① 주파수 분할 다원접속(FDMA)

② 시분할 다원접속(TDMA)

③ 부호분할 다원접속(CDMA)

④ 임의분할 다원접속(SDMA)

⑤ 광대역 코드분할 다중접속(WCDMA)

21 수평 톱니파의 주파수가 15,750Hz이며 귀선 기간이 16%일 때 1회의 유효 주사선 기간은?

① $9.5\mu s$

② $0.2\mu s$

③ $53.3\mu s$

④ $63.5\mu s$

⑤ $73.2\mu s$

22 레이더에서 가장 널리 사용되는 지시방식으로 거리와 방위를 알고자 할 때 사용되는 방식은?

① A 스코프

② PPI 방식

③ VOR 방식

④ NDB 방식

⑤ RHI 방식

23 다음 중 유도착륙장치를 나타내는 것은?

① GCA

② DME

③ ILS

④ Decca

⑤ LN

24 다음 중 멀티바이브레이터(Multivibrator)에 대한 설명으로 관계가 없는 것은?

① 회로의 시정수로 주기가 결정된다.

② 고차의 고조파를 포함하고 있다.

③ 음 되먹임의 일종이다.

④ 전원 전압이 변동해도 발진 주파수에는 큰 변화가 없다.

⑤ 발진 동작의 종류에 따라 비안정, 단안정, 쌍안정으로 분류된다.

25 다음 중 푸시풀(Push-Pull) 전력 증폭기에서 일그러짐이 적은 원인이 되는 것은?

① 비전형파를 상쇄한다.

② 기수 고조파를 상쇄한다.

③ 기본파를 상쇄한다.

④ 직류 여자에 의해서이다.

⑤ 우수 고조파를 상쇄한다.

26 다음 중 제어계의 출력 신호와 입력 신호의 비를 무엇이라 하는가?

① 단조 함수   ② 제어 함수

③ 적분 함수   ④ 미분 함수

⑤ 전달 함수

27 다음 중 접합 트랜지스터(BJT)에 대한 전계 효과 트랜지스터(FET)의 특성으로 옳지 않은 것은?

① 입력 저항이 비교적 낮다.

② 잡음이 적다.

③ 이득이나 대역폭이 비교적 작다.

④ 열적인 안정도가 크다.

⑤ 증폭도가 떨어진다.

28 다음 중 RC 결합 증폭기의 이득이 높은 주파수에 의해 감소되는 이유는?

① 기생 발진을 하기 때문이다.

② 부성 저항이 생기기 때문이다.

③ 출력 회로의 병렬 커패시턴스 때문이다.

④ 결합 콘덴서의 영향 때문이다.

⑤ 가변 콘덴서의 영향 때문이다.

29 단상 반파 정류 회로에서 부하의 저항값이 무한대일 경우의 정류 효율은?

① 12.7%
② 24.8%
③ 36.4%
④ 40.6%
⑤ 44.8%

30 이미터 접지형 증폭기에서 hie = 4000, hfe = 20이고, 출력단의 부하 저항이 50kΩ 인 증폭기의 전압 증폭률은?

① −250
② −200
③ −150
④ −100
⑤ −50

31 증폭도가 70이고 저역 차단 주파수가 200Hz인 증폭기를 궤환비 0.01인 궤환 증폭기로 변경할 경우 저역 차단 주파수값은?

① 약 114Hz
② 약 117Hz
③ 약 220Hz
④ 약 255Hz
⑤ 약 264Hz

32 발진 코일의 용량이 20mH이고 병렬 컨덴서의 용량이 10pF인 베이스 동조형 반결합 발진기의 발진 주파수는?

① 188kHz
② 256kHz
③ 356kHz
④ 487kHz
⑤ 532kHz

33 다음과 같이 펄스폭이 $20\mu s$인 펄스의 주파수가 20kHz일 때 충격 계수는?

① 0.1   ② 0.2

③ 0.3   ④ 0.4

⑤ 0.5

34 다음 중 비검파 회로에 대한 설명으로 틀린 것은?

① 일명 리미터 회로라고도 한다.
② 복조 감도가 포스터-실리 회로의 2배가 된다.
③ 별도의 진폭 제한 회로를 사용할 필요가 없다.
④ TV의 음성 회로나 FM 수신기에서 많이 사용된다.
⑤ 입력 전압과 출력 전압이 비례하지 않는 비선형 요소가 사용된다.

35 시간적으로 불연속이고 짧은 시간 동안 변화하는 전압이나 전류의 반복 파형을 무엇이라고 하는가?

① 맥류   ② 펄스
③ 정현파   ④ 트리거
⑤ 구형파

36 주파수 변조 방식에서 신호의 주파수를 2[kHz]라고 하고 변조시의 최대 주파수 편이를 24[kHz]라고 할 때 주파수 변조 지수와 변조파가 차지하는 주파수 점유 대역폭은?

① 12Hz, 26kHz   ② 12Hz, 52kHz
③ 6Hz, 26kHz   ④ 6Hz, 52kHz
⑤ 6Hz, 78kHz

37 다음 중 유도착륙장치를 나타내는 것은?

① GCA
② DME
③ ILS
④ Decca
⑤ LN

38 다음 중 펄스 변조방식 중 중파 방송에 많이 사용되는 방식은?

① PAM 방식
② PDM 방식
③ PPM 방식
④ PCM 방식
⑤ FDM 방식

39 다음 중 표준 TV 방식에서 비월주사의 비율은?

① 1 : 1
② 2 : 1
③ 3 : 1
④ 4 : 1
⑤ 5 : 1

40 수직 접지 안테나의 임피던스는 다음 중 어느 것이 옳은가?

① 36.6Ω
② 72.3Ω
③ 150Ω
④ 200Ω
⑤ 300Ω

01 다음 중 바닥판과 보밑 거푸집 설계 시 고려해야 하는 하중으로 옳은 것은?

① 굳지 않은 콘크리트 중량, 충격하중

② 굳지 않은 콘크리트 중량, 측압

③ 작업하중, 풍하중

④ 충격하중, 풍하중

⑤ 고정하중, 풍하중

02 다음 중 H형강의 플랜지에 커버플레이트를 붙이는 주목적으로 옳은 것은?

① 수평부재 간 접합 시 틈새를 메우기 위하여

② 슬래브와의 전단접합을 위하여

③ 웨브플레이트의 전단내력 보강을 위하여

④ 휨내력의 보강을 위하여

⑤ 강판 사이의 각도를 유지하는 강도를 높이기 위하여

03 다음 중 약전설비(소세력 전기설비)에 속하지 않는 것은?

① 조명설비   ② 전기음향설비

③ 감시제어설비   ④ 주차관제설비

⑤ 정보통신설비

04 층수가 12층이고 6층 이상의 거실면적의 합계가 $12,000m^2$인 교육연구시설에 설치하여야 하는 8인승 승용 승강기의 최소 대수는?

① 2대   ② 3대

③ 4대   ④ 5대

⑤ 6대

05 다음 중 종합병원의 건축계획에 대한 설명으로 옳지 않은 것은?

① 부속진료부는 외래환자 및 입원환자 모두가 이용하는 곳이다.

② 간호사 대기소는 각 간호단위 또는 각층 및 동별로 설치한다.

③ 집중식 병원건축에서 부속진료부와 외래부는 주로 건물의 저층부에 구성된다.

④ 외래진료부의 운영방식에 있어서 미국의 경우는 대개 클로즈드 시스템인데 비하여, 우리나라는 오픈 시스템이다.

⑤ 병실 천장은 조도가 낮고 반사율이 낮은 마감재료를 사용한다.

06 다음은 대지와 도로의 관계에 대한 기준 내용이다. 빈칸 ㉠과 ㉡에 들어갈 숫자로 옳은 것은?(단, 축사, 작물 재배사, 그 밖에 이와 비슷한 건축물로서 건축조례로 정하는 규모의 건축물은 제외)

> 연면적의 합계가 2,000m²(공장인 경우에는 3,000m²) 이상인 건축물의 대지는 너비 ___㉠___ 이상의 도로에 ___㉡___ 이상 접하여야 한다.

① ㉠ 2m, ㉡ 4m
② ㉠ 4m, ㉡ 2m
③ ㉠ 4m, ㉡ 6m
④ ㉠ 6m, ㉡ 4m
⑤ ㉠ 6m, ㉡ 6m

07 다음 중 볼류트 펌프의 토출구를 지나는 유체의 유속이 2.5m/s이고 유량이 1m³/min일 때, 토출구의 구경은?

① 약 75mm
② 약 82mm
③ 약 92mm
④ 약 105mm
⑤ 약 107mm

08 그림과 같은 내민보에서 A지점의 반력값으로 옳은 것은?

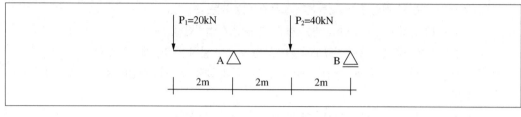

① 20kN
② 30kN
③ 40kN
④ 50kN
⑤ 60kN

09 다음 중 콘크리트 블록벽체 $2m^2$를 쌓는 데 소요되는 콘크리트 블록 장수로 옳은 것은?(단, 블록은 기본형이며, 할증은 고려하지 않음)

① 26장
② 30장
③ 34장
④ 38장
⑤ 40장

10 다음 중 부설주차장 설치대상 시설물이 종교시설인 경우, 부설주차장 설치기준으로 옳은 것은?

① 시설면적 $50m^2$당 1대
② 시설면적 $100m^2$당 1대
③ 시설면적 $150m^2$당 1대
④ 시설면적 $200m^2$당 1대
⑤ 시설면적 $250m^2$당 1대

11 다음 중 금속관 공사에 대한 설명으로 옳지 않은 것은?

① 고조파의 영향이 없다.
② 저압, 고압, 통신설비 등에 널리 사용된다.
③ 사용 목적과 상관없이 접지를 할 필요가 없다.
④ 사용장소로는 은폐장소, 노출장소, 옥측, 옥외 등 광범위하게 사용할 수 있다.
⑤ 과열에 의한 화재의 우려가 없다.

12 다음 중 강구조 용접에서 용접결함에 속하지 않는 것은?

① 오버랩(Overlap)

② 크랙(Crack)

③ 가우징(Gouging)

④ 언더컷(Under cut)

⑤ 스펠트

13 다음 중 도장공사에서의 뿜칠에 대한 설명으로 옳지 않은 것은?

① 큰 면적을 균등하게 도장할 수 있다.

② 스프레이건과 뿜칠면 사이의 거리는 30cm를 표준으로 한다.

③ 뿜칠은 도막두께를 일정하게 유지하기 위해 겹치지 않게 순차적으로 이행한다.

④ 뿜칠 공기압은 2~4kg/cm^{2}를 표준으로 한다.

⑤ 뿜칠의 각도는 칠바탕에 직각으로 한다.

14 다음 중 단독주택의 부엌 크기 결정 요소로 볼 수 없는 것은?

① 작업대의 면적

② 주택의 연면적

③ 주부의 동작에 필요한 공간

④ 후드(hood)의 설치에 의한 공간

⑤ 가족 수

15 다음 중 단독주택계획에 대한 설명으로 옳지 않은 것은?

① 건물이 대지의 남측에 배치되도록 한다.

② 건물은 가능한 한 동서로 긴 형태가 좋다.

③ 동지 때 최소한 4시간 이상의 햇빛이 들어오도록 한다.

④ 인접 대지에 기존 건물이 없더라도 개발 가능성을 고려하도록 한다.

⑤ 현관의 위치는 대지의 형태, 도로와의 관계 등에 의하여 결정된다.

16 다음 중 CM(Construction Management)의 주요업무로 옳지 않은 것은?

① 설계부터 공사관리까지 전반적인 지도, 조언, 관리업무

② 입찰 및 계약 관리업무와 원가관리업무

③ 현장 조직관리업무와 공정관리업무

④ 자재조달업무와 시공도 작성업무

⑤ 최종 건설사업관리 보고업무

17 다음 그림과 같은 구조물의 부정정 차수는?

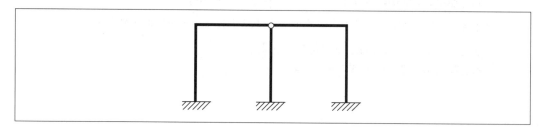

① 1차 부정정   ② 2차 부정정

③ 3차 부정정   ④ 4차 부정정

⑤ 5차 부정정

18 다음과 같은 조건에서 실의 현열부하가 7,000W인 경우, 실내 취출풍량은?

─────〈조건〉─────

• 실내온도 22℃

• 취출공기온도 12℃

• 공기의 비열 1.01kJ/kg · K

• 공기의 밀도 1.2kg/m3

① 1,042m^3/h   ② 2,079m^3/h

③ 3,472m^3/h   ④ 6,944m^3/h

⑤ 7,404m^3/h

19 공작물을 축조할 때 특별자치시장·특별자치도지사 또는 시장·군수·구청장에게 신고를 하여야 하는 대상 공작물 기준으로 옳지 않은 것은?(단, 건축물과 분리하여 축조하는 경우)

① 높이 6m를 넘는 굴뚝

② 높이 4m를 넘는 광고탑

③ 높이 4m를 넘는 장식탑

④ 높이 2m를 넘는 옹벽 또는 담장

⑤ 높이 5m를 넘는 태양에너지를 이용하는 발전설비

20 현장감을 가장 실감나게 표현하는 방법으로 하나의 사실 또는 주제의 시간 상황을 고정시켜 연출하는 것으로 현장에 임한 느낌을 주는 특수전시기법은?

① 디오라마 전시   ② 파노라마 전시

③ 하모니카 전시   ④ 아일랜드 전시

⑤ 영상 전시

21 다음 중 용접작업 시 용착금속 단면에 생기는 작은 은색의 점은 무엇인가?

① 피시아이(Fish eye)   ② 블로홀(Blow hole)

③ 슬래그 함입(Slag inclusion)   ④ 크레이터(Crater)

⑤ 피트

22 동일단면, 동일재료를 사용한 캔틸레버보 끝단에 집중하중이 작용하였다. P_1이 작용한 부재의 최대처짐량이, P_2가 작용한 부재의 최대처짐량의 2배일 경우 $P_1 : P_2$는?

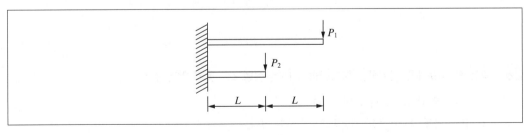

① 1 : 4   ② 1 : 8

③ 4 : 1   ④ 8 : 1

⑤ 10 : 1

23 다음 중 도시가스 배관 시공에 대한 설명으로 옳지 않은 것은?

① 건물 내에서는 반드시 은폐배관으로 한다.

② 배관 도중에 신축 흡수를 위한 이음을 한다.

③ 건물의 주요구조부를 관통하지 않도록 한다.

④ 건물의 규모가 크고 배관 연장이 길 경우는 계통을 나누어 배대한다.

⑤ 가스사용시설의 지상배관은 황색으로 도색한다.

24 건축물을 신축하는 경우 옥상에 조경을 $150m^2$ 시공했다. 이 경우 대지의 조경면적은 최소 얼마 이상으로 하여야 하는가?(단, 대지면적은 $1,500m^2$이고, 조경설치 기준은 대지면적의 10%이다)

① $25m^2$ ② $50m^2$

③ $75m^2$ ④ $100m^2$

⑤ $120m^2$

25 높이 31m를 넘는 각 층의 바닥면적 중 최대 바닥면적이 $5,000m^2$인 업무시설에 원칙적으로 설치하여야 하는 비상용 승강기의 최소 대수는?

① 1대   ② 2대

③ 3대   ④ 4대

⑤ 5대

26 다음 중 구조체를 가열하는 복사난방에 대한 설명으로 옳지 않은 것은?

① 복사열에 의하므로 쾌적성이 좋다.

② 바닥, 벽체, 천장 등을 방열면으로 할 수 있다.

③ 예열시간이 길고 일시적인 난방에는 바람직하지 않다.

④ 방열기의 설치로 인해 실의 바닥면적의 이용도가 낮다.

⑤ 실온을 낮게 유지할 수 있어서 열손실이 적다.

27 그림과 같은 단순보의 일부 구간으로부터 떼어낸 자유물체도에서 각 좌우측면(가, 나면)에 작용하는 전단력의 방향과 그 값으로 옳은 것은?

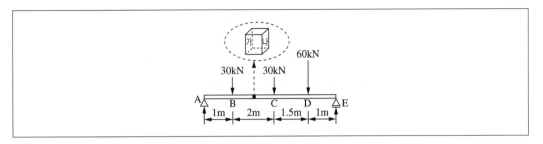

① 가 : 19.1 kN(↑), 나 : 19.1 kN(↓)

② 가 : 19.1 kN(↓), 나 : 19.1 kN(↑)

③ 가 : 16.1 kN(↑), 나 : 16.1 kN(↓)

④ 가 : 16.1 kN(↓), 나 : 16.1 kN(↑)

⑤ 가 : 16.1 kN(↑), 나 : 16.1 kN(↑)

28 다음 중 도막방수 시공 시 유의사항으로 적절하지 않은 것은?

① 도막방수재는 혼합에 따라 재료 물성이 크게 달라지므로 반드시 혼합비를 준수한다.

② 용제형의 프라이머를 사용할 경우에는 화기에 주의하고, 특히 실내 작업의 경우 환기장치를 사용하여 인화나 유기용제 중독을 미연에 예방하여야 한다.

③ 코너부위, 드레인 주변은 보강이 필요하다.

④ 도막방수 공사는 바탕면 시공과 관통공사가 종결되지 않더라도 할 수 있다.

⑤ 5℃ 이하의 기온에서는 시공하지 않는다.

29 다음 중 학교의 강당계획에 대한 설명으로 옳지 않은 것은?

① 체육관의 크기는 배구코트의 크기를 표준으로 한다.

② 강당은 반드시 전교생을 수용할 수 있도록 크기를 결정하지는 않는다.

③ 강당 및 체육관으로 겸용하게 될 경우 체육관 목적으로 치중하는 것이 좋다.

④ 강당 겸 체육관은 커뮤니티의 시설로서 이용될 수 있도록 고려하여야 한다.

⑤ 초등학교, 중학교, 고등학교 별로 강당 소요면적을 다르게 한다.

30 다음 중 사무소 건축의 엘리베이터 설치 계획에 대한 설명으로 옳지 않은 것은?

① 군 관리운전의 경우 동일 군내의 서비스 층은 같게 한다.

② 승객의 층별 대기시간은 평균 운전간격 이상이 되게 한다.

③ 서비스를 균일하게 할 수 있도록 건축물 중심부에 설치하는 것이 좋다.

④ 건축물의 출입층이 2개 층이 되는 경우는 각각의 교통수요량 이상이 되도록 한다.

⑤ 5대 이하는 직선 배치하고 6대 이상은 앨코브 또는 대면 배치한다.

31 다음 중 공사 착공시점의 인허가 항목으로 옳지 않은 것은?

① 비산먼지 발생사업 신고

② 오수처리시설 설치신고

③ 특정공사 사전신고

④ 가설건축물 축조신고

⑤ 사업장폐기물배출자 신고

32 그림과 같은 단순보에서 A점 및 B점에서의 반력을 각각 R_A, R_B라 할 때, 반력의 크기로 옳은 것은?

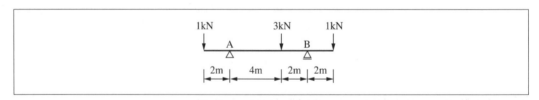

① $R_A = 3\text{kN}$, $R_B = 2\text{kN}$

② $R_A = 2\text{kN}$, $R_B = 3\text{kN}$

③ $R_A = 2.5\text{kN}$, $R_B = 2.5\text{kN}$

④ $R_A = 4\text{kN}$, $R_B = 1\text{kN}$

⑤ $R_A = 4\text{kN}$, $R_B = 2\text{kN}$

33 다음과 같은 〈조건〉에서 사무실의 평균조도를 800lx로 설계하고자 할 때, 광원의 필요수량은?

> ───────────〈조건〉───────────
> • 광원 1개의 광속 : 2,000lm
> • 실의 면적 : 10m2
> • 감광 보상률 : 1.5
> • 조명률 : 0.6

① 3개   ② 5개
③ 8개   ④ 10개
⑤ 12개

34 일반주거지역에서 건축물을 건축하는 경우 건축물의 높이 5m인 부분은 정북방향의 인접 대지경계선으로부터 원칙적으로 최소 얼마 이상을 띄어 건축하여야 하는가?

① 1.0m   ② 1.5m
③ 2.0m   ④ 3.0m
⑤ 4.0m

35 다음 중 최대수용전력이 500kW, 수용률이 80%일 때, 부하 설비 용량은?

① 400kW   ② 625kW
③ 800kW   ④ 1,250kW
⑤ 1,450kW

36 인장을 받는 이형철근의 직경이 D16(직경 15.9mm)이고, 콘크리트 강도가 30MPa인 표준갈고리의 기본정착길이는?(단, $f_y=400\text{MPa}$이고 $\beta=1.0$이며 $m_c=2,300\text{kg/m}^3$ 이다)

① 238mm   ② 258mm
③ 279mm   ④ 312mm
⑤ 328mm

37 다음 중 조적벽 40m²를 쌓는 데 필요한 벽돌량은 몇 장인가?(단, 표준형벽돌 0.5B 쌓기이며 할증은 고려하지 않는다)

① 2,850장
② 3,000장
③ 3,150장
④ 3,500장
⑤ 3,650장

38 도서관의 출납 시스템 유형 중 이용자가 자유롭게 도서를 꺼낼 수 있으나 열람석으로 가기 전에 관원의 검열을 받는 형식은?

① 폐가식
② 반개가식
③ 자유개가식
④ 안전개가식
⑤ 개가식

39 다음 중 극장의 평면형식 중 프로시니엄형에 대한 설명으로 옳지 않은 것은?

① 픽쳐 프레임 스테이지형이라고도 한다.
② 배경은 한 폭의 그림과 같은 느낌을 준다.
③ 연기자가 제한된 방향으로만 관객을 대하게 된다.
④ 가까운 거리에서 관람하면서 가장 많은 관객을 수용할 수 있다.
⑤ 객석 수용 능력에 제한이 있다.

40 다음 중 이동식 보도에 대한 설명으로 옳지 않은 것은?

① 속도는 60~70m/min이다.
② 주로 역이나 공항 등에 이용된다.
③ 승객을 수평으로 수송하는 데 사용된다.
④ 수평으로부터 10° 이내의 경사로 되어 있다.
⑤ 시간당 최대 1,500명 정도 수송할 수 있다.

01 시가지에서 5개의 측점으로 폐합 트래버스를 구성하여 내각을 측정한 결과 각관측 오차가 $30''$이었다. 각관측의 경중률이 동일할 때, 각오차의 처리방법으로 옳은 것은?(단, 시가지의 허용오차 범위$= 20'' \sqrt{n} \sim 30'' \sqrt{n}$)

① 재측량한다.
② 각의 크기에 관계없이 등배분한다.
③ 각의 크기에 비례하여 배분한다.
④ 각의 크기에 반비례하여 배분한다.
⑤ 처리할 수 없다.

02 다음 중 GNSS 상대측위 방법에 대한 설명으로 옳은 것은?

① 수신기 1대만을 사용하여 측위를 실시한다.
② 위성과 수신기 간의 거리는 전파의 파장 개수를 이용하여 계산할 수 있다.
③ 위상차의 계산은 단순차, 2중차, 3중차와 같은 차분기법으로는 해결하기 어렵다.
④ 전파의 위상차를 관측하는 방식이나 절대측위 방법보다 정확도가 낮다.
⑤ 미지점을 제외한 두 각 및 그 사이 변의 길이를 측량하는 것이다.

03 60m당 0.04m가 짧은 줄자를 사용하여 정사각형 토지의 한 변을 측정한 결과가 240m일 때, 다음 중 면적에 대한 오차는?

① 42.3m^2 ② 50.2m^2
③ 65.7m^2 ④ 76.8m^2
⑤ 81.3m^2

04 DGPS를 적용할 경우 기지점과 미지점에서 측정한 결과로부터 공통오차를 상쇄시킬 수 있기 때문에 측량의 정확도를 높일 수 있다. 이때 상쇄되는 오차요인으로 옳지 않은 것은?

① 위성의 궤도정보오차   ② 다중경로오차
③ 전리층 신호지연   ④ 대류권 신호지연
⑤ 위성의 시계오차

05 다음 중 흐름에 대한 설명으로 옳지 않은 것은?

① 흐름이 층류일 때는 뉴턴의 점성 법칙을 적용할 수 있다.
② 등류란 모든 점에서의 흐름의 특성이 공간에 따라 변하지 않는 흐름이다.
③ 유관이란 개개의 유체입자가 흐르는 경로를 말한다.
④ 유선이란 각 점에서 속도벡터에 접하는 곡선을 연결한 선이다.
⑤ 정류는 어느 점에서도 시간에 따라 압력, 밀도, 속도 등의 상태가 변하지 않는 흐름이다.

06 다음 중 강우자료의 변화요소가 발생한 과거의 기록치를 보정하기 위하여 전반적인 자료의 일관성을 조사하려고 할 때, 사용할 수 있는 방법으로 적절한 것은?

① 정상연강수량비율법
② Thiessen의 가중법
③ 이중누가우량분석
④ DAD분석
⑤ 등우선법

07 안지름 2m의 관내를 20℃의 물이 흐를 때 동점성계수가 $0.0101\text{cm}^2/\text{s}$이고 속도가 50cm/s일 때, 다음 중 레이놀즈수(Reynolds Number)는?

① 960,000
② 970,000
③ 980,000
④ 990,000
⑤ 1,000,000

08 경심이 10m이고, 동수경사가 1/200 인 관로에서 Reynolds 수가 1,000인 흐름의 평균유속은?

① 약 7.626m/s
② 약 7.726m/s
③ 약 7.826m/s
④ 약 7.926m/s
⑤ 약 7.962m/s

09 저수지의 물을 방류하는 데 1 : 225로 축소된 모형에서 4분이 소요되었다면, 원형에서의 소요시간은?

① 4분　　　　　　　　　　　② 15분

③ 16분　　　　　　　　　　　④ 60분

⑤ 225분

10 다음 중 상수도관의 종류와 이에 대한 설명으로 옳은 것은?

① 흄관은 내압력이 크고, 현장에서 시공성이 낮다.

② PVC관은 내식성이 작고, 자외선 강하다.

③ 강관은 절단가공이 쉽고, 관내면이 매끄럽다.

④ 주철관은 충격에 강하고, 이형관의 제작이 힘들다.

⑤ 덕타일 주철관은 강도가 작고, 시공성이 높다.

11 다음 중 수질시험 항목에 대한 설명으로 옳지 않은 것은?

① DO(용존산소)는 물 속에 용해되어 있는 분자상의 산소를 말하며 온도가 높을수록 DO농도는 감소한다.

② COD(화학적 산소요구량)는 수중의 산화 가능한 유기물이 일정 조건에서 산화제에 의해 산화되는 데 요구되는 산소량을 말한다.

③ 잔류염소는 처리수를 염소소독하고 남은 염소로 치아염소산이온과 같은 유리잔류염소와 클로라민 같은 결합잔류염소를 말한다.

④ BOD(생물화학적 산소요구량)는 수중 유기물이 혐기성 미생물에 의해 3일간 분해될 때 소비되는 산소량을 ppm으로 표시한 것이다.

⑤ 일반적으로 공장폐수는 무기물을 함유하고 있어 BOD(생물화학적 산소요구량) 측정이 불가능하므로 COD(화학적 산소요구량)를 측정한다.

12 다음 중 슬러지 용량 지표(SVI)에 대한 설명으로 옳지 않은 것은?

① SVI는 침전슬러지량 100mL 중에 포함되는 MLSS를 그램(g)수로 나타낸 것이다.

② SVI는 활성슬러지의 침강성을 보여주는 지표로 광범위하게 사용된다.

③ SVI가 50 ~ 150일 때 침전성이 양호하다.

④ SVI가 200 이상이면 슬러지 팽화가 의심된다.

⑤ SVI의 지표 값은 SVI $= SV \times 10^4 /$MLSS의 식으로 계산할 수 있다.

13 다음 중 취수보 취수구에서의 표준 유입속도는?

① $0.2 \sim 0.4$m/s　　　　　② $0.3 \sim 0.6$m/s

③ $0.4 \sim 0.8$m/s　　　　　④ $0.5 \sim 1.0$m/s

⑤ $0.6 \sim 1.2$m/s

14 2.0kg$_f$/cm^{2}의 구속응력을 가하여 시료를 완전하게 압밀시킨 다음, 축차응력을 가해 비배수 상태로 전단시켜 파괴 시 간극수압계수 A는?(단, 간극수압계수(B)는 1.0으로 하며 축변형률 $\epsilon_f = 15\%$, 축차응력 $\Delta\sigma_f = 2.6$kg$_f$/cm^2, 간극수압 $\Delta u_f = 1.5$kg$_f$/cm^{2}이다)

① 약 0.42　　　　　② 약 0.58

③ 약 0.63　　　　　④ 약 0.79

⑤ 약 0.81

15 입경이 균일한 포화된 사질지반에 지진이나 진동 등 동적하중이 작용할 때, 지반에서는 일시적으로 전단강도를 상실하게 되는 현상은 무엇인가?

① 분사(Quick Sand)현상

② 틱소트로피(Thixotropy)현상

③ 히빙(Heaving)현상

④ 파이핑(Piping) 현상

⑤ 액상화(Liquefaction)현상

16 어떤 굳은 점토층을 깊이 7m까지 연직절토하였다. 이 점토층의 일축압축강도가 1.4kg$_f$/cm^2, 흙의 단위중량이 2t/m^{3}라 할 때, 파괴에 대한 안전율은?(단, 내부마찰각은 $30°$이다)

① 0.5　　　　　② 1.0

③ 1.5　　　　　④ 2.0

⑤ 2.5

17 다음 중 베인전단시험(Vane Shear Test)에 대한 설명으로 옳지 않은 것은?

① 베인전단시험으로부터 흙의 내부마찰각을 측정할 수 있다.

② 현장 원위치 시험의 일종으로 점토의 비배수전단 강도를 구할 수 있다.

③ 십자형의 베인(vane)을 땅 속에 압입한 후, 회전모멘트를 가해서 흙이 원통형으로 전단파괴될 때 저항 모멘트를 구함으로써 비배수 전단강도를 측정하게 된다.

④ 연약점토지반에 적용된다.

⑤ 깊이 110m 이상의 경우 사용하기 힘든 시험법이다.

18 흙의 비중 2.60, 함수비 30%, 간극비는 0.80일 때, 다음 중 포화도는?

① 24.0% ② 62.4%

③ 78.0% ④ 82.5%

⑤ 97.5%

19 다음 중 나선철근으로 둘러싸인 압축부재의 축방향 주철근의 최소 개수는?

① 3개 ② 4개

③ 5개 ④ 6개

⑤ 8개

20 다음 중 최소 전단철근을 배치하지 않아도 되는 경우로 옳지 않은 것은?(단, $\frac{1}{2}\phi V_c < V_u$인 경우)

① 슬래브나 확대기초의 경우

② 전단철근이 없어도 계수휨모멘트와 계수전단력에 저항할 수 있다는 것을 실험에 의해 확인할 수 있는 경우

③ T형보에서 그 깊이가 플랜지 두께의 2.5배 또는 복부폭의 1/2 중 큰 값 이하인 보

④ 전체깊이가 450mm 이하인 보

⑤ 콘크리트 장선 구조

21 보통중량골재를 사용하는 콘크리트의 설계기준 강도가 38MPa인 경우 콘크리트의 탄성계수(E_e)는?(단, 보통골재를 사용한다)

① 약 2.6452×10^4MPa   ② 약 2.7104×10^4MPa

③ 약 2.9546×10^4MPa   ④ 약 3.0952×10^4MPa

⑤ 약 3.1856×10^4MPa

22 강도설계법에서 전단철근 공칭전단강도가 $(\dfrac{\lambda\sqrt{f_{ck}}}{3}) \times b_w \times d$를 초과하는 경우 전단철근의 최대 간격은?(단, b_w는 복부의 폭이고 d는 유효깊이다)

① d/5 이하, 600mm 이하

② d/4 이하, 300mm 이상

③ d/2 이하, 400mm 이상

④ d/5 이상, 400mm 이하

⑤ d/4 이하, 300mm 이하

23 단철근 직사각형보의 자중이 18kN이고 활하중이 26kN일 때, 다음 중 계수휨모멘트는 얼마인가?(단, 보의 경간은 10m이다)

① 630.2kN·m   ② 670.6kN·m

③ 710.3kN·m   ④ 750.9kN·m

⑤ 790.0kN·m

24 다음 중 강판형(Plate Girder) 복부(Web) 두께의 제한이 규정되어 있는 이유로 가장 적절한 것은?

① 시공상의 난이   ② 공비의 절약

③ 자중의 경감   ④ 좌굴의 방지

⑤ 시공 공간 확보

25 다음 그림에서 작용하는 네 힘의 합력이 A점으로부터 오른쪽으로 4m 떨어진 곳에 하방향으로 300kg$_f$일 때, F와 P는 각각 얼마인가?

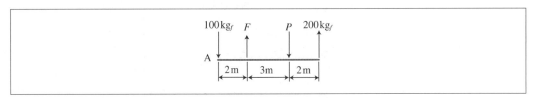

① $F=300\text{kg}_f$, $P=400\text{kg}_f$ ② $F=400\text{kg}_f$, $P=200\text{kg}_f$

③ $F=200\text{kg}_f$, $P=400\text{kg}_f$ ④ $F=400\text{kg}_f$, $P=300\text{kg}_f$

⑤ $F=200\text{kg}_f$, $P=300\text{kg}_f$

26 다음 중 재질, 단면적, 길이가 같은 장주에서 양단 활절 기둥의 좌굴 하중과 양단 고정 기둥의 좌굴 하중의 비는?

① $1:2$ ② $1:4$

③ $1:8$ ④ $1:16$

⑤ $1:32$

27 다음 그림과 같은 보에서 A 지점의 반력은?

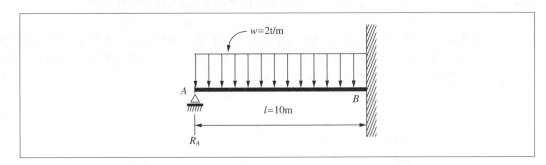

① 6.0t   ② 7.5t

③ 8.0t   ④ 9.5t

⑤ 10.0t

28 다음 캔틸레버보의 C점에서의 전단력과 휨모멘트는?

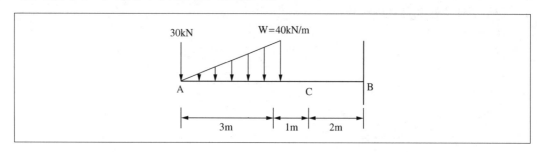

① -60kN · m
② -120kN · m
③ -180kN · m
④ -240kN · m
⑤ -300kN · m

29 길이가 10m이고 지름이 50cm인 강봉이 길이방향으로 작용하는 인장력에 의하여 10cm 변형되었다. 강봉의 포아송비(Poisson's Ratio)가 0.2일 때, 다음 중 강봉의 반지름(cm) 변화로 옳은 것은?

① 0.1cm 증가
② 0.1cm 감소
③ 0.05cm 증가
④ 0.05cm 감소
⑤ 0.01cm 증가

30 다음은 '우력'에 관한 글이다. 빈칸에 들어갈 단어를 순서대로 바르게 나열한 것은?

어떤 물체에 크기가 ___㉠___ 방향이 ___㉡___ 2개의 힘이 작용할 때, 작용선이 일치하면 합력이 0이 되고, 작용선이 일치하지 않고 나란하면 합력은 0이 되지만 힘의 효과가 물체에 ___㉢___ 을 일으킨다. 이와 같이 크기가 ___㉠___ 방향이 ___㉡___ 한 쌍의 힘을 우력이라 한다.

	㉠	㉡	㉢
①	같고	반대인	회전운동
②	다르고	반대인	회전운동
③	다르고	같은	평행운동
④	같고	같은	평행운동
⑤	같고	같은	회전운동

31 그림과 같은 라멘 구조에서 반력 H_D의 크기는?

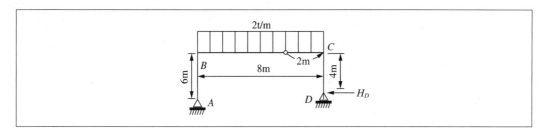

① 약 2.67t
② 약 2.89t
③ 약 3.12t
④ 약 3.68t
⑤ 약 4.05t

32 최대 휨모멘트 $8,000\text{kg}_f/\text{m}$를 받는 목재보의 직사각형 단면에서 폭 $b=25\text{cm}$일 때, 높이 h는 얼마인가? (단, 자중은 무시하고 허용 휨 응력 $\sigma_a = 120\text{kg}_f/\text{cm}^2$이다)

① 40cm
② 42cm
③ 46cm
④ 48cm
⑤ 50cm

33 지표면상 A, B 간의 거리가 7.1km라고 하면 B점에서 A점을 시준할 때, 필요한 측표(표척)의 최소 높이로 옳은 것은?(단, 지구의 반지름은 6,370km이고, 대기의 굴절에 의한 요인은 무시한다)

① 0.5m
② 1m
③ 2m
④ 3m
⑤ 4m

34 다음 중 하천에서 2점법으로 평균유속을 구할 때, 관측하여야 할 두 지점의 위치는?

① 수면으로부터 수심의 $\frac{1}{5}$, $\frac{3}{5}$ 지점

② 수면으로부터 수심의 $\frac{1}{5}$, $\frac{4}{5}$ 지점

③ 수면으로부터 수심의 $\frac{2}{5}$, $\frac{3}{5}$ 지점

④ 수면으로부터 수심의 $\frac{2}{5}$, $\frac{4}{5}$ 지점

⑤ 수면으로부터 수심의 $\frac{3}{5}$, $\frac{4}{5}$ 지점

35 다음 중 삼각측량을 위한 삼각망 중에서 유심다각망에 대한 설명으로 옳지 않은 것은?

① 농지측량에 많이 사용된다.
② 방대한 지역의 측량에 적합하다.
③ 삼각망 중에서 정확도가 가장 높다.
④ 동일측점 수에 비하여 포함면적이 가장 넓다.
⑤ 각조건, 방향각조건, 측점조건, 변조건에 의한 조정을 해준다.

36 다각측량을 위한 수평각 측정방법 중 어느 측선의 바로 앞 측선의 연장선과 이루는 각을 측정하여 각을 측정하는 방법은?

① 편각법   ② 교각법
③ 방위각법   ④ 전진법
⑤ 처짐각법

37 수준점 A, B, C에서 P점까지 수준측량을 한 결과가 다음 표와 같다. 관측거리에 대한 경중률을 고려한 P점의 표고는?

측량 경로	거리(km)	P점의 표고(m)
A → P	2km	124.583m
B → P	3km	124.295m
C → P	1km	124.792m

① 약 124.417m

② 약 124.529m

③ 약 124.645m

④ 약 124.704m

⑤ 약 124.714m

38 다음 중 촬영고도 3,000m에서 초점거리 153mm의 카메라를 사용하여 고도 600m의 평지를 촬영할 때, 사진축척은?

① $\dfrac{1}{14,865}$

② $\dfrac{1}{15,686}$

③ $\dfrac{1}{16,766}$

④ $\dfrac{1}{17,568}$

⑤ $\dfrac{1}{18,762}$

39 다음 중 관로 길이 100m, 안지름 30cm의 주철관에 0.1m³/s의 유량을 송수할 때, 손실수두는?(단, $v = C\sqrt{RI}$, $C = 63\text{m}^{\frac{1}{2}}/\text{s}$이다)

① 0.54m

② 0.67m

③ 0.74m

④ 0.88m

⑤ 0.92m

40 다음 중 DAD(Depth-Area-Duration)에 대한 설명으로 옳은 것은?

① 최대 평균 우량깊이, 유역면적, 강우강도와의 관계를 수립하는 작업이다.

② 유역면적을 대수축(Logarithmic Scale)에 최대평균강우량을 산술축(Arithmetic Scale)에 표시한다.

③ DAD 해석 시 상대습도 자료가 필요하다.

④ 유역면적과 증발산량과의 관계를 알 수 있다.

⑤ 일반적으로 강수의 계속시간이 짧을수록 또는 지역의 면적이 클수록 평균 유량의 최대치는 커진다.

제3회
서울교통공사
기술직

NCS 직업기초능력평가
+ 직무수행능력평가

〈문항 및 시험시간〉

평가영역	문항 수	시험시간	모바일 OMR 답안분석		
직업기초능력평가+ 직무수행능력평가	80문항	100분	기계일반	전기일반	전자일반
			통신일반	건축일반	토목일반

제3회 모의고사

| 문항 수 : 80문항 |
| 시험시간 : 100분 |

제 1 영역 직업기초능력평가

01 다음은 남북한 교통 관련 법규체계를 비교한 표이다. 이에 대한 설명으로 옳은 것을 〈보기〉에서 모두 고르면?

기능 / 형태		교통 시설의 건설관련 법규	교통수단의 운영관련 법규	
도로 부문 관련 법규		도로 건설관련 법규		도로 운영관련 법규
	남한	도로법, 고속국도법, 한국도로공사법, 유료도로법, 사도법	남한	도로법, 도로교통법, 교통안전법
	북한	도로법	북한	도로법, 도로교통법, 차량운수법
철도 부문 관련 법규		철도 건설관련 법규		철도 운영관련 법규
	남한	철도건설법, 도시철도법	남한	철도안전법, 도시철도법, 항공·철도 사고조사에 관한 법률, 철도사업법, 한국철도공사법
	북한	철도법, 지하철도법	북한	철도법, 지하철도법, 철도차량법

〈보기〉

ㄱ. 남한의 도로부문 관련 법규 개수는 북한의 도로부문 관련 법규 개수의 2배 이상이다.

ㄴ. 표에 명시된 법규 중 남한과 북한이 동일한 명칭을 사용하는 교통 관련 법규는 총 3개이다.

ㄷ. 북한의 철도 부문 관련 법규 개수는 북한의 교통수단의 운영관련 법규 개수와 같다.

ㄹ. 남한의 교통 관련 법규의 수는 총 10개 이상이다.

① ㄱ, ㄴ
② ㄱ, ㄹ
③ ㄴ, ㄷ
④ ㄴ, ㄹ
⑤ ㄷ, ㄹ

02 다음은 철도안전법 제5장 '철도차량 운행안전 및 철도 보호'의 내용이다. 다음 중 제48조의2에 해당하지 않는 것은?

제39조 철도차량의 운행

제39조의2 철도교통관제

제39조의3 영상기록장치의 장착 등

제40조 열차운행의 일시 중지

제40조의2 철도종사자의 준수사항

제41조 철도종사자의 음주 제한 등

제42조 위해물품의 휴대 금지

제43조 위험물의 탁송 및 운송 금지

제44조 위험물의 운송

제45조 철도보호지구에서의 행위제한 등

제46조 손실보상

제47조 여객열차의 금지행위

제48조 철도 보호 및 질서유지를 위한 금지행위

제48조의2 여객 등의 안전 및 보안

제48조의3 보안검색장비의 성능인증 등

제48조의4 시험기관의 지정 등

제48조의5 직무장비의 휴대 및 사용 등

제49조 철도종사자의 직무상 지시 준수

제50조 사람 또는 물건에 대한 퇴거 조치 등

---

① 국토교통부장관은 철도차량의 안전운행 및 철도시설의 보호를 위하여 여객열차에 승차하는 사람의 신체·휴대물품 및 수하물에 대한 보안검색을 실시하게 할 수 있다.

② 국토교통부장관은 보안검색 정보 및 그 밖의 철도보안·치안 관리에 필요한 정보를 효율적으로 활용하기 위하여 철도보안정보체계를 구축·운영하여야 한다.

③ 국토교통부장관은 철도보안·치안을 위하여 필요하다고 인정하는 경우에는 차량 운행정보 등을 철도운영자에게 요구할 수 있고, 철도운영자는 정당한 사유 없이 그 요구를 거절할 수 없다.

④ 국토교통부장관은 철도차량의 안전하고 효율적인 운행을 위하여 철도시설의 운용상태 등 철도차량의 운행과 관련된 조언과 정보를 철도종사자 또는 철도운영자등에게 제공할 수 있다.

⑤ 국토교통부장관은 철도보안정보체계를 운영하기 위하여 철도차량의 안전운행 및 철도시설의 보호에 필요한 최소한의 정보만 수집·관리하여야 한다.

03 다음 글의 내용으로 적절하지 않은 것은?

> 연방준비제도("연준")가 고용 증대에 주안점을 둔 정책을 입안한다 해도 정책이 분배에 미치는 영향을 고려하지 않는다면, 그 정책은 거품과 불평등만 부풀릴 것이다. 기술 산업의 거품 붕괴로 인한 경기 침체에 대응하여 2000년대 초에 연준이 시행한 저금리 정책이 이를 잘 보여준다.
>
> 특정한 상황에서는 금리 변동이 투자와 소비의 변화를 통해 경기와 고용에 영향을 줄 수 있다. 하지만 다른 수단이 훨씬 더 효과적인 상황도 많다. 가령 부동산 거품에 대한 대응책으로는 금리 인상보다 주택 담보 대출에 대한 규제가 더 합리적이다. 생산적 투자를 위축시키지 않으면서 부동산 거품을 가라앉힐 수 있기 때문이다.
>
> 경기 침체기라 하더라도, 금리 인하는 은행의 비용을 줄여주는 것 말고는 경기 회복에 별다른 도움이 되지 않을 수 있다. 대부분의 부문에서 설비 가동률이 낮은 상황이라면, 대출 금리가 낮아져도 생산적인 투자가 별로 증대하지 않는다. 2000년대 초가 바로 그런 상황이었기 때문에, 당시의 저금리 정책은 생산적인 투자 증가 대신에 주택 시장의 거품만 초래한 것이다.
>
> 금리 인하는 국공채에 투자했던 퇴직자들의 소득을 감소시켰다. 노년층에서 정부로, 정부에서 금융업으로 부의 대규모 이동이 이루어져 불평등이 심화되었다. 이에 따라 금리 인하는 다양한 경로로 소비를 위축시켰다. 은퇴 후의 소득을 확보하기 위해, 혹은 자녀의 학자금을 확보하기 위해 사람들은 저축을 늘렸다. 연준은 금리 인하가 주가 상승으로 이어질 것이므로 소비가 늘어날 것이라고 주장했다. 하지만 2000년대 초 연준의 금리 인하 이후 주가 상승에 따라 발생한 이득은 대체로 부유층에 집중되었으므로 대대적인 소비 증가로 이어지지 않았다.
>
> 2000년대 초 고용 증대를 기대하고 시행한 연준의 저금리 정책은 노동을 자본으로 대체하는 투자를 증대시켰다. 인위적인 저금리로 자본 비용이 낮아지자 이런 기회를 이용하려는 유인이 생겨났다. 노동력이 풍부한 상황인데도 노동을 절약하는 방향의 혁신이 강화되었고, 미숙련 노동자들의 실업률이 높은 상황인데도 가게들은 계산원을 해고하고 자동화 기계를 들여놓았다. 경기가 회복되더라도 실업률이 떨어지지 않는 구조가 만들어진 것이다.

① 2000년대 초 연준의 금리 인하로 국공채에 투자한 퇴직자의 소득이 줄어들어 금융업으로부터 정부로 부가 이동하였다.

② 2000년대 초 연준은 고용 증대를 기대하고 금리를 인하했지만, 결과적으로 고용 증대가 더 어려워지도록 만들었다.

③ 2000년대 초 기술 산업 거품의 붕괴로 인한 경기 침체기에 설비 가동률은 대부분의 부문에서 낮은 상태였다.

④ 2000년대 초 연준이 금리 인하 정책을 시행한 후 주택 가격과 주식 가격은 상승하였다.

⑤ 금리 인상은 부동산 거품 대응 정책 가운데 가장 효과적인 정책이 아닐 수 있다.

04 다음 중 직장동료의 업무와 관련된 이메일(E-mail)에 대한 답장 방법으로 적절하지 않은 것은?

① 이메일에 대한 답장을 어디로, 누구에게 보내는지 주의한다.

② 이메일 내용과 관련된 일관성 있는 답을 하도록 한다.

③ 상대방의 이해를 위해 답장에 감정 표현을 담도록 한다.

④ 이메일에 대한 답장에도 제목을 꼭 넣도록 한다.

⑤ 이메일에 대한 답장은 최대한 빠르게 보내도록 한다.

05 농한기인 1~2월에 자주 발생하는 영농기자재 고장을 방지하고자 영농기자재 관리 방법에 대한 매뉴얼을 작성하여 농가에 배포하였다. 매뉴얼에 따라 영농기자재를 바르게 관리한 것은?

〈매뉴얼〉

월	기계종류	내 용
1월	트랙터	(보관 중 점검) • 유압실린더는 완전상승 상태로 함 • 엔진 계통의 누유점검(연료탱크, 필터, 파이프) • 축전지 보충충전
	이앙기	(장기보관 중 점검) • 본체의 누유, 누수 점검 • 축전지 보관 상태 점검, 보충충전 • 페인트가 벗겨진 부분에는 방청유를 발라 녹 발생 방지 • 커버를 씌워 먼지, 이물질에 의한 부식 방지
	콤바인	(장기보관 중 점검) • 회전부, 작동부, 와이어류에 부식방지를 위해 오일 주입 • 각부의 누유 여부 점검 • 스프링 및 레버류에 부식방지를 위해 그리스를 바름
2월	트랙터	(사용 전 점검) • 팬벨트 유격 10mm 이상 시 발전기 고정 볼트를 풀어 유격 조정 • 냉각수량 – 외기온도에 알맞은 비중의 부동액 확인(40% 확인) • 축전지액량 및 접속상태, 배선 및 각종 라이트 경고등 점검, 충전상태 점검 • 좌우 브레이크 페달 유격 및 작동 상태 점검
	이앙기	(장기보관 중 점검) • 누유·누수 점검 • 축전지 보충충전 • 녹이 발생된 부분은 녹을 제거하고 방청유를 바름
	콤바인	(장기보관 중 점검) • 엔진을 회전시켜 윤활시킨 후, 피스톤을 압축상사점에 보관 • 각 회전부, 작동부, 와이어류에 부식방지를 위해 오일주입 • 스프링 및 레버류에 부식방지를 위해 그리스를 바름

① 1월에 트랙터의 브레이크 페달 작동 상태를 점검함

② 2월에 장기보관 중이던 이앙기에 커버를 씌워 먼지 및 이물질에 의한 부식을 방지함

③ 1~2월 모두 이앙기에 부식방지를 위해 방청유를 바름

④ 트랙터 사용 전에 유압실린더와 엔진 누유 상태를 중점적으로 점검함

⑤ 장기보관 중인 콤바인을 꺼낸 후, 타이어 압력을 기종별 취급설명서에 따라 점검함

※ 기획전략팀에서는 사무실을 간편히 청소할 수 있는 새로운 청소기를 구매하였다. 기획전략팀의 B대리는 새 청소기를 사용하기 전에 제품설명서를 참고하였다. 이어지는 질문에 답하시오. [6~8]

〈사용 설명서〉

1. 충전

- 충전 시 작동 스위치 2곳을 반드시 꺼주십시오.
- 타 제품의 충전기를 사용할 경우 고장의 원인이 되오니 반드시 전용 충전기를 사용하십시오.
- 충전 시 충전기에 열이 느껴지는 것은 고장이 아닙니다.
- 본 제품에는 배터리 보호를 위하여 과충전 보호회로가 내장되어 있어 적정 충전시간을 초과하여도 배터리는 심한 손상이 없습니다.
- 충전기의 줄을 잡고 뽑을 경우 감전, 쇼트, 발화 및 고장의 원인이 됩니다.
- 충전하지 않을 때는 전원 콘센트에서 충전기를 뽑아 주십시오. 절연 열화에 따른 화재, 감전 및 고장의 원인이 됩니다.

2. 이상발생 시 점검 방법

증상	확인사항	해결 방법
스위치를 켜도 청소기가 작동하지 않는다면?	• 청소기가 충전잭에 꽂혀 있는지 확인하세요. • 충전이 되어 있는지 확인하세요. • 본체에 핸디 청소기가 정확히 결합되었는지 확인하세요. • 접점부(핸디, 본체)를 부드러운 면으로 깨끗이 닦아주세요.	청소기에서 충전잭을 뽑아주세요.
사용 중 갑자기 흡입력이 떨어진다면?	• 흡입구를 커다란 이물질이 막고 있는지 확인하세요. • 먼지 필터가 막혀 있는지 확인하세요. • 먼지통 내에 오물이 가득 차 있는지 확인하세요.	이물질을 없애고 다시 사용하세요.
청소기가 멈추지 않는다면?	• 스틱 손잡이 / 핸디 손잡이가 스위치 2곳 모두 꺼져 있는지 확인하세요. • 청소기 본체에서 핸디 청소기를 분리하세요.	
사용시간이 짧다고 느껴진다면?	10시간 이상 충전하신 후 사용하세요.	
라이트 불이 켜지지 않는다면?	• 청소기 작동 스위치를 ON으로 하셨는지 확인하세요. • 라이트 스위치를 ON으로 하셨는지 확인하세요.	
파워브러쉬가 작동하지 않는다면?	머리카락이나 실 등 이물질이 감겨있는지 확인하세요.	청소기 전원을 끄고 이물질 제거 후 전원을 켜면 파워브러쉬가 재작동하며 평상시에도 파워브러쉬가 멈추었을 때는 전원 스위치를 껐다 켜시면 브러쉬가 재작동합니다.

06 사용 중 충전으로 인한 고장이 발생한 경우, 그 원인으로 적절하지 않은 것은?

① 충전 시 작동 스위치 2곳을 모두 끄지 않은 경우
② 충전기를 뽑을 때 줄을 잡고 뽑은 경우
③ 충전하지 않을 때 충전기를 계속 꽂아 둔 경우
④ 적정 충전시간을 초과하여 충전한 경우
⑤ 타 제품의 충전기를 사용한 경우

07 B대리는 청소기의 전원을 껐다 켬으로써 청소기의 작동 불량을 해결하였다. 어떤 작동 불량이 발생하였는가?

① 청소기가 멈추지 않았다.
② 사용시간이 짧게 느껴졌다.
③ 파워브러쉬가 작동하지 않았다.
④ 사용 중 흡입력이 떨어졌다.
⑤ 라이트 불이 켜지지 않았다.

08 다음 중 청소기에 이물질이 많이 들어있을 때, 나타날 수 있는 증상으로 옳은 것은?

① 사용시간이 짧아진다.
② 라이트 불이 켜지지 않는다.
③ 스위치를 켜도 청소기가 작동하지 않는다.
④ 충전 시 충전기에서 열이 난다.
⑤ 사용 중 갑자기 흡입력이 떨어진다.

※ 다음 자료를 읽고 이어지는 질문에 답하시오. [9~11]

〈블랙박스 시리얼 번호 체계〉

개발사		제품		메모리 용량		제조연월				일련번호	PCB버전
값	의미	값	의미	값	의미	값	의미	값	의미	값	값
A	아리스	BD	블랙박스	1	4GB	A	2012년	1~9	1~9월	00001	1
S	성진	BL	LCD 블랙박스	2	8GB	B	2013년	O	10월	00002	2
B	백경	BP	IPS 블랙박스	3	16GB	C	2014년	N	11월	⋯	3
C	천호	BE	LED 블랙박스	4	32GB	D	2015년	D	12월	09999	
M	미강테크					E	2016년				

※ 예시 : ABD2B6000101 → 아리스 블랙박스, 8GB, 2013년 6월 생산, 10번째 모델, PCB 1번째 버전

〈A/S 접수 현황〉

분류1	분류2	분류3	분류4
ABD1A2001092	MBE2E3001243	SBP3CD012083	ABD4B3007042
BBD1DD000132	MBP2CO120202	CBE3C4000643	SBE4D5101483
SBD1D9000082	ABE2D0001063	BBD3B6000761	MBP4C6000263
ABE1C6100121	CBL2C3010213	ABP3D8010063	BBE4DN020473
CBP1C6001202	SBD2B9001501	CBL3S8005402	BBL4C5020163
CBL1BN000192	SBP2C5000843	SBD3B1004803	CBP4D6100023
MBD1A2012081	BBL2BO010012	MBE3E4010803	SBE4E4001613
MBE1DB001403	CBD2B3000183	MBL3C1010203	ABE4DO010843

09 A/S가 접수되면 수리를 위해 각 제품을 해당 제조사로 전달한다. 그런데 제품 시리얼 번호를 확인하는 과정에서 조회되지 않는 번호가 있다는 것을 발견하였다. 총 몇 개의 시리얼 번호가 잘못 기록되었는가?

① 6개 ② 7개
③ 8개 ④ 9개
⑤ 10개

10 A/S가 접수된 제품 중 2012 ~ 2013년도에 생산된 것에 대해 무상으로 블루투스 기능을 추가해주는 이벤트를 진행하고 있다. A/S접수가 된 블랙박스 중에서 이벤트에 해당하는 제품은 모두 몇 개인가?(단, A/S가 접수된 시리얼 번호 중 제조연도가 잘못 기록된 제품은 제외한다)

① 6개 ② 7개
③ 8개 ④ 9개
⑤ 10개

11 당사의 제품을 구매한 고객이 A/S를 접수하면, 상담원은 제품 시리얼 번호를 확인하여 기록해 두고 있다. 제품 시리얼 번호는 특정 기준에 의해 분류하여 기록하고 있는데, 다음 중 그 기준은 무엇인가?

① 개발사   ② 제품

③ 메모리 용량   ④ 제조연월

⑤ PCB버전

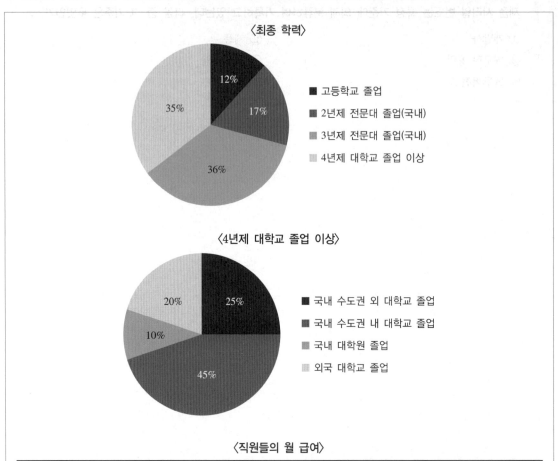

〈최종 학력〉

- 고등학교 졸업
- 2년제 전문대 졸업(국내)
- 3년제 전문대 졸업(국내)
- 4년제 대학교 졸업 이상

〈4년제 대학교 졸업 이상〉

- 국내 수도권 외 대학교 졸업
- 국내 수도권 내 대학교 졸업
- 국내 대학원 졸업
- 외국 대학교 졸업

〈직원들의 월 급여〉

구분	200만 원 이상 250만 원 미만	250만 원 이상 300만 원 미만	300만 원 이상 350만 원 미만	350만 원 이상 400만 원 미만	400만 원 이상	합계
비율	18%	35%	24%	12%	11%	100%

12 다음 중 자료에 대한 설명으로 옳지 않은 것은?

① 직원 중 4년제 국내 수도권 내 대학교 졸업자 수는 전체 직원의 15% 이상을 차지한다.

② 고등학교 졸업의 학력을 가진 직원의 월 급여는 모두 300만 원 미만이라 할 때, 이 인원이 월 급여 300만 원 미만에서 차지하는 비율은 20% 이상이다.

③ 4년제 대학교 졸업 이상의 학력을 가진 직원의 월 급여는 모두 300만 원 이상이라 할 때, 이 인원이 월 급여 300만 원 이상에서 차지하는 비율은 78% 이하이다.

④ 월 급여가 300만 원 미만인 직원은 350만 원 이상인 직원의 2.5배 이상이다.

⑤ 전체 직원이 1,000명이라 할 때, 외국 대학교 졸업의 학력을 가진 직원은 70명이다.

13 국내 소재 대학 및 대학원 졸업자의 25%의 월 급여가 300만 원 이상일 때, 이들이 월 급여 300만 원 이상인 직원 인원에서 차지하는 비율은?(단, 소수점 첫째 자리에서 버림한다)

① 28%   ② 32%

③ 36%   ④ 43%

⑤ 48%

14 다음은 우리나라 강수량에 관한 자료이다. 이를 그래프로 올바르게 변환한 것은?

〈2022년 우리나라 강수량〉

(단위 : mm, 위)

구분	1월	2월	3월	4월	5월	6월	7월	8월	9월	10월	11월	12월
강수량	15.3	29.8	24.1	65.0	29.5	60.7	308.0	241.0	92.1	67.6	12.7	21.9
역대순위	32	23	39	30	44	43	14	24	26	13	44	27

① (mm)

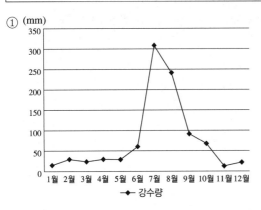

② (mm)

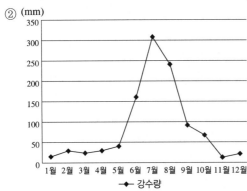

③ (mm)

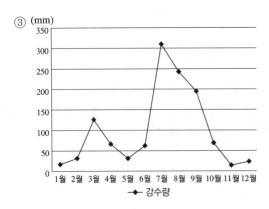

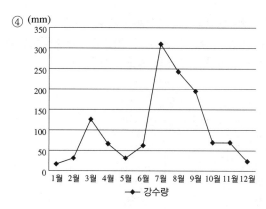

④ (mm)

⑤ (mm)

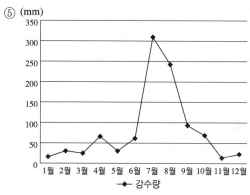

15 A, B, C 세 사람은 주기적으로 집 청소를 한다. A는 6일마다, B는 8일마다, C는 9일마다 청소할 때, 세 명이 9월 10일에 모두 같이 청소를 했다면 다음으로 같이 청소하는 날은 언제인가?

① 11월 5일

② 11월 12일

③ 11월 16일

④ 11월 21일

⑤ 11월 29일

16 카페 대표인 민영씨는 이번 달에 총 7명의 직원을 새로 뽑았습니다. 민영씨는 새로운 직원의 거주지가 영통구이거나 팔달구이면 '매탄2동점', 그 외에는 '금곡동점'에 배치했습니다. [D2]셀에 수식을 입력한 후 드래그 기능으로 [D2:D8]을 채우려고 할 때, [D2]셀에 들어갈 수식으로 옳은 것은?

	A	B	C	D
1	이름	거주지역	경력유무	지점명
2	최민준	팔달구	유	매탄2동점
3	김진서	권선구	유	금곡동점
4	이예준	권선구	유	금곡동점
5	김수빈	장안구	무	금곡동점
6	서민재	영통구	유	매탄2동점
7	조예은	팔달구	무	매탄2동점
8	박우진	영통구	무	매탄2동점

① =IF(OR(B2="장안구",B2="영통구"),"금곡동점","매탄2동점")
② =IF(OR(B2="팔달구",B2="영통구"),"금곡동점","매탄2동점")
③ =IF(OR(B2="팔달구",B2="영통구"),"매탄2동점","금곡동점")
④ =IF(AND(B2="팔달구",B2="영통구"),"매탄2동점","금곡동점")
⑤ =IF(AND(B2="팔달구",B2="영통구"),"금곡동점","매탄2동점")

17 다음 중 Windows의 [폴더 옵션]에서 설정할 수 있는 작업에 해당하지 않는 것은?

① 숨김 파일 및 폴더를 표시할 수 있다.
② 색인된 위치에서는 파일 이름뿐만 아니라 내용도 검색하도록 설정할 수 있다.
③ 숨김 파일 및 폴더의 숨김 속성을 일괄 해제할 수 있다.
④ 파일이나 폴더를 한 번 클릭해서 열 것인지, 두 번 클릭해서 열 것인지를 설정할 수 있다.
⑤ 파일 확장자명을 숨길 수 있다.

18 다음 중 Windows의 바탕화면에 있는 바로가기 아이콘에 관한 설명으로 옳지 않은 것은?

① 바로가기 아이콘의 왼쪽 아래에는 화살표 모양의 그림이 표시된다.
② 바로가기 아이콘의 이름, 크기, 형식, 수정한 날짜 등의 순으로 정렬하여 표시할 수 있다.
③ 바로가기 아이콘의 바로가기를 또 만들 수 있다.
④ 바로가기 아이콘을 삭제하면 연결된 실제의 대상 파일도 삭제된다.
⑤ 〈F2〉 키로 바로가기 아이콘의 이름을 바꿀 수 있다.

19 인사팀 채부장은 신입사원들을 대상으로 '조직'의 의미를 다음과 같이 설명하였다. 채부장의 설명에 근거할 때, '조직'으로 적절하지 않은 것은?

> 조직은 특정한 목적을 추구하기 위하여 의도적으로 구성된 사람들의 집합체로서 외부 환경과 여러 가지 상호 작용을 하는 사회적 단위라고 말할 수 있지. 한데, 이러한 상호 작용이 유기적인 협력체제하에서 행해지면서 조직이 추구하는 목적을 달성하기 위해서는 내부적인 구조가 있어야만 해. 업무와 기능의 분배, 권한과 위임을 통하여 어떤 특정한 조직 구성원들의 공통된 목표를 달성하기 위하여 여러 사람의 활동을 합리적으로 조정한 것이야말로 조직의 정의를 가장 잘 나타내주는 말이라고 할 수 있다네.

① 영화 촬영을 위해 모인 스태프와 배우들
② 주말을 이용해 춘천까지 다녀오기 위해 모인 자전거 동호회원들
③ 열띤 응원을 펼치고 있는 야구장의 관중들
④ 야간자율학습을 하고 있는 G고등학교 3학년 2반 학생들
⑤ 미국까지 가는 비행기 안에 탑승한 기장과 승무원들

20 다음 조직도를 바르게 이해한 사람을 〈보기〉에서 모두 고르면?

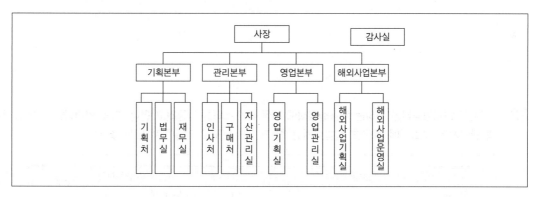

―〈보기〉―
A : 조직도를 보면 4개 본부, 3개의 처, 8개의 실로 구성돼 있어.
B : 사장 직속으로 4개의 본부가 있고, 그중 한 본부에서는 인사를 전담하고 있네.
C : 감사실은 사장 직속이지만 별도로 분리되어 있구나.
D : 해외사업기획실과 해외사업운영실은 둘 다 해외사업과 관련이 있으니까 해외사업본부에 소속되어 있는 것이 맞아.

① A, B
② A, C
③ A, D
④ B, C
⑤ B, D

21 다음 사례를 읽고 A씨에게 해줄 수 있는 피드백으로 가장 적절한 것은?

> A씨는 2년 차 직장인이다. 그러나 같은 날 입사했던 동료들과 비교하면 좋은 평가를 받지 못하고 있다. 요청 받은 업무를 진행하는 데 있어 마감일을 늦추는 일이 허다하고, 주기적인 업무도 누락하는 경우가 많기 때문이다. 그 이유는 자신이 앞으로 해야 할 일에 대해서 계획을 수립하지 않고 즉흥적으로 처리하거나 혹은 주변에서 급하다고 요청이 오면 그제야 하기 때문이다. 그로 인해 본인의 업무뿐만 아니라 주변 사람들의 업무도 늦어지거나, 과중되는 결과를 낳아 업무의 효율성이 떨어지게 되었다.

① 업무를 진행할 때 계획적으로 접근한다면 좋은 평가를 받을 수 있을 거야.
② 너무 편한 방향으로 업무를 처리하면 불필요한 낭비가 발생할 수 있어.
③ 시간도 중요한 자원 중의 하나라는 인식이 필요해.
④ 자원관리에 대한 노하우를 쌓는다면 충분히 극복할 수 있어.
⑤ 업무와 관련하여 다른 사람들과 원활한 소통을 한다면 낭비를 줄일 수 있어.

22 S공사의 인사담당자인 귀하는 채용설명회에 사용할 포스터를 만들려고 한다. 다음 인재상을 실제 업무환경과 관련지어 포스터에 문구를 삽입하려고 할 때, 그 문구로 적절하지 않은 것은?

인재상	업무환경
1. 책임감	1. 격주 토요일 근무
2. 고객지향	2. 자유로운 분위기
3. 열정	3. 잦은 출장
4. 목표의식	4. 고객과 직접 대면하는 업무
5. 글로벌인재	5. 해외지사와 업무협조

① 고객을 최우선으로 생각하고 행동하는 인재
② 자신의 일을 사랑하고 책임질 수 있는 인재
③ 어느 환경에서도 잘 적응할 수 있는 인재
④ 중압적인 분위기를 잘 이겨낼 수 있는 열정적인 인재
⑤ 글로벌화에 발맞춰 소통으로 회사의 미래를 만드는 인재

23 다음 [A4:B4] 영역을 기준으로 차트를 만들었을 때, 차트에 대한 설명으로 옳지 않은 것은?

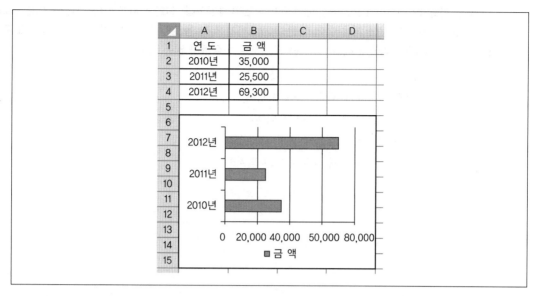

① 표의 데이터를 수정하면 차트도 자동으로 수정된다.

② 차트에서 주 눈금선을 선택하여 삭제하면 주 눈금선이 사라진다.

③ 표의 [A5:B5] 영역에 새로운 데이터를 추가하면 차트에도 자동으로 추가된다.

④ 표의 [A3:B3] 영역과 [A4:B4] 영역 사이에 새로운 데이터를 삽입하면 차트에도 자동으로 삽입된다.

⑤ 차트에서 데이터 레이블을 추가하면 금액 값이 표시된다.

24 다음 중 조직에서 갈등을 증폭시키는 행위로 적절하지 않은 것은?

① 팀원 간에 서로 상대보다 더 높은 인사고과를 얻기 위해 경쟁한다.

② 팀의 공동목표 달성보다는 본인의 승진이 더 중요하다고 생각한다.

③ 다른 팀원이 중요한 프로젝트를 맡은 경우에 그 프로젝트에 대해 자신이 알고 있는 노하우를 알려주지 않는다.

④ 갈등이 발견되면 바로 갈등 문제를 즉각적으로 다루려고 한다.

⑤ 혼자 돋보이려고 지시받은 업무를 다른 팀원에게 전달하지 않는다.

25 S사에 근무하는 사원 A씨는 최근 자신의 상사인 B대리 때문에 스트레스를 받고 있다. A씨가 공들여 작성한 기획서를 제출하면 B대리가 중간에서 매번 퇴짜를 놓기 때문이다. 이와 동시에 A씨는 자신에 대한 B대리의 감정이 좋지 않은 것 같아 마음이 더 불편하다. A씨가 직장 동료인 C씨에게 이러한 어려움을 토로했을 때, 다음 중 C씨가 A씨에게 해줄 수 있는 조언으로 적절하지 않은 것은?

① 무엇보다 관계 갈등의 원인을 찾는 것이 중요해.
② B대리님의 입장을 충분히 고려해볼 필요가 있어.
③ B대리님과 마음을 열고 대화해보는 것은 어때?
④ B대리님과 누가 옳고 그른지 확실히 논쟁해볼 필요가 있어.
⑤ 걱정되더라도 갈등 해결을 위해 피하지 말고 맞서야 해.

26 해외영업부에서 근무하는 K부장은 팀원과 함께 해외출장을 가게 되었다. 인천공항에서 대한민국 시간으로 7월 14일 09:00에 모스크바로 출발하고, 모스크바에서 일정시간 동안 체류한 후, 영국 시간으로 7월 14일 18:30에 런던에 도착하는 일정이다. 다음 중 모스크바에 체류한 시간으로 가장 적절한 것은?

경로	출발	도착	비행시간
인천 → 모스크바	7월 14일 09:00		9시간 30분
모스크바 → 런던		7월 14일 18:30	4시간

※ 시차정보(GMT기준) : 영국 0, 러시아 +3, 대한민국 +9

① 1시간   ② 2시간
③ 3시간   ④ 5시간
⑤ 7시간

27 다음 글의 중심 내용으로 가장 적절한 것은?

> 칸트는 인간이 이성을 부여받은 것은 욕망에 의해 움직이지 않게 하기 위함이라고 말하면서 자신의 행복을 우선시하기보다는 도덕적인 의무를 먼저 수행해야 한다고 주장했다. 칸트의 시각에서 볼 때 행동의 도덕적 가치를 결정하는 것은 어떠한 상황에서든 모든 사람들이 그 행동을 했을 때에 아무런 모순이 생기지 않아야 한다는 보편주의이다. 내가 타인을 존중하지 않으면서 타인이 나를 존중하고 도와줄 것을 기대한다면, 이는 보편주의를 위배하는 것이다. 그러므로 남이 나에게 해주길 바라는 것을 실천하는 것이 바로 도덕적 행동이라는 것이다. 따라서 도덕적 행동이 나의 이익이나 본성과 일치하지 않더라도 나는 나의 의무를 수행해야 한다고 역설했다.

① 칸트의 도덕관에 대한 비판
② 칸트가 생각하는 도덕적 행동
③ 도덕적 가치에 대한 칸트의 관점
④ 무목적성을 지녀야 하는 도덕적 행위
⑤ 칸트의 도덕적 의무론이 지니는 가치

※ A팀장은 오늘 점심 식사 후 팀원들에게 후식으로 음료를 사려고 한다. A팀장은 회원카드를 갖고 있고, 적립금은 1,800원을 가지고 있다. 다음 자료를 보고 물음에 답하시오. **[28~29]**

〈팀원들이 선택한 메뉴〉

- A팀장 : 헤이즐넛 시럽을 추가한 아메리카노(중) 1잔
- B주임 : 초콜릿 시럽과 시나몬 가루를 추가한 카페모카(소) 1잔
- C대리 : 포도주스(대) 1잔
- D연구원 : 쿠키가루를 추가한 아인슈페너(대) 1잔
- E연구원 : 바닐라 시럽을 추가한 카페라테(소) 1잔

〈메뉴판〉

종류	음료	음료 크기(원/개)		
		소	중	대
커피	아메리카노	1,800	2,100	2,400
	카페라테	2,200	2,500	2,800
	카페모카	2,500	2,800	3,100
	아인슈페너	2,800	3,100	3,400
주스	포도주스	–	2,800	3,200
	오렌지주스	–	2,900	3,300
	사과주스	–	2,900	3,300

〈추가메뉴〉

종류	내용	가격(원/개)
시럽	바닐라	300
	헤이즐넛	300
	초콜릿	400
가루	시나몬	200
	쿠키	300

※ 추가메뉴는 각 종류별로 음료당 한 번씩만 추가가 가능함.

28 A팀장이 위 정보에 따라 음료를 구매하되 비용을 최소화하려고 한다. 회원카드 혜택이 다음과 같을 때, A팀장이 최종적으로 지불해야할 금액은?

〈회원카드 혜택〉

• 적립금은 1,000원 단위로 현금처럼 사용 가능.
• 음료 한 잔에 한하여 추가메뉴 한 가지 무료 제공.
• 주스류 주문 시 무료 사이즈 업 제공.
• 10,000원 이상 주문 시, 총 결제금액에서 5% 할인.

---

① 12,445원   ② 12,540원
③ 12,900원   ④ 13,100원
⑤ 13,200원

29 회원카드 혜택이 오늘부터 변경되었다고 한다. 수정된 회원카드 혜택이 다음과 같을 때, 비용을 최소화하려는 A팀장이 최종적으로 지불해야할 금액은?

〈회원카드 혜택〉

• 적립금은 500원 단위로 현금처럼 사용 가능.
• 아메리카노 1잔당 20%할인(추가메뉴 가격 제외).
• 중 사이즈 이상에 한하여 카페모카 1잔당 15%할인(추가메뉴 가격 제외).
• 우유소비촉진행사로 카페라테 1잔당 200원 할인(추가메뉴 가격 제외).
• 12,000원 이상 주문 시, 총 결제금액에서 7% 할인.
※ 최종결제금액은 소수점 첫째 자리에서 반올림함

---

① 11,537원   ② 11,885원
③ 12,405원   ④ 12,780원
⑤ 13,010원

30 다음 글을 논리적 순서대로 바르게 나열한 것은?

(가) 결국 이를 다시 생각하면, 과거와 현재의 문화 체계와 당시 사람들의 의식 구조, 생활상 등을 역추적할 수 있다는 말이 된다. 즉, 동물의 상징적 의미가 문화를 푸는 또 하나의 열쇠이자 암호가 되는 것이다. 그리고 동물의 상징적 의미를 통해 인류의 총체인 문화의 실타래를 푸는 것은 우리는 어떤 존재인가라는 정체성에 대한 답을 하는 과정이 될 수 있다.

(나) 인류는 선사시대부터 생존을 위한 원초적 본능에서 동굴이나 바위에 그림을 그리는 일종의 신앙 미술을 창조했다. 신앙 미술은 동물에게 여러 의미를 부여하기 시작했고, 동물의 상징적 의미는 현재까지도 이어지고 있다. 1억 원 이상 복권 당첨자의 23%가 돼지꿈을 꿨다거나, 황금돼지해에 태어난 아이는 만복을 타고난다는 속설 때문에 결혼과 출산이 줄을 이었고, 대통령 선거에서 '두 돼지가 나타나 두 뱀을 잡아 먹는다.'는 식으로 후보들이 홍보를 하기도 했다. 이렇게 동물의 상징적 의미는 우리 시대에도 여전히 유효한 관념으로 남아 있는 것이다.

(다) 동물의 상징적 의미는 시대나 나라에 따라 변하고 새로운 역사성을 담기도 했다. 예를 들면, 뱀은 다산의 상징이자 불사의 존재이기도 했지만, 사악하고 차가운 간사한 동물로 여겨지기도 했다. 하지만 그리스에서 뱀은 지혜의 신이자, 아테네의 상징물이었고, 논리학의 상징이었다. 그리고 과거에 용은 숭배의 대상이었으나, 상상의 동물일 뿐이라는 현대의 과학적 사고는 지금의 용에 대한 믿음을 약화시키고 있다.

(라) 동물의 상징적 의미가 이렇게 다양하게 변하는 것은 문화가 살아 움직이기 때문이다. 문화는 인류의 지식, 신념, 행위의 총체로서, 동물의 상징적 의미 또한 문화에 속한다. 문화는 항상 현재 진행형이기 때문에 현재의 생활이 바로 문화이며, 이것은 미래의 문화로 전이된다. 문화는 과거, 현재, 미래가 따로 떨어진 게 아니라 뫼비우스의 띠처럼 연결되어 있는 것이다. 다시 말하면 그 속에 포함된 동물의 상징적 의미 또한 거미줄처럼 얽히고설켜 형성된 것으로, 그 시대의 관념과 종교, 사회·정치적 상황에 따라 의미가 달라질 수밖에 없다는 말이다.

① (가) – (다) – (라) – (나)　　　　② (나) – (라) – (다) – (가)
③ (나) – (다) – (라) – (가)　　　　④ (다) – (나) – (라) – (가)
⑤ (다) – (라) – (가) – (나)

31 다음 글의 빈칸에 들어갈 내용으로 가장 적절한 것은?

> 자연계는 무기적인 환경과 생물적인 환경이 상호 연관되어 있으며, 그것은 생태계로 불리는 한 시스템을 이루고 있음이 밝혀진 이래, 이 이론은 자연을 이해하기 위한 가장 기본이 되는 것으로 받아들여지고 있다. 그동안 인류는 보다 윤택한 삶을 누리기 위하여 산업을 일으키고 도시를 건설하며 문명을 이룩해 왔다. 이로써 우리의 삶은 매우 윤택해졌으나 우리의 생활환경은 오히려 훼손되고 있으며, 환경오염으로 인한 공해가 누적되고 있고, 우리 생활에서 없어서는 안 될 각종 자원도 바닥이 날 위기에 놓이게 되었다. _____ 따라서 우리는 낭비되는 자원, 그리고 날로 황폐해져가는 자연에 대하여 우리가 해야 할 시급한 임무가 무엇인지를 깨닫고, 이를 실천하기 위해 우리 모두의 지혜와 노력을 모아야만 한다.

① 만약 우리가 이 위기를 슬기롭게 극복해내지 못한다면 인류는 머지않아 파멸에 이르게 될 것이다.

② 이러한 위기를 초래하게 된 인류의 무분별한 자연 이용과 자연 정복의 태도는 크게 비판받아 마땅하다.

③ 그리고 과학 기술을 제 아무리 고도로 발전시킨다 해도 이러한 위기가 근본적으로 해소되기를 기대할 수는 없는 노릇이다.

④ 이처럼 인류가 환경 및 자원의 위기에 놓이게 된 것은 각국이 자국의 이익만을 앞세워 발전을 꾀했기 때문이다.

⑤ 때문에 과학기술을 이용하여 환경오염 방지 시스템을 신속히 개발해 더 이상의 자연훼손이 일어나지 않도록 막아야 한다.

32 다음은 신입사원을 대상으로 실시한 교육에서 B대리가 신입사원들에게 해 줄 조언을 적은 메모이다. 자아인식 단계에서의 성찰과 관련한 조언으로 적절하지 않은 것은?

> 〈업무상 실수를 했다면, 반드시 그 실수에 대해 성찰하는 시간을 가져야 한다.〉
> - 성찰의 필요성
>   - 노하우 축적
>   - 지속적 성장 기회 제공
>   - 신뢰감 형성
>   - 창의적 사고 개발
> - 성찰 연습 방법
>   - 성찰노트 작성
>   - 성찰과 관련된 질문

① 앞으로 다른 일을 해결해 나가는 노하우를 축적할 수 있게 된다.

② 세운 목표에 따라 매일 노력하게 된다면 지속적으로 성장할 수 있는 기회가 된다.

③ 같은 실수를 반복하지 않음으로써 다른 사람에게 신뢰감을 줄 수 있다.

④ 성찰을 통해 창의적인 사고 개발이 가능하다.

⑤ 성찰노트 작성은 한 번의 성찰을 통해 같은 실수를 반복하지 않도록 도와준다.

〈상황〉

- 시설 보수과는 '2인 달리기' 종목에 참여하였다.
- 시설보수과에서 '2인 달리기'에 출전가능한 직원은 A대리, B주임, C주임, D사원, E사원이다.
- 각 직원의 달리기 속도는 다음과 같다.

구분	A대리	B주임	C주임	D사원	E사원
100m 달리기 기록	17초	11초	14초	7초	8초

〈2인 달리기 경기규칙〉

- 경기는 최대 두 명의 선수가 출발점과 도착점 간에 다른 선수와 함께 이동하여(선수 한 명이 혼자서도 이동할 수 있다), 모든 선수가 도착점에 도착했을 때 걸리는 시간이 최소인 팀이 이기는 경기이다.
- 참여한 팀의 모든 선수가 출발점에서 도착점으로 이동하여야 한다.
- 출발점에서 도착점까지의 거리는 100m이다.
- 각 팀은 4명의 선수로 구성되며, 각 팀에는 한 개의 바톤이 부여된다.
- 출발점과 도착점 간에 이동하는 선수 중 한 명은 반드시 바톤을 들고 있어야 한다.
- 두 명의 선수가 함께 달리는 경우, 느린 선수의 속도에 맞추어 달린다.
- 출전선수들은 본인 팀의 4명의 선수가 모두 도착점으로 이동하는 데까지 걸린 시간을 최소화하기 위해 최선을 다한다.

33 시설보수과에서 A대리와 B주임, C주임, D사원이 2인 달리기에 출전하였다. 다음 〈보기〉의 설명 중 옳은 것만을 있는 대로 고르면?

〈보기〉

ㄱ. B주임은 출발점과 도착점 사이의 거리를 총 3번 이동한다.
ㄴ. B주임은 C주임과 함께 이동한다.
ㄷ. 시설보수과의 출전선수들 모두가 도착점으로 이동하는 데까지 걸리는 시간은 56초이다.

① ㄱ
② ㄴ
③ ㄷ
④ ㄴ, ㄷ
⑤ ㄱ, ㄷ

34 시설보수과 C주임이 다리를 다치는 바람에 E사원이 C주임을 대신하여 출전하게 되었다. 이 경우에 시설보수과 출전 선수들 모두가 도착점으로 들어오기까지 걸리는 시간은?

① 47초
② 48초
③ 49초
④ 50초
⑤ 51초

35 다음은 W공단에서 발표한 2022년 1/4분기 산업단지별 수출현황이다. (가), (나), (다)에 들어갈 수치가 바르게 연결된 것은?(단, 전년 대비 수치는 소수점 둘째 자리에서 반올림한다)

〈2022년 1/4분기 산업단지별 수출현황〉

(단위 : 백만 달러)

구분	2022년 1/4분기	2021년 1/4분기	전년 대비
국가	66,652	58,809	13.3% 상승
일반	34,273	29,094	(가)% 상승
농공	2,729	3,172	14.0% 상승
합계	(나)	91,075	(다)% 상승

	(가)	(나)	(다)
①	17.8	103,654	11.8
②	15.8	103,654	13.8
③	17.8	102,554	13.8
④	15.8	104,654	11.8
⑤	17.8	103,654	13.8

36 S공사는 1년에 2번씩 사원들에게 봉사 의식을 심어주기 위해 자원봉사 활동을 진행하고 있다. 자원봉사 활동 전에 사원들에게 봉사에 대한 마음가짐을 설명하고자 할 때, 적절하지 않은 내용은?

① 봉사는 개인의 의지에 따라 이루어져야 한다.
② 봉사는 의도적이고 계획된 활동이 되어야 한다.
③ 봉사는 함께하는 공동체 의식에 바탕을 두어야 한다.
④ 봉사는 적절한 보상에 맞춰 참여해야 한다.
⑤ 봉사는 상대방의 입장에서 생각하고 행동해야 한다.

37 직장인 D씨는 일을 벌이기는 잘 하는데, 마무리를 잘하지 못하여 주변의 동료들에게 피해를 주고 있다. 자신이 벌인 일에도 불구하고 어려운 상황에 부딪힐 경우 회피하기에 급급하기 때문이다. 이러한 상황에서 D씨에게 해줄 조언으로 가장 적절한 것은?

① 봉사하는 마음을 가지도록 노력해봐.
② 업무에는 책임감이 필요해.
③ 준법정신은 조직생활의 기본이야.
④ 직장예절은 원만한 조직생활에 있어 꼭 필요하지.
⑤ 정직은 신뢰 형성에 필수적인 규범이야.

38 다음 사례의 밑줄 친 ㉠과 관련된 욕구로 적절한 것은?

> A사원 : 사내 게시판에 공지된 교육프로그램 참여 신청에 관한 안내문은 보셨나요?
> B대리 : 봤지. 안 그래도 신청해야 하나 고민 중이야.
> A사원 : 대리님이 꼭 따고 싶다고 하셨던 자격증 강의잖아요.
> B대리 : ㉠ 아니, 나는 아침잠이 많아서…. 너무 이른 시간이라 참여할 수 있을지 걱정이야.
> A사원 : 그런 이유로 고민할 시간도 없어요. 선착순 마감되기 전에 얼른 신청하세요!

① 안전의 욕구　　　　　　　　　② 사회적 욕구
③ 생리적 욕구　　　　　　　　　④ 존경의 욕구
⑤ 자기실현의 욕구

39 다음 중 자기개발의 특징으로 옳은 것을 모두 고르면?

> ㉠ 자기개발의 주체는 자기 자신이다.
> ㉡ 자기개발은 개별적인 과정이다.
> ㉢ 자기개발은 평생에 걸쳐서 이루어진다.
> ㉣ 자기개발은 생활 가운데 이루어져야 한다.
> ㉤ 자기개발은 특정 사람에게만 필요한 것이다.

① ㉠　　　　　　　　　　　　　② ㉠, ㉡
③ ㉠, ㉡, ㉢　　　　　　　　　④ ㉠, ㉡, ㉢, ㉣
⑤ ㉡, ㉢, ㉣, ㉤

40 다음 중 성찰에 대한 설명으로 옳지 않은 것은?

① 성찰은 지속적인 연습의 과정이다.
② 성찰은 성장의 기회가 된다.
③ 성찰은 과거의 일에 대한 반성이므로 현재의 부족한 부분을 알기에는 어렵다.
④ 성찰은 창의적인 사고를 가능하게 한다.
⑤ 성찰은 신뢰감 형성에 도움을 준다.

| 01 | 기계일반

01 다음 중 인장강도에 해당하는 것은?

① 최대 항복응력
② 최대 공칭응력
③ 최대 진응력
④ 최대 전단응력
⑤ 최대 비틀림응력

02 전단 탄성계수가 80GPa인 강봉에 전단응력이 1kPa이 발생했다면 이 부재에 발생한 전단변형률 r은?

① 12.5×10^{-3}
② 12.5×10^{-6}
③ 12.5×10^{-9}
④ 12.5×10^{-12}
⑤ 12.5×10^{-15}

03 균일 분포하중 $\omega = 10$N/mm가 전 길이에 작용할 때, 길이 50cm인 단순지지보에 생기는 최대 전단력은?

① 0.25kN
② 2.5kN
③ 25kN
④ 250kN
⑤ 2,500kN

04 다음 중 원형축에 비틀림모멘트를 가했을 때, 축의 비틀림각에 대한 설명으로 옳은 것은?

① 축재질의 전단탄성계수값이 작을수록 비틀림각은 감소한다.
② 축길이가 증가할수록 비틀림각은 감소한다.
③ 단면 극관성모멘트값이 클수록 비틀림각은 감소한다.
④ 축지름이 작을수록 비틀림각은 감소한다.
⑤ 비틀림각을 구하는 공식은 $\dfrac{32\,T \times L}{G \times \pi d^4}$ 이다(T : 토크, L : 축의 길이, G : 전단탄성계수).

05 다음 중 재료의 안전율(Safety Factor)에 대한 설명으로 옳은 것은?

① 안전율은 일반적으로 마이너스(−)값을 취한다.

② 기준강도가 100MPa이고, 허용응력이 1,000MPa이면 안전율은 10이다.

③ 안전율이 너무 크면 안전성은 좋지만 경제성이 떨어진다.

④ 안전율이 1보다 작아질 때 안전성이 좋아진다.

⑤ 일반적인 강재 안전율은 $1.5 \sim 2$정도이다.

06 길이가 3m, 단면적이 0.01m^2인 원형봉이 인장하중 100kN을 받을 때 봉이 늘어난 길이는?(단, 봉의 영계수는 $E = 300\text{GPa}$이다)

① $1 \times 10^{-7}\text{m}$ ② 0.001m

③ 0.002m   ④ 0.0001m

⑤ 0.0002m

07 다음 중 탄성계수(E)가 200GPa인 강의 전단 탄성계수(G)는?(단, 푸아송 비는 0.3이다)

① 66.7GPa   ② 76.9GPa

③ 100GPa   ④ 267GPa

⑤ 350GPa

08 다음 중 지름 80mm의 원형단면의 중립축에 대한 관성모멘트는?

① $1 \times 10^6 \text{mm}^4$ ② $2 \times 10^6 \text{mm}^4$

③ $3 \times 10^6 \text{mm}^4$ ④ $4 \times 10^6 \text{mm}^4$

⑤ $5 \times 10^6 \text{mm}^4$

09 다음 중 사각형의 단면계수를 구하는 식으로 옳은 것은?

① $Z = \dfrac{bh^2}{3}$

② $Z = \dfrac{bh^3}{30}$

③ $Z = \dfrac{\pi d^3}{32}$

④ $Z = \dfrac{bh^2}{6}$

⑤ $Z = \dfrac{bh^3}{36}$

10 다음 중 연성파괴에 대한 설명으로 옳지 않은 것은?

① 컵 – 원뿔 파괴(Cup and Cone Fracture)가 된다.

② 소성변형이 상당히 일어난 후에 파괴된다.

③ 취성파괴보다 큰 변형에너지가 필요하다.

④ 취성파괴에 비해 덜 위험하다.

⑤ 균열이 매우 빠르게 진전하여 일어난다.

11 다음 중 재결정에 대한 설명으로 옳지 않은 것은?

① 재결정온도는 일반적으로 약 1시간 안에 95% 이상 재결정이 이루어지는 온도로 정의한다.

② 금속의 용융온도를 절대온도 T_m 이라 할 때 재결정온도는 대략 $0.3 \sim 0.5\,T_m$ 범위에 있다.

③ 재결정은 금속의 연성을 증가시키고 강도를 저하시킨다.

④ 냉간가공도가 클수록 재결정온도는 높아진다.

⑤ 결정입자의 크기가 작을수록 재결정온도는 낮아진다.

12 다음 중 상온에서 소성변형을 일으킨 후에 열을 가하면 원래의 모양으로 돌아가는 성질을 가진 재료는?

① 비정질합금

② 내열금속

③ 초소성 재료

④ 형상기억합금

⑤ 비금속

13 다음 중 전기 전도율이 가장 높은 금속은?

① Pb
② Sn
③ Ni
④ Ag
⑤ Fe

14 다음 중 연강에서 청열 취성이 일어나기 쉬운 온도는?

① $200℃ \sim 300℃$
② $500℃ \sim 550℃$
③ $700℃ \sim 723℃$
④ $900℃ \sim 950℃$
⑤ $1,000℃ \sim 1,500℃$

15 다음 중 강의 탄소함유량이 증가함에 따라 나타나는 특성으로 옳지 않은 것은?

① 인장강도가 증가한다.
② 항복점이 증가한다.
③ 경도가 증가한다.
④ 충격치가 증가한다.
⑤ 인성이 감소한다.

16 다음 중 금속의 인장시험의 기계적 성질에 대한 설명으로 옳지 않은 것은?

① 응력이 증가함에 따라 탄성영역에 있던 재료가 항복을 시작하는 위치에 도달하게 된다.
② 탄력(Resilience)은 탄성범위 내에서 에너지를 흡수하거나 방출할 수 있는 재료의 능력을 나타낸다.
③ 연성은 파괴가 일어날 때까지의 소성변형의 정도이고 단면감소율로 나타낼 수 있다.
④ 인성(Toughness)은 인장강도 전까지 에너지를 흡수할 수 있는 재료의 능력을 나타낸다.
⑤ 연성은 부드러운 금속 재료일수록, 고온으로 갈수록 크게 된다.

17 다음 중 특정한 온도영역에서 이전의 입자들을 대신하여 변형이 없는 새로운 입자가 형성되는 재결정에 대한 설명으로 적절하지 않은 것은?

① 재결정온도는 일반적으로 약 1시간 안에 95% 이상 재결정이 이루어지는 온도로 정의한다.

② 금속의 용융온도를 절대온도 T_m 이라 할 때 재결정온도는 대략 $0.3 \sim 0.5\,T_m$ 범위에 있다.

③ 재결정은 금속의 연성을 증가시키고 강도를 저하시킨다.

④ 냉간가공도가 클수록 재결정온도는 높아진다.

⑤ 결정입자의 크기가 작을수록 재결정온도는 낮아진다.

18 다음 중 표면경화를 위한 질화법(Nitriding)을 침탄경화법(Car-burizing)과 비교하였을 때 옳지 않은 것은?

① 질화법은 침탄경화법에 비하여 경도가 높다.

② 질화법은 침탄경화법에 비하여 경화층이 얇다.

③ 질화법은 경화를 위한 담금질이 필요 없다.

④ 질화법은 침탄경화법보다 가열온도가 높다.

⑤ 질화법은 침탄경화법에 비하여 처리시간이 길다.

19 다음 중 강의 담금질 열처리에서 냉각속도가 가장 느린 경우에 나타나는 조직은?

① 소르바이트   ② 잔류 오스테나이트

③ 트루스타이트   ④ 마텐자이트

⑤ 베이나이트

20 결정조직을 미세화시키기 위해 A_3, A_{cm} 보다 $30 \sim 50\,℃$ 높게 가열한 후 공기 중에서 냉각시켜 미세한 소르바이트 조직을 얻는 열처리 방법은?

① 탬퍼링(Tempering)

② 퀜칭(Quenching)

③ 노멀라이징(Normalizing)

④ 어닐링(Annealing)

⑤ 오스포밍(Ausforming)

21 다음 중 압출가공에 대한 설명으로 옳은 것은?

① 소재를 용기에 넣고 높은 압력을 가하여 다이구멍으로 통과시켜 형상을 만드는 가공법

② 소재를 일정온도 이상으로 가열하고 해머 등으로 타격하여 모양이나 크기를 만드는 가공법

③ 원뿔형 다이구멍으로 통과시킨 소재의 선단을 끌어당기는 방법으로 형상을 만드는 가공법

④ 회전하는 한 쌍의 롤 사이로 소재를 통과시켜 두께와 단면적을 감소시키고 길이방향으로 늘리는 가공법

⑤ 소재나 공구(롤) 또는 그 양쪽을 회전시켜서 밀어붙여 공구의 모양과 같은 형상을 소재에 각인하는 가공법

22 다음 중 구성인선이 발생되지 않도록 하는 노력으로 적절한 것은?

① 바이트의 윗면 경사각을 작게 한다.

② 윤활성이 높은 절삭제를 사용한다.

③ 절삭깊이를 크게 한다.

④ 절삭속도를 느리게 한다.

⑤ 세라믹공구를 사용한다.

23 그림과 같이 접시 머리 나사를 이용하여 공작물을 체결하고자 할 때 나사머리가 들어갈 수 있게 가공하는 방법으로 가장 적절한 것은?

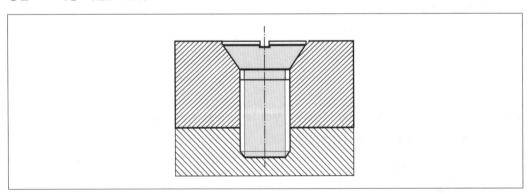

① 태핑   ② 스폿 페이싱

③ 카운터 보링   ④ 카운터 싱킹

⑤ 리밍

24 다음 중 압출가공에 대한 설명으로 옳은 것은?

① 소재를 용기에 넣고 높은 압력을 가하여 다이구멍으로 통과시켜 형상을 만드는 가공법

② 소재를 일정온도 이상으로 가열하고 해머 등으로 타격하여 모양이나 크기를 만드는 가공법

③ 원뿔형 다이구멍으로 통과시킨 소재의 선단을 끌어당기는 방법으로 형상을 만드는 가공법

④ 회전하는 한 쌍의 롤 사이로 소재를 통과시켜 두께와 단면적을 감소시키고 길이방향으로 늘리는 가공법

⑤ 소재나 공구(롤) 또는 그 양쪽을 회전시켜서 밀어붙여 공구의 모양과 같은 형상을 소재에 각인하는 가공법

25 다음 설명에 해당하는 성형불량은?

성형품의 냉각이 비교적 높은 부분에서 발생하는 성형 수축으로 표면에 나타나는 오목한 부분의 결함을 말한다. 이를 제거하기 위해서는 성형품의 두께를 균일하게 하고, 스프루, 러너, 게이트를 크게 하여 금형 내의 압력이 균일하도록 하며, 성형온도를 낮게 억제한다. 두께가 두꺼운 위치에 게이트를 설치하여 성형온도를 낮게 억제한다.

① 플래시현상 ② 싱크마크현상

③ 플로마크현상 ④ 제팅현상

⑤ 웰드마크현상

26 다음 용접의 방법 중에서 고상용접으로 옳지 않은 것은?

① 확산용접(Diffusion Welding)

② 초음파용접(Ultrasonic Welding)

③ 일렉트로 슬래그용접(Electro Slag Welding)

④ 마찰용접(Friction Welding)

⑤ 폭발용접(Explosive Welding)

27 다음 중 인베스트먼트주조법의 설명으로 옳지 않은 것은?

① 모형을 왁스로 만들어 로스트왁스주조법이라고도 한다.

② 생산성이 높은 경제적인 주조법이다.

③ 주물의 표면이 깨끗하고 치수정밀도가 높다.

④ 복잡한 형상의 주조에 적합하다.

⑤ 패턴을 내열재로 코팅한다.

28 절삭속도 150m/min, 이송속도 0.34mm/rev로 지름 50mm의 원형 단면 봉을 선삭할 수 있는 공작기기로 동일 재질의 동형 봉 700mm를 1회 선삭할 때 필요한 가공시간(분)은?

① 약 1.4분   ② 약 2.2분
③ 약 3.5분   ④ 약 5.3분
⑤ 약 6.7분

29 다음 중 전조가공에 대한 설명으로 옳지 않은 것은?

① 나사 및 기어의 제작에 이용될 수 있다.
② 절삭가공에 비해 생산속도가 높다.
③ 매끄러운 표면을 얻을 수 있지만 재료의 손실이 많다.
④ 소재표면에 압축잔류응력을 남기므로 피로수명을 늘릴 수 있다.
⑤ 조직이 미세하여 인장강도와 피로강도가 증가한다.

30 다음 중 관통하는 구멍을 뚫을 수 없는 경우에 사용하는 것으로 볼트의 양쪽 모두 수나사로 가공되어 나사 머리가 없는 볼트는?

① 스터드볼트   ② 관통볼트
③ 아이볼트   ④ 나비볼트
⑤ 탭볼트

31 진원도를 측정하는 방법 중 측정한 도형을 n등분하여 구한 평균원의 중심을 기준으로 외접원과 내접원의 반경차를 진원도로 결정하는 방법은?

① 최소 영역중심법   ② 최소 외접원중심법
③ 최대 내접원중심법   ④ 최소 자승중심법
⑤ 최대 자승중심법

32 다음 동력전달용 기계요소가 아닌 것은?

① 축   ② 스프링
③ 커플링   ④ 베어링
⑤ 벨트

33 다음 중 비교측정법 중 하나인 공기 마이크로미터의 특징에 대한 설명으로 옳지 않은 것은?

① 다원측정이 쉽다.

② 안지름 측정이 용이하다.

③ 소량생산에 유리하다.

④ 배율이 높은 편이다.

⑤ 복잡한 구조나 형상도 간단하게 측정 가능하다.

34 다음 중 기준 치수에 대한 공차가 $\phi 150^{+0.04}_{0}$mm인 **구멍**에, $\phi 150^{+0.03}_{-0.08}$mm인 **축**을 조립할 때 해당되는 **끼워맞춤은?**

① 억지 끼워맞춤

② 아주 억지 끼워맞춤

③ 중간 끼워맞춤

④ 헐거운 끼워맞춤

⑤ 아주 헐거운 끼워맞춤

35 다음 중 탄소강의 5대 원소를 바르게 나열한 것은?

① Fe, C, Ni, Si, Au

② Ag, C, Si, Mn, P

③ C, Si, Mn, P, S

④ Ni, C, Si, Mn, S

⑤ Li, C, Mg, P, S

36 다음 중 평벨트와 비교한 V벨트 전동장치의 특징으로 옳지 않은 것은?

① 미끄럼이 적고 속도비가 보통 크다.

② 운전이 정숙하고 충격을 잘 흡수한다.

③ 바로걸기와 엇걸기에 사용한다.

④ 작은 장력으로 큰 동력을 전달할 수 있다.

⑤ 벨트의 벗겨짐 없이 동력전달이 가능하다.

37 다음 중 피치원지름 D, 기어잇수 Z, 공구압력각 α인 평기어의 기초원피치로 옳은 것은?

① $\dfrac{\pi D}{Z}\sin\alpha$

② $\dfrac{\pi D}{Z}\cos\alpha$

③ $\dfrac{Z}{\pi D}\sin\alpha$

④ $\dfrac{\pi D^2}{Z}\cos\alpha$

⑤ $\dfrac{Z^2}{\pi D}\sin\alpha$

38 다음 중 리벳작업에서 코킹을 하는 목적으로 가장 옳은 것은?

① 패킹재료를 삽입하기 위해

② 파손재료를 수리하기 위해

③ 부식을 방지하기 위해

④ 밀폐를 유지하기 위해

⑤ 구멍을 뚫기 위해

39 다음 중 축의 위험속도에 대한 내용으로 가장 적절한 것은?

① 축에 작용하는 최대비틀림모멘트

② 축베어링이 견딜 수 있는 최고회전속도

③ 축의 고유진동수

④ 축에 작용하는 최대굽힘모멘트

⑤ 축의 최대인장강도

40 다음 중 배관 내 순간적으로 압력차가 발생하여 충격압을 만들어 음을 발하며 진동하는 현상은?

① 서징현상

② 공동현상

③ 수격현상

④ 진동현상

⑤ 과열현상

01 직각좌표계의 진공 중에 균일하게 대전되어 있는 무한 $y-z$ 평면전하가 있다. x축상의 점에서 r만큼 떨어진 점에서의 전계 크기는?

① r^2에 반비례한다.　　　　　　　　② r에 반비례한다.

③ r에 비례한다.　　　　　　　　　④ r^2에 비례한다.

⑤ r과 관계없다.

02 다음 중 전기력선의 성질이 아닌 것은?

① 양전하에서 나와 음전하에서 끝나는 연속 곡선이다.

② 전기력선은 전위가 낮은 점에서 높은 점으로 향한다.

③ 전기력선은 서로 교차하지 않는다.

④ 전장이 있는 곳에서 전기력선은 등전위면과 직교한다.

⑤ 전기력선은 도체 표면에 수직으로 출입한다.

03 굵기가 일정한 원통형의 도체를 체적은 고정시킨 채 길게 늘여 지름이 절반이 되도록 하였다. 이 경우 길게 늘인 도체의 저항값은?

① 원래 도체의 저항값의 2배가 된다.

② 원래 도체의 저항값의 4배가 된다.

③ 원래 도체의 저항값의 8배가 된다.

④ 원래 도체의 저항값의 12배가 된다.

⑤ 원래 도체의 저항값의 16배가 된다.

04 면적 5cm^2의 금속판이 평행하게 공기 중에서 1mm의 간격을 두고 있을 때, 이 도체 사이의 정전 용량은?

① $4.428 \times 10^{-12}\text{F}$　　　　　　② $44.28 \times 10^{-12}\text{F}$

③ $2.214 \times 10^{-12}\text{F}$　　　　　　④ $22.14 \times 10^{-12}\text{F}$

⑤ $221.4 \times 10^{-12}\text{F}$

05 다음 중 기전력에 대한 설명으로 옳은 것은?

① 전기 저항의 역수
② 전류를 흐르게 하는 원동력
③ 도체에 흐르는 전류의 세기
④ 전기의 흐름
⑤ 전위의 차

06 5분 동안 600C의 전기량이 이동했다면, 다음 중 전류의 크기는 몇 A인가?

① 2A
② 50A
③ 100A
④ 150A
⑤ 200A

07 평균 반지름이 10cm이고, 감은 횟수가 10회인 원형 코일에 5A의 전류를 흐르게 할 때, 코일 중심의 자기장의 세기는?

① 250AT/m
② 500AT/m
③ 750AT/m
④ 1,000AT/m
⑤ 1,250AT/m

08 자속밀도가 2Wb/m^{2}인 평등 자기장 중에 자기장과 30°의 방향으로 길이 0.5m인 도체에 8A의 전류가 흐르는 경우 전자력은?

① 8N
② 4N
③ 3N
④ 2N
⑤ 1N

09 권선수 100의 코일에 쇄교되는 자속이 10ms마다 2Wb만큼 증가할 때, 코일에 유도되는 기전력은?

① −500V
② −1,000V
③ −20,000V
④ −30,000V
⑤ −40,000V

10 어떤 코일에 흐르는 전류가 0.1초 사이에 20A에서 4A까지 일정한 비율로 변하였다. 이때, 20V의 기전력이 발생했다면 코일의 자기인덕턴스는?

① 0.125H

② 0.25H

③ 0.375H

④ 0.5H

⑤ 0.635H

11 다음 중 케이블의 연피손(시스손)의 원인으로 옳은 것은?

① 전자유도작용

② 도플러 효과

③ 히스테리시스손

④ 유전체손

⑤ 전선의 철손

12 다음 중 선택 배류기는 어느 전기설비에 설치하는가?

① 가공 통신케이블

② 가공지선

③ 가공 전화선

④ 지하 전력케이블

⑤ 급전선

13 3상 3선식 배전선로에서 대지정전용량을 C_s, 선간정전용량을 C_m 이라 할 때, 작용정전용량은?

① $C_s + C_m$

② $3C_s + C_m$

③ $C_s + 2C_m$

④ $2C_s + C_m$

⑤ $C_s + 3C_m$

14 다음 중 충전전류는 일반적으로 어떤 전류인가?

① 뒤진전류

② 앞선전류

③ 유효전류

④ 무효전류

⑤ 누설전류

15 송전단 전압이 66kV이고, 수전단 전압이 60kV로 송전 중이던 선로에서 부하가 급격히 감소하여 수전단 전압이 63kV가 되었을 때, 전압강하율은 약 몇 %인가?

① 1.78% ② 3.24%

③ 4.76% ④ 5.54%

⑤ 5.89%

16 교류송전에서는 송전거리가 멀어질수록 동일 전압의 송전 가능전력이 적어진다. 다음 중 그 이유로 가장 옳은 것은?

① 선로의 유도성 리액턴스가 커지기 때문이다.

② 선로의 어드미턴스가 커지기 때문이다.

③ 코로나 손실이 증가하기 때문이다.

④ 전압강하율이 커지기 때문이다.

⑤ 표피 효과가 커지기 때문이다.

17 다음 중 전력용 콘덴서 회로에 방전코일을 설치하는 주된 목적은?

① 선로의 고조파 제거

② 부하단 역률 개선

③ 콘덴서 용량 증가

④ 이상전압으로부터 기기 보호

⑤ 전원 개방 시 잔류전하를 방전시켜 감전 방지

18 다음 중 선로 전압강하 보상기(LDC)에 대한 설명으로 옳은 것은?

① 분로리엑터로 전압상승을 억제하는 것

② 승압기로 저하된 전압을 보상하는 것

③ 고조파필터를 이용하여 고조파를 억제하는 것

④ 선로의 전압강하를 고려하여 모선전압을 조정하는 것

⑤ 서지흡수기를 이용하여 이상전압을 방지하는 것

19 다음 중 수전설비의 단락전류를 제한하기 위해 계통연계기 방식을 사용할 때의 특징으로 옳지 않은 것은?

① 설치된 차단기를 교체하지 않고 계통용량을 늘릴 수 있다.

② 정전범위가 축소되어 공급신뢰도가 향상된다.

③ 전압변동이 크다.

④ 응답속도가 빠르다.

⑤ 차단기가 고정전류 차단 후 연계기는 즉시 평상시 회로로 회복된다.

20 정격전압 7.2kV, 정격차단용량 250MVA인 3상용 차단기의 정격 차단전류는 약 몇 A인가?

① 20,047A

② 20,878A

③ 21,239A

④ 21,942A

⑤ 22,190A

21 직류 발전기의 자극수 10, 전기자 도체수 600, 1자극당의 자속수 0.01Wb, 회전속도가 1,200rpm일 때, 유도되는 기전력은?(단, 권선은 단중 중권이다)

① 100V

② 120V

③ 200V

④ 250V

⑤ 300V

22 전기자 지름 0.2m의 직류 발전기가 1.5kW의 출력에서 1,800rpm으로 회전하고 있을 때, 전기자 주변속도는 약 몇 m/s인가?

① 9.42m/s

② 18.84m/s

③ 21.43m/s

④ 34.32m/s

⑤ 42.86m/s

23 극수 10, 동기속도 600rpm인 동기 발전기에서 나오는 전압의 주파수는 몇 Hz인가?

① 50Hz

② 60Hz

③ 80Hz

④ 120Hz

⑤ 150Hz

24 3상 동기 발전기에서 권선 피치와 자극 피치의 비를 $\dfrac{13}{15}$ 의 단절권으로 하였을 때의 단절권 계수는 얼마인가?

① $\sin\dfrac{13}{15}\pi$

② $\sin\dfrac{15}{26}\pi$

③ $\sin\dfrac{13}{30}\pi$

④ $\sin\dfrac{15}{13}\pi$

⑤ $\sin\dfrac{26}{15}\pi$

25 3상 변압기의 임피던스가 $Z[\Omega]$이고, 선간 전압이 $V[\text{kV}]$, 정격 용량이 $P[\text{kVA}]$일 때 $\%Z$(%임피던스)는?

① $\dfrac{PZ}{V}$

② $\dfrac{10PZ}{V}$

③ $\dfrac{PZ}{10\,V^2}$

④ $\dfrac{PZ}{100\,V^2}$

⑤ $\dfrac{PZ}{1,000\,V^2}$

26 3상 배전선에 접속된 V결선의 변압기에서 전부하 시의 출력을 $P[\text{kVA}]$라 하면 같은 변압기 한 대를 증설하여 △결선하였을 때의 정격 출력은?

① $\dfrac{1}{2}P$

② $\dfrac{2}{\sqrt{3}}P$

③ $\sqrt{3}\,P$

④ $2P$

⑤ $2\sqrt{3}\,P$

27 다음 중 전부하에서의 용량 10kW 이하인 소형 3상 유도 전동기의 슬립은?

① $0.1 \sim 0.5\%$

② $0.5 \sim 5\%$

③ $5 \sim 10\%$

④ $15 \sim 20\%$

⑤ $25 \sim 50\%$

28 주파수 60Hz 회로에 접속되어 슬립 3%, 회전수 1,164rpm으로 회전하고 있는 유도 전동기의 극수는?

① 5극 ② 6극

③ 7극 ④ 10극

⑤ 12극

29 반파 정류 회로에서 직류 전압 100V를 얻는 데 필요한 변압기의 역전압 첨두값은?(단, 부하는 순저항으로 하고 변압기 내의 전압 강하는 무시하며, 정류기 내의 전압 강하를 15V로 한다)

① 약 181V ② 약 361V

③ 약 512V ④ 약 722V

⑤ 약 932V

30 단상 반파 정류 회로인 경우, 정류 효율은 몇 %인가?

① 12.6% ② 40.6%

③ 60.6% ④ 81.2%

⑤ 86.4%

31 역률이 60%인 부하에 전압 90V를 가해서 전류 5A가 흘렀다면, 이 부하의 유효 전력은 얼마인가?

① 150W ② 220W

③ 270W ④ 310W

⑤ 400W

32 전원 전압이 P, 부하 저항이 R일 때, 최대 전력을 공급하기 위한 조건은?(단, r은 전원의 내부 저항이다)

① $r = R$ ② $r = 2R$

③ $r = 4R$ ④ $r = 6R$

⑤ $r = 8R$

33 선간전압이 200V인 평형 3상 전원에 1상의 저항이 100Ω 인 3상 델타($\triangle$)부하를 연결할 경우 선전류는?

① $\dfrac{2}{\sqrt{3}}$A

② 2A

③ $\dfrac{\sqrt{3}}{2}$A

④ $2\sqrt{3}$ A

⑤ $\dfrac{\sqrt{2}}{3}$A

34 기전력 1.5V, 내부저항 0.2Ω 인 전지가 15개 있다. 이것들을 모두 직렬로 접속하여 3Ω 의 부하저항을 연결할 경우의 부하 전류값과, 모두 병렬로 접속하여 3Ω 의 부하저항을 연결할 경우의 부하 전류값을 가장 가깝게 나타낸 것은?

	직렬	병렬
①	3.25A	0.75A
②	3.75A	0.75A
③	3.25A	0.5A
④	3.75A	0.5A
④	3.25A	0.7A

35 권수 200회의 코일에 5A의 전류가 흘러서 0.025Wb의 자속이 코일을 지난다고 하면, 이 코일의 자체 인덕턴스는?

① 0.5H

② 1H

③ 1.5H

④ 2H

⑤ 2.5H

36 정현파 교류의 실횻값이 100V이고, 주파수가 60Hz인 경우 전압의 순시값 e 는?

① 141.4sin377t

② 100sin377t

③ 141.4sin120t

④ 100sin120t

⑤ 141.4sin100t

37 코일의 인덕턴스 $L=200\mu\mathrm{F}$, 공진 주파수 $f_0=710\,\mathrm{kHz}$일 때 공진 회로의 커패시턴스는?

① 약 320PF   ② 약 250PF

③ 약 170PF   ④ 약 128PF

⑤ 약 100PF

38 $\triangle-\triangle$ 평형 회로에서 선간 전압이 220V, 부하 임피던스 $Z=6+j8\,\Omega$일 때 선전류는 몇 A인가?

① 약 38A   ② 약 36A

③ 약 32A   ④ 약 28A

⑤ 약 26A

39 $R=90\,\Omega$, $L=32\mathrm{mH}$, $C=5\mu\mathrm{F}$의 직렬회로에 전원전압 $v(t)=750\cos(5{,}000-30°)\mathrm{V}$를 인가했을 때, 회로의 리액턴스는?

① $40\,\Omega$ ② $90\,\Omega$

③ $120\,\Omega$ ④ $160\,\Omega$

⑤ $200\,\Omega$

40 부하에 인가되는 비정현파 전압 및 전류가 다음과 같을 때, 부하에서 소비되는 평균전력은?

- $v(t)=100+80\sin\omega t+60\sin(3\omega t-30°)+40\sin(7\omega t+60°)$
- $i(t)=40+30\cos(\omega t-30°)+20\cos(5\omega t+60°)+10\cos(7\omega t-30°)[\mathrm{A}]$

① 4,700W   ② 4,800W

③ 4,900W   ④ 5,000W

⑤ 5,100W

01 진공 상태에서 어떤 대전체의 전속이 Q[C]였다. 이 대전체를 비유전율이 5인 유전체 속에 넣었을 경우의 전속은 얼마인가?

① Q[C]

② $\dfrac{Q}{5}$[C]

③ $\dfrac{Q}{2}$[C]

④ $5Q$[C]

⑤ $5\varepsilon_0 Q$[C]

02 다음 중 진공 중에서 전자파의 전파속도가 광속도와 일치하게 하기 위한 조건으로 옳은 것은?(단, μ_r은 비투자율이며, ε_r은 비유전율이다)

① $\mu_r = 0$, $\varepsilon_r = 0$

② $\mu_r = 0$, $\varepsilon_r = 1$

③ $\mu_r = 1$, $\varepsilon_r = 0$

④ $\mu_r = 1$, $\varepsilon_r = 1$

⑤ $\mu_r = \dfrac{1}{2}$, $\varepsilon_r = \dfrac{1}{4}$

03 30V/m인 전계 내의 60V인 점에서 1C의 전하를 전계 방향으로 90cm 이동시켰을 때 그 점에서의 전위는 몇 V인가?

① 87V

② 69V

③ 51V

④ 33V

⑤ 15V

04 진공 상태에서 한 변의 길이가 a[m]인 정사각형의 단일코일에 I[A]의 전류가 흐를 경우에 정사각형의 중심에서 자계의 세기는 얼마인가?

① $\dfrac{\sqrt{2}}{\pi a}$ AT/m

② $\dfrac{I}{\sqrt{2}a}$ AT/m

③ $\dfrac{4I}{a}$ AT/m

④ $\dfrac{I}{2\pi a}$ AT/m

⑤ $\dfrac{2\sqrt{2}\,I}{\pi a}$ AT/m

05 정전용량이 $20\mu F$인 콘덴서에 $3\times10^{-3}C$의 전하가 축적되었을 경우에 콘덴서에 가해진 전압은 얼마인가?

① 150V

② 200V

③ 225V

④ 250V

⑤ 300V

06 8A의 전류가 흐르는 코일과 쇄교하는 자속수가 4Wb이다. 이 전류회로에 축적된 자기 에너지는 몇 J인가?

① 8J

② 12J

③ 16J

④ 24J

⑤ 32J

07 다음 중 정상전류계에서 옴의 법칙에 대한 미분형은?(단, $i=$ 전류밀도, $k=$ 도전율, $E=$ 전계의 세기, $\rho=$ 고유저항)

① $i=k\rho[\text{A/m}^2]$

② $i=\rho E[\text{A/m}^2]$

③ $i=-kE[\text{A/m}^2]$

④ $i=kE[\text{A/m}^2]$

⑤ $i=\dfrac{E}{k}[\text{A/m}^2]$

08 투자율 μ, 길이 l, 단면적 S인 자성체의 자기회로에 권선을 N회 감고 I의 전류를 통하게 할 경우에 자속은 얼마인가?

① $\dfrac{\mu NI}{Sl}\text{Wb}$

② $\dfrac{\mu SI}{Nl}\text{Wb}$

③ $\dfrac{\mu SNI}{l}\text{Wb}$

④ $\dfrac{\mu SNI}{2l}\text{Wb}$

⑤ $\dfrac{NIl}{\mu S}\text{Wb}$

09 $Z_L = 4Z_0$인 선로의 전압 정재파비 S와 반사계수 ρ는 얼마인가?(단, Z_L는 부하 임피던스, Z_0는 선로의 특성 임피던스이다)

	S	ρ			S	ρ
①	4	0.75		②	3	0.6
③	4	0.6		④	0	0.4
⑤	3	0.75				

10 다음 그림의 저역필터회로의 차단 주파수에서 이득 $\dfrac{V_2}{V_1}$은 얼마인가?

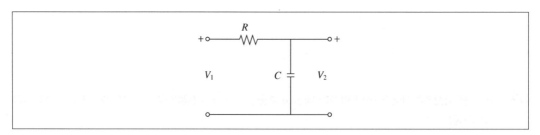

① 1.5

② 1

③ $\dfrac{\sqrt{2}}{1.5}$

④ $\dfrac{1}{\sqrt{2}}$

⑤ $\dfrac{1}{2}$

11 R－C 직렬회로에 직류전압 15V를 인가하고 $t=0$에서 스위치를 켰을 때 커패시터(C) 양단에 걸리는 전압 $V_c(t)$는 몇 V인가?(단, $V_c(0)=0$, $C=2\mathrm{F}$, $R=0.5\,\Omega$)

① $15e^{-t}\mathrm{V}$

② $-15e^{-t}\mathrm{V}$

③ $1-e^{-t}\mathrm{V}$

④ $15(1-e^{t})\mathrm{V}$

⑤ $15(1-e^{-t})\mathrm{V}$

12 다음 그림의 회로를 임피던스 파라미터로 나타낸다면 그 가운데 Z_{21}의 값은 얼마인가?

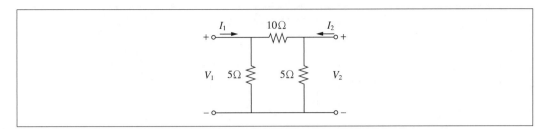

① $\dfrac{5}{4}$

② $\dfrac{5}{2}$

③ $\dfrac{15}{4}$

④ $\dfrac{3}{5}$

⑤ $\dfrac{12}{5}$

13 다음 중 1dB을 Neper단위로 환산하면 얼마인가?

① 약 8.686Nep/dB

② 약 7.076Nep/dB

③ 약 2.402Nep/dB

④ 약 0.521Nep/dB

⑤ 약 0.115Nep/dB

14 부하의 유효전력이 60kW이고 역률이 60%일 경우에 무효전력은 얼마인가?

① 80kVar

② 70kVar

③ 60kVar

④ 50kVar

⑤ 40kVar

15 다음 그림과 같은 공진곡선에서 선택도 Q_o는 얼마인가?

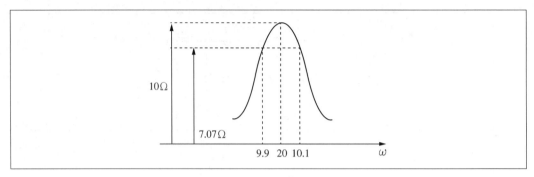

① 25
② 30
③ 50
④ 100
⑤ 125

16 다음 RL 직렬회로에서 $R=5\Omega$, $L=2$H이며, $t=0$에서 스위치(S)를 닫아 직류전압 110V를 회로의 양단에 가한 후 $\dfrac{L}{R}$ 초일 때의 전류는 얼마인가?

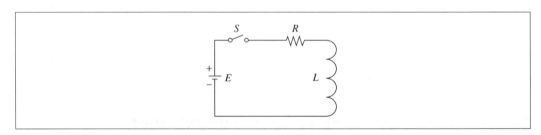

① 약 63.2A
② 약 36.8A
③ 약 13.9A
④ 약 6.95A
⑤ 약 0.63A

17 다음 중 A급 증폭과 B급 증폭에 대한 설명으로 옳지 않은 것은?

① A급 증폭은 입력과 출력이 비례하고, 파형의 변형이 적다.

② A급 증폭은 B급 증폭과 C급 증폭에 비해 전력의 효율이 크다.

③ B급 증폭은 입력이 없을 때는 컬렉터 전류가 흐르지 않는다.

④ B급 증폭은 입력이 있으면 그 반주기 기간만 컬렉터 전류가 흐르도록 동작한다.

⑤ B급 증폭은 일그러짐이 많으므로 저주파 증폭의 경우는 푸시풀 증폭기로 사용한다.

18 다음 중 불순물 반도체에서 부성(負性) 저항 특성이 나타나는 현상을 응용한 PN 접합 다이오드는?

① 제너 다이오드   ② 발광 다이오드

③ 포토 다이오드   ④ 쇼트키 다이오드

⑤ 터널 다이오드

19 다음 원소 중 P형 반도체를 만드는 불순물이 아닌 것은?

① 인듐(In)   ② 알루미늄(Al)

③ 갈륨(Ga)   ④ 안티몬(Sb)

⑤ 붕소(B)

20 다음 중 바리스터(Varistor)에 대한 설명으로 다음 중 옳은 것은?

① 인가전압이 증가해도 전류의 크기는 변함없다.

② 인가전압이 높아지면 절연파괴가 일어난다.

③ 인가전압에 따라 정전용량이 달라져서 충격전류를 흡수한다.

④ 인가전압이 높을수록 저항이 감소하여 과잉전류를 흡수한다.

⑤ 인가전압이 높을수록 저항이 커져서 전류의 크기를 제한할 수 있다.

21 다음 중 실리콘 제어 정류기(SCR)에 관한 설명으로 옳지 않은 것은?

① PNPN접합의 반도체 소자이다.

② 사이리스터(Thyristor)라고도 명칭한다.

③ 단방향성 소자이다.

④ 무접점 On / Off 스위치로 작동하는 반도체 소자이다.

⑤ 게이트는 N형 반도체에 연결한다.

22 다음 중 초전도 현상에 관한 설명으로 옳은 것은?

① 물질의 격자 진동에 의해 파괴된다.

② 저항이 커짐에 따라 전류가 흐르지 않는다.

③ 임계 온도 이하로 냉각되면 저항이 0이 된다.

④ 전자의 이동도가 전계 강도의 평방근에 비례한다.

⑤ 임계 자기장은 온도 상승과 비례한다.

23 실내온도에서 진성반도체(Ge)의 페르미 에너지(E_f)가 근사적으로 금지대역의 중앙에 위치한다고 가정할 때, 전자가 전도대의 바닥상태에 있을 확률은?(단, 실온에서 Ge의 $E_g = 0.67\text{eV}$이다)

① 0.3×10^{-4} ② 0.5×10^{-4}

③ 1.3×10^{-6} ④ 2.3×10^{-6}

⑤ 2.9×10^{-6}

24 어떤 금속의 표면전위장벽(E_B)가 17.69eV이고, 페르미 에너지(E_f)가 6.45eV일 때, 이 금속의 일함수 (E_w)는?

① 5.27eV ② 8.12eV

③ 11.24eV ④ 20.42eV

⑤ 24.14eV

25 다음 중 광도전 효과를 이용한 도전체가 아닌 것은?

① 태양전지 ② 화재경보기

③ 광다이오드 ④ Cds도전셀

⑤ 자동점멸장치

26 다음의 논리식과 다음 중 같은 식은?

$$Z=ABC+A\overline{B}C+AB\overline{C}+\overline{A}BC+\overline{ABC}$$

① $Z=AB+C$ ② $Z=\overline{ABC}+A$

③ $Z=A+\overline{BC}$ ④ $Z=A+BC$

⑤ $Z=ABC$

27 일반적으로 명령 중에 오퍼랜드(Operand)가 들어 있는 장소를 표시하기 위해서 어드레스를 지정하지만, 이 어드레스 대신에 데이터 그 자체를 지정하는 것은?

① 직접번지 ② 간접번지

③ 절대번지 ④ 상대번지

⑤ 참조번지

28 다음 중 스택(Stack)이 반드시 필요한 명령문 형식은?

① 0 – 주소 형식 ② 1 – 주소 형식

③ 2 – 주소 형식 ④ 3 – 주소 형식

⑤ 4 – 주소 형식

29 다음에서 설명하는 코드로 옳은 것은?

> 1963년 미국표준협회(ANSI, American National Standards Institute)에 의해 결정되어 미국의 표준 부호가 되었다. ANSI가 ISO(국제표준화기구) 위원회에 제안하였고, 이 체계에 준거해 ISO의 국제 부호체계가 제정되어 있다. 미니컴퓨터나 개인용 컴퓨터(PC) 등 소형 컴퓨터를 중심으로 보급되어 현재 국제적으로 널리 사용되고 있다. 컴퓨터의 내부에서 문자를 표현하는 표준적인 코드체계로서, 7비트로 구성되어 있으며 자료의 처리나 통신장치에서 표준 코드로 널리 쓰인다.

① BCD 코드
② EBCDIC 코드
③ ASCII 코드
④ 유니코드
⑤ 확장 유닉스 코드

30 부호화된 2의 보수에서 8비트로 표현할 수 있는 수의 표현 범위는?

① $-128 \sim 128$
② $-127 \sim 128$
③ $-128 \sim 127$
④ $-127 \sim 127$
⑤ $-126 \sim 127$

31 다음 중 객체지향 프로그래밍 언어가 아닌 것은?

① C++
② C#
③ JAVA
④ FORTRAN
⑤ PYTHON

32 다음 설명에 해당하는 것은?

> 컴퓨터에서의 제어 장치의 일부로, 컴퓨터가 다음에 실행할 명령의 로케이션이 기억되어 있는 레지스터이다. 현재의 명령이 실행될 때마다 그 레지스터의 내용에 1이 자동적으로 덧셈되고, 다음에 꺼낼 명령의 로케이션을 지시하도록 되어 있다.

① 프로그램 카운터(Program Counter)
② 명령 해독기(Instruction Decoder)
③ 제어 장치(Control Unit)
④ 인코더(Encoder)
⑤ 멀티플렉서(Multiplexer)

33 다음 중 누산기(Accumulator)에 대한 설명으로 옳은 것은?

① 연산을 한 결과를 일시적으로 저장해 두는 장치이다.

② 2개 이상의 수를 입력으로 하여 이들의 합을 출력으로 하는 장치이다.

③ 출력 함수가 입력 함수의 변화율에 비례하는 장치이다.

④ 복수 개의 입력 단자와 복수 개의 출력 단자를 갖는 장치이다.

⑤ 입력 데이터로 표현되는 수의 보수를 출력 데이터로서 표현하는 장치이다.

34 자료를 추출하고 그에 의거한 보고서를 작성하는 데 사용하는 가장 적절한 프로그래밍 언어는?

① C언어
② Java
③ Perl
④ HTML
⑤ PHP

35 다음 중 기억장치에 대한 설명으로 옳지 않은 것은?

① 주기억장치는 프로그램 영역과 입력자료를 기억하는 영역, 출력자료를 기억하는 영역, 작업영역으로 구성된다.

② 주기억장치로는 기억장소로 전원이 끊겨져도 기억된 내용이 보존되는 롬(ROM)과 전원이 꺼지면 모든 내용이 지워지는 휘발성 메모리 타입의 램(RAM)이 있다.

③ 보조기억장치는 주기억장치보다 속도가 빠르지만, 많은 자료를 영구적으로 보관할 수 없다.

④ 보조기억장치에는 자기테이프, 자기 디스크, 자기드럼, 플로피 디스크 등이 있다.

⑤ 주기억장치의 기억매체는 과거의 경우 자기코어를 사용하였으나, 현재는 대부분 반도체 기억장치를 사용하고 있다.

36 다음 그림과 같은 삼각파의 파고율은 얼마인가?

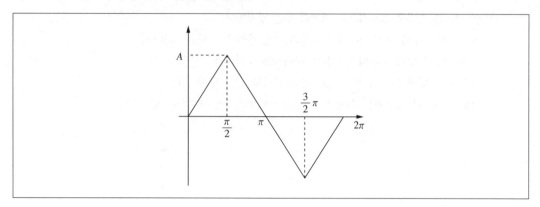

① 0.5

② 1

③ $\sqrt{2}$

④ $\sqrt{3}$

⑤ $\dfrac{2}{\sqrt{3}}$

37 다음 회로에서 단자 a와 b에 나타나는 전압은 얼마인가?

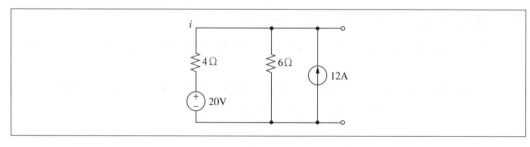

① 40.8V

② 34.2V

③ 27.4V

④ 10.6V

⑤ 8.7V

38 $e(t) = 220\sqrt{2}\,sin140\pi t$[V]인 정현파 전압의 실효치와 주파수는 얼마인가?

	실효치(V)	주파수(Hz)		실효치(V)	주파수(Hz)
①	$220\sqrt{2}$	140	②	$220\sqrt{2}$	70
③	220	70	④	220	140
⑤	110	70			

39 다음 회로의 합성 임피던스 $Z[\Omega]$는 얼마인가?

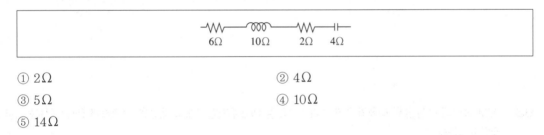

① 2Ω
② 4Ω
③ 5Ω
④ 10Ω
⑤ 14Ω

40 $L_1 = 40$H, $L_2 = 10$H인 전자 결합회로에서 결합계수 $K = 0.7$일 경우에 상호 인덕턴스 M는 몇 H인가?

① 7.5H
② 14H
③ 22H
④ 28H
⑤ 56H

| 04 | 통신일반

01 다음 중 위성 통신의 장점이 아닌 것은?

① 다원 접속이 가능하다.

② 고품질의 광대역 통신이 가능하다.

③ 유연한 회선 설정이 가능하다.

④ Point-to-Point 또는 멀티포인트로 네트워크를 구성할 수 있다.

⑤ 초고속 전송이 가능해진다.

02 다음 중 디지털 전송에서 사용되는 디지털 데이터 전송 장비는?

① 리피터   ② DSU

③ 통신 제어 장치   ④ 변복조기

⑤ 라우터

03 PCM 방식에서 원신호 파형의 주파수가 1kHz일 때 1주기당 8개의 샘플을 얻으려면 PAM 신호는 얼마가 되어야 하는가?

① 64kHz   ② 32kHz

③ 16kHz   ④ 8kHz

⑤ 4kHz

04 다음 중 전이중 통신 방식에 대한 특성으로 옳지 않은 것은?

① 하드와이어 전송의 경우 송수신에 4개의 회선을 사용한다.

② 아날로그 방식의 전송에서는 FDM으로 전이중 모드를 지원한다.

③ 데이터 전송량이 많고 통신 회선의 용량이 클 때 사용한다.

④ 송수신에 2개의 채널을 사용하며, 각 채널의 주파수는 서로 같다.

⑤ 다른 통신 방식에 비해 장비가 비싸고 더 많은 전송 매체가 필요하다.

05 전송 회선을 통하여 초당 64byte의 데이터가 전송될 경우의 데이터 전송률은?

① 32bps
② 64bps
③ 128bps
④ 256bps
⑤ 512bps

06 다음 중 다중화에 관한 설명으로 적절하지 않은 것은?

① 정적(Static)인 방법과 동적(Dynamic)인 방법이 있다.
② FDM이란 주파수 대역폭을 여러 개의 작은 대역폭으로 나누어 쓰는 방법이다.
③ FDM에서 가드 밴드(Guard Band)로 채널 간의 간섭을 배제한다.
④ 다중화 장비의 입력측의 전송 속도는 전송 선로측의 전송 속도보다 크다.
⑤ 대표적인 다중화 방식으로는 주파수 분할 다중 방식(FDM)과 시분할 다중 방식(TDM)이 있다.

07 다음 중 레일리 산란에 대한 설명으로 적절하지 않은 것은?

① λ^4에 비례한다.
② 파장이 길수록 레일리 산란 손실은 적다.
③ 광섬유 유리 중 파장보다도 미소한 굴절률의 흔들림에 의해 일어나는 것이다.
④ 전송되는 모드 및 코어의 직경과는 무관하다.
⑤ 맑은 하늘이 푸른 것은 공기분자에 의한 태양복사의 레일리 산란 때문이다.

08 비동기식 데이터 전송에서 사용되는 에러 검출 방식은?

① 짝수 패리티
② 홀수 패리티
③ 세로 중복 검사
④ 순환 중복 검사
⑤ 순환 잉여 검사

09 다음 중 인코딩 기법을 평가하는 요소에 해당되지 않는 것은?

① 데이터 전송률 ② 신호의 스펙트럼
③ 신호의 동기화 능력 ④ 에러 검출 능력
⑤ 잡음에 대한 면역성

10 HDLC 절차에 관한 설명이다. 다음 중 틀린 것은?

① 고속의 전송에 적합한 비트 전송을 기본으로 한다.
② 컴퓨터 네트워크에도 적합하다.
③ 전송 효율이 향상된다.
④ 부호에 대한 교환성이 우수하다.
⑤ 단말 장치는 고가이다.

11 QPSK의 전송 대역폭 B_T는?(단, r_b는 비트율이다)

① $B_T \fallingdotseq r_b$ ② $B_T \fallingdotseq \dfrac{r_b}{2}$

③ $B_T \fallingdotseq \dfrac{r_b}{4}$ ④ $B_T \fallingdotseq 2r_b$

⑤ $B_T \fallingdotseq 3r_b$

12 다음 중 양자화 잡음의 비율과 입력 진폭의 관계는?

① 작을 때 커진다. ② 클 때 커진다.
③ 관계없이 일정하다. ④ 관계없이 커진다.
⑤ 관계없이 작아진다.

13 주파수 범위가 $0.3 \sim 3.4\text{kHz}$인 음성 신호를 8kHz로 표본화해 7비트로 부호화할 경우의 정보 속도는?

① 28kb/s
② 56kb/s
③ 64kb/s
④ 128kb/s
⑤ 156kb/s

14 주파수 50[MHz]인 전파의 1/4 파장에 대한 값은?

① 1.5m
② 3m
③ 5m
④ 10m
⑤ 20m

15 다음 중 델린저 현상을 설명하는 내용으로 옳지 않은 것은?

① 발생시기는 주야로 발생
② 전리층의 변화는 D, E층 영역의 전자 밀도 증대로 인하여
③ 발생 구역은 태양의 직사광선이 비추는 곳에
④ 발생 원인은 자외선의 이상 증가로 인하여
⑤ 저위도 지방에서 발생하고, 돌발적으로 발생하며

16 어느 안테나에 5A의 전류를 흘렸더니 300W의 방사 전력이 생겼을 때 방사 저항은?(단, 안테나의 저항은 무시한다)

① 8Ω
② 10Ω
③ 12Ω
④ 15Ω
⑤ 16Ω

17 다음 중 위성중계기에서 대전력증폭기로 사용되는 것은?

① TWTA
② magnetron
③ impatt diode
④ GaAs mosfet
⑤ klystron

18 다음 중 위성 통신의 장점과 거리가 먼 것은?

① 전파 지연이 적다.
② 장거리 광대역 통신에 적합하다.
③ 대용량 통신이 가능하다.
④ 지형에 관계 없이 전송품질이 우수하다.
⑤ 통신 가능 구역이 넓어진다.

19 다음 중 이동통신에 사용되는 안테나는?

① 수평 더블리트
② 야기(Yagi) 안테나
③ 빔(Beam) 안테나
④ 휩(Whip) 안테나
⑤ 헬리컬(Helical) 안테나

20 다음 중 항공기의 지표면 또는 해면 등 항공기로부터 수직 하향 거리를 측정하는 것은?

① 전파고도계
② 레이더
③ 로컬라이저
④ 마커(marker)
⑤ 자동방향탐지장치

21 다음 중 슈퍼 헤테로다인 수신기에서 중간주파증폭기를 사용하는 목적은?

① 스퓨리어스를 방지하기 위하여

② 선택도를 좋게 하기 위하여

③ 조정을 간단하게 하기 위하여

④ 비선형 왜곡을 줄이기 위하여

⑤ 정현파를 줄이기 위해서

22 다음 중 AM 수신기와 FM 수신기에서 공통으로 사용되는 것은?

① 리미터   ② 주파수 변별기

③ 스켈치 회로   ④ 제1국부 발진

⑤ 컴프레서

23 다음 중 FM 수신기에 스켈치 회로를 사용하는 목적은?

① 안테나로부터 불필요한 복사를 방지한다.

② 국부 발진 주파수 변동을 방지한다.

③ FM 전파 수신시 수신기 내부 잡음을 제거한다.

④ 입력 신호가 없을 때 수신기 내부 잡음을 제거한다.

⑤ 혼신과 누화 현상을 방지한다.

24 다음 중 수신기의 안테나 회로에 웨이브 트랩을 사용하는 목적은?

① 혼신 방지

② 페이딩 방지

③ 델린저 영향 감소

④ 공전에 의한 안테나 코일 보호

⑤ 전자 유도 방지

25 공중선의 전류가 57.3[A]이고 복사 저항이 250Ω, 손실 저항이 50Ω일 때 공중선 능률은?

① 83%
② 20%
③ 120%
④ 50%
⑤ 70%

26 다음 중 스펙트럼 확산 통신에 대한 설명으로 옳지 않은 것은?

① 전력 스펙트럼 밀도를 낮게 해서 전송하므로 간섭이나 페이딩에 약하다.
② 다수의 사용자에 의한 불규칙한 다원 접속이 가능하다.
③ 무선 채널을 통해 전송되는 정보를 비우호적인 제3자가 수신하는 것을 방지할 수 있다.
④ 정보의 스펙트럼을 광역의 주파수 대역으로 확산하여 전송한다.
⑤ 송출되는 정보를 전송하는 데 필요한 가장 낮은 대역보다 훨씬 넓은 주파수 대역으로 확산한 신호를 사용한다.

27 다음 중 지구국에서 사용하는 반사형 광학 망원경의 원리를 이용한 안테나는?

① 파라볼라 안테나(Parabolic Antenna)
② 턴스타일 안테나(Turnstyle Antenna)
③ 야기 안테나(Yagi Antenna)
④ 카세그레인 안테나(Cassegrain Antenna)
⑤ 헬리컬 안테나(Helical Antenna)

28 어떤 증폭기의 입력 전압이 10mV이고 출력이 1V이다. 이 증폭기의 상대 이득은 몇 dB인가?

① 10dB
② 20dB
③ 30dB
④ 40dB
⑤ 50dB

29 다음 중 정류 회로에서 리플 함유율을 줄이는 방법으로 적합한 것은?

① 반파 정류로 하고 필터 콘덴서의 용량을 크게 한다.

② 브리지 정류로 하고 필터 콘덴서의 용량을 줄인다.

③ 브리지 정류로 하고 필터 콘덴서의 용량을 크게 한다.

④ 반파 정류로 하고 필터 초크 코일의 인덕턴스를 줄인다.

⑤ 브리지 정류로 하고 필터 초크 코일의 인덕턴스를 줄인다.

30 다음 중 반도체의 성질에 대한 설명으로 적절하지 않은 것은?

① 도체와 절연체의 중간 성질을 가진다.

② 대부분 4족 원소들에 포함된다.

③ 온도가 증가하면 저항률도 증가한다.

④ 광전 효과를 일으킨다.

⑤ 불순물의 첨가나 기타 조작에 의해 전기전도도가 늘어나기도 한다.

31 다음 중 FET에서 게이트의 역바이어스를 증가시킬 때 채널이 차단되는 전압은?

① 게이트 차단 전압　　　　　　② 드레인 포화 전압

③ 핀치 오프 전압　　　　　　　④ 소스 차단 전압

⑤ 컷 오프 전압

32 고정 바이어스 회로에서 게이트 단락시의 포화 드레인 전류가 15mA이고, 게이트와 소스 간 전압이 4V인 경우의 드레인 전류 ID는?(단, V_P의 값은 2V이다)

① 5mA　　　　　　　　　　　② 10mA

③ 15mA　　　　　　　　　　　④ 20mA

⑤ 25mA

33 반전 연산 증폭기에서 입력 전압이 0.5V 이고, 입력측 저항은 15Ω, 궤환 저항이 300Ω인 경우 출력 전압은?

① $-1V$ ② $-5V$
③ $-10V$ ④ $-15V$
⑤ $-20V$

34 수정 발진기는 수정(X-tal)의 어떤 현상을 이용한 것인가?

① 자의 현상   ② 압전기 효과
③ Hall 효과   ④ Seeback 효과
⑤ 열전 효과

35 다음 중 쌍안정 멀티바이브레이터 회로에 대한 설명으로 옳지 않은 것은?

① 2개의 안정 상태를 가지는 회로이다.
② 2개의 트리거 펄스마다 1개의 구형파를 발진한다.
③ 오랜 시간 동안 트리거가 없으면 안정 상태로 돌아간다.
④ 기억 회로나 2진 계수 회로 등에 사용된다.
⑤ 입력 트리거펄스 2개마다 1개의 출력펄스를 얻어 낼 수 있다.

36 PN 접합 다이오드에서 정공과 전자가 그 이상 서로 반대쪽으로 흘러 나가는 것을 방해하는 역할을 하는 것은?

① 에너지 준위   ② 전위 장벽
③ 페르미 준위   ④ 전자 궤도
⑤ 란다우 준위

37 다음 중 사이클링(Cycling)을 일으키는 제어는?

① on-off 제어   ② 비례 적분 제어

③ 적분 제어   ④ 비례 제어

⑤ 미분 제어

38 다음 중 클램프 회로에 대한 설명으로 적절하지 않은 것은?

① 기준 전압은 바이어스 전압과 같다.

② 부 클램퍼의 출력전압은 부(−) 방향의 펄스만 된다.

③ 입력신호의 진폭과 파형에 따라 클램핑 레벨이 바뀐다.

④ 정 클램퍼의 출력 전압은 클램핑 기준 전압보다 높은 부분만을 얻는다.

⑤ 증폭 작용에 의해서 잃은 직류분을 재생하는 것이 특징이다.

39 전원 회로에 사용되는 필터 회로 중 높은 출력 전압과 낮은 맥동률이 요구되는 경우에 가장 적절하게 사용될 수 있는 필터 회로는?

① 유도 필터   ② 콘덴서 필터

③ 초크 입력형 필터   ④ C 입력형 필터

⑤ 커패시터 필터

40 다음 중 트랜지스터의 잡음에 대한 설명으로 적절하지 않은 것은?

① 분배 잡음은 대체로 신호의 주파수에 반비례한다.

② 쇼트 잡음 영역에서의 잡음 지수는 주파수에 관계없이 평탄하다.

③ 신호 전력 대 잡음 전력의 비를 S/N비라고 한다.

④ 트랜지스터 자체의 제조상의 문제로 발생된다.

⑤ 열교란 잡음, 산탄 잡음, 플리커 잡음 등의 성분이 혼재하고 있다.

01 다음 중 흡음 및 차음에 대한 설명으로 옳지 않은 것은?

① 벽의 차음성능은 투과손실이 클수록 높다.

② 차음성능이 높은 재료는 대부분 흡음성능도 높다.

③ 벽의 차음성능은 사용재료의 면밀도에 크게 영향을 받는다.

④ 벽의 차음성능은 동일 재료에서도 두께와 시공법에 따라 다르다.

⑤ 철근콘크리트벽은 동일한 두께의 경량콘크리트벽보다 차음성능이 높다.

02 100V, 500W의 전열기를 90V에서 사용할 경우 소비전력은?

① 200W

③ 405W

⑤ 505W

② 310W

④ 420W

03 다음 중 약전설비에 속하는 것은?

① 변전설비

③ 피뢰침설비

⑤ 전등설비

② 간선설비

④ 전화설비

04 다음 중 변전실에 대한 설명으로 옳지 않은 것은?

① 건축물의 최하층에 설치하는 것이 원칙이다.

② 용량의 증설에 대비한 면적을 확보할 수 있는 장소로 한다.

③ 사용부하의 중심에 가깝고, 간선의 배선이 용이한 곳으로 한다.

④ 변전실의 높이는 바닥 트렌치 및 무근콘크리트 설치여부 등을 고려한 유효높이로 한다.

⑤ 외부로부터 전선의 인입이 쉬운 곳에 배치한다.

05 최대수용전력을 구하기 위한 것으로, 최대수용전력의 총부하용량에 대한 비율로 나타내는 것은?

① 역률　　　　　　　　　　　　② 수용률
③ 부등률　　　　　　　　　　　④ 부하율
⑤ 전류율

06 다음 중 옥내 조명의 설계순서로 옳은 것은?

A : 소요조도계산
B : 조명방식, 광원의 선정
C : 조명기구의 선정
D : 조명기구의 배치 결정

① A − B − C − D　　　　　　　② A − D − C − B
③ B − C − A − D　　　　　　　④ B − A − D − C
⑤ C − A − D − B

07 바닥면적이 50m^2인 사무실이 있다. 32W 형광등 20개를 균등하게 배치할 때 사무실의 평균 조도는?(단, 형광등 1개의 광속은 3,300lm, 조명률은 0.5, 보수율은 0.76이다.)

① 약 500lx　　　　　　　　　　② 약 450lx
③ 약 400lx　　　　　　　　　　④ 약 350lx
⑤ 약 300lx

08 광속이 2,000lm인 백열전구로부터 2m 떨어진 책상에서 조도를 측정하였더니 200lx이었다. 이 책상을 백열전구로부터 4m 떨어진 곳에 놓고 측정하였을 때 조도는?

① 50lx
② 100lx
③ 150lx
④ 200lx
⑤ 250lx

09 다음 중 보일러 하부의 물드럼과 상부의 기수드럼을 연결하는 다수의 관을 연소실 주위에 배치한 구조로 상부 기수드럼 내의 증기를 사용하는 보일러는?

① 수관 보일러
② 관류 보일러
③ 주철제 보일러
④ 노통연관 보일러
⑤ 입형 보일러

10 다음 중 한 시간당 급탕량이 5m³일 때 급탕부하는 얼마인가?(단, 물의 비열은 4.2kJ/kg · K, 급탕온도 70℃, 급수온도 10℃이다)

① 35kW
② 126kW
③ 350kW
④ 620kW
⑤ 1,260kW

11 다음 중 흙의 휴식각과 연관한 터파기 경사각도로서 옳은 것은?

① 휴식각의 1/2로 한다.
② 휴식각과 같게 한다.
③ 휴식각의 2배로 한다.
④ 휴식각의 3배로 한다.
⑤ 휴식각의 4배로 한다.

12 다음 〈보기〉에서 설명하는 재래식 현장타설콘크리트말뚝의 종류를 바르게 나열한 것은?

	〈보기〉
(가)	• 원뿔형 추를 낙하시켜 지반에 구멍을 뚫고, 그 구멍에 콘크리트를 타설하면서 추로 다짐하여 시공하는 공법이다.
(나)	• 선시공한 중공형 강관 내부에 콘크리트를 타설하고 무거운 추로 다져가며 강관을 뽑아내는 공법이다.
(다)	• 내관과 외관으로 구성된 이중강관을 선시공한 후 강관 내부에 콘크리트를 타설하고 내관으로 다짐하며 외관을 뽑아내는 공법이다.

	(가)	(나)	(다)
①	프랭키파일	레이먼드파일	컴프레솔파일
②	심플렉스파일	컴프레솔파일	레이먼드파일
③	컴프레솔파일	심플렉스파일	페데스탈파일
④	컴프레솔파일	프랭키파일	레이먼드파일
⑤	페데스탈파일	컴프레솔파일	프랭키파일

13 다음 중 철근 이음의 종류 중 원형강관 내에 이형철근을 삽입하고 이 강관을 상온에서 압착가공함으로써 이형철근의 마디와 밀착되게 하는 이음방법은?

① 용접이음 ② 슬리브충전이음
③ 슬리브압착이음 ④ 가스압접이음
⑤ 커플러이음

14 다음과 같은 〈조건〉에서 난방부하가 3,500W인 실을 온수난방으로 할 때 방열기의 온수 순환수량은?

〈조건〉
• 방열기 : 입구 수온 90℃, 출구 수온 85℃ • 물의 비열 : 4.2kJ/kg · K

① 300kg/h ② 600kg/h
③ 900kg/h ④ 1,200kg/h
⑤ 1,500kg/h

15 다음 중 공기조화방식 중 전공기방식에 속하지 않는 것은?

① 2중덕트 방식

② 팬코일유닛 방식

③ 멀티존유닛 방식

④ 변풍량 단일덕트 방식

⑤ 단일덕트 방식

16 다음 중 굳지 않은 콘크리트 측압에 영향을 주는 요소 중 옳은 것은?

① 콘크리트 온도가 높을수록 측압은 크다.

② 타설속도가 빠를수록 측압이 작다.

③ 부배합일수록 측압은 작다.

④ 물 – 시멘트비가 작을수록 측압이 작다.

⑤ 철근량이 적을수록 측압이 작다.

17 지름 100mm, 높이 200mm인 원주 공시체로 콘크리트의 압축강도를 시험하였더니 200kN에서 파괴되었다. 다음 중 이 콘크리트의 압축강도는?

① 12.89MPa

② 17.48MPa

③ 25.46MPa

④ 50.9MPa

⑤ 53.7MPa

18 AE제, AE감수제 및 고성능 AE감수제를 사용하는 콘크리트의 적정 공기량은 콘크리트 용적 대비 얼마가 적당한가?(단, 굵은골재의 최대치수가 20mm이며, 환경은 간혹 수분과 접촉하여 결빙이 되면서 제빙화학제를 사용하지 않는 경우이다)

① 2%

② 3%

③ 5%

④ 8%

⑤ 10%

19 다음 중 공기조화 방식 중 단일덕트 방식에 대한 설명으로 옳지 않은 것은?

① 전공기방식의 특성이 있다.

② 냉·온풍의 혼합손실이 없다.

③ 각 실이나 존의 부하변동에 즉시 대응할 수 있다.

④ 2중덕트 방식에 비해 덕트 스페이스를 적게 차지한다.

⑤ 부하특성이 다른 여러 개의 실이나 존이 있는 건물에 적용하기가 곤란하다.

20 다음 중 고강도 콘크리트 시공 시 배합에 대한 사항으로 옳지 않은 것은?

① 물시멘트비는 50% 이하로 한다.

② 단위수량은 210kg/m^3 이하로 한다.

③ 슬럼프값은 150mm 이하로 한다.

④ 단위시멘트량은 소요 워커빌리티 및 강도를 얻을 수 있는 범위 내에서 가능한 한 적게 되도록 정한다.

⑤ 잔골재율은 소요 워커빌리티 내에서 최소화한다.

21 다음 중 ㉠ ~ ㉡에 들어갈 수로 옳은 것은?

> 매스 콘크리트로 다루어야 하는 구조물의 부재치수는 일반적인 표준으로서 넓이가 넓은 평판구조의 경우 두께 ____㉠____ m 이상, 하단이 구속된 벽조의 경우 두께 ____㉡____ m 이상으로 한다.

	㉠	㉡		㉠	㉡
①	0.6	0.3	②	0.7	0.4
③	0.8	0.5	④	0.9	0.6
⑤	1.0	0.7			

22 다음 중 타일의 흡수율 크기의 대소관계로 옳은 것은?

① 석기질 > 도기질 > 자기질　　② 도기질 > 석기질 > 자기질

③ 자기질 > 석기질 > 도기질　　④ 석기질 > 자기질 > 도기질

⑤ 도기질 > 자기질 > 석기질

23 유리 내부 중심에 철, 황동, 알루미늄 등의 금속망을 삽입하고 압착성형한 판유리로 파손방지, 내열효과가 있으며 도난방지, 방화 목적으로 사용하는 유리는?

① 강화유리   ② 무늬유리

③ 망입유리   ④ 복층유리

⑤ 형판유리

24 다음 중 공기조화방식 중 2중덕트 방식에 대한 설명으로 옳지 않은 것은?

① 전공기식 방식이다.

② 덕트가 2개의 계통이므로 설비비가 많이 든다.

③ 부하특성이 다른 다수의 실이나 존에도 적용할 수 있다.

④ 냉풍과 온풍을 혼합하는 혼합상자가 필요 없으므로 소음과 진동도 적다.

⑤ 혼합손실로 인한 에너지소비량이 크다.

25 다음 중 모래의 전단력을 측정하는 데 가장 유효한 지반조사 방법은?

① 보링   ② 베인시험

③ 표준관입시험   ④ 재하시험

⑤ 콘관입시험

26 다음 중 아파트와 같이 평면상 상·하부가 동일한 단면 구조물에서 외부 벽체 거푸집과 발판용 케이지를 일체로 제작하는 대형 거푸집은?

① 갱폼(Gang Form)   ② 슬라이딩 폼(Sliding Form)

③ 동바리(Floor Post)   ④ 스틸폼(Steel Form)

⑤ 슬립 폼(Slip Form)

27 다음 중 굳지 않은 콘크리트의 성질로 옳지 않은 것은?

① 워커빌리티 : 반죽질기 여하에 따르는 작업의 난이도 및 재료의 분리에 저항하는 정도를 나타내는 성질이다.

② 컨시스턴시 : 주로 수량의 다소에 따르는 반죽의 되고 진 정도를 나타내는 성질이다.

③ 피니셔빌리티 : 굵은골재의 최대치수, 잔골재율, 잔골재의 입도, 반죽질기에 따르는 마무리하기 쉬운 정도를 나타내는 성질이다.

④ 플라스티시티 : 굳지 않은 시멘트 페이스트, 모르타르 또는 콘크리트의 유동성의 정도를 나타내는 성질이다.

⑤ 펌퍼빌리티 : 펌프 압송 시 콘크리트의 종류 및 품질, 압송 조건 등에 의한 압송 작업의 용이성을 나타내는 성질이다.

28 다음 중 콘크리트용 부순굵은골재의 입형 판정 실적률의 최소치는?

① 37% ② 55%
③ 63% ④ 75%
⑤ 82%

29 다음 중 공기조화방식에 대한 설명으로 옳은 것은?

① 전공기방식의 종류에는 단일덕트 방식, 팬코일유닛 방식 등이 있다.

② 공기·수방식은 각 실의 온도제어는 곤란하나, 관리 측면에서 유리하다.

③ 전수방식은 실내 공기가 오염되기 쉬우나 개별제어, 개별운전이 가능한 장점이 있다.

④ 전공기방식은 중간기에 외기냉방이 불가능하나, 다른 방식에 비해 열매의 반송동력이 적게 든다.

⑤ 팬코일유닛 방식은 전공기방식으로 수배관으로 인한 누수의 우려가 없다.

30 다음 중 고속덕트에 대한 설명으로 옳지 않은 것은?

① 원형덕트의 사용이 불가능하다.

② 동일한 풍량을 송풍할 경우 저속덕트에 비해 덕트의 단면치수가 작아도 된다.

③ 동일한 풍량을 송풍할 경우 저속덕트에 비해 송풍기 동력이 많이 든다.

④ 공장이나 창고 등과 같이 소음이 별로 문제가 되지 않는 곳에 사용된다.

⑤ 덕트 설치공간을 작게 할 수 있다.

31 다음 중 강구조에 대한 설명으로 옳지 않은 것은?

① 콘크리트구조물에 비해 처짐 및 진동 등의 사용성이 우수하다.

② 철근콘크리트구조에 비해 경량이다.

③ 수평력에 대해 강하다.

④ 대규모 건축물이 가능하다.

⑤ 면에 비하여 부재 길이가 비교적 길고 두께가 얇아 좌굴하기 쉽다.

32 다음 중 철골구조의 소성설계와 관계없는 것은?

① 형상계수   ② 소성힌지

③ 붕괴기구   ④ 잔류응력

⑤ 항복모멘트

33 다음 중 용접 접합설계에 대한 설명으로 옳지 않은 것은?

① 완전용입된 맞댄용접의 유효목두께는 접합판 중 두꺼운 쪽의 판두께로 한다.

② 맞댄용접의 유효면적은 용접의 유효길이에 유효목두께를 곱한 것으로 한다.

③ 모살용접의 유효목두께는 모살사이즈의 0.7배로 한다.

④ 모살용접의 유효길이는 모살용접의 총길이에서 모살사이즈 S의 2배를 공제한 값으로 한다.

⑤ 맞댄용접의 유효길이는 접한되는 부분의 폭으로 한다.

34 다음 그림에서 필릿용접부의 유효용접면적은?

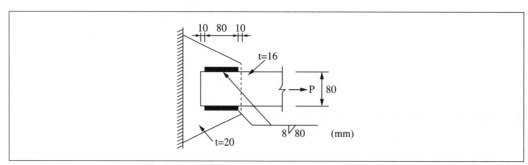

① 518.8mm^2 ② 592.6mm^2

③ 614.4mm^2 ④ 691.2mm^2

⑤ 716.8mm^2

35 다음 그림에서 그루브용접부에서 A와 D 부위의 명칭으로 옳은 것은?

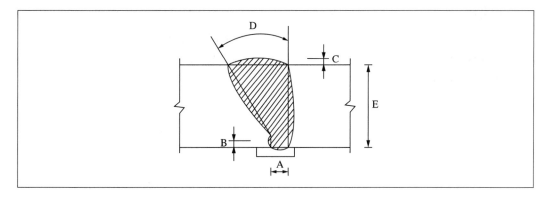

	A	D
①	루트간격	개선각
②	루트면	유효목두께
③	루트간격	보강살높이
④	루트면	개선각
⑤	루트간격	덧용접

36 다음 중 건구온도 30℃, 상대습도 60%인 공기를 냉수코일에 통과시켰을 때 공기의 상태변화로 옳은 것은? (단, 코일 입구수온 5℃, 코일 출구수온 10℃이다)

① 건구온도는 낮아지고 절대습도는 높아진다.

② 건구온도는 높아지고 절대습도는 낮아진다.

③ 건구온도는 높아지고 상대습도는 높아진다.

④ 건구온도는 낮아지고 상대습도는 높아진다.

⑤ 건구온도는 변동이 없고 상대습도는 낮아진다.

37 다음 중 불쾌지수의 결정요소로만 구성된 것은?

① 기온, 습도

② 습도, 기류

③ 기류, 복사열

④ 기온, 복사열

⑤ 복사열, 습도

38 다음 중 0℃의 물 400kg을 50℃로 올리는 데 30분이 소요되었다면 가열열량은?(단, 물의 비열은 4.2kJ/kg·K이다)

① 42,000kJ/h
② 84,000kJ/h
③ 126,000kJ/h
④ 168,000kJ/h
⑤ 197,000kJ/h

39 다음과 같은 〈조건〉에 있는 실의 틈새바람에 의한 현열부하량은?

┌─────────────── 〈조건〉 ───────────────┐
- 실의 체적 : 400m³
- 환기횟수 : 0.5회/h
- 실내공기 건구온도 : 20℃
- 외기 건구온도 : 0℃
- 공기의 밀도 : 1.2kg/m³
- 공기의 비열 : 1.01kJ/kg·K
└───────────────────────────────────────┘

① 986W
② 1,124W
③ 1,347W
④ 1,542W
⑤ 1,764W

40 다음 중 공기조화계획에서 내부존의 조닝 방법에 속하지 않는 것은?

① 방위별 조닝
② 부하 특성별 조닝
③ 온·습도 설정별 조닝
④ 용도에 따른 시간별 조닝
⑤ 부하 변동별 조닝

01 강우계의 관측분포가 균일한 평야지역의 작은 유역에 발생한 강우에 적절한 유역 평균 강우량 산정법은?

① Thiessen의 가중법   ② Talbot의 강도법

③ 산술평균법   ④ 등우선법

⑤ 연쇄지수법

02 직경이 15cm인 원관 속에 비중이 0.87인 기름이 $0.03 \text{m}^3/\text{sec}$으로 흐르고 있다. 다음 중 이 기름의 동점성 계수가 $1.35 \times 10^{-4} \, \text{m}^2/\text{sec}$일 때, 이 흐름의 상태는?

① 난류(亂流)   ② 상류(常流)

③ 부정류   ④ 사류(射流)

⑤ 층류(層流)

03 다음 중 직사각형 개수로의 단위폭당의 유량이 12m/sec, 수심이 4m일 때, 후르드수(Froude Number) 및 흐름의 종류는?

① Fr=0.479, 사류   ② Fr=0.516, 사류

③ Fr=0.479, 상류   ④ Fr=0.516, 상류

⑤ Fr=0.622, 사류

04 다음 중 하수도의 관로계획에 대한 설명으로 옳은 것은?

① 오수관로는 계획 1일 평균오수량을 기준으로 계획한다.

② 관로의 역사이펀을 많이 설치하여 유지관리 측면에서 유리하도록 계획한다.

③ 합류식에서 하수의 차집관로는 우천 시 계획오수량을 기준으로 계획한다.

④ 우수관로는 계획시간 최대오수량을 기준으로 계획한다.

⑤ 오수관로와 우수관로가 교차하여 역사이펀을 피할 수 없는 경우는 우수관로를 역사이펀으로 하는 것이 바람직하다.

05 다음 중 고도정수처리 단위 공정 중 하나인 오존처리에 대한 설명으로 옳지 않은 것은?

① 오존은 철·망간의 산화능력이 크다.

② 오존의 산화력은 염소보다 훨씬 강하다.

③ 유기물의 생분해성을 증가시킨다.

④ 오존의 잔류성이 우수하므로 염소의 대체 소독제로 쓰인다.

⑤ 살균효과의 지속성이 없다.

06 다음 중 하수처리시설의 펌프장시설에서 중력식 침사지에 대한 설명으로 옳지 않은 것은?

① 체류시간은 $30 \sim 60$초를 표준으로 하여야 한다.

② 표면부하율은 오수침사지와 우수침사지 모두 $1,800\,m^3/m^2 \cdot d$ 정도로 한다.

③ 침사지의 평균유속은 $0.3m/s$를 표준으로 한다.

④ 침사지 형상은 정방형 또는 장방형 등으로 하고, 지수는 2지 이상을 원칙으로 한다.

⑤ 견고하고 수밀성 있는 철근콘크리트구조로 한다.

07 다음 중 정수지에 대한 설명으로 옳지 않은 것은?

① 정수지란 정수를 저류하는 탱크로, 정수시설로는 최종단계의 시설이다.

② 정수지 상부는 반드시 복개해야 한다.

③ 정수지의 유효수심은 $3 \sim 6m$를 표준으로 한다.

④ 정수지의 바닥은 저수위보다 $1m$ 이상 낮게 설치해야 한다.

⑤ 바닥에는 필요에 따라 청소 등의 배출을 위해 적당한 경사를 두어야 한다.

08 유량이 $100,000m^3/d$이고 BOD가 2mg/L인 하천으로 유량 $1,000m^3/d$, BOD 100mg/L인 하수가 유입된다. 하수가 유입된 후 혼합된 BOD의 농도는?

① 약 1.97mg/L ② 약 2.97mg/L

③ 약 3.97mg/L ④ 약 4.97mg/L

⑤ 약 5.97mg/L

09 다음 중 흙의 다짐에 대한 설명으로 옳지 않은 것은?

① 조립토는 세립토보다 최적함수비가 작다.

② 최대 건조단위중량이 큰 흙일수록 최적함수비는 작은 것이 보통이다.

③ 점성토 지반을 다질 때는 진동 롤러로 다지는 것이 유리하다.

④ 일반적으로 다짐 에너지를 크게 할수록 최대 건조단위중량은 커지고 최적함수비는 줄어든다.

⑤ 다짐의 효과는 다짐을 할 때의 수분함량에 크게 좌우된다.

10 다음 중 점토지반에서의 강성기초의 접지압 분포에 대한 설명으로 적절한 것은?

① 기초 모서리 부분에서 최대응력이 발생한다.

② 기초 중앙 부분에서 최대응력이 발생한다.

③ 기초 밑면의 응력은 어느 부분이나 동일하다.

④ 기초 밑면에서의 응력은 토질에 관계없이 일정하다.

⑤ 모든 부분에서 동일한 응력이 작용한다.

11 다음 중 Vane Test에서 Vane의 지름 5cm, 높이 10cm, 파괴 시 토크가 $5,900N \cdot cm$일 때 점착력은?

① 약 $12.88N/cm^2$ ② 약 $15.76N/cm^2$

③ 약 $21.36N/cm^2$ ④ 약 $27.65N/cm^2$

⑤ 약 $29.21N/cm^2$

12 다음 중 토질조사에 대한 설명으로 옳지 않은 것은?

① 사운딩(Sounding)이란 지중에 저항체를 삽입하여 토층의 성상을 파악하는 현장 시험이다.

② 불교란시료를 얻기 위해서 Foil Sampler, Thin Wall Tube Sampler 등이 사용된다.

③ 표준관입시험은 로드(Rod)의 길이가 길어질수록 N치가 작게 나온다.

④ 베인 시험은 정적인 사운딩이다.

⑤ 지층의 상태, 흙의 성질, 내력, 지하수의 상황을 살펴서 설계·시공의 자료로 하는 조사이다.

13 다음 〈보기〉에서 흙의 투수계수에 영향을 미치는 요소들로 구성된 것을 모두 고르면?

┌─────────────────────〈보기〉─────────────────────┐
| ㉮ 흙입자의 크기   ㉯ 간극비 |
| ㉰ 간극의 모양과 배열   ㉱ 활성도 |
| ㉲ 물의 점성계수   ㉳ 포화도 |
| ㉴ 흙의 비중 |
└──┘

① ㉮, ㉯, ㉱, ㉳

② ㉮, ㉯, ㉰, ㉲, ㉳

③ ㉮, ㉯, ㉱, ㉲, ㉴

④ ㉯, ㉰, ㉲, ㉴

⑤ ㉯, ㉰, ㉱, ㉳, ㉴

14 강도설계로 전단과 휨만을 받는 부재를 설계할 때, 공칭 전단 강도 V_c를 구하는 근사식은 다음 중 어느 것인가?

① $V_c = \dfrac{1}{2} \sqrt{f_{ck}} \cdot b_w \cdot d$

② $V_c = \dfrac{1}{3} \sqrt{f_{ck}} \cdot b_w \cdot d$

③ $V_c = \dfrac{1}{4} \sqrt{f_{ck}} \cdot b_w \cdot d$

④ $V_c = \dfrac{1}{5} \sqrt{f_{ck}} \cdot b_w \cdot d$

⑤ $V_c = \dfrac{1}{6} \sqrt{f_{ck}} \cdot b_w \cdot d$

15 보통 골재를 사용했을 때, $f_{ck} = 21\text{MPa}$이면 탄성 계수비(n)는?(단, $E_S = 2.0 \times 10^5 \text{MPa}$이다)

① 약 6

② 약 7

③ 약 8

④ 약 9

⑤ 약 10

16 다음 중 철근콘크리트 부재의 전단철근에 대한 설명으로 옳지 않은 것은?

① 주인장 철근에 45° 이상의 각도로 설치되는 스터럽도 전단철근으로 사용할 수 있다.

② 주인장철근에 30° 이상의 각도로 구부린 굽힘철근도 전단철근으로 사용할 수 있다.

③ 부재축에 직각으로 배치된 전단철근의 간격은 $\frac{d}{2}$ 이하, 600mm 이하로 해야 한다.

④ 전단철근의 설계기준 항복강도는 300MPa을 초과할 수 없다.

⑤ 최소 전단철근량은 $0.35\frac{b_w s}{f_{yt}}$ 보다 작지 않아야 한다.

17 다음 중 강도설계법에서 사용하는 강도감소계수 ϕ의 값으로 옳지 않은 것은?

① 무근콘크리트의 휨모멘트 : $\phi = 0.55$
② 전단력과 비틀림모멘트 : $\phi = 0.75$
③ 콘크리트의 지압력 : $\phi = 0.70$
④ 인장지배단면 : $\phi = 0.85$
⑤ 무근 콘크리트의 전단력 : $\phi = 0.55$

18 다음 중 처짐과 균열에 대한 설명으로 옳지 않은 것은?

① 처짐에 영향을 미치는 인자로는 하중, 온도, 습도, 재령, 함수량, 압축철근의 단면적 등이다.

② 크리프, 건조수축 등으로 인하여 시간의 경과와 더불어 진행되는 처짐이 탄성처짐이다.

③ 균열폭을 최소화하기 위해서는 적은 수의 굵은 철근보다는 많은 수의 가는 철근을 인장측에 잘 분포시켜야 한다.

④ 콘크리트 표면의 균열폭은 피복두께의 영향을 받는다.

⑤ 처짐은 부재가 하중을 받아서 연직방향으로 이동한 거리를 말한다.

19 다음 보에서 최대 휨모멘트가 발생되는 위치는 지점 A로부터 얼마인가?

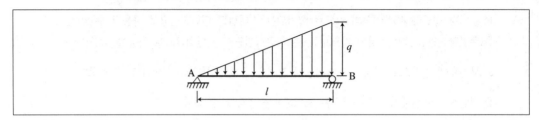

① $\sqrt{\dfrac{4}{5}}\,l$

② $\dfrac{2}{3}l$

③ $\dfrac{l}{\sqrt{3}}$

④ $\dfrac{l}{\sqrt{2}}$

⑤ $\dfrac{l}{2}$

20 길이가 4.0m이고 직사각형 단면을 가진 기둥의 세장비 λ는?(단, 기둥의 단면성질에서 $I_{max} = 2{,}500\text{cm}^4$, $I_{min} = 1{,}600\text{cm}^4$, $A = 100\text{cm}^2$ 이다)

① 50

② 80

③ 100

④ 150

⑤ 160

21 다음 중 폭이 b, 높이 h인 직사각형 단면의 도심축에 대한 단면 2차 모멘트는?

① $\dfrac{bh^3}{3}$

② $\dfrac{bh^3}{4}$

③ $\dfrac{bh^3}{6}$

④ $\dfrac{bh^3}{12}$

⑤ $\dfrac{bh^3}{15}$

22 다음 중 보의 응력에 대한 설명으로 옳지 않은 것은?

① 전단중심에서는 비틀림이 발생하지 않으며, 전단응력이 최대가 된다.

② 보 단면의 위치에 따라 발생하는 최대응력도가 큰 부분에 많은 단면적이 배치될수록 해당 응력에 대해 유리한 단면이 된다.

③ 전단응력은 보의 복부에서 가장 크며, 구형단면의 경우 최대전단응력이 평균전단응력보다 2배 더 크다.

④ 등분포 하중을 받는 단순보의 지간 중앙에서는 보의 중립축에서 전단응력이 존재하지 않는다.

⑤ 휨모멘트에 의해 부재의 단면에 인장과 압축을 동시에 생기게 하는 응력을 휨응력이라 한다.

23 단면 $150mm \times 350mm$인 장주의 길이가 5m일 때의 좌굴하중은?(단, 기둥의 지지상태는 일단고정 일단힌지, $E = 20,000MPa$)

① 759.376kN   ② 820.335kN

③ 842.155kN   ④ 863.590kN

⑤ 885.905kN

24 다음 그림은 응력 – 변형도 곡선을 나타낸 것이다. 이 강재의 탄성 계수 E값은?

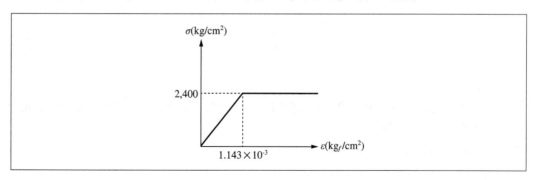

① $8.1 \times 10^5 \, kg_f/cm^2$ ② $1.8 \times 10^5 \, kg_f/cm^2$

③ $8.1 \times 10^6 \, kg_f/cm^2$ ④ $2.1 \times 10^6 \, kg_f/cm^2$

⑤ $1.5 \times 10^6 \, kg_f/cm^2$

25 연행 하중이 지날 때 L부재의 최대 부재력은?

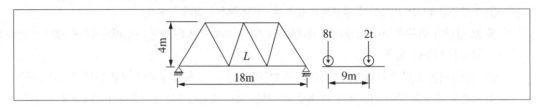

① 6.75t   ② 5.76t

③ 4.42t   ④ 3.62t

⑤ 2.74t

26 그림에서와 같은 트러스에서 B부재의 응력은?

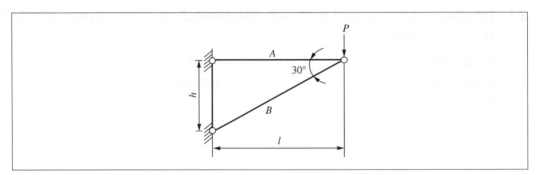

① $\dfrac{P}{\sin 60°}$ (압축)   ② $\dfrac{P}{\cos 30°}$ (압축)

③ $\dfrac{Pl}{h}$ (압축)   ④ $\dfrac{Ph}{h}$ (압축)

⑤ $\dfrac{P}{\cos 60°}$ (압축)

27 다음 중 수준측량에서 레벨의 조정이 불완전하여 시준선이 기포관축과 평행하지 않을 때 생기는 오차의 소거 방법으로 옳은 것은?

① 정위, 반위로 측정하여 평균한다.

② 지반이 견고한 곳에 표척을 세운다.

③ 전시와 후시의 시준거리를 같게 한다.

④ 시작점과 종점에서의 표척을 같은 것을 사용한다.

⑤ 지반이 견고한 곳에 레벨을 세운다.

28 트래버스 ABCD에서 각 측선에 대한 위거와 경거 값이 다음과 같을 때, 측선 BC의 배횡거는?

측선	위거(m)	경거(m)
AB	+75.39	+81.57
BC	−33.57	+18.78
CD	−61.43	−45.60
DA	+44.61	−52.65

① 81.57m ② 155.10m

③ 163.14m ④ 181.92m

⑤ 192.64m

29 다음 중 평면측량과 측지측량에 대한 설명으로 옳지 않은 것은?

① 평면측량의 측량구역은 소규모에 속한다.

② 측량의 정도가 허용정도보다 크면 평면측량이다.

③ 측량의 크기를 판별하는 거리의 정도 공식은 $\dfrac{D^3}{12R^2}$이다.

④ 측지측량은 지구의 곡률은 고려하지 않는다.

⑤ 측지측량은 측지학적 지식이 필요하다.

30 삼각수준측량에서 정밀도 10^{-5}의 수준차를 허용할 경우 지구곡률을 고려하지 않아도 되는 최대시준거리는?(단, 지구곡률반지름 R=6,370km이고, 빛의 굴절계수는 무시)

① 35m ② 64m

③ 70m ④ 127m

⑤ 134m

31 다음 중 토적곡선(Mass Curve)을 작성하는 목적으로 적절하지 않은 것은?

① 토량의 배분
② 교통량 산정
③ 토공기계의 선정
④ 토량의 운반거리 산출
⑤ 토량과 건축물의 중량 산정

32 $100m^2$의 정사각형 토지면적을 $0.2m^2$까지 정확하게 계산하기 위한 한 변의 최대허용오차는?

① 2mm
② 4mm
③ 5mm
④ 8mm
⑤ 10mm

33 다음 중 지하수의 투수계수에 영향을 주는 인자로 적절하지 않은 것은?

① 토양의 평균입경
② 지하수의 단위중량
③ 지하수의 점성계수
④ 토양의 단위중량
⑤ 지하수의 온도

34 유역면적이 $4km^2$이고, 유출계수가 0.8인 산지하천에서의 강우강도가 80mm/h일 때 합리식을 사용한 유역출구에서의 첨두홍수량은?(단, 소수점 둘째 자리에서 반올림한다)

① $35.5m^3/s$
② $71.1m^3/s$
③ $128m^3/s$
④ $256m^3/s$
⑤ $382m^3/s$

35 다음 중 관수로 흐름에서의 난류에 대한 설명으로 옳은 것은?

① 마찰손실계수는 Reynolds수만 알면 구할 수 있다.
② 관벽 조도가 유속에 주는 영향은 층류일 때보다 작다.
③ 관성력의 점성력에 대한 비율이 층류의 경우보다 크다.
④ 에너지 손실은 주로 난류효과보다 유체의 점성 때문에 발생된다.
⑤ 유속이 빠를수록 Reynolds수가 작다.

36 유속이 3m/s인 유수 중에 유선형 물체가 흐름방향으로 향하여 $h = 3\text{m}$ 깊이에 놓여 있을 때 정체압력 (Stagnation Pressure)은?

① 0.46kN/m^2

② 12.21kN/m^2

③ 33.90kN/m^2

④ 52.65kN/m^2

⑤ 102.35kN/m^2

37 항만을 설계하기 위해 관측한 불규칙 파랑의 주기 및 파고가 자료와 같을 때, 다음 중 유의파고 $H_{1/3}$은?

연번	파고(m)	주기(s)
1	9.5	9.8
2	8.9	9.0
3	7.4	8.0
4	7.3	7.4
5	6.5	7.5
6	5.8	6.5
7	4.2	6.2
8	3.3	4.3
9	3.2	5.6

① 9.0m

② 8.6m

③ 8.2m

④ 7.4m

⑤ 6.2m

38 다음 중 수질오염 지표항목 하나인 COD에 대한 설명으로 옳지 않은 것은?

① COD는 해양오염이나 공장폐수의 오염지표로 사용된다.

② 생물분해 가능한 유기물도 COD로 측정할 수 있다.

③ $NaNO_2$, SO_2^-는 COD값에 영향을 미친다.

④ 유기물 농도값은 일반적으로 COD > TOD > TOC > BOD이다.

⑤ 유기물질을 간접적으로 나타내는 지표로 ppm 또는 mg/l으로 나타낸다.

39 다음 중 상수시설 중 가장 일반적인 장방형 침사지의 표준 표면부하율은?

① 50 ~ 150mm/min

② 200 ~ 500mm/min

③ 700 ~ 1,000mm/min

④ 1,000 ~ 1,250mm/min

⑤ 1,250 ~ 1,500mm/min

40 다음 중 호기성 소화 공정의 특징을 설명한 것으로 옳지 않은 것은?

① 처리된 소화 슬러지에서 악취가 나지 않는다.

② 상징수의 BOD 농도가 높다.

③ 폭기를 위한 동력 때문에 유지관리비가 많이 필요하다.

④ 수온이 낮을 때는 처리 효율이 떨어진다.

⑤ 최초 시공비는 혐기성 소화 공정에 비해 낮은 편이다.

4권

서울교통공사 기술직
정답 및 해설

온라인 모의고사 무료쿠폰

쿠폰 번호		
	서울교통공사 기술직(기계일반)	AOIX-00000-312BE
	서울교통공사 기술직(전기일반)	AOIY-00000-22F2A
	서울교통공사 기술직(전자일반)	AOIZ-00000-1D4FB
	서울교통공사 기술직(통신일반)	AOJA-00000-5F137
	서울교통공사 기술직(건축일반)	AOJB-00000-E4C49
	서울교통공사 기술직(토목일반)	AOJC-00000-34365

[쿠폰 사용 안내]

1. 합격시대 홈페이지(www.sdedu.co.kr/pass_sidae_new)에 접속합니다.
2. 홈페이지 상단 '1회 무료 이용권 제공' 배너를 클릭하고, 쿠폰번호를 입력합니다.
3. 내강의실 > 모의고사 > 합격시대 모의고사를 클릭하면 응시 가능합니다.

※ iOS / macOS 운영체제에서는 서비스되지 않습니다.
※ 본 쿠폰은 등록 후 30일간 이용 가능합니다.

무료서교공특강

[강의 이용 안내]

1. SD에듀 홈페이지(www.sdedu.co.kr)에 접속합니다.
2. '서울교통공사' 검색 후 무료특강을 클릭합니다.
3. 서울교통공사 5개년 기출특강 강의를 수강합니다.

AI면접 1회 무료쿠폰

쿠폰번호 WP23-00000-488D1

[쿠폰 사용 안내]

1. WIN시대로(www.winsidaero.com)에 접속합니다.
2. 회원가입 후 상단 카테고리 「이벤트」를 클릭합니다.
3. 쿠폰번호를 입력 후 [마이페이지]에서 이용권을 사용하여 면접을 실시합니다.

※ 무료쿠폰으로 응시한 면접에는 제한된 리포트가 제공됩니다.
※ 본 쿠폰은 등록 후 7일간 이용 가능합니다.

합격의 공식 ▶
SD에듀

도서 관련 최신 정보 및 정오사항이 있는지
우측 QR을 통해 확인해 보세요!

제1회 모의고사 정답 및 해설

제**1**영역 직업기초능력평가

01	02	03	04	05	06	07	08	09	10
④	②	③	①	⑤	⑤	③	⑤	④	③
11	12	13	14	15	16	17	18	19	20
③	⑤	③	④	②	③	④	②	④	③
21	22	23	24	25	26	27	28	29	30
③	④	⑤	④	②	⑤	③	⑤	③	①
31	32	33	34	35	36	37	38	39	40
⑤	②	④	④	②	④	③	④	④	③

01
정답 ④

슈퍼문일 때는 지구와 달의 거리가 35만 7,000km 정도로 가까워지며, 이때 지구에서 보름달을 바라보는 시각도는 0.56도로 커지므로 0.49의 시각도보다 크다는 판단은 적절하다.

오답분석
① 케플러의 행성운동 제1법칙에 따라 태양계의 모든 행성은 태양을 중심으로 타원 궤도로 돈다. 따라서 지구도 태양을 타원 궤도로 돌기 때문에 지구에서 태양까지의 거리는 항상 일정하지 않을 것이다.
② 달이 지구에 가까워지면 달의 중력이 더 강하게 작용하여, 달을 향한 쪽의 해수면이 평상시보다 더 높아진다. 즉, 지구와 달의 거리에 따라 해수면의 높이가 달라지므로 서로 관계가 있다.
③ 달이 지구에 가까워지면 평소 달이 지구를 당기는 힘보다 더 강하게 지구를 당긴다. 따라서 이와 반대로 달이 지구에서 멀어지면 지구를 당기는 달의 힘은 약해질 것이다.
⑤ 달의 중력 때문에 높아진 해수면이 지구의 자전을 방해하게 되고, 이 때문에 지구의 자전 속도가 느려져 100만 년에 17초 정도씩 길어진다고 하였으므로 지구의 자전 속도는 점점 느려지고 있다.

02
정답 ②

VLOOKUP 함수는 목록 범위의 첫 번째 열에서 세로 방향으로 검색하면서 원하는 값을 추출하는 함수이고, HLOOKUP 함수는 목록 범위의 첫 번째 행에서 가로방향으로 검색하면서 원하는 값을 추출하는 함수이다. 따라서 [F2:G9] 영역을 이용하여 업무지역별 코드번호를 입력할 경우 VLOOKUP 함수가 적절하며, VLOOKUP 함수의 형식은 「=VLOOKUP(찾을 값,범위,열 번호, 찾기 옵션)」임을 볼 때, [D2] 셀에 입력된 수식은 「=VLOOKUP(C2,$F$2:$G$9,2,0)」이 적절하다.

오답분석
⑤ INDEX 함수는 지정된 범위에서 행 번호와 열 번호에 해당하는 데이터를 표시하는 함수이다.

03
정답 ③

제21조의7 제1항 제2호에 따라 선로전환기 업무에 대하여 10년의 경력을 취득한 사람은 관제교육훈련의 일부를 면제받을 수 있다.

오답분석
① 제21조의8 제2항
② 제21조의8 제3항
④ 제21조의7 제2항·제4항
⑤ 제21조의7 제1항 2호

04
정답 ①

사용(使用) : 일정한 목적이나 기능에 맞게 씀
• 교칙은 모든 학생에게 예외 없이 (적용)된다.
• 회사까지는 지하철을 (이용)하는 것이 편리하다.
• 여가를 (활용)하여 외국어를 배우는 직장인이 늘고 있다.
• 그는 너무 순진해서 주변 사람들에게 종종 (이용)을 당하곤 한다.
• 새로운 경제 정책이 성공적으로 (운용)되고 있다.

오답분석
② 이용(利用) : 1. 대상을 필요에 따라 이롭게 씀
　　　　　　　 2. 다른 사람이나 대상을 자신의 이익을 채우는 방편으로 씀
③ 적용(適用) : 무엇을 어디에 맞추거나 해당시켜 씀
④ 활용(活用) : 충분히 잘 이용함
⑤ 운용(運用) : 돈이나 물건, 제도 따위를 쓰임새에 따라 부리어 씀

05
정답 ⑤

제시문에서는 우리 민족과 함께해 온 김치의 역사를 비롯하여 김치의 특징과 다양성 등을 함께 이야기하고 있으며, 복합 산업으로 발전하면서 규모가 성장하고 있는 김치 산업에 관해서도 이야기하고 있다. 따라서 글 전체의 내용을 아우를 수 있는 글의 제목으로 가장 적절한 것은 ⑤이다.

오답분석

① · ④ 첫 번째 문단이나 두 번째 문단의 소제목은 될 수 있으나, 글 전체 내용을 나타내는 글의 제목으로는 적절하지 않다.

② 세 번째 문단에서 김치산업에 관한 내용을 언급하고 있지만, 이는 현재 김치산업의 시장 규모에 대한 내용일 뿐이므로 산업의 활성화 방안과는 거리가 멀다.

06
정답 ⑤

건설업 분야의 취업자 수는 2019년과 2022년에 각각 전년 대비 감소했다.

오답분석

① 2014년 도소매 · 음식 · 숙박업 분야에 종사하는 사람의 수는 총 취업자 수의 $\frac{5,966}{21,156} \times \times 100 ≒ 28.2\%$이므로 30% 미만이다.

② 2014 ~ 2022년 농 · 임 · 어업 분야의 취업자 수는 꾸준히 감소하는 것을 확인할 수 있다.

③ 2022년 사업 · 개인 · 공공서비스 및 기타 분야의 취업자 수는 2014년 대비 7,633−4,979=2,654천 명으로 가장 많이 증가했다.

④ 2021년 전기 · 운수 · 통신 · 금융업 분야 취업자 수는 2014년 대비 $\frac{7,600-2,074}{2,074} \times 100 ≒ 266\%$ 증가했고, 사업 · 개인 · 공공서비스 및 기타 분야 취업자 수는 $\frac{4,979-2,393}{4,979} \times 100 ≒ 52\%$ 감소했다.

07
정답 ③

ㄱ. 2017년 어업 분야의 취업자 수는 농 · 임 · 어업 분야의 취업자 수 합계에서 농 · 임업 분야 취업자 수를 제외한 수이다. 따라서 1,950−1,877=73천 명이다.

ㄴ. 전기 · 운수 · 통신 · 금융업 분야의 취업자 수가 7,600천 명으로 가장 많다.

오답분석

ㄷ. 농 · 임업 분야 종사자와 어업 분야 종사자 수는 계속 감소하기 때문에 어업 분야 종사자 수가 현상을 유지하거나 늘어난다고 보기 어렵다.

08
정답 ⑤

- 최종점수는 [E2] 셀에 「=ROUND(AVERAGE(B2:C2)*0.9+D2*0.1,1)」을 넣고 드래그하면 된다. 따라서 ②와 ④는 사용하는 함수이다.
- 등수는 [F2] 셀에 「=RANK(E2,$E$2:$E$8)」을 넣고 드래그하면 된다. 따라서 ③은 사용하는 함수이다.
- 등급은 [G2] 셀에 「=IFS(RANK(E2,$E$2:$E$8)<=2,"A", RANK(E2,$E$2:$E$8)<=5,"B",TRUE,"C")」을 넣고 드래그하면 된다. 따라서 ①은 사용하는 함수이다.

09
정답 ④

엑셀에서 〈F12〉와 〈Shift〉+〈F12〉는 '다른 이름으로 저장'의 단축키이다.

오답분석

① 〈Alt〉+〈F〉 : 파일 메뉴 / 〈Alt〉+〈N〉 : 삽입 메뉴
② 〈Alt〉+〈Enter〉 : 한 셀에 두 줄 입력 / 〈Alt〉+〈=〉 : 자동 합계
③ 〈Shift〉+〈F5〉 : 찾기 / 〈Shift〉+〈F3〉 : 함수 마법사
⑤ 〈Ctrl〉+〈9〉 : 행 숨기기 / 〈Ctrl〉+〈F9〉 : 창 최소화

10
정답 ③

피벗 테이블에 셀에 메모를 삽입한 경우 데이터를 정렬하여도 메모는 피벗 테이블의 셀에 고정되어 있다.

11
정답 ③

흥미나 적성은 선천적으로 부여되지만 꾸준한 연습으로 개발할 수 있으므로, 자신의 흥미나 적성을 발견하고 이를 적극적으로 개발하려는 노력이 필요하다.

12
정답 ⑤

자신이 그동안 성취한 것을 평가하고, 생산성을 그대로 유지하는 단계는 경력 중기에 해당하는 것이므로 경력초기 단계의 사원 D의 과제로 ⑤는 적절하지 않다.

13
정답 ③

김대리의 일정을 10월 달력에 정리하면 다음과 같다.

〈10월 스케줄〉

일	월	화	수	목	금	토
			1 추석	2 추석 연휴, 제주도 여행	3 개천절, 제주도 여행	
4 제주도 여행	5 제주도 여행	6 제주도 여행, 휴가 마지막 날	7	8	9 한글날	10
11	12	13	14	15	16	17
18	19	20 외부출장	21 외부출장	22 외부출장	23 외부출장	24
25	26	27	28 프로젝트 발표	29 프로젝트 발표	30	31

12일 월요일부터 그 주에 스케줄이 없으므로 이틀간 연차를 쓰고 할머니댁 방문이 가능하다.

오답분석
① 제주도 여행 기간이며, 주말에는 할머니댁에 가지 않는다고 하였다.
② 6일은 제주도 여행에서 돌아오는 날로 휴가기간이다.
④ 20 ~ 23일까지 외부출장이 있다.
⑤ 28일에는 프로젝트 발표가 있다.

14
정답 ④

지원자는 400명이므로 수용 가능 인원이 380명인 A중학교는 시험 장소로 적절하지 않으며, E고등학교의 경우 시험 진행에 필요한 스피커를 갖추고 있지 않으므로 적절하지 않다. 한편, B고등학교는 일요일에만 대여할 수 있으므로 시험이 실시되는 토요일에 대여할 수 없다. 따라서 신입직 채용시험 장소로 선택할 수 있는 곳은 C대학교와 D중학교이며, 이 중 대여료가 저렴한 D중학교가 신입직 채용시험 장소로 가장 적절하다.

15
정답 ②

신입직과 경력직 지원자는 총 480명이므로 수용 가능 인원이 480명 이하인 A중학교와 D중학교는 시험 장소로 적절하지 않으며, 스피커를 갖추고 있지 않은 E고등학교 역시 적절하지 않다. 따라서 신입·경력직 채용시험 장소로 선택할 수 있는 곳은 모든 조건을 만족하는 B고등학교와 C대학교이고 이 중 대여료가 저렴한 B고등학교가 신입·경력직 채용시험 장소로 가장 적절하다.

16
정답 ③

근무지로부터 100km 이상의 출장에서 숙박하지 않을 경우 교통비와 일비는 전액을 지급받을 수 있지만, 식비는 1일분의 3분의 2 해당액을 지급받는다.

오답분석
① 근무지와 출장지 간의 거리가 편도 100km 미만일 때와 100km 이상일 때에 따라 지급되는 출장여비 지급 기준이 다르다.
② 근무지로부터 100km 미만의 출장은 공사 차량 이용을 원칙으로 하나, 공사 차량을 이용할 수 없어 개인소유 차량으로 업무를 수행한 경우에는 사장이 따로 정하는 바에 따라 교통비를 지급한다.
④ 편도 50km 이상 100km 미만의 출장 중 출장일수가 2일 이상으로 숙박을 한 경우, 증빙자료 제출 시 숙박비를 지급받는다.
⑤ 임원 및 본부장의 경우 별표1의 4호에 따라 1일 식비가 45,000원을 초과할 경우 실비를 지급받을 수 있다.

17
정답 ④

• 일비 : $20,000 \times 2 = 40,000$원
• 숙박비 : 70,000원(∵ 임원 및 본부장을 제외한 직원의 숙박비는 7만 원 한도로 실비 정산)
• 교통비 : $167,400 - (23,900 \times 2) = 119,600$원(∵ 사원의 경우 고속철도 일반실인 2등급 철도임 적용)
• 식비 : $30,000 \times 2 = 60,000$원
따라서 M사원은 총 $40,000 + 70,000 + 119,600 + 60,000 = 289,600$원의 출장여비를 받는다.

18
정답 ②

L부장에게는 '나 자신뿐만 아니라 나의 부서의 일은 내 책임이라고 생각하는' 책임 의식이 필요하다.

19
정답 ④

직장에서의 정직한 생활을 위해서는 '남들도 하는 것이다.' 같은 생각으로 부정직한 관행을 따라서는 안 된다.

20
정답 ③

직장에서의 근면한 생활을 위해서는 B사원과 같이 일에 지장이 없도록 항상 건강관리에 유의해야 하며, C대리와 같이 오늘 할 일을 내일로 미루지 않고, 업무 시간에 개인적인 일을 하지 않아야 한다.

오답분석
• A사원 : 항상 일을 배우는 자세로 임하여 열심히 해야 한다.
• D대리 : 사무실 내에서 메신저 등을 통해 사적인 대화를 나누지 않아야 한다.

21 정답 ③

제시문은 실제 일어났던 전쟁을 배경으로 한 작품들이 전쟁을 어떤 방식으로 다루고 있는지 비교하는 글로, 『박씨전』과 『시장과 전장』을 통해 전쟁 소설이 실재했던 전쟁을 새롭게 인식하려 함을 설명한다. 따라서 (가) 실존 인물을 허구의 인물로 물리침으로써 패전의 치욕을 극복하고자 한 『박씨전』 → (라) 패전의 슬픔을 위로하고 희생자를 추모하여 연대감을 강화하고자 한 『박씨전』 → (나) 전쟁이 남긴 상흔을 직시하고 좌절하지 않으려는 작가의 의지가 드러나는 『시장과 전장』 → (다) 『시장과 전장』에서 나타나는 개인의 연약함과 존엄의 탐색의 순서대로 배열하는 것이 적절하다.

22 정답 ④

보기에 요일은 두 요일씩 짝지어져 있으므로 8시간의 윤리교육을 같은 요일에 이수하기 위해서는 해당 요일의 오전 일정이 4일간 비워져 있어야 한다. 월요일에는 14일 최과장 연차로 가능한 날이 3일뿐이고, 화요일에는 8일 오전 워크숍, 29일 오전 성대리 외근으로 가능한 날이 3일뿐이라 수강할 수 없다. 목요일에는 3일 오전 S공사 사장 방문으로 가능한 날이 3일뿐이다. 수요일에는 30일 오전 임원진 간담회가 있지만, 이 날을 제외하고도 4일 동안 윤리교육 수강이 가능하다. 금요일에는 25일에 김대리 반차가 있지만 오후이므로 4일 동안 윤리교육 수강이 가능하다.

23 정답 ⑤

- 2022년 전체 어린이보호구역 : 5,946+6,735+131+2,313+11=15,136개소
- 2020년 전체 어린이보호구역 : 5,850+5,476+126+1,755+10=13,217개소
∴ 15,136-13,217=1,919개소

24 정답 ④

학원을 제외한 각 시설별 전년 대비 2019년 어린이보호구역 지정개소 증가율은 다음과 같다.

- 초등학교 : $\frac{5,654-5,526}{5,526}\times100≒2.32\%$

- 유치원 : $\frac{2,781-2,602}{2,602}\times100≒6.88\%$

- 특수학교 : $\frac{107-93}{93}\times100≒15.05\%$

- 보육시설 : $\frac{1,042-778}{778}\times100≒33.93\%$

따라서 전년 대비 2019년 어린이보호구역 지정개소 증가율이 가장 높은 시설은 보육시설이다.

25 정답 ②

- 2022년 전체 어린이보호구역 : 5,946+6,735+131+2,313+11=15,136개소
- 2017년 전체 어린이보호구역 : 5,365+2,369+76+619+5=8,434개소

따라서 2022년 어린이보호구역은 2017년 어린이보호구역보다 15,136-8,434=6,702개소 증가했으므로 옳지 않은 설명이다.

오답분석

① 2017년 어린이보호구역으로 지정된 시설은 5,365+2,369+76+619+5=8,434개소이다.
③ 2021년과 2022년의 특수학교 어린이보호구역 지정개소 수는 131개소로 같은 것을 확인할 수 있다.
④ 2017~2022년 초등학교 어린이보호구역은 꾸준히 증가하고 있으므로 옳은 설명이다.
⑤ 학원 어린이보호구역은 2022년에 11개로 2021년과 동일하므로 증가율은 0%이다.

26 정답 ⑤

공정경쟁의 원칙이란 법규를 준수하고, 경쟁원리에 따라 공정하게 행동하는 원칙으로 A식당의 경우 원산지법을 위반했음은 물론 공정하게 다른 식당과 경쟁하지 못하였으므로, 해당 원칙을 위반했다고 볼 수 있다.

오답분석

① 객관성의 원칙 : 업무의 공공성을 바탕으로 공사구분을 명확히 하고, 모든 것을 숨김없이 투명하게 처리하는 원칙
② 고객중심의 원칙 : 고객에 대한 봉사를 최우선으로 생각하고 현장중심, 실천중심으로 일하는 원칙
③ 전문성의 원칙 : 자기업무에 전문가로서의 능력과 의식을 가지고 책임을 다하며, 능력을 연마하는 원칙
④ 정직과 신용의 원칙 : 업무와 관련된 모든 것을 숨김없이 정직하게 수행하고, 본분과 약속을 지켜 신뢰를 유지하는 원칙

27 정답 ③

이사원에게 현재 가장 긴급한 업무는 미팅 장소를 변경해야 하는 것이다. 미리 안내했던 장소를 사용할 수 없으므로 11시에 사용 가능한 다른 회의실을 예약해야 한다. 그 후 바로 거래처 직원에게 미팅 장소가 변경된 점을 안내해야 하므로 ㉡이 ㉢보다 먼저 이루어져야 한다. 거래처 직원과의 11시 미팅 이후에는 오후 2시에 예정된 김팀장과의 면담이 이루어져야 한다. 김팀장과의 면담 시간은 미룰 수 없으므로 이미 예정되었던 시간에 맞춰 면담을 진행한 후 부서장이 요청한 문서 작업 업무를 처리하는 것이 적절하다. 따라서 이사원은 ㉡-㉢-㉠-㉣-㉤의 순서로 업무를 처리해야 한다.

28 정답 ⑤

ㄷ. 정부의 최저임금 정책은 임금 분배 개선에 영향을 주었다. 정부의 일자리사업, 근로시간 단축, 일생활 균형 문화의 확산 등이 단기간 근로자 수 증가에 영향을 미쳤다.

ㅁ. 인구 고령화는 단시간 근로 증가·장시간 근로 개선, 40대 노동자 감소·60대 노동자 증가에 영향을 미쳤다.

29 정답 ③

사용 전 알아두기 네 번째에 제습기의 물통이 가득 찰 경우 작동이 멈춘다고 하였으므로 서비스센터에 연락해야 한다.

오답분석

① 실내 온도가 18℃ 미만일 때 냉각기에 결빙이 시작되어 제습량이 줄어들 수 있다.

② 컴프레서 작동으로 실내 온도가 올라갈 수 있다.

④ 여섯 번째 사항에서 10분 꺼두었다가 다시 켜서 작동하면 정상이라고 하였다.

⑤ 희망 습도에 도달하면 운전이 멈추고, 습도가 높아지면 다시 자동 운전으로 작동한다.

30 정답 ①

보증서가 없으면 영수증이 대신하는 것이 아니라, 제조일로부터 3개월이 지난 날이 보증기간 시작일이 된다.

오답분석

② 보증기간 안내 두 번째 항목 보증기간 산정 기준을 보면 제품 보증기간 정의가 나와 있다.
'제품 보증기간이라 함은 제조사 또는 제품 판매자가 소비자에게 정상적인 상태에서 자연 발생한 품질 성능 기능 하자에 대하여 무료 수리해 주겠다고 약속한 기간'이므로 맞는 내용이다.

③·④ 2017년 이전 제품은 2년이고, 나머지는 1년이 보증기간이다.

⑤ 제습기 부품 보증기간에 2016년 1월 이후 생산된 제품은 10년이라고 하였다.

31 정답 ⑤

기술교양을 지닌 사람들의 특징

• 기술학의 특성과 역할을 이해한다.
• 기술체계가 설계되고, 사용되고, 통제되어지는 방법을 이해한다.
• 기술과 관련된 이익을 가치화하고 위험을 평가할 수 있다.
• 기술에 의한 윤리적 딜레마에 대해 합리적으로 반응할 수 있다.

32 정답 ②

미국에서는 악수를 할 때 상대의 눈이나 얼굴을 봐야 한다. 눈을 피하는 태도를 진실하지 않은 것으로 보기 때문이다. 상대방과 시선을 마주보며 대화하는 것을 실례라고 생각하는 나라는 아프리카이다.

33 정답 ④

미국 정부의 전자여행허가제(ESTA)

대한민국 국민으로서 관광 및 상용 목적으로 90일 이내의 기간 동안 미국을 방문하고자 하는 경우, 2008년 11월 17일부터 원칙적으로 비자 없이 미국 입국 가능하지만, 미 정부의 전자여행허가제에 따라 승인을 받아야만 한다.

34 정답 ④

IT와 융합한 지능형 로봇이 유망한 기술로 전망되는 것을 볼 때, 빈칸에 들어갈 용어로 가장 적절한 것은 전기전자공학임을 알 수 있다.

전기전자공학

국가 기간산업의 근간을 이룸으로써 최근 전자와 정보(컴퓨터) 그리고 정보통신공학의 기본이 되는 공학이다. 전기전자공학과에서는 전기 에너지의 생산, 수송 및 변환, 반도체 소자와 컴퓨터를 계측기화 할 수 있는 각종 컴퓨터 언어와 하드웨어, 컴퓨터를 이용한 디지털 시스템 설계, VHDL 및 VLSI 설계, 시스템의 자동계측, 자동화, 디지털통신 기술 및 영상 신호처리, 고속전기철도 등을 중심으로 기본 원리부터 응용에 이르기까지 기술적인 방법 등을 다룬다.

오답분석

① 토목공학 : 도로·하천·도시계획 등 토목에 관한 이론과 실제를 연구하는 공학의 한 부문으로, 국토를 대상으로 해서 그 보전·개수·개발경영을 맡는 공학이다.

② 환경공학 : 대기·수질·폐기물·토양·해양 등의 오염 예방과 소음 및 진동공해 방지 등의 환경문제를 해결하기 위하여 학문적인 연구를 하는 분야이다.

③ 생체공학 : 생체의 기구·기능을 공학적으로 연구해서 얻은 지식을 기술적 문제에 응용하는 학문이다.

⑤ 자원공학 : 지구의 표면 및 내부, 즉 지하와 해저에 부존하는 유용자원과 지하매체를 경제적인 목적과 관련하여 각종 원리와 방법을 이용하여 다루는 학문이다.

35 정답 ②

최선의 대안에 대해서 합의하고 선택하는 것은 '해결 대안'에 해당하는 내용이다.

36 정답 ④

사회적 입증 전략이란 사람은 과학적 이론보다 자신의 동료나 이웃의 말이나 행동에 의해서 쉽게 설득된다는 것과 관련된 전략이다.

오답분석

① See-Feel-Change 전략 : 시각화하고 직접 보게 하여 이해시키고(See), 스스로가 느끼게 하여 감동시키며(Feel), 이를 통해 상대방을 변화시켜(Change) 설득에 성공한다는 전략이다.
② 호혜 관계 형성 전략 : 협상당사자 간에 어떤 혜택들을 주고받은 관계가 형성되어 있으면 그 협상과정상의 갈등해결에 용이하다는 것이다.
③ 헌신과 일관성 전략 : 협상당사자 간에 기대하는 바에 일관성 있게 헌신적으로 부응하여 행동하게 되면 협상과정상의 갈등해결이 용이하다는 것이다.
⑤ 희소성 해결 전략 : 인적, 물적 자원 등의 희소성을 해결하는 것이 협상과정상의 갈등해결에 용이하다는 것이다.

37 정답 ③

시험 준비는 각자 자신의 성적을 위한 것으로 팀워크의 특징인 공동의 목적으로 보기 어렵다. 또한 상호관계성을 가지고 협력하는 업무로 보기 어려우므로 팀워크의 사례로 적절하지 않다.

38 정답 ④

사소한 것에 트집을 잡는 트집형 고객의 모습이다. 트집형 고객의 대응 방안으로는 이야기를 경청하고, 맞장구치고, 추켜세우고, 설득해 가는 방법이 가장 효과적이다.

39 정답 ④

사원수를 a명, 사원 1명당 월급을 b만 원이라고 가정하면, 월급 총액은 $(a \times b)$가 된다.
두 번째 정보에서 사원수는 10명이 늘어났고, 월급은 100만 원 작아졌다. 또한 월급 총액은 기존의 80%로 줄었다고 하였으므로, 이에 따라 방정식을 세우면
$(a+10) \times (b-100) = (a \times b) \times 0.8 \cdots \bigcirc$
세 번째 정보에서 사원은 20명이 줄었으며, 월급은 동일하고 월급 총액은 60%로 줄었다고 했으므로 사원 20명의 월급 총액은 기존 월급 총액의 40%임을 알 수 있다.
$20b = (a \times b) \times 0.4 \cdots \bigcirc$
$\bigcirc$에서 사원수 a를 구하면
$20b = (a \times b) \times 0.4 \rightarrow 20 = a \times 0.4$
$\rightarrow a = \dfrac{20}{0.4} = 50$명
$\bigcirc$에 사원수 a를 대입하여 월급 b를 구하면
$(a+10) \times (b-100) = (a \times b) \times 0.8 \rightarrow 60 \times (b-100) = 40b$
$\rightarrow 20b = 6,000 \rightarrow b = 300$만 원
따라서 사원수는 50명이며, 월급 총액은 $(a \times b) = 50 \times 300 = 1$억 5천만 원이다.

40 정답 ③

- A씨 : 저압 285kWh 사용
  - 기본요금 : 1,600원
  - 전력량요금 : $(200 \times 93.3) + (85 \times 187.9)$
    $= 18,660 + 15,971.5 ≒ 34,630$원
  - 부가가치세 : $(1,600 + 34,630) \times 0.1$
    $= 36,230 \times 0.1 ≒ 3,620$원
  - 전력산업기반기금 : $(1,600 + 34,630) \times 0.037$
    $= 36,230 \times 0.037 ≒ 1,340$원
  - 전기요금 : $1,600 + 34,630 + 3,620 + 1,340 = 41,190$원
- B씨 : 고압 410kWh 사용
  - 기본요금 : 6,060원
  - 전력량요금 : $(200 \times 78.3) + (200 \times 147.3) + (10 \times 215.6)$
    $= 15,660 + 29,460 + 2,156 ≒ 47,270$원
  - 부가가치세 : $(6,060 + 47,270) \times 0.1$
    $= 53,330 \times 0.1 ≒ 5,330$원
  - 전력산업기반기금 : $(6,060 + 47,270) \times 0.037$
    $= 53,330 \times 0.037 ≒ 1,970$원
  - 전기요금 : $6,060 + 47,270 + 5,330 + 1,970 = 60,630$원

따라서 A씨와 B씨의 전기요금을 바르게 나열한 것은 ③이다.

| 01 | 기계일반

01	02	03	04	05	06	07	08	09	10
⑤	①	③	①	①	②	⑤	④	⑤	①
11	12	13	14	15	16	17	18	19	20
②	④	③	③	④	④	④	①	②	②
21	22	23	24	25	26	27	28	29	30
③	③	②	③	③	④	④	③	①	④
31	32	33	34	35	36	37	38	39	40
②	③	⑤	③	①	①	①	③	①	③

01
정답 ⑤

• 변형량

$\delta = \dfrac{PL}{AE}$, (P : 하중, L : 길이, A : 단면적, E : 탄성계수)

따라서 변형량 식에 대입하면

$\delta = \dfrac{PL}{AE} = \dfrac{8 \times 10^3 \times 15 \times 10^3}{\pi \times 5^2 \times 210 \times 10^9 \times 10^{-6}} \fallingdotseq 7.3\text{mm}$

02
정답 ①

• 굽힙모멘트(M)와 비틀림모멘트(T)가 동시 작용할 때 상당굽힘모멘트(M_e)

$M_e = \dfrac{1}{2}(M + \sqrt{M^2 + T^2})$

여기서, M : 굽힘모멘트, T : 비틀림모멘트

03
정답 ③

$I_p = \dfrac{\pi(d_1^4 - d_2^4)}{32} = \dfrac{\pi(5^4 - 3^4)}{32} = 53.4\text{cm}^4$

04
정답 ①

축의 비틀림각 $\theta = \dfrac{T \cdot L}{G \cdot I_P}$

I_P(극단면 2차 모멘트)$= \dfrac{\pi d^4}{32}$ 을 대입하면

$= \dfrac{T \cdot L}{G \cdot \dfrac{\pi d^4}{32}} = \dfrac{32\,T \cdot L}{G \cdot \pi d^4}$

여기서, 비틀림각(θ)를 $\dfrac{1}{4}\theta$로 줄이고, 축 지름(d)만을 고려하면

$\dfrac{1}{d_\theta^4} = \dfrac{1}{4} \times \dfrac{1}{d^4}$

양변을 역수하면

$d_\theta^4 = 4d^4$

$d_\theta = \sqrt{2}\,d$

05
정답 ①

$S = \dfrac{\sigma_{\max}}{\sigma_a}$, $\sigma_a = \dfrac{\sigma_{\max}}{S} = \dfrac{600}{7} = 85.71\text{MPa}$

$\sigma_a = \dfrac{P}{A} = \dfrac{4P}{\pi d^2}$

$\therefore d = \sqrt{\dfrac{4P}{\pi \sigma_a}} = \sqrt{\dfrac{4 \times 50 \times 10^3}{\pi \times 85.71 \times 10^6}} = 0.027\text{m} = 2.7\text{cm}$

06
정답 ②

주철의 장점

• 주조성 및 마찰저항이 우수하다.
• 인장 및 굽힘강도는 적으나 압축강도는 크다.
• 금속 중 가격이 제일 저렴하다.
• 복잡한 물체 제작이 가능하다.

07
정답 ⑤

• 시멘타이트 : 순철에 탄소 약 6.6%가 합금된 금속조직으로 경도가 가장 높다.
• 강에서 열처리 조직의 경도 순서
  페라이트 < 오스테나이트 < 펄라이트 < 소르바이트 < 베이나이트 < 트루스타이트 < 마텐자이트 < 시멘타이트

08
정답 ④

㉠ 오스템퍼링 : 오스테나이트에서 베이나이트로 완전한 항온변태가 일어날 때까지 특정 온도로 유지 후 공기 중에서 냉각, 베이나이트 조직을 얻는다. 뜨임이 필요 없고, 담금 균열과 변형이 없다.

㉡ 오스포밍 : 과랭 오스테나이트 상태에서 소성 가공을 한 후 냉각 중에 마텐자이트화하는 항온 열처리 방법이다.

㉢ 마템퍼링 : Ms점과 Mf점 사이에서 항온처리하는 열처리 방법으로 마텐자이트와 베이나이트의 혼합 조직을 얻는다.

09
정답 ⑤

쇼어 경도(H_S)는 낙하시킨 추의 반발높이를 이용하는 충격경도 시험이다. $\dfrac{10,000}{65} \times \dfrac{h}{h_0}$

오답분석
① 피로 시험 : 반복되어 작용하는 하중 상태의 성질을 알아낸다.
② 브리넬 경도(H_B) 시험 : 지름 Dmm인 구형 누르개를 일정한 시험하중으로 시험편에 압입시켜 시험하며, 이때 생긴 압입 자국의 표면적을 시험편에 가한 하중으로 나눈 값이다.
③ 샤르피식 시험 : 금속의 인성과 메짐을 알아보는 충격시험의 일종으로 시험편의 양단을 지탱하고 해머로 중앙에 충격을 가해 1회로 시험편을 판단한다.
④ 로크웰 경도(H_R) 시험 : 원추각이 $120°$, 끝단 반지름이 0.2mm인 원뿔형 다이아몬드를 누르는 방법(HRC)과 지름이 1.588mm인 강구를 누르는 방법(HRB) 두 가지가 있다.

10
정답 ①

재결정온도는 1시간 안에 95% 이상 새로운 입자인 재결정이 완전히 형성되는 온도이다. 재결정을 하면 불순물이 제거되며 더 순수한 결정을 얻어낼 수 있는데, 이 재결정은 금속의 순도, 조성, 소성변형의 정도, 가열시간에 큰 영향을 받는다.

- **재결정**
  특정한 온도영역에서 이전의 입자들을 대신하여 변형이 없는 새로운 입자가 형성되는 현상
- **재결정의 일반적인 특징**
  - 가공도가 클수록 재결정온도는 낮아진다.
  - 재결정온도는 가열시간이 길수록 낮아진다.
  - 재결정은 강도를 저하시키나 연성은 증가시킨다.
  - 냉간가공도가 커질수록 재결정온도는 낮아진다.
  - 결정입자의 크기가 작을수록 재결정온도는 낮아진다.
  - 재결정온도는 일반적으로 1시간 안에 95% 이상의 재결정이 이루어지는 온도로 정의한다.
  - 금속의 용융온도를 절대온도 T_m이라 할 때 재결정온도는 대략 $0.3 \sim 0.5\,T_m$ 범위에 있다.

금속의 재결정온도

금속	온도[℃]	금속	온도[℃]
주석(Sn)	상온 이하	은(Ag)	200
납(Pb)	상온 이하	금(Au)	200
카드뮴(Cd)	상온	백금(Pt)	450
아연(Zn)	상온	철(Fe)	450
마그네슘(Mg)	150	니켈(Ni)	600
알루미늄(Al)	150	몰리브덴(Mo)	900
구리(Cu)	200	텅스텐(W)	1,200

11
정답 ②

면심입방격자는 금속이 무른 것이 특징으로 Pt와 Ag, Cu가 이에 속한다.

철의 결정구조

종류	체심입방격자 (BCC ; Body Centered Cubic)	면심입방격자 (FCC ; Face Centered Cubic)	조밀육방격자 (HCP ; Hexagonal Close Packed lattice)
성질	• 강도가 크다. • 용융점이 높다. • 전성과 연성이 작다.	• 전기전도도가 크다. • 가공성이 우수하다. • 장신구로 사용된다. • 전성과 연성이 크다. • 연한 성질의 재료이다.	• 전성과 연성이 작다. • 가공성이 좋지 않다.
원소	W, Cr, Mo, V, Na, K	Al, Ag, Au, Cu, Ni, Pb, Pt, Ca	Mg, Zn, Ti, Be, Hg, Zr, Cd, Ce
단위 격자	2개	4개	2개
배위 수	8	12	12
원자 충진율	68%	74%	74%

12
정답 ④

열경화성 수지
• 요소수지, 페놀수지, 멜라민 수지, 에폭시 수지, 폴리에스테르 등
• 한 번 열을 가해 성형을 하면 다시 열을 가해도 형태가 변하지 않는 수지이다.

열가소성 수지
• 폴레에틸렌 수지, 폴리프로필렌, 폴리염화비닐 등
• 열을 가해 성형한 뒤에도 다시 열을 가하면 형태를 변형시킬 수 있는 수지이다.

13
정답 ③

두랄루민은 Al에 Cu+Mg+Mn이 합금된 가공용 알루미늄합금이다.

14
정답 ③

크리프(Creep) 변형은 재료에 일정 크기의 하중을 작용시키면 시간에 따라 변형이 발생하는 현상으로 온도, 시간, 하중에 영향을 받는다.

15
정답 ④

구성인선(Built Up Edge)은 재질이 연하고 공구재료와 친화력이 큰 재료를 절삭가공할 때, 칩과 공구의 윗면 사이의 경사면에 발생되는 높은 압력과 마찰열로 인해 칩의 일부가 공구의 날 끝에 달라붙어 마치 절삭날과 같이 공작물을 절삭하는 현상이다.

구성인선을 방지하기 위해서 절삭깊이를 작게 하고, 절삭속도는 빠르게 하며, 윤활성이 높은 절삭유를 사용하고 마찰계수가 작고 피가공물과 친화력도 작은 절삭공구를 사용한다.

16
정답 ④

전조가공

재료와 공구를 각각이나 함께 회전시켜 재료 내부나 외부에 공구의 형상을 새기는 특수압연법이다. 대표적인 제품으로는 나사와 기어가 있으며 절삭칩이 발생하지 않아 표면이 깨끗하고 재료의 소실이 거의 없다. 또한 강인한 조직을 얻을 수 있고 가공속도가 빨라서 대량생산에 적합하다.

17
정답 ④

공작물을 절삭할 때는 바이트와 공작물 사이에 마찰열이 발생하는데, 가공할수록 온도가 상승하므로 가공물의 온도를 일정하게 유지하는 것은 불가능하다. 따라서 이것으로 공구의 수명을 판정할 수는 없다.

> **공구수명이 다 되었음을 판정하는 기준**
> - 절삭저항이 급격히 증가했을 때
> - 공구인선의 마모가 일정량에 달했을 때
> - 가공물의 완성치수 변화가 일정량에 달했을 때
> - 제품표면에 자국이나 반점 등의 무늬가 있을 때

18
정답 ①

먼저 회전속도를 구하면

$$v = \frac{\pi d n}{1,000} = 100\pi \,\mathrm{m/min} = 1.66\pi \,\mathrm{m/s}$$

이를 동력(H) 구하는 식에 효율(η)을 달리해서 대입하면

- $\eta = 100\%$임을 가정할 경우

$$H = \frac{F \times v}{102 \times 9.8 \times \eta}\,[\mathrm{kW}]$$
$$= \frac{60 \times 1.66\pi}{102 \times 9.8 \times 1} = \frac{99.6\pi}{999.6} \fallingdotseq 0.09\pi \fallingdotseq 0.1\pi$$

- $\eta = 1\%$임을 가정할 경우

$$H = \frac{F \times v}{102 \times 9.8 \times \eta}\,[\mathrm{kW}]$$
$$= \frac{60 \times 1.66\pi}{102 \times 9.8 \times 0.01} = \frac{99.6\pi}{9.9} \fallingdotseq 10.06\pi \fallingdotseq 10\pi$$

따라서 최소동력은 0.1π가 된다.

> **동력 구하는 식**
> $$H = \frac{F \times v}{102 \times 9.8 \times 60 \times \eta}\,[\mathrm{kW}]$$
> $$H = \frac{F \times v}{75 \times 9.8 \times 60 \times \eta}\,[\mathrm{PS}]$$

19
정답 ②

$$T = \frac{(\text{가공할 길이})}{(\text{회전수}) \times (\text{이송속도})} = \frac{120[\mathrm{mm}]}{400[\mathrm{rev/min}] \times 2[\mathrm{mm/rev}]}$$
$$= 0.15\mathrm{min} = 9\mathrm{s}$$

따라서 절삭시간은 9초가 된다.

> **선반가공의 가공시간(T)을 구하는 식**
> $$T = \frac{l}{n \cdot f} = \frac{(\text{가공할 길이}[\mathrm{mm}])}{(\text{회전수}[\mathrm{rpm}]) \times (\text{이송속도}[\mathrm{mm/rev}])}$$

20
정답 ②

완제품을 가공할 때 원래 그 소재에 없던 구멍을 가공하는 데 가장 적합한 가공법은 밀링가공이다. 브로칭가공도 구멍가공은 할 수 있으나 정밀도가 밀링가공에 비해 떨어진다.

오답분석

① 브로칭(Broaching) : 가공물에 홈이나 내부구멍을 만들 때 가늘고 길며 길이방향으로 많은 날을 가진 총형공구인 브로치를 일감에 대고 누르면서 관통시켜 단 1회의 절삭공정만으로 완성시키는 절삭가공법이다. 브로치의 압입방식에는 나사식, 기어식, 유압식이 있다.

③ 셰이핑(Shaping) : 공구를 전진시키면서 공작물을 절삭하고 공구를 뒤로 후퇴시킨 후 다시 전진시키면서 가공하는 공작기계인 셰이퍼로 가공하는 작업으로, 구조가 간단하고 다루기가 쉬워서 소형 공작물의 평면가공에 널리 사용된다.

④ 리밍(Reaming) : 드릴로 뚫은 구멍을 정밀하게 가공하기 위하여 리머공구로 구멍의 안쪽 면을 다듬는 작업이다.

⑤ 카운터 보링(Counter Boring) : 타공 작업 후 나사 또는 볼트로 결합 시 나사머리 또는 볼트가 외부로 돌출되지 않도록 동축의 상대적으로 더 큰 직경으로 가공하는 작업이다.

21
정답 ③

헬리컬 기어는 바퀴 주위에 비틀린 이가 절삭되어 있는 원통 기어로, 톱니 줄기가 비스듬히 경사져 있어 헬리컬이라고 한다. 헬리컬 기어는 평 기어보다 큰 힘을 전달할 수 있어 회전이 원활하고 조용하지만, 제작이 어려운 단점이 있다. 주로 감속 장치나 동력의 전달 등에 사용된다. 방향이 서로 다른 헬리컬 기어를 조합하여 산(山) 모양의 톱니로 만든 것을 2중 헬리컬 기어라고 하며, 이중 가운데 홈이 없이 좌·우 기어의 톱니가 중앙에서 만나는 것을 헤링본 기어(Herringbone Gear)라고 한다.

22

나사를 1회전시켰을 때 축방향으로 이동한 거리는 리드(L)이다. $L=n \times p$이므로 이 식에 대입하면 이동한 거리가 6mm인 ③번이 가장 크다.

오답분석

① M48×5, L=1줄×5=5mm

② 2줄 M30×2, L=2줄×2=4mm

④ 3줄 M8×1, L=3줄×1=3mm

⑤ 4줄 M12,1, L=4줄×1=4mm

23

정답 ②

단열 깊은 홈 볼베어링을 비롯한 모든 볼베어링은 전동체인 볼과 외면이 점으로 접촉되므로 접촉면적이 크지 않다. 반면에 미끄럼 베어링은 면으로 접촉하기 때문에 면적은 상대적으로 크다.

구름(볼)베어링(점접촉)	미끄럼베어링(면접촉)

24

정답 ③

사다리꼴나사에 대한 설명이다.

• 나사의 종류 및 특징

명칭		그림	용도	특징
삼각 나사	미터 나사		기계조립 (체결용)	• 미터계 나사 • 나사산의 각도 60° • 나사의 지름과 피치를 [mm]로 표시한다.
	유니 파이 나사		정밀기계 조립 (체결용)	• 인치계 나사 • 나사산의 각도 60° • 미, 영, 캐나다 협정으로 만들어져 ABC나사라고도 한다.
	관용 나사		유체기기 결합 (체결용)	• 인치계 나사 • 나사산의 각도 55° • 관용평행나사 : 유체 기기 등의 결합에 사용한다. • 관용테이퍼나사 : 기밀 유지가 필요한 곳에 사용한다.
사각나사			동력전달용 (운동용)	• 프레스 등의 동력전달 용으로 사용한다. • 축방향의 큰 하중을 받는 곳에 사용한다.
사다리꼴 나사			공작기계의 이송용 (운동용)	• 애크미나사라고도 불린다. • 인치계 사다리꼴나사 (TW) : 나사산 각도 29° • 미터계 사다리꼴나사 (Tr) : 나사산 각도 30°
톱니나사			힘의 전달 (운동용)	• 힘을 한쪽 방향으로만 받는 곳에 사용한다. • 바이스, 압착기 등의 이 송용 나사로 사용한다.
둥근나사			전구나 소켓 (운동용) (체결용)	• 나사산이 둥근모양이다. • 너클나사라고도 불린다. • 먼지나 모래가 많은 곳에서 사용한다. • 나사산과 골이 같은 반지름의 원호로 이은 모양이다.
볼나사			정밀공작 기계의 이송장치 (운동용)	• 나사축과 너트 사이에 강재 볼을 넣어 힘을 전달한다. • 백래시를 작게 할 수 있고 높은 정밀도를 오래 유지할 수 있으며 효율이 가장 좋다.

25

정답 ③

체인 전동장치는 진동과 소음이 크며 고속회전에 부적합하다.

체인 전동장치의 특징

• 유지 및 보수가 쉽다.

• 접촉각은 90° 이상이 좋다.

• 체인의 길이를 조절하기 쉽다.

• 내열이나 내유, 내습성이 크다.

• 진동이나 소음이 일어나기 쉽다.

• 축간거리가 긴 경우 고속전동이 어렵다.

• 여러 개의 축을 동시에 작동시킬 수 있다.

• 마멸이 일어나도 전동 효율의 저하가 적다.

• 큰 동력 전달이 가능하며 전동 효율이 90[%] 이상이다.

• 체인의 탄성으로 어느 정도의 충격을 흡수할 수 있다.

• 고속회전에 부적합하며 저속회전으로 큰 힘을 전달하는 데 적당하다.

• 전달효율이 크고 미끄럼(슬립)이 없이 일정한 속도비를 얻을 수 있다.

• 초기 장력이 필요 없어서 베어링 마멸이 적고 정지 시 장력이 작용하지 않는다.

• 사일런트(스) 체인은 정숙하고 원활한 운전과 고속회전이 필요할 때 사용되는 체인이다.

26
정답 ④

도면의 필수요소에는 윤곽선, 표제란, 중심마크가 있다.
- ㉠ 윤곽선 : 도면의 영역을 명확히 하고, 제도 용지의 손상으로부터 기재 사항을 보호하기 위해 굵은 실선으로 그리는 선
- ㉡ 표제란 : 도면의 오른쪽 아래에 도면 번호, 도면 이름 등을 기록하는 난
- ㉢ 중심마크 : 도면의 사진 촬영 및 복사의 편의를 위해 좌우 중앙의 4개소에 표시

오답분석
- ㉣ 부품란 : 도면의 오른쪽 위나 표제란 위에 제품번호, 품명, 재질 등을 기록하는 난

27
정답 ④

묻힘키는 가장 널리 쓰이는 키(Key)로 축과 보스 양쪽에 모두 키 홈을 파서 동력을 전달하는 키이다. $\frac{1}{100}$ 기울기를 가진 경사키와 평행키가 있다.

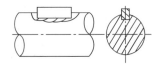

오답분석
- ① 평키 : 축에 키의 폭만큼 편평하게 가공한 키로 안장키보다는 큰 힘을 전달한다. 축의 강도를 저하시키지 않으며 $\frac{1}{100}$ 기울기를 붙이기도 한다.
- ② 안장키 : 축에는 키 홈을 가공하지 않고 보스에만 키 홈을 파서 끼운 뒤, 축과 키 사이의 마찰에 의해 회전력을 전달하는 키로 작은 동력의 전달에 적당하다.
- ③ 접선키 : 전달토크가 큰 축에 주로 사용되며 회전 방향이 양쪽 방향일 때 일반적으로 중심각이 120°가 되도록 한 쌍을 설치하여 사용하는 키이다. 90°로 배치한 것은 케네디키라고 불린다.
- ⑤ 새들키 : 보스에만 홈을 파고 축에는 홈을 파지 않고 끼울 수 있는 단면의 키를 말한다.

28
정답 ③

$$T = P \times \frac{D}{2}$$

$$P = 4500 \times \frac{2}{60}$$

$$P = 4,500\text{N} \cdot \text{cm} \frac{1}{30\text{cm}} = 150\text{N}$$

드럼브레이크의 제동력 구하는 식

$$T = P \times \frac{D}{2} = \mu Q \times \frac{D}{2}$$

- T : 토크
- P : 제동력($P = \mu Q$)
- D : 드럼의 지름
- Q : 브레이크 드럼과 블록 사이의 수직력
- μ : 마찰계수

29
정답 ①

미터 아웃 회로는 유압 회로에서 속도제어를 하며, 실린더 출구쪽에서 유출되는 유량을 제어한다.

오답분석
- ② 블리드 오프 회로 : 유압 회로에서 속도제어를 하며, 실린더로 유입되는 유량을 바이패스로 제어한다.
- ③ 미터 인 회로 : 유압 회로에서 속도제어를 하며, 실린더 입구쪽에서 유입되는 유량을 제어한다.
- ④ 카운터 밸런스 회로 : 부하가 급격히 제거되었을 때 관성력에 의해 소정의 제어를 못할 경우 감입된다.
- ⑤ 언로딩 회로 : 유압 회로에서 조작의 안정성을 위해 작업을 하지 않을 때 펌프를 무부하 상태로 유지한다.

30
정답 ④

유압장치에 사용되는 유체는 비압축성인 특성을 갖는 액체(기름)이므로 이 기름을 체적만큼 밀어내면 그 즉시 밀어낸 체적만큼의 응답이 이루어진다. 그러나 기체가 사용되는 공압은 기체가 압축성 유체이므로 유체와 동일한 체적만큼 밀어내도 압축이 이루어진 후 응답이 이루어지므로 응답속도는 유압보다 떨어진다. 따라서 유압은 공압에 비해 응답속도가 빠른 것이다.

31
정답 ②

축압기(Accumulator)는 유체를 저장해서 충격흡수, 에너지축적, 맥동완화 등의 역할을 하는 유압장치이나 유속을 증가시키지는 않는다. 유속은 주로 관의 직경을 변화시킴으로써 변화시킬 수 있다.

축압기의 특징
- 충격압력의 흡수
- 유압에너지의 축적
- 유압회로 내 맥동의 제거 및 완화

32   정답 ③

유압 작동유는 체적탄성계수가 커야 한다.

작동유 구비조건
- 내열성, 체적탄성계수, 열전달률이 클 것
- 비중, 공기 흡수도, 증기압, 열팽창계수가 작을 것

33   정답 ⑤

$h = \dfrac{4\sigma\cos\beta}{\gamma d}$ 에서 $d_A : d_B : d_C = 1 : 2 : 3$인 모세관의 올라간 물의 높이 비율은 $h_A : h_B : h_C = 6 : 3 : 2$이다.

34   정답 ③

[벽이 받는 힘(F)] $= \rho A v^2$, (ρ : 밀도, A : 면적, v : 속도)
따라서 벽이 받는 힘은 $\rho A v^2 = 1,000 \times 0.035^2 \times \pi \times 50^2 \fallingdotseq$ 9600N$=9.6$kN이다.

35   정답 ①

- 정상류 : 유체가 흐르고 있는 과정에서 임의의 한 점에서 유체의 모든 특성이 시간이 경과하여도 조금도 변화하지 않는 흐름의 상태를 말한다.

$$\frac{\partial V}{\partial t} = 0, \quad \frac{\partial p}{\partial t} = 0, \quad \frac{\partial T}{\partial t} = 0, \quad \frac{\partial \rho}{\partial t} = 0$$

36   정답 ①

가솔린기관과 디젤기관의 대조표는 다음과 같다.

구분	가솔린기관	디젤기관
점화방식	전기불꽃점화	압축착화
최대압력	$30 \sim 35[\text{kg/cm}^2]$	$65 \sim 70[\text{kg/cm}^2]$
열효율	작다.	크다.
압축비	$6 \sim 11 : 1$	$15 \sim 22 : 1$
연소실 형상	간단하다.	복잡하다.
연료공급	기화기 또는 인젝터	분사펌프, 분사노즐
진동 및 소음	작다.	크다.
출력당 중량	작다.	크다.

따라서 가솔린기관의 압축비는 디젤기관보다 일반적으로 작다.

37   정답 ①

- 열역학 제2법칙 : 엔트로피(최소 0, 무질서의 정도)가 항상 증가하는 방향으로 물질 시스템이 움직인다.

38   정답 ③

앳킨슨 사이클은 2개의 단열과정과 1개의 정적과정, 1개의 정압과정으로 이루어진 가스터빈(외연기관) 이상 사이클이다.

① 에릭슨 사이클(Ericsson Cycle) : 등온 압축, 등온 연소 및 등온 팽창을 시키는 가스 터빈 사이클로, 2개의 정압과정과 2개의 등온과정으로 이루어진다.
② 사바테 사이클(Sabathé Cycle) : 정압 사이클과 정적 사이클로 이루어진 고속 디젤기관의 기본 사이클로, 복합 사이클 또는 정적·정압 사이클이라고도 한다.
④ 브레이턴 사이클(Brayton Cycle) : 2개의 정압과정과 2개의 단열과정으로 구성된 가스터빈 기관의 이상적 사이클이다.

39   정답 ①

열역학 제0법칙은 물체 A와 B가 다른 물체 C와 각각 열평형을 이루었다면 A와 B도 열평형을 이룬다는 법칙으로, 물체 A, B가 각각 물체 C와 온도가 같을 때 물체 A와 B의 온도도 같다는 온도계의 원리를 말한다.

② 열역학 제1법칙 : 고립된 계의 총 내부에너지는 일정하다는 에너지 보존의 법칙을 말한다.
③ 열역학 제2법칙 : 엔트로피(무질서 정도)는 0 이상의 값을 가지도록 물질의 방향이 움직이며, 일 효율이 100%인 기관은 없다.
④ 열역학 제3법칙 : 시스템을 절대온도 0K에 이르게 하는 방법은 없다.
⑤ 엔트로피는 일반적으로 보존되지 않으며 열역학 제2법칙에 따라 증가한다.

40   정답 ③

- 냉동사이클의 성능계수 : $\epsilon_r = \dfrac{(증발온도)}{(응축온도) - (증발온도)}$

따라서 성능계수는 $\dfrac{270}{330 - 270} = 4.5$가 된다.

| 02 | 전기일반

01	02	03	04	05	06	07	08	09	10
③	②	①	②	①	②	⑤	④	③	④
11	12	13	14	15	16	17	18	19	20
②	④	③	②	④	③	②	⑤	④	①
21	22	23	24	25	26	27	28	29	30
③	④	④	③	②	②	①	③	②	①
31	32	33	34	35	36	37	38	39	40
①	⑤	②	④	②	⑤	①	③	③	③

01 정답 ③

두 전하의 작용하는 정전기력은 쿨롱의 법칙에 의해 $F = k\dfrac{Q_1 Q_2}{r^2}$

에서 쿨롱 상수 k값은 $\dfrac{1}{4\pi\epsilon_0} = 9\times10^9$ 이므로 $F = 9\times10^9 \times$

$\dfrac{Q_1 Q_2}{r^2}$ 이다.

02 정답 ②

$W = \dfrac{1}{2} DE[\text{J/m}^3]$ 이므로

$W = \dfrac{1}{2} \times 100 \times 50 = 2{,}500\text{J/m}^3$

03 정답 ①

콘덴서들을 병렬로 접속했을 때의 합성 정전 용량은 각 콘덴서의 정전 용량의 합과 같다.
$C = C_1 + C_2 + C_3 \cdots$
콘덴서들을 직렬로 접속했을 때의 합성 정전 용량은 각 콘덴서의 정전 용량의 곱을 합으로 나눈 값이다.

$C = \dfrac{C_1 \times C_2 \times C_3 \cdots}{C_1 + C_2 + C_3 \cdots}$

$C_s = \dfrac{4\times6}{4+6} = \dfrac{24}{10} = 2.4\mu\text{F}$

04 정답 ②

$a = 2a$, $b = 2b$를 대입하면

$C' = \dfrac{4\pi\varepsilon_0 \cdot 2a2b}{2b-2a} = \dfrac{4\pi\varepsilon_0 \cdot 4ab}{2(b-a)} = \dfrac{4\pi\varepsilon_0 \cdot 2ab}{(b-a)} = 2C$

∴ 2배가 된다.

05 정답 ①

펠티에 효과는 서로 다른 두 종류의 금속을 접합한 후, 두 금속의 접합 부분에 전류를 흘려 보내면 양쪽 접합점 사이에 온도차가 발생하는 현상이다.

오답분석

② 제벡 효과 : 서로 다른 두 종류의 금속을 접합하고 두 금속의 양쪽 접점 부분에 온도 차이를 주면 열기전력이 발생하여 전류가 흐르는 현상이다.
③ 제3금속의 법칙 : 서로 다른 두 금속으로 만든 접점에 임의의 다른 금속을 연결해도 온도를 유지하면 기전력이 변하지 않는다는 법칙이다.
④ 열전 효과 : 이중의 금속을 연결하여 한쪽은 고온, 다른 쪽은 저온으로 했을 때 기전력이 발생한다.
⑤ 톰슨 효과 : 단일한 도체로 된 막대기의 양 끝에 전위차가 가해지면 이 도체의 양 끝에서 열의 흡수나 방출이 일어나 온도차가 생기는 현상을 말한다.

06 정답 ②

전위가 높은 곳에서 낮은 곳으로 이동하여 운동 에너지는 증가하므로 $W = qV = \dfrac{1}{2}mv^2$ 에서

$v = \sqrt{\dfrac{2qV}{m}} = \sqrt{\dfrac{2\times1\text{C}\times2\text{V}}{1\text{kg}}} = 2\text{m/s}$

07 정답 ⑤

도체별 자계 크기(문제에서 N에 대한 언급이 없는 경우 1회 감은 것으로 간주하여 $N=1$로 놓으면 된다)

• 직선 : $H = \dfrac{I}{2\pi r}$

• 무한 솔레노이드 : $H = \dfrac{NI}{l} = n_0 I$ (n_0 : 단위길이당 권수)

　※ 단위길이당 권수가 N으로 주어질 경우 $H = NI$

• 환상 솔레노이드 : $H = \dfrac{NI}{2\pi r}$

• 원형 코일 : $H = \dfrac{NI}{2a}$

• 반원형 코일 : $H = \dfrac{NI}{4a}$

문제는 직선인 경우이므로 $H = \dfrac{I}{2\pi r}[\text{AT/m}]$에서

$I = 2\pi r H = 2\times\pi\times0.8\times20 = 32\pi[\text{A}]$

08

정답 ④

일정한 크기와 방향의 정상전류가 흐르는 도선 주위의 자기장 세기를 구할 수 있는 법칙은 '비오 – 사바르 법칙'이다.

오답분석

① 옴의 법칙 : 전류의 세기는 전압에 비례하고, 저항에 반비례한다.

② 렌츠의 법칙 : 유도 전류의 자속은 자속의 증가 또는 감소를 방해하는 방향으로 나타난다는 법칙이다.

③ 키르히호프의 법칙 : 회로 상에 한 교차점으로 들어오는 전류의 합은 나가는 전류의 합과 같다는 전하량 보존 법칙이다.

⑤ 플레밍의 왼손법칙 : 전동기 원리와 관련 있는 법칙으로 자기장과 전류의 방향을 알고 있을 때 힘의 방향을 알 수 있다.

09

정답 ③

자체 인덕턴스 $L = \dfrac{N\varnothing}{I}$ [H]에 대입하면

$L = \dfrac{300 \times 0.05 \text{Wb}}{6\text{A}} = 2.5$H이다.

10

정답 ④

• 평균기전력 $e = -L\dfrac{di}{dt}$ [V] $= 100 \times 10^{-3} \times \dfrac{10}{0.5} = 2$V

• 자속의 변화량 $e = -N\dfrac{d\phi}{dt}$ [V] $\rightarrow 2 = 1 \times \dfrac{\phi}{0.5}$

$\therefore \phi = 2 \times 0.5 = 1$Wb

11

정답 ②

가공전선에 사용하는 전선의 비중(밀도)은 작아야 한다.

전선의 구비조건

• 도전율이 클 것
• 비중(밀도)이 작을 것
• 부식성이 작을 것
• 기계적 강도가 클 것
• 가선공사가 용이할 것
• 내구성이 있을 것
• 가격이 저렴할 것

12

정답 ④

• 소선 가닥수 : $N = 3n \times (n+1) + 1$ (n : 층수)
• 연선의 직경 : $D = (2n+1) \times d$ (d : 소선의 직경)

소선 가닥수 $N = 37$, 소선의 직경 $D = 3.2$mm이므로

$37 = 3n \times (n+1) + 1 \rightarrow n = 3$

$D = (2 \times 3 + 1) \times 3.2 = 22.4$

13

정답 ③

복도체를 사용할 경우 전선표면의 전위경도는 감소한다.

복도체의 특징

• 코로나 방지에 가장 효과적인 방법이다.
• 인덕턴스는 감소하고, 정전용량은 증가한다.
• 허용전류가 증가하고, 송전용량이 증가한다.
• 전선표면의 전위경도가 감소하고 코로나 임계전압이 증가한다.
• 154kV는 2도체, 345kV는 4도체, 765kV는 6도체 방식을 채용한다.

14

정답 ②

코로나 손실을 나타내는 Peek식은 다음과 같다.

$$P = \frac{241}{\delta}(f+25)\sqrt{\frac{d}{2D}}(E-E_o)^2 \times 10^{-5} [\text{kW/km/선}]$$

δ : 상대공기밀도
D : 선간거리[cm]
d : 전선의 지름[cm]
f : 주파수[Hz]
E : 전선에 걸리는 대지전압[kV]
E_o : 코로나 임계전압[kV]

15

정답 ④

$P_L = 3I^2R = \dfrac{P^2R}{V^2\cos^2\theta} = \dfrac{P^2\rho l}{V^2\cos^2\theta A}$ [W]에서 $P_L \propto P^2$

$3P_L = (\sqrt{3}P)^2$, $3P_L = (1.732P)^2$

16

정답 ③

직류송전에서는 회전자계를 얻을 수 없다.

직류 송전방식의 장 · 단점

• 장점
  – 리액턴스가 없으므로, 리액턴스에 의한 전압강하가 없다.
  – 절연계급을 낮출 수 있으므로 기기 및 선로의 절연에 요하는 비용이 절감된다.
  – 안정도가 좋으므로 송전 용량을 높일 수 있다.
  – 도체이용률이 좋다.

• 단점
  – 교류 – 직류 변환장치가 필요하며 설비가 비싸다.
  – 고전압 대전류 차단이 어렵다.
  – 회전자계를 얻을 수 없다.

17

정답 ②

페란티 현상의 주 원인은 선로의 정전용량이다.

> **페란티 현상**
> 선로의 충전전류 때문에 무부하 시 송전단전압보다 수전단
> 전압(앞선충전전류)이 커지는 현상이다. 방지법으로는 분로
> 리엑터 설치 및 동기조상기의 지상용량을 공급한다.

18

정답 ⑤

부하가 서서히 증가할 때의 극한전력을 정태안정 극한전력이라
한다.

> **안정도**
> 전력계통에서 주어진 조건하에서 안정하게 운전을 계속할
> 수 있는 능력
>
> **안정도의 종류**
> • 정태안정도 : 부하를 서서히 증가할 경우 계속해서 송전할
>   수 있는 능력으로, 이때의 최대전력을 정태안정 극한전력
>   이라 한다.
> • 과도안정도 : 계통에 갑자기 부하가 증가하여 급격한 교란
>   이 발생해도 정전을 일으키지 않고 계속해서 공급할 수 있
>   는 최댓값
> • 동태안정도 : 고성능 AVR에 의해서 계통안정도를 종전의
>   정태안정도의 한계 이상으로 향상시킬 경우의 안정도
> • 동기안정도 : 전력계통에서의 안정도란 주어진 운전조건
>   하에서 계통이 안전하게 운전을 계속할 수 있는가의 능력

19

정답 ④

3상 차단기의 정격차단용량은 정격전압과 정격차단전류의 곱에
$\sqrt{3}$ 배를 곱하며, 단상의 선로에서 정격차단용량은 정격전압과
정격차단전류의 곱으로만 계산한다.
• 3상 차단기 정격용량
  $P_s = \sqrt{3} \times$(정격전압)$\times$(정격차단전류)
• 단상 차단기 정격용량
  $P_s =$(정격전압)$\times$(정격차단전류)
• (정격전압)=(공칭전압)$\times \dfrac{1.2}{1.1}$

20

정답 ①

수변전 설비 1차측에 설치하는 차단기의 용량은 공급측 단락용량
이상의 것을 설정해야 한다.

21

정답 ③

$$P = 9.8\omega\tau$$
$$= 9.8 \times 2\pi \times n \times \tau$$
$$= 9.8 \times 2\pi \times \frac{N}{60} \times W \times L \ (\because \ \tau = WL, \ n = \frac{N}{60})$$
$$= 9.8 \times 2 \times 3.14 \times \frac{1,500}{60} \times 5 \times 0.6 \fallingdotseq 4,616\text{kW}$$

22

정답 ④

보상권선은 자극편에 슬롯을 만들어 여기에 전기자 권선과 같은
권선을 하고 전기자 전류와 반대 방향으로 전류를 통하여 전기자
의 기자력을 없애도록 한 것이다.

23

정답 ④

전동기 전원에 접속된 상태에서 전기자의 접속을 반대로 하여 회
전 방향과 반대 방향으로 토크를 발생시켜 급정지시키는 '역상제
동'을 사용한다.

오답분석
① 단상제동 : 유도 전동기의 고정자에 단상 전압을 걸어주어 회
   전자 회로에 큰 저항을 연결할 때 일어나는 제동이다.
② 회생제동 : 전동기가 갖는 운동에너지를 전기에너지로 변화시
   키고, 이것을 전원으로 반환하여 제동한다.
③ 발전제동 : 운전 중인 전동기를 전원에서 분리하여 발전기로
   작용시키고, 회전체의 운동에너지를 전기에너지로 변환하여
   저항에서 열에너지로 소비시켜 제동한다.
⑤ 저항제동 : 전동기가 갖는 운동 에너지에 의해서 발생한 전기
   에너지가 가변 저항기에 의해서 제어되고, 소비되는 일종의 다
   이내믹 제동방식이다.

24

정답 ③

전기자 동손은 부하손으로 전기자 권선에 전류가 흐르면서 생기는
동손이다.

오답분석
①·②·④·⑤ 무부하로 운전하고 있을 때 생기는 손실이다.

> **동기기 손실의 종류**
> • 고정손(무부하손) : 부하의 변화에 무관한 손실
>   – 철손 → 와류손, 히스테리시스손
>   – 기계손 → 마찰손, 베어링손, 풍손
> • 가변손(부하손) : 부하의 변화에 따라 변하는 손실
>   – 동손
>   – 표유부하손

25
정답 ②

변압기유는 절연내력과 냉각효과가 크고, 고온에서 화학 반응을 일으키면 안 된다. 또한 침식되거나 침전물이 생기지 않아야 하며, 낮은 응고점과 높은 발화점을 가져야 하고, 산화되지 않아야 한다.

26
정답 ②

$$Z_1 = a^2 Z_2 \rightarrow a = \sqrt{\frac{Z_1}{Z_2}} = \sqrt{\frac{18,000}{20}} = 30$$

27
정답 ①

반발 기동형 > 반발 유도형 > 콘덴서 기동형 > 분상 기동형 > 셰이딩 코일형

28
정답 ③

$$\tau = \frac{P_2}{\omega} \text{에서 } P_2 = \frac{P_{c2}}{s} = \frac{94.25}{0.05} = 1,885$$

$$\therefore \tau = \frac{P_2}{2\pi n} \left(\because N = \frac{120f}{P} = \frac{120 \times 60}{4} = 1,800 \text{이므로,} \right.$$

$$\left. n = \frac{N}{60} = \frac{1,800}{60} \right)$$

$$= \frac{1,885}{2\pi \times \frac{1,800}{60}} = \frac{1,885}{2 \times 3.14 \times \frac{1,800}{60}} \fallingdotseq 10 \text{N} \cdot \text{m}$$

29
정답 ②

3상 반파 회로이므로, $E_d = 1.17 \times E[\text{V}] = 1.17 \times 300 = 351\text{V}$ 이다.

> **정류기의 평균전압**
> - 단상 반파 회로의 평균직류전압 $E_d = 0.45 \times E[\text{V}]$
> - 단상 전파 회로의 평균직류전압 $E_d = 0.9 \times E[\text{V}]$
> - 3상 반파 회로의 평균직류전압 $E_d = 1.17 \times E[\text{V}]$
> - 3상 전파 회로의 평균직류전압 $E_d = 1.35 \times E[\text{V}]$

30
정답 ①

$$E_{d\alpha} = \frac{1}{T} \int e d\theta = \frac{\sqrt{2}\,V}{\pi} \left(\frac{1 + \cos\alpha}{2} \right)$$

$$\therefore E = \frac{\sqrt{2}\,V}{\pi} \left(\frac{1 + \cos 60°}{2} \right) = 0.338\text{V}$$

31
정답 ①

기전력이 3V가 되려면 1.5V 건전지 2개를 직렬 접속하고, 전류 용량이 3A가 되려면 1.5V 건전지 3개를 병렬 접속한다.

32
정답 ⑤

파형의 각주파수는 $\omega = 2\pi f$ 이므로 주파수 $f = \frac{\omega}{2\pi} = \frac{120\pi}{2\pi} = 60\text{Hz}$이다.

33
정답 ②

$t = 0$일 때, 순시값으로의 전압과 전류는 다음과 같다.

- 전압 : $e = 100\sin(377t + \frac{\pi}{3}) = 100\sin(377 \times 0 + \frac{\pi}{3})$
$$= 100\sin\frac{\pi}{3} = 50\sqrt{3}\,\text{V}$$

- 전류 : $I = \frac{V}{R} = \frac{50\sqrt{3}}{10} = 5\sqrt{3}\,\text{A}$

34
정답 ④

내부저항과 외부저항이 같을 때 전력은 최댓값을 갖는다. 또한, 두 저항이 같은 값이라면 각각의 전압 V_1은 $\frac{V}{2}$인 60V로 분배된다. 따라서 부하저항(외부저항, R)에서 얻을 수 있는 최대전력은 $P = \frac{V_1^2}{R} = \frac{60^2}{15} = 240\text{W}$임을 알 수 있다.

35
정답 ②

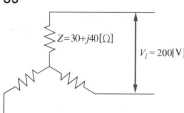

- 상전류
$$I_p = \frac{V_p}{Z_p} = \frac{\frac{200}{\sqrt{3}}}{50} = \frac{200}{50\sqrt{3}} = \frac{4}{\sqrt{3}}[\text{A}]$$

- 무효전력
$$P_r = 3I^2 X[\text{var}] = 3 \times \left(\frac{4}{\sqrt{3}} \right)^2 \times 40 = 3 \times \left(\frac{16}{3} \right) \times 40$$
$$= 640\text{Var}$$

36 정답 ⑤

부하의 결선 방법에 관계없이 다음과 같이 나타낼 수 있다.

3상 전력= $\sqrt{3} \times$(선간 전압)$\times$(선전류)$\times$(역률)[W]

37 정답 ①

용량 리액턴스 $X_C = \dfrac{1}{2\pi f C}$($f$: 주파수, C : 정전용량),

$X_C = \dfrac{1}{2 \times 3.14 \times 1 \times 10^6 \times 0.1 \times 10^{-6}} \fallingdotseq 1.59\,\Omega$

38 정답 ③

어드미턴스 $Y = \dfrac{1}{R} + j\left(\omega C - \dfrac{1}{\omega L}\right)[\text{℧}]$

ㄱ. RLC 병렬이므로 전압은 모두 같다.

ㄷ. 공진 시 전류는 저항 R에만 흐른다.

ㅁ. 공진 시 에너지는 저항 R에서만 소비된다.

오답분석

ㄴ. 어드미턴스 $Y = \dfrac{1}{R} + j\dfrac{1}{X_c} - j\dfrac{1}{X_L}[\text{℧}]$

$= \dfrac{1}{R} + j\left(\dfrac{1}{X_c} - \dfrac{1}{X_L}\right)$, $X_c = \dfrac{1}{\omega C}$, $X_L = \omega L$ 대입

$= \dfrac{1}{R} + j\left(\dfrac{1}{1 \div \omega C} - \dfrac{1}{\omega L}\right) = \dfrac{1}{R} + j\left(\omega C - \dfrac{1}{\omega L}\right)[\text{℧}]$

ㄹ. L과 C의 전류 위상차 : $-90°$와 $+90°$, 즉 $180°$ 위상차 발생)

$L[\text{H}]$	$C[\text{F}]$
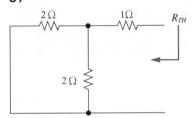	
$v > I\left(\dfrac{\pi}{2}\right)$	$v < I\left(\dfrac{\pi}{2}\right)$

39 정답 ③

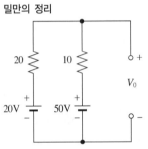

테브난 등가저항 : 전압원 단락, 전류원 개방

$R_{TH} = \left(\dfrac{2 \times 2}{2 + 2}\right) + 1 = 1 + 1 = 2\,\Omega$

40 정답 ③

밀만의 정리

$V_o = \dfrac{(각 저항분의 전압)}{(각 저항분의 1)} = \dfrac{\dfrac{20}{20} + \dfrac{50}{10}}{\dfrac{1}{20} + \dfrac{1}{10}} = \dfrac{\dfrac{20 + 100}{20}}{\dfrac{1 + 2}{20}} = \dfrac{120}{3}$

$= 40\text{V}$

| 03 | 전자일반

01	02	03	04	05	06	07	08	09	10
⑤	①	②	④	④	②	③	③	①	①
11	12	13	14	15	16	17	18	19	20
④	②	④	③	③	①	②	①	①	⑤
21	22	23	24	25	26	27	28	29	30
①	①	⑤	③	①	③	③	①	④	④
31	32	33	34	35	36	37	38	39	40
①	③	④	②	①	②	⑤	④	④	②

01
정답 ⑤

• 무한평면 전하의 전계의 세기 : $E = \dfrac{\rho_s}{\varepsilon_o}$ [V/m]

• 무한평면도체의 전위

$$V = -\int_\infty^r E\,dr = -\int_\infty^r \dfrac{\rho_s}{\epsilon_o}\,dr$$

$$= \dfrac{\rho_s}{\varepsilon_o}(-r)_\infty^r = \dfrac{\rho_s}{\varepsilon_o}(-r+\infty) = \infty[\text{V}]$$

• 무한장 선전하의 전계의 세기 : $E = \dfrac{\rho_L}{2\pi\varepsilon_o r}$ [V/m]

• 무한직선도체의 전위

$$V = -\int_\infty^r E\,dr = -\int_\infty^r \dfrac{\rho_L}{2\pi\epsilon_o r}\,dr = \dfrac{\rho_L}{2\pi\varepsilon_o}(-\ln r)_\infty^r$$

$$= \dfrac{\rho_L}{2\pi\varepsilon_o}(-\ln r + \ln\infty) = \dfrac{\rho_L}{2\pi\varepsilon_o}\ln\dfrac{\infty}{r} = \infty[\text{V}]$$

02
정답 ①

외부자계와 자성체가 직각을 이룰 경우 감자율이 $N=1$이다.

자성체 자계

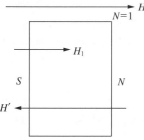

$$H_1 = H_0 - H' = H_0 - N\dfrac{J}{\mu_0} = H_0 - N\dfrac{\chi H_1}{\mu_0}$$

$$\rightarrow H_1\left(1 + N\dfrac{\chi}{\mu_0}\right) = H_0$$

$$\rightarrow H_1 = \dfrac{H_0}{1 + N\dfrac{\chi}{\mu_0}} = \dfrac{H_0}{1 + N\dfrac{\mu_0(\mu_r - 1)}{\mu_0}}$$

$$= \dfrac{H_0}{1 + N(\mu_r - 1)}[\text{AT/m}]$$

따라서 자화의 세기는 $J = \chi H$이고, 자화율 $\chi = \mu_0(\mu_r - 1)$과 자성체 자계 $H_1 = \dfrac{H_0}{1 + N(\mu_r - 1)}$를 대입하면,

$$J = \chi H_1 = \dfrac{\mu_0(\mu_r - 1)H_0}{1 + N(\mu_r - 1)} = \dfrac{H_0\mu_0(\mu_r - 1)}{1 + N(\mu_r - 1)}[\text{Wb/m}^2]$$

03
정답 ②

코일에 발생하는 자속은 전류와 코일을 감은 권수에 비례한다. 이때 권수(N)와 전류(I)의 곱을 기자력(F, 자속을 흐르게 하는 힘)이라 한다. 따라서 $F = NI$ 이다. 환상철심 코일의 기자력 $F = NI = R\phi$[AT]이므로 권선수 $N = \dfrac{F}{I} = \dfrac{1,000}{10} = 100$회이다.

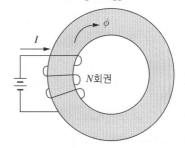

04
정답 ④

유전체는 부도체이므로 내부를 통해 흐르는 전도전류가 아니라 교류전압이 인가되었을 경우에 변위전류가 흐른다. 변위전류(i_d)는 전속밀도(D)의 시간적 변화에 의한 전류, 유전체 내에 존재하는 구속전자의 변위에 의해 나타나는 전류 등을 뜻한다.

05
정답 ④

전자계 고유임피던스 $Z_0 = \dfrac{E}{H} = \sqrt{\dfrac{\mu}{\varepsilon}} = \sqrt{\dfrac{\mu_0\mu_r}{\varepsilon_o\varepsilon_r}}$ 이며, $\sqrt{\dfrac{\mu_o}{\epsilon_o}}$ ≒ 377을 고유임피던스에 대입하면 $Z_0 = \sqrt{\dfrac{\mu_o\mu_r}{\varepsilon_o\varepsilon_r}} = \dfrac{377}{\sqrt{\varepsilon_r}}$ ≒ $\dfrac{377}{\sqrt{80}}$ ≒ 42 Ω 이다.

제1회 정답 및 해설

06
정답 ②

- 처음의 정전용량 : $C_1 = \dfrac{Q}{V} = \dfrac{Q}{\dfrac{Q}{4\pi\varepsilon_o}\left(\dfrac{1}{a}-\dfrac{1}{b}\right)} = \dfrac{4\pi\varepsilon_o ab}{b-a}$[F]

  (a : 안쪽 반지름, b : 바깥반지름, Q : 전하, ϵ_0 : 유전율)

- 반지름 5배씩 증가 후 정전용량

  $C_2 = \dfrac{4\pi\epsilon_o \times 5a \times 5b}{5b-5a} = \dfrac{4\pi\epsilon_o 25ab}{5(b-a)} = \dfrac{25}{5} \times \dfrac{4\pi\epsilon_o ab}{b-a} = 5\,C_1$[F]

따라서 안쪽과 바깥 반지름이 각각 5배로 증가시키면 처음 정전용량의 5배가 된다.

07
정답 ③

전자파 속도는 $v = \dfrac{\omega}{\beta} = \dfrac{\omega}{\omega\sqrt{LC}} = \dfrac{1}{\sqrt{\varepsilon_o \varepsilon_r \mu_o \mu_r}}$이며, 광속도

$c = \dfrac{1}{\sqrt{\epsilon_o \mu_o}}$이므로 $v = \dfrac{1}{\sqrt{\varepsilon_o \varepsilon_r \mu_o \mu_r}} = \dfrac{1}{\sqrt{\varepsilon_o \mu_o}} \times \dfrac{1}{\sqrt{\varepsilon_r}}$

$\fallingdotseq \dfrac{3 \times 10^8}{\sqrt{80}} \fallingdotseq 3.35 \times 10^7\,\text{m/s}$이다.

08
정답 ③

렌츠의 법칙의 기전력 $e = L\dfrac{di}{dt}$[V]에서 자기인덕턴스 유도하면 $L = e\dfrac{dt}{di}$ 이다. 따라서 자기 인덕턴스 L의 단위는 공식을 바탕으로 V · sec/A $= \Omega$ · sec=H이다.

오답분석
① 전류(I)의 단위이다.
② 전압(V)의 단위이다.
④ 자기장(B)의 단위이다.
⑤ 자속(ϕ)의 단위이다.

09
정답 ①

- $\displaystyle\int dt = \dfrac{1}{j\omega} = \dfrac{1}{s}$, $\dfrac{d}{dt} = j\omega = s$

구동점 임피던스 $Z(s) = \dfrac{sL_1 \times \dfrac{1}{sC_1}}{sL_1 + \dfrac{1}{sC_1}} + \dfrac{sL_2 \times \dfrac{1}{sC_2}}{sL_2 + \dfrac{1}{sC_2}}$

$= \dfrac{sL_1}{s^2 L_1 C_1 + 1} + \dfrac{sL_2}{s^2 L_2 C_2 + 1}$ 이며, 공식에 회로에 나와있는 자체인덕턴스(L)와 캐패시터(C)를 대입하면

$Z(s) = \dfrac{sL_1}{s^2 L_1 C_1 + 1} + \dfrac{sL_2}{s^2 L_2 C_2 + 1} = \dfrac{2s}{4s^2 + 1} + \dfrac{2s}{4s^2 + 1}$

$= \dfrac{4s}{4s^2 + 1}\,\Omega$이 된다.

10
정답 ①

L형 4단자 회로망의 4단자 정수

$\begin{vmatrix} A & B \\ C & D \end{vmatrix} = \begin{vmatrix} 1 & Z_1 \\ 0 & 1 \end{vmatrix}\begin{vmatrix} 1 & 0 \\ \dfrac{1}{Z_2} & 1 \end{vmatrix} = \begin{vmatrix} 1 + \dfrac{Z_1}{Z_2} & Z_1 \\ \dfrac{1}{Z_2} & 1 \end{vmatrix}$

- 영상 임피던스

$Z_{01} = \sqrt{\dfrac{AB}{CD}} = \sqrt{\dfrac{\dfrac{Z_1+Z_2}{Z_2} \times Z_1}{\dfrac{1}{Z_2} \times 1}} = \sqrt{Z_1(Z_1+Z_2)}\ \Omega$

- 영상 임피던스

$Z_{02} = \sqrt{\dfrac{BD}{CA}} = \sqrt{\dfrac{Z_1 \times 1}{\dfrac{1}{Z_2} \times \dfrac{Z_1+Z_2}{Z_2}}} = \sqrt{\left(\dfrac{Z_1 Z_2}{Z_1+Z_2}\right)Z_2}\ \Omega$

11
정답 ④

전류원이 개방되었을 때의 $I_1 = \dfrac{6}{5+10} = 0.4$A이고, 전압원이 단락되었을 때의 $I_2 = \dfrac{5}{5+10} \times 3 = 1$A이다.

따라서 전류 $I = I_1 + I_2 = 0.4 + 1 = 1.4$A이며, 방향은 I의 화살표 방향과 같으므로 (+)이다.

12
정답 ②

전력 $P = V \times I = I^2 \times R = \dfrac{V^2}{R}$[W]이며($V$: 전압, I : 전류, R : 저항), 제시된 문제에서 소비전력 $P \fallingdotseq V^2 = 2,000$W이다. $V' = 0.7\,V$[V]일 경우의 소비전력이며, $P' = (V')^2 = (0.7V)^2 = 0.49V^2 = 0.49 \times 2,000 = 980$W이다.

13
정답 ④

'$N = b$점' 기준 독립적인 전류방정식(키르히호프의 제1법칙)은 1개, '$B = $폐회로'인 독립적인 전압방정식(키르히호프 제2법칙)은 2개이다.

14
정답 ③

정저항 회로는 두 단자의 임피던스가 주파수와 무관하게 일정한 저항과 같은 회로를 뜻한다. 이때 근사치는 $\dfrac{Z_1}{Y_2} = Z_1 Z_2 = R^2$으로 계산하며, 정밀치 계산은 허수부가 0일 때이다. $\dfrac{Z_1}{Y_2} = Z_1 Z_2 = j\omega L \times \dfrac{1}{j\omega C} = \dfrac{L}{C} = R^2$이므로 $C = \dfrac{L}{R^2}$이다. 따라서 $C = \dfrac{L}{R^2} = \dfrac{500 \times 10^{-3}}{1,000^2} = 0.5 \times 10^{-6} = 0.5\mu$F가 된다.

15

RL 직렬회로의 임피던스 $Z=\sqrt{R^2+(\omega L)^2}=\dfrac{V_m}{I_m}$ Ω이므로

$Z=\dfrac{160}{4}=40\,\Omega$ 이다. 또한, $\omega L=\sqrt{Z^2-R^2}$ 이므로

$\omega L=\sqrt{40^2-(10\sqrt{15})^2}=\sqrt{1,600-1,500}=\sqrt{100}=10\,\Omega$
이다.

따라서 인덕턴스 $L=\dfrac{10}{\omega}=\dfrac{10}{10^4}=10^{-3}=1\text{mH}$이다.

16

카워형(사다리형) 방정식은

$$Z(s)=\dfrac{1}{Y(s)}=Z_1+\cfrac{1}{Y_2+\cfrac{1}{Z_3+\cfrac{1}{Y_4+\cfrac{1}{Z_5+\cfrac{1}{Y_6+\cfrac{1}{Z_7}}}}}}\;\Omega$$

이다. 리액턴스 함수 $Z(s)=\dfrac{3s}{s^2+9}$ 의 분자를 1로 만들기 위해

$3s$로 각 항을 나누면

$Z(s)=\dfrac{1}{\dfrac{s^2}{3s}+\dfrac{9}{3s}}=\dfrac{1}{\dfrac{s}{3}+\dfrac{3}{s}}=Z_1+\dfrac{1}{\dfrac{s}{3}+\dfrac{1}{\dfrac{s}{3}}}\;\Omega$이고, 2단자

회로망을 구하면 Z_1(직렬)$=0$이다. Z_2(병렬)$=\dfrac{1}{Y_2}=\dfrac{1}{\dfrac{s}{3}}=$

$\dfrac{1}{j\omega\dfrac{1}{3}}$ 이며 C_2(콘덴서)$=\dfrac{1}{3}$F이고, Z_3(직렬)$=\dfrac{s}{3}=j\omega\dfrac{1}{3}$ 이며

L_3(인덕턴스)$=\dfrac{1}{3}$H이다. 따라서 리액턴스 함수에 부합하는 2단자
회로망은 ①이다.

17

Si(규소)는 4가인 원소이다. P형 반도체는 순수한 반도체에서 양공을 증가시키기 위해서 3가인 불순물[알루미늄(Al), 붕소(B), 갈륨(Ga), 인듐(In)]을 첨가한 것으로 전자수를 증가시킨 N형 반도체와 대조된다.

• N형 반도체 : 전하 운반자 역할을 하는 전자의 수가 양공의 수에 비해서 훨씬 많이 있는 반도체로 순수한 규소(Si)나 게르마늄(Ge) 등에 5가인 불순물(Bi, Sb, P, As 등)을 넣는다.

18

오답분석

② 절대 주소 지정 방식 : 기계어 명령에 원하는 기억 장소의 절대 주소를 포함시키는 것을 말한다.

③ 간접 주소 지정 방식 : 지정된 주소에 들어 있는 값을 꺼내어 그것을 다른 기억 장치 주소로 보고, 그 위치에 있는 실제 피연산자에 접근하는 방식이다.

④ 직접 주소 지정 방식 : 기억 장소를 주소부에 직접 지정할 수 있게 되어 있는 것으로, 이 방식은 주소부에서 지정한 기억 장소의 내용을 피연산자로 취급할 수 있다.

⑤ 색인 주소 지정 방식 : 명령의 실행 과정에서 피연산자의 주소를 명령어의 주소 부분과 색인 레지스터에 의해 결정하는 방법이다.

19

열잡음은 전도전자의 열교란운동에 의해 생기는 잡음이다.

오답분석

② 백색잡음 : 어떤 주파수 대역 내에서의 모든 주파수의 출력이 포함되어 있는 잡음이다.

③ 산탄잡음 : 전자의 특수한 현상 때문에 전류에 불규칙한 요동이 생겨 발생하는 잡음이다.

④ 분배잡음 : 여러 개의 극(極)을 갖는 소자 중의 전류가 각각의 극으로 나뉠 때 그 비율이 변동함으로써 생기는 잡음이다.

⑤ 충격잡음 : 비교적 계속 시간이 짧으며, 잡음 발생의 시간 간격이 계속 시간에 비해 긴 불규칙한 잡음이다.

20

증폭기는 입력신호의 에너지를 증가시켜 출력측에 큰 에너지의 변화로 출력하는 장치로 앰프라고도 부른다.

21

FET는 반도체결정의 도전성과 전기저항을 전장으로 제어하는 것이며 입력저항이 $10^{14}\,\Omega$ 정도로 매우 높다. FET에는 실질적으로 제어전류는 거의 흐르지 않고, 제어전압으로 제어한다. 또한, 일반 트랜지스터는 전류를 증폭시키지만, FET는 전압을 증폭시킨다.

22

오답분석

② 클리퍼 : 전기 신호 파형을 적당한 레벨로 잘라 내는 회로이다.

③ 리미터 : 작업자의 부담을 줄이고, 감시의 실수에 의한 사고를 방지하기 위해 한도에 도달하면 자동적으로 기계를 정지시키는 장치이다.

④ 필터 : 각종 진동현상에서 파장이 다른 많은 부분진동 성분 가운데 특정한 파장 영역 안의 성분을 빼내는 장치이다.

⑤ 커패시터 : 절연체 금속판 두개로 이루어져 전기에너지를 저장
할 수 있는 장치이다.

23
정답 ⑤

수정발진기의 주파수 안정도는 10^{-6} 이상에 달하고 있다.

24
정답 ③

슈미트 트리거 회로는 입력진폭이 소정의 값을 넘으면 급격히 작
동하여 거의 일정한 출력을 얻고, 소정의 값 이하가 되면 즉시 복
구하는 동작을 하는 회로를 말한다.

25
정답 ①

피에조 저항은 압력(외력)에 따라 변하는 저항이다.

26
정답 ③

초전도 상태에 있는 물질 내의 전계는 0이다. 마이스너 효과란 특
정 온도 이하에서 초전도체가 저항이 0이 되고 전류가 무한히 흐
르게 된다. 초전도 현상을 이용한 예는 핵자기 공명, 자기부상 열
차, 자기공명화상 등이 있다.

27
정답 ③

계단형 PN접합 다이오드의 접속 전위차는 $V_o = \dfrac{kT}{q}\ln\dfrac{N_a N_d}{n_i^2}$

으로 P영역과 N영역에서의 불순물 농도가 각각 $10^{13}\,\mathrm{cm}^{-3}$,
$10^{17}\,\mathrm{cm}^{-3}$일 때를 구하면 다음과 같다($N_a$: p영역 불순물 농도,
N_d : n영역 불순물 농도).

$$\therefore\ V_o = \dfrac{kT}{q}\ln\dfrac{N_a N_d}{n_i^2} = 0.0259 \times \ln\dfrac{10^{13}\times 10^{17}}{(1.5\times 10^{10})^2}$$

$$\fallingdotseq 0.0259\times 22.215 \fallingdotseq 0.575\mathrm{V}$$

28
정답 ①

평형상태의 트랜지스터는 세 단자가 접속되지 않은 상태이며, 페
르미 준위가 균일한 상태이다. 다수 캐리어는 확산운동, 소수캐리
어는 드리프트 운동을 하며 균형을 유지하고 있으며, 트랜지스터
가 열평형 상태에 있는 것을 말한다.

29
정답 ④

물질 입자의 파동성을 물질파로 드브로이파라고 한다. 물질파의

파장 $\lambda = \dfrac{h}{mc}$ 이고, 파장과 진동수의 곱은 속도 $\lambda f = v = c$이므로

진동수 $f = \dfrac{c}{\lambda}$를 유도할 수 있다. 따라서 물질파 파장($\lambda = \dfrac{h}{mc}$)을

진동수 공식($f = \dfrac{c}{\lambda}$)에 대입하면 $f = \dfrac{c}{\lambda} = \dfrac{c}{\dfrac{h}{mc}} = \dfrac{mc^2}{h}$ 이다.

30
정답 ④

방출전자의 흐름 및 속도는 온도와 상관없이 일정하다. 방출전자
의 흐름은 빛의 세기에 비례하며, 에너지는 빛의 주파수에 비례하
고, 빛의 파장에 반비례한다.

31
정답 ①

PN접합 양측에 불순물 함유량이 많을 경우 공핍층 폭이 넓어지고,
접촉전위차(전위 장벽)가 높아진다.

32
정답 ③

터널 다이오드는 높은 순방향 다이오드에서 보통 다이오드와 같이
확산 전류가 흐른다. 전압이 커지면 저항이 증가하여 전류가 감소
하는 부성저항 특성을 갖고, 역바이어스 상태에서 전도성이 좋으
며, 순바이어스 전압일 때 N형에서 P형으로 전자가 이동한다.

33
정답 ④

다중처리 시스템은 하나의 처리기가 고장났을 경우 다른 처리기들
이 계속 그 기능을 유지할 수 있다.

34
정답 ②

1비트를 비교하는 진리표는 입력 신호를 다음과 같이 정리할 수
있다.
• A<B일 경우, 0<1 → 1이므로 (ㄱ)에 들어갈 값은 1이다.
• A=B일 경우, 0=0 → 1, 1=1 → 1이고, 다른 나머지의 경우는
  0이다. 따라서 (ㄴ)에 들어갈 값은 0이다.
• A>B일 경우, 1>0 → 1이고, 다른 나머지의 경우는 0이다. 따
  라서 (ㄷ)에 들어갈 값은 0이다.
따라서 빈칸에 알맞은 값은 (ㄱ) : 1, (ㄴ) : 0, (ㄷ) : 0이다.

35 　　　　　　　　　　　　　정답 ①

② 벡터 방식 : 화면에 문자 등을 표시할 때 문자의 형태를 선분의 모양으로 기억시켜 놓고 표시하는 방식이다.
③ 슈퍼바이저 모드 : 명령의 실행가능한 범위를 표시하는 실행 모드의 일종이다.
④ 데이지 체인 방법 : 신호를 전송할 때 데이지 체인 신호를 요구 하지 않는 장치에서 버스를 통해 신호를 전달시키는 방법이다.
⑤ 사이클 스틸링 : 입출력 채널과 프로세서가 동시에 주기억장치 를 접근하려고 하여 문제가 발생할 때 채널의 우선순위를 높게 주는 것이다.

36 　　　　　　　　　　　　　정답 ②

분산처리시스템은 여러 대의 컴퓨터에 작업을 나누어 처리하여 그 내용이나 결과가 통신망을 통해 상호교환되도록 연결되어 있는 시 스템으로, 접근 가능 경로와 접근 방법이 많아 보안이 취약해질 수 있다.

37 　　　　　　　　　　　　　정답 ⑤

I/O 제어기는 데이터 구성 기능이 아닌 데이터 버퍼링 기능을 수 행한다.

38 　　　　　　　　　　　　　정답 ④

인터럽트는 컴퓨터 작동 중에 예기치 않은 문제가 발생한 경우라 도 업무 처리가 계속될 수 있도록 하는 컴퓨터 운영체계의 기능이 며, 동작순서는 다음과 같다.

인터럽트 동작순서
① 인터럽트를 요청한다.
② 프로그램 실행을 중단한다(현재 실행 중이던 Micro Operation 까지 수행).
③ 현재의 프로그램 상태를 보존한다.
④ 인터럽트 처리 루틴을 실행한다(인터럽트를 요청한 장치를 식별).
⑤ 인터럽트 서비스 루틴을 실행한다.
　－ 인터럽트 원인을 파악하고 실질적인 작업을 수행하고, 처리 시 레지스터 상태를 보존한다.
　－ 서비스 루틴 수행 중 우선순위가 더 높은 인터럽트가 발생하 면 또 재귀적으로 ① ~ ⑤의 과정을 수행한다.
　－ 인터럽트 서비스 루틴을 실행할 때 인터럽트 플리그(IF)를 0으로 하면 인터럽트 발생을 방지할 수 있다.
⑥ 상태를 복구한다[인터럽트 발생 시 저장해둔 PC(Program Counter)를 다시 복구].
⑦ 중단된 프로그램의 실행을 재개한다(PC의 값을 이용하여 이전 에 수행 중이던 프로그램을 재개).

39 　　　　　　　　　　　　　정답 ④

MBR(Memory Buffer Register)은 메모리로부터 읽게 해 낸 자 료를 넣어두기 위한 일시 기억 회로로, Word의 크기와 관계가 있 다. 따라서 MBR은 한 Word 크기인 24비트 이상이어야 한다. 다 음으로 MAR(Memory Address Register)은 컴퓨터의 중앙 처리 장치(CPU) 내부에서 기억 장치 내의 정보를 호출하기 위해 그 주 소를 기억하고 있는 제어용 레지스터이다.
PC(Program Counter)는 다음에 실행할 명령어의 주소를 기억하 고 있는 중앙처리장치(CPU)의 레지스터 중 하나로, 모두 메모리 용량에 관계있는 레지스터이다. 32,768은 2^{15}이므로 MAR과 PC 는 15비트 크기 이상이어야 한다. 따라서 MBR은 24비트, MAR 과 PC는 15비트 이상이 필요하다.

40 　　　　　　　　　　　　　정답 ②

CPU는 Major State의 네 가지 단계를 반복적으로 거치면서 동작 을 수행한다.

① Fetch Cycle(인출 단계) : 명령어를 주기억장치에서 중앙처리 장치의 명령 레지스터로 가져와 해독하는 단계로, 명령이 실 행되기 위해서 가장 먼저 수행되는 동작이다.
③ Indirect Cycle(간접 단계) : 인출 단계에서 해석된 명령의 주 소부가 간접주소인 경우 수행된다.
④ Execute Cycle(실행 단계) : 인출 단계에서 인출하여 해석한 명령을 실행하는 단계이다.
⑤ Interrupt Cycle(인터럽트 단계) : 인터럽트 발생 시 복귀주소 를 저장시키고, 제어 순서를 인터럽트 처리 프로그램의 첫 번 째 명령으로 옮기는 단계이다.

01	02	03	04	05	06	07	08	09	10
③	②	⑤	②	④	②	④	②	②	⑤
11	12	13	14	15	16	17	18	19	20
①	⑤	⑤	②	②	①	③	④	④	③
21	22	23	24	25	26	27	28	29	30
②	③	②	⑤	③	④	①	⑤	④	①
31	32	33	34	35	36	37	38	39	40
④	⑤	②	①	②	③	④	①	②	④

01
정답 ③

MSS는 이동위성 서비스로 무선 LAN과는 관련이 없다.

02
정답 ②

샘플링 이론에 의하면 최고 주파수의 2배 이상의 주기로 표본을 취하면 원신호에 가까운 신호를 재생할 수 있다.

03
정답 ⑤

오답분석

① 신호파 : 전송하고자 하는 데이터의 파형
② 변조파 : 반송파에 신호파가 변조된 파형
③ 정현파 : 파형이 정현 곡선을 이루는 파동
④ 고조파 : 본래의 신호 이외의 발생되는 복합파

04
정답 ②

4진폭 편이 변조에서는 4가지 진폭 변화를 가지므로 2비트의 데이터(00, 01, 10, 11)를 한 번에 인코딩할 수 있다.

05
정답 ④

코덱에서는 아날로그 데이터를 디지털 데이터로 변환하기 위하여 PCM(Pulse Code Modulation) 방식이나 DM(Delta Modulation) 방식을 사용한다.

06
정답 ②

전송 제어 기법은 데이터를 전송하는 데에 관련된 포괄적인 기법들로 여기에는 입출력 제어, 회선 제어, 동기 제어, 에러 제어 등이 해당된다.

07
정답 ④

Router의 기능

1. NAT(Network Address Translation) 기능
2. DHCP(Dynamic Host Configuration Protocol) 기능
3. Static/Dynamic 경로 지정 기능
4. 자동 착발신 기능 / 자동 절단 기능

08
정답 ②

일반적으로 마이크로파 통신에서는 $2 \sim 20\text{GHz}$의 대역이 사용되며, 지상 마이크로파의 경우에는 $2 \sim 40\text{GHz}$ 대역이 사용되기도 한다.

09
정답 ②

8상 변조에서는 하나의 신호 요소로 3비트의 신호를 변조할 수 있다.

$$\frac{2,400}{3} = 800\text{baud}$$

10
정답 ⑤

⑤는 UDP의 개념이다.

> UDP(User Datagram Protocol) : 인터넷에서 정보를 주고받을 때, 서로 주고받는 형식이 아닌 한쪽에서 일방적으로 보내는 방식의 통신 프로토콜

11
정답 ①

로컬라이저는 착륙로를 따라 수평면 중앙의 좌측과 우측을 구별할 수 있는 예민한 지향 특성을 가진 전파를 발사하는데 항공기는 이 전파를 수신하여 착륙로의 중심선을 정확히 향하고 있는지 여부를 알 수 있게 된다.

12
정답 ⑤

무선 수신기의 기본 회로로는 고주파 증폭부, 중간주파 증폭부, 복조부, 국부 발진부, 주파수 변환 회로 등이 있다.

13
정답 ⑤

급전선은 소출력의 경우 동축케이블을 사용하며, 중출력의 경우는 6선식, 대출력의 경우는 24선식을 사용한다.

14

S/N비가 개선되어 잡음이 적다.

15
정답 ②

리미터(Limiter, 진폭제한기)는 중간 주파 증폭된 수신 신호의 진폭을 일정하게 하며, 단파 수신기에서는 페이딩을 방지하기 위하여 사용한다.

16
정답 ①

1. 영상신호변조 : AM 방식
2. 음성신호변조 : FM 방식

17
정답 ③

음성신호는 영상 반송파 주파수보다 4.5MHz 높은 반송파로 보내며 변조방식은 주파수 변조방식이다.

18
정답 ④

SSB 통신 방식의 장점을 고려하면 점유주파수대역폭이 DSB의 1/2이며, S/N비가 개선(3dB 개선)되며, 선택성 페이딩(3dB 개선)에 의한 왜곡이 적으며, 소 전력으로 통신이 가능하다. 또한, 통신 비밀이 상당히 보존된다. 이에 대해 단점으로 송수신기의 회로구성이 복잡하며, 높은 주파수 안정도를 필요로 하고, 가격이 비싸다.

※ SSB (J_3E) 통신은 DSB 통신에 비교하여 수신기 출력에서 신호 대 잡음비는 12dB 개선된다(단, 선택성 Fading이 심하며 변조도는 100%이고 첨두 전력은 동일하다.)
  - (1) J_3E수신기의 출력은 첨두(Peak) 전력이 동일할 때 DSB 통신(A_3E)의 4배를 얻을 수 있어 10log4=6dB 개선되며
  - (2) 주파수 대역폭이 DSB의 1/2이므로 잡음 출력도 1/2배 감소되므로, 10log2=3dB 개선되며
  - (3) 선택성 페이딩이 있을 때 3dB 정도 개선된다. 따라서 종합적인 S/N비의 개선은 S/N=6+3+3=12dB 개선된다.

19
정답 ④

속도$=\dfrac{거리}{시간}$에서

전파 속도$=3\times108$m/sec

$\therefore$ 시간$=\dfrac{150\times10^3}{3\times10^8}=5\times10^{-4}sec=0.0005$sec

20
정답 ③

정재파비(SWR)$=\dfrac{V_{\max}}{V_{\min}}=\dfrac{(입사파+반사파)}{(입사파-반사파)}=\dfrac{6+3}{6-3}=3$

21
정답 ②

오답분석

① 자유 전자의 열적 생성
③ 자유 전자의 재결합
④ 광전 효과
⑤ 콤프턴 효과

22
정답 ③

멀티바이브레이터의 단 안정, 무 안정, 쌍 안정은 결합 소자의 결합 상태에 의해서 결정된다. 쌍 안정은 직류(DC) 결합, 무 안정은 교류(AC) 결합, 단 안정은 교류와 직류의 혼합 결합에 의한다.

23
정답 ③

전압 변동률$=\dfrac{무부하시의\ 출력\ 전압-부하에\ 걸리는\ 전압}{부하에\ 걸리는\ 전압}\times100$

$\quad=\dfrac{14-12}{12}\times100$

$\quad\fallingdotseq16.7\%$

24
정답 ⑤

잡음 지수

$NF=20\log\dfrac{입력\ 신호의\ S/N비}{출력\ 신호의\ S/N비}=20\log\dfrac{20}{100}=-13.98\fallingdotseq-14$

25
정답 ③

NPN일 때는 전자가, PNP일 때는 정공이 다수 캐리어가 된다.

26
정답 ④

C급 증폭기는 고주파 특성이 좋으므로 고주파 증폭 회로에 많이 사용된다.

27
정답 ①

수정 발진기는 발진 조건을 만족하는 주파수 유도성폭이 매우 좁으므로 안정된 발진이 가능하다.

28 정답 ⑤

① 위상 변조 : 2진 신호를 반송파의 위상으로 변조
② 진폭 변조(AM) : 반송파의 진폭을 전달하고자 하는 신호의 진폭에 따라 변화시키는 변조
③ 델타 변조(DM) : 아날로그 신호의 증감을 2진 펄스로 변조
④ 펄스 코드 변조(PCM) : 아날로그 신호를 샘플링하여 펄스 코드로 양자화

29 정답 ④

바리스터는 전압에 의해 저항이 크게 변하는 소자로 여기서 전류와 전압의 관계식은 다음과 같다.

$I = kV^n[A]$ (k : 상수, n : 대개 $5 \sim 9$ 사이의 값)

30 정답 ①

② 지연 시간
③ 언더슈트
④ 펄스 폭
⑤ 대역 폭

31 정답 ④

정현 대칭 함수에 대한 푸리에 급수의 성분은 $a_n = 0$이며 a_0, b_n 성분만 나타난다. 즉, 직류 성분과 sin성분만 존재한다.

32 정답 ⑤

주파수 분할 다중화(FDM)는 전송하고자 하는 신호의 대역폭보다 전송 매체의 유효 대역폭이 더 큰 경우에 사용된다.

33 정답 ②

인코딩, 디코딩은 데이터를 디지털 신호로 변환하는 과정이다.

34 정답 ①

ARP(Address Resolution Protocol)
네트워크 환경에서 임의의 호스트가 다른 호스트에 데이터를 전송하려면 수신 호스트의 IP 주소뿐만 아니라, MAC 주소도 알아야 한다. 수신 호스트의 IP 주소는 보통 응용 프로그램 사용자가 프로그램을 실행하는 과정에서 직접 입력하므로, IP 주소로부터 수신 호스트 MAC 주소를 얻는 작업이 추가로 필요하다.

35 정답 ②

데이터 전송 제어의 종류
1. 입출력 제어 : 입출력 기기들에 대한 직접적인 제어
2. 회선 제어 : DCE-전송 회선 간의 제어 절차 규정
3. 동기 제어 : 송수신 단말 간의 데이터 전송 순서 및 타이밍 규정
4. 에러 제어 : 오류의 검출 및 수정

36 정답 ③

광섬유는 전기적인 도체나 유전체로 구성되어 있지 않으므로 외부의 전자기장에 대하여 간섭이나 영향을 받지 않는다.

37 정답 ④

전체적인 데이터 전송률은 회선 접속 방식에 크게 관계되지 않는다.

38 정답 ①

동기식 전송에서는 시작 비트와 정지 비트는 사용되지 않고 대신 제어 문자(8-bit flag)들이 사용된다.

39 정답 ②

여파기에서 상승 시간은 출력 파형의 10[%]에서 90[%]에 도달하는 시간으로, 상승 시간을 t_r, 대역폭을 B라고 하면 $-3[dB]$ 대역폭은 다음과 같다.

$t_r \fallingdotseq \dfrac{1}{2B}$ (상승 시간과 여파기의 대역폭은 반비례한다)

40 정답 ④

인터넷 상에서 음성 및 영상 그리고 멀티미디어를 실시간으로 전송하기 위한 실시간 대응 프로토콜의 형태는 다음과 같다.
• IVv6 : 128bit
• RSVP : Router간 대역폭 확보 프로토콜
• RTP/RTCP(Realtime Transport (Control) Protocol) : 네트워크가 독립적으로 단말간 멀티미디어 흐름을 적절히 다루기 위한 기능 제공으로 TCP 대체 사용프로토콜
• RTSP(Realtime Steaming Protocol) : WWW를 사용한 멀티미디어 어플리케이션의 상호 접속성을 보장하는 프로토콜

01	02	03	04	05	06	07	08	09	10
②	②	④	④	③	②	①	④	④	④
11	12	13	14	15	16	17	18	19	20
④	②	①	③	②	③	①	③	①	③
21	22	23	24	25	26	27	28	29	30
③	①	④	④	③	④	③	③	④	③
31	32	33	34	35	36	37	38	39	40
②	②	③	①	④	④	③	③	②	①

01　　　　　　　　　　　　정답 ②

5가지 광고 요소(AIDMA 법칙)
미국의 롤렌드 홀이 제창한 광고·판매 분야의 법칙이다.

Attention	Interest	Desire	Memory	Action
주의	흥미	욕망	기억	행동

02　　　　　　　　　　　　정답 ②

멤브레인방수는 연속적인 방수막을 형성하는 공법으로 아스팔트
방수층, 개량아스팔트시트 방수층 등을 총칭한다.

방수공사의 분류

멤브레인	• 연속적인 방수막을 형성하는 공법이다. • 아스팔트방수, 시트방수, 도막방수, 개량아스팔트시트방수, 합성고분자시트방수, 시트도막복합방수 등이 있다.
시멘트 모르타르계	• 방수성이 높은 모르타르를 이용해 방수층을 형성하는 공법이다. • 시멘트액체방수 등이 있다.
기타	• 콘크리트구체방수, 침투방수, 실링방수 등이 있다.

03　　　　　　　　　　　　정답 ④

• 유효목두께 : 8mm×0.7=5.6mm
• 유효길이 : 500mm-8mm×2=484mm
• 유효면적 : 484mm×5.6mm=2,710.4mm^2
양면 모살용접이므로 2,710.4mm^2×2(면)=5,420.8mm^{2}이다.

필릿용접(모살용접)의 유효면적
• 필릿용접의 유효면적은 유효길이에 유효목두께를 곱한 것으로 한다.
• 필릿용접의 유효길이는 필릿용접의 총길이에서 2배의 필릿사이즈를 공제한 값으로 하여야 한다.
• 필릿용접의 유효목두께는 용접루트로부터 용접표면까지의 최단거리로 한다. 단, 이음면이 직각인 경우에는 필릿사이즈의 0.7배로 한다.

• 구멍필릿과 슬롯필릿용접의 유효길이는 목두께의 중심을 잇는 용접중심선의 길이로 한다.

04　　　　　　　　　　　　정답 ④

직류 엘리베이터는 저속 엘리베이터에 주로 사용되는 교류 엘리베이터에 비해 가격이 고가이다.

직류 엘리베이터
• 직류전동기로 구동하는 방식으로, 부하에 의한 속도 변동이 없다.
• 속도를 임의로 선택할 수 있으며 속도 조정이 자유롭다.
• 기동 토크를 쉽게 얻을 수 있고 착상오차가 적다.
• 중속, 고속엘리베이터에 주로 사용되며 직류 기어드, 기어레스 등이 있다.

05　　　　　　　　　　　　정답 ③

초고층 건축물에는 피난층 또는 지상으로 통하는 직통계단과 직접 연결되는 피난안전구역(건축물의 피난·안전을 위하여 건축물 중간층에 설치하는 대피공간을 말한다)을 지상층으로부터 최대 30개 층마다 1개소 이상 설치하여야 한다.

직통계단과 직접 연결되는 피난안전구역

초고층 건축물	지상층으로부터 최대 30개 층마다 1개소 이상
준초고층 건축물	전체 층수의 1/2에 해당하는 층으로부터 상하 5개 층 이내에 1개소 이상

06　　　　　　　　　　　　정답 ②

의료시설은 2대, 업무시설·숙박시설·위락시설은 1대이다.

승용 승강기의 설치대수

건축물의 용도	6층 이상 거실면적의 합계	
	3,000m^2 이하	3,000m^2 초과
공연장, 집회장, 관람장, 판매시설, 의료시설	2대	2대에 3,000m^{2}를 초과하는 2,000m^2 이내마다 1대를 더한 대수
전시장, 동물원, 식물원, 업무시설, 숙박시설, 위락시설	1대	1대에 3,000m^{2}를 초과하는 2,000m^2 이내마다 1대를 더한 대수
공동주택, 교육연구시설, 노유자시설, 기타	1대	1대에 3,000m^{2}를 초과하는 3,000m^2 이내마다 1대를 더한 대수

※ 8인승 이상 15인승 이하 1대 기준이며, 16인승 이상의 승강기는 2대로 본다.

07

정답 ①

각 소화전의 노즐선단에서의 방수압력은 0.17MPa 이상, 방수량은 130l/min 이상이 되어야 한다.

옥내소화전설비의 가압송수장치의 성능
해당 층의 옥내소화전(5개 이상 설치된 경우에는 5개의 옥내소화전)을 동시에 사용할 경우 각 소화전의 노즐선단에서의 방수압력은 0.17MPa 이상이고, 방수량은 130l/min 이상이 되도록 한다.

08

정답 ④

주철근으로 사용된 D10~D25 철근 180° 표준갈고리 구부림의 최소 내면 반지름은 3d_b이다.

구부림의 최소 내면 반지름
철근의 직경(d_b)에 따른 표준갈고리의 구부림 최소 내면 반지름 기준이다.

구부림의 최소 내면 반지름	주철근 표준갈고리	스터럽 · 띠철근 표준갈고리
2d_b	–	D16 이하
3d_b	D10~D25	D19~D25
4d_b	D29~D35	
5d_b	D38 이상	

09

정답 ④

• PC 기둥 1개의 체적 : 0.3m×0.6m×3m=0.54m³
• PC 기둥 1개의 중량 : 0.54m³×2,400kg/m³=1,296kg
8,000kg÷1,296kg=6.17이므로, 최대로 6개까지 적재 가능하다.

콘크리트공사의 단위중량

철근콘크리트	무근콘크리트
2,400kg/m3	2,300kg/m3

10

정답 ④

공장의 레이아웃은 공장 건축의 평면요소 간의 위치관계를 결정하는 것으로, 공장규모의 변화에 대한 융통성을 부여하여야 한다.

공장의 레이아웃(Layout)

개요	• 기계설비, 작업자의 작업구역, 자재나 제품 두는 곳 등에 대한 상호 위치관계를 말한다. • 넓은 의미로는 생산 작업뿐만 아니라 사무작업, 복리후생, 보건위생, 문화관리 등 공장의 전반적인 시설을 다룬다.
형식	• 레이아웃은 공장의 생산성에 큰 영향을 미친다. • 공장규모의 변화에 대응할 수 있도록 충분한 융통성을 부여하여야 한다.

11

정답 ④

몰(Mall)의 계획 시 고려사항
• 확실한 방향성과 식별성이 요구된다.
• 전문점과 핵점포의 주 출입구는 몰에 면하도록 한다.
• 다층으로 계획할 경우, 시야의 개방감이 고려되어야 한다.
• 자연광을 끌어들여 외부공간과 같은 성격을 갖게 한다.
• 코트를 설치해 각종 연회, 이벤트 행사 등을 유치하기도 한다.
• 폭은 3~12m 정도, 핵점포 간의 거리는 240m 미만인 것이 좋다.

12

정답 ②

벤치마크(기준점)는 건물의 높이 및 위치의 기준이 되는 표식을 말하며, 세로(수직)규준틀은 조적공사 등에서 수직면의 기준으로 사용되는 직접가설공사이다.

규준틀

수평규준틀	• 수평규준틀은 주로 토공사에서 사용된다. • 건물의 각부 위치, 기초의 너비, 길이 등의 기준으로 사용된다.
세로규준틀	• 세로규준틀은 조적공사에서 수직면의 기준으로 사용된다.
귀규준틀	• 귀규준틀은 건물의 모서리 등에 사용된다.

13

정답 ①

$$P_b = \frac{\pi^2 EI}{(Kl)^2} = \frac{\pi^2 \times 210,000\text{N/mm}^2 \times \dfrac{30\text{mm} \times (6\text{mm})^3}{12}}{(250\text{mm})^2}$$

$$= 17,907.41\text{N} = 17.9\text{kN}$$

오일러의 좌굴하중 · 좌굴응력
• 좌굴하중(P_b)=π^2×탄성계수(E)×단면2차모멘트(I)÷좌굴길이²(l_k^2)
※ 좌굴길이(l_k)=유효좌굴계수(K)×길이(l)
• 좌굴응력(σ_k)=좌굴하중(P_b)÷부재단면적(A)

구분	1단 고정 1단 자유	양단 힌지	1단 고정 1단 힌지	양단 고정
유효좌굴계수(K)	2.0	1.0	0.7	0.5
좌굴길이(l_k)	2.0×l	1.0×l	0.7×l	0.5×l
좌굴강도(n)	1/4	1.0	2.0	4.0

14

정답 ③

팬코일유닛(FCU) 방식은 전동기 직결의 소형 송풍기, 냉온수 코일 및 필터 등을 갖춘 실내형 소형 공조기를 각 실에 설치하여 중앙 기계실로부터 냉수 또는 온수를 공급받아 공기조화를 하는 전수방식이다. 따라서 누수의 우려가 있다.

15

정답 ②

축조 시 신고 대상 주요 공작물
- 높이 8m를 넘는 고가수조
- 높이 6m를 넘는 굴뚝, 장식탑, 기념탑, 골프연습장 등의 운동시설을 위한 철탑, 주거지역・상업지역에 설치하는 통신용 철탑
- 높이 5m를 넘는 태양에너지를 이용하는 발전설비
- 높이 4m를 넘는 광고탑, 광고판
- 높이 2m를 넘는 옹벽 또는 담장
- 바닥면적 $30m^2$를 넘는 지하대피호

16

정답 ③

연립주택은 주택으로 쓰는 1개 동의 바닥면적(2개 이상의 동을 지하주차장으로 연결하는 경우에는 각각의 동으로 본다) 합계가 $660m^2$를 초과하고, 층수가 4개층 이하인 주택을 말한다.

오답분석

①은 아파트, ②는 다세대주택, ④는 다중주택의 정의이다.

17

정답 ①

고압수은램프의 평균 연색평가수(Ra)는 45~50 범위이다.

연색성
- 물체가 광원에 의하여 조명될 때 물체의 색의 보임을 정하는 광원의 성질이다.
- 평균 연색평가수는 많은 물체의 대표색으로서 8종류의 시험색을 사용하여 그 평균값으로부터 구한 것으로, 100에 가까울수록 연색성이 좋다.
- 연색성은 할로겐전구(Ra=100) > 주광색 형광램프 > 메탈할라이드램프 > 고압나트륨램프, 고압수은램프 순이다.

18

정답 ③

㉠ 평형조건식
- 단순보 A에 P_1, B에 P_2가 작용한다고 볼 때, $P=P_1+P_2$
- 단순보 A의 길이는 L, 단순보 B의 길이는 $\dfrac{L}{2}$이다.
- 서로 직교하는 단순보 A, B의 하중점에서의 변위는 같으므로, $\dfrac{P_1 L^3}{48EI}=\dfrac{P_2 \left(\dfrac{L}{2}\right)^3}{48EI}$, $8P_1=P_2$
- $P=P_1+8P_1=9P_1$이므로, $P_1=\dfrac{P}{9}$, $P_2=\dfrac{8P}{9}$

㉡ 단순보 A의 최대 휨모멘트
- 중앙점에 $\dfrac{P}{9}$가 가해지며, 각 지점 반력은 $\dfrac{P}{9}\times\dfrac{1}{2}=\dfrac{P}{18}$이다.
- $M_C=\dfrac{P}{18}\times\dfrac{L}{2}=\dfrac{PL}{36}$

㉢ 단순보 B의 최대 휨모멘트
- 중앙점에 $\dfrac{8P}{9}$가 가해지며, 각 지점 반력은 $\dfrac{8P}{9}\times\dfrac{1}{2}=\dfrac{4P}{9}$이다.
- $M_C=\dfrac{4P}{9}\times\dfrac{L}{4}=\dfrac{4PL}{36}$

㉣ 단순보 A, B의 최대 휨모멘트의 비
- 단순보 A에서 $\dfrac{PL}{36}$, 단순보 B에서 $\dfrac{4PL}{36}$이므로, 1 : 4이다.

단순보의 처짐

집중하중		등분포하중	
최대처짐	처짐각	최대처짐	처짐각
$\dfrac{Pl^3}{48EI}$	$\dfrac{Pl^2}{16EI}$	$\dfrac{5wl^4}{384EI}$	$\dfrac{wl^3}{24EI}$
중앙	지점	중앙	지점

19

정답 ①

단열시공바탕은 단열재 또는 방습재 설치에 지장이 없도록 못, 철선, 모르타르 등의 돌출물을 제거하여 평탄하게 청소한다.

단열공사의 공법 및 시공

공법의 분류	단열재료	• 성형판단열재 공법, 현장발포재 공법, 뿜칠단열재 공법 등이 있다.
	시공부위	• 벽단열, 바닥단열, 지붕단열 공법 등이 있다.
	설치위치	• 내단열, 중단열, 외단열 등이 있다. • 내단열공법은 단열성능이 적고 내부 결로가 발생할 우려가 있다.
시공		• 단열시공바탕은 단열재 또는 방습재 설치에 지장이 없도록 못, 철선, 모르타르 등의 돌출물을 제거하여 평탄하게 청소한다. • 단열재를 접착제로 바탕에 붙이고자 할 때에는 바탕면을 평탄하게 한 후 밀착하여 시공하되 초기박리를 방지하기 위해 압착상태를 유지시킨다.

20

정답 ③

병렬형은 식당과 부엌이 개방되지 않고 외부로 통하는 출입구의 설치가 가능하다.

병렬형 부엌
- 양쪽 벽면에 작업대가 마주 보도록 배치한 형식이다.
- 일렬형에 비해 작업동선이 단축된다.
- 외부로 통하는 출입구의 설치가 가능하다.
- 작업 시 몸을 앞뒤로 바꾸어야 한다.
- 부엌의 폭이 길이에 비해 넓은 부엌에 적합하다.

21
정답 ③

바닥면적의 합계가 3,000m² 이상인 경우에 대한 기준이다.

> **지하층과 피난층 사이의 개방공간 설치**
> 바닥면적의 합계가 3,000m² 이상인 공연장·집회장·관람장 또는 전시장을 지하층에 설치하는 경우, 각 실에 있는 자가 지하층 각 층에서 건축물 밖으로 피난하여 옥외 계단 또는 경사로 등을 이용하여 피난층으로 대피할 수 있도록 천장이 개방된 외부 공간을 설치하여야 한다.

22
정답 ①

CO_2농도에 따른 필요환기량
- $1L = 0.001m^3$이며, $1ppm$=백만분의 일($1/1,000,000$)이다.
- (CO_2발생량)=(수용인원)×(1인당 CO_2 배출량)
- (필요환기량)=$\dfrac{(O_2발생량)}{(대허용 \ CO_2농도) - (외기 \ 중의 \ CO_2농도)}$
- $\dfrac{0.018m^3/h \times 900}{0.001 - 0.0004} = 27,000m^3/h$

23
정답 ④

프리스트레스하지 않는 부재의 현장치기콘크리트 중 흙에 접하여 콘크리트를 친 후 영구히 흙에 묻혀 있는 콘크리트의 최소 피복두께는 80mm이다.

최소 피복두께
프리스트레스하지 않는 부재의 현장치기콘크리트의 최소 피복두께는 다음과 같다.

수중에서 타설하는 콘크리트		100mm
흙에 접하여 콘크리트를 친 후 영구히 흙에 묻혀 있는 콘크리트		80mm
흙에 접하거나 옥외의 공기에 직접 노출되는 콘크리트	D29 이상	60mm
	D25 이하	50mm
	D16 이하	40mm
옥외의 공기나 흙에 직접 접하지 않는 콘크리트	슬래브, 벽체, 장선 D35 초과	40mm
	D35 이하	20mm
	보, 기둥 ($f_{ck} \geq 40MPa$인 경우, 10mm 저감시킨다.)	40mm
	셸, 절판부재	20mm

24
정답 ④

생석회는 백화의 주원인이므로 ④는 적절한 방법이 아니다.

백화를 방지하기 위한 방법

재료선정	• 10% 이하의 흡수율을 가진 양질의 벽돌을 사용한다. • 잘 소성된 벽돌을 사용한다.
양생준수	• 재료는 충분한 양생 후에 사용하며, 보양을 한다.
방수처리	• 벽면에 실리콘방수를 하며, 줄눈에 방수제를 넣는다. • 파라핀 도료를 벽면에 뿜칠하여 염류 용출을 방지한다.
우수차단	• 차양 등의 비막이를 설치하여 벽에 직접 비가 맞지 않도록 한다. • 돌출부의 상부에 우수가 침투하지 않도록 한다.

25
정답 ③

커머셜 호텔은 도심지에 위치하고 부대시설이 최소화된 객실 위주의 호텔로, 호텔 중에서 연면적에 대한 숙박면적의 비가 가장 크다.

> **커머셜 호텔(Commercial Hotel)**
> • 비즈니스 관련 여행객을 대상으로 하는 호텔이다.
> • 호텔 경영내용의 주체를 객실로 하며, 부대시설은 최소화된다.
> • 연면적에 대한 숙박면적의 비가 가장 큰 호텔이다.

26
정답 ④

비잔틴 → 로마네스크 → 고딕 → 르네상스 → 바로크 순이다.

> **서양 건축양식의 발달 순서**
> 이집트 → 서아시아 → 그리스 → 로마 → 초기 기독교 → 비잔틴 → 이슬람(사라센) → 로마네스크 → 고딕 → 르네상스 → 바로크 → 로코코

27
정답 ③

적층공법은 미리 공장 생산한 부재를 이용하여 한 층씩 쌓아 올라가며 마감 및 설비공사까지 병행하는 조립식 공법이다.

> **적층공법**
> • 미리 공장 생산한 기둥이나 보, 바닥판, 외벽, 내벽 등을 한 층씩 쌓아 올라가는 조립식공법으로, 구체를 구축하고 마감 및 설비공사까지 포함하여 차례로 한 층씩 시공한다.
> • 구체공사와 함께 외벽 및 내부마감이 연속적으로 진행되므로 공기단축 효과가 있다.

28
정답 ③

㉠ 전도 발생지점에 대한 옹벽의 도심
- 옹벽 단면의 좌하단 꼭짓점으로부터의 옹벽의 도심을 구한다.
- 옹벽의 전면부 삼각형($2m \times 6m$)과 배면부 사각형($1m \times 6m$)으로 나누어 계산한다.
- $x_0 = \dfrac{G_y}{A}$

$$= \dfrac{(2 \times 6 \times \frac{1}{2})(2 \times \frac{2}{3}) + (1 \times 6)(2 + 1 \times \frac{1}{2})}{(2 \times 6 \times \frac{1}{2}) + (1 \times 6)}$$

$$= \dfrac{23}{12}m$$

㉡ 전도 모멘트와 저항 모멘트의 계산
- 전도 모멘트 : $P \times y_1 = 10kN \times 2 = 20kN \cdot m$
- 저항 모멘트 : $W \times x_0 = W \times \dfrac{23}{12}m$
- 저항 모멘트>전도 모멘트이어야 하므로,

$$W \times \dfrac{23}{12}m > 20kN \cdot m, \quad W > 10.435kN$$

29
정답 ④

- $3.5kg/cm^2 ≒ 수두 35m ≒ 압력 350kPa$
- $H \geq 35m + 5m = 40m$

> **압력수조의 실양정**
> - 물의 경우, $1kg/cm^2 ≒ 수두 10m ≒ 압력 100kPa$이다.
> - 압력수조의 실양정(H) ≥ 수조 내 최고압력+흡입양정

30
정답 ③

건축물의 내부에서 피난안전구역으로 통하는 계단은 특별피난계단의 구조로 설치하여야 한다.

피난안전구역의 구조

높이	2.1m 이상일 것
마감	내부마감재료는 불연재료로 설치할 것
계단	• 건축물 내부에서 피난안전구역으로 통하는 계단은 특별피난계단의 구조로 설치할 것 • 피난안전구역에 연결되는 특별피난계단은 피난안전구역을 거쳐서 상·하층으로 갈 수 있는 구조로 설치할 것

31
정답 ②

간접가열식 급탕방식은 스케일 부착 가능성이 적다.

간접가열식 급탕방식

개요	• 저탕조 내에 설치한 코일 등을 가열하여 열교환을 통해 물을 급탕하는 방식이다.
특징	• 보일러에서 만들어진 증기 또는 고온수를 열원으로 한다. • 난방용 증기를 사용하면 별도의 보일러가 필요 없다. • 열효율이 직접가열식에 비해 낮다. • 스케일이 부착하는 일이 적고 전열 효율이 높다. • 일반적으로 규모가 큰 건물의 급탕에 사용된다.

32
정답 ②

- $P \times h = M_{상부} + M_{하부}$ 이므로, $P = \dfrac{M_{상부} + M_{하부}}{h}$ 이다.
- $P = \dfrac{(20kN \cdot m \times 2) + (40kN \cdot m \times 2)}{4m} = \dfrac{120kN \cdot m}{4m}$

이므로, $P = 30kN$

33
정답 ③

바실리카 울피아는 재판 및 집회에 사용된 시장 건물이며, 아일[Aisle] 부분의 천정에 배럴 볼트가 사용되었다.

고대 로마의 주요 건축물

판테온	• 거대한 돔을 얹은 로툰다와 대형 열주 현관으로 구성된 신전이다.
콜로세움	• 석재, 콘크리트, 볼트 등으로 구성된 원형 투기장이다. • 1층은 도릭, 2층은 이오닉, 3층은 코린트 오더를 수직으로 중첩시키는 방식을 사용하였다.
바실리카 (공회당)	• 재판 및 집회에 사용된 시장 건물이다. • 바실리카 울피아는 로마식의 광대한 내부 공간을 보여주며, 초기 기독교 교회당의 규준이 된 건축물이다.
인슐라	• 다층의 평민용 집합주거 건물이다.

34
정답 ①

경량골재콘크리트의 단위시멘트량의 최솟값은 $300kg/m^3$이다.

> **경량골재콘크리트의 배합**
> - 공기연행 콘크리트로 하는 것을 원칙으로 한다.
> - 슬럼프 값은 180mm 이하로 하고, 단위시멘트량의 최솟값은 $300kg/m^3$, 물-결합재비의 최댓값은 60%로 한다.
> - 굵은골재의 최대치수는 원칙적으로 20mm로 한다.
> - 기건단위질량의 범위는 1종은 $1,700 \sim 2,000m^3$, 2종은 $1,400 \sim 1,700m^3$이다.

35

집중형은 채광·통풍이 불량하여 기계적 환경 조절이 필요하다.

집중(코어)형 아파트
- 중앙에 엘리베이터나 계단실을 두고 많은 주호가 집중 배치된다.
- 대지 이용률이 가장 높고, 건물 이용도가 높다.
- 주호의 환경이 균등하지 않고 기계적 환경 조절이 필요하다.

36
정답 ④

파이프구조는 부재의 형상이 단순하며 상대적으로 공사비가 저렴하다.

파이프구조
- 건축물의 주요 구조부를 파이프로 구성한 것을 말한다.
- 큰 간사이의 건물에 적합하며, 대규모의 공장, 창고, 체육관, 동·식물원 등에 이용된다.
- 부재의 형상이 단순하고 외관이 경쾌하다.
- 형강에 비해 경량이며, 공사비가 저렴하다.
- 접합부의 절단 및 가공이 어렵다.

37
정답 ③

- $V_u \leq \phi V_c \times \dfrac{1}{2}$인 경우, 전단보강 철근을 배치하지 않는다.

- $V_c = \dfrac{1}{6} \times \lambda \times \sqrt{f_{ck}} \times b_w \times d$이므로, 대입하면

  $V_u \leq \dfrac{\phi \lambda \sqrt{f_{ck}} \times b_w \times d}{12}$이고, $d \geq \dfrac{12 \times V_u}{\phi \lambda \sqrt{f_{ck}} \times b_w}$이다.

- $d \geq \dfrac{12 \times V_u}{\phi \lambda \sqrt{f_{ck}} \times b_w} = \dfrac{12 \times 50,000}{0.75 \times 1 \times \sqrt{28} \times 300} ≒ 503.95\text{mm}$

보의 최소 전단철근
계수전단력 V_u가 콘크리트에 의한 설계전단강도 ϕV_c의 1/2을 초과하는 모든 철근콘크리트 및 프리스트레스트 콘크리트 휨부재에는 최소 전단철근을 배치하여야 한다(예외사항 있음).

구분	콘크리트 부담(전단력+휨모멘트)
공칭강도	$V_c = \dfrac{1}{6} \times \lambda \times \sqrt{f_{ck}} \times b_w \times d$
설계강도	$V_n = \phi V_c$

38
정답 ③

저압의 범위는 교류 600V 이하, 직류 750V 이하이다.

전압의 분류

구분	직류	교류
저압	750V 이하	600V 이하
고압	750V 초과 7,000V 이하	600V 초과 7,000V 이하
특고압	7,000V 초과	7,000V 초과

39
정답 ②

리모델링에 대비한 특례로 용적률, 건축물의 높이 제한, 일조 등의 확보를 위한 건축물의 높이 제한을 100분의 120의 범위에서 완화하여 적용할 수 있다.

용적률의 완화와 리모델링
공동주택을 리모델링이 쉬운 구조로 하여 건축허가를 신청하면 ㉠ 용적률, ㉡ 건축물의 높이 제한, ㉢ 일조 등의 확보를 위한 건축물의 높이 제한 기준을 100분의 120의 범위에서 대통령령으로 정하는 비율로 완화하여 적용할 수 있다.

40
정답 ①

①은 건물의 기둥간격을 결정하는 요소로 볼 수 없다.

사무소 기준층의 기둥간격

결정 요소	사용목적, 구조상 스팬의 한도, 공법, 책상 및 지하주차장의 배치단위, 채광상 층높이에 의한 깊이, 실의 폭 등	
기둥 간격	철근콘크리트구조	5.0~6.0m 정도
	철골철근콘크리트구조	6.0~7.0m 정도

| 06 | 토목일반

01	02	03	04	05	06	07	08	09	10
②	④	③	②	②	④	②	⑤	③	④
11	12	13	14	15	16	17	18	19	20
①	④	③	③	②	④	②	②	①	③
21	22	23	24	25	26	27	28	29	30
①	③	④	①	④	④	⑤	③	③	④
31	32	33	34	35	36	37	38	39	40
②	②	③	③	④	③	①	①	②	②

01
정답 ②

최대 휨응력은

$$\sigma_{\max} = \frac{M}{Z} = \frac{M}{\frac{\pi D^3}{32}} = \frac{32M}{\pi D^3} = \frac{32M}{\pi (2r)^3} = \frac{4M}{\pi r^3} \text{이다.}$$

02
정답 ④

중립축에서 $I_A = \frac{bh^3}{12}$, 밑면에서 $I_B = \frac{bh^3}{3}$

따라서 $\frac{I_A}{I_B} = \frac{\frac{bh^3}{12}}{\frac{bh^3}{3}} = \frac{1}{4}$ 이다.

03
정답 ③

$$P = \frac{AE}{l}\delta = \frac{1 \times 2.1 \times 10^4}{100} \times 1 = 210 \text{kN}$$

04
정답 ②

겹침의 원리는 외력과 변형이 탄성한도 이하의 관계에서만 성립하므로 ②는 옳지 않다.

05
정답 ②

전단력이 0인 곳에 최대 휨모멘트가 일어난다.
$R_A + R_B = 3 \times 6 = 18\text{t}$
$M_A = 18 \times 9 - R_B \times 12 = 0$
$R_A = 13.5\text{t}, \ R_B = 4.5\text{t}$
B점에서 x인 곳이 전단력 0이라면
$\sum V = 4.5 - 3(6 - x) = 0$
$x = 4.5\text{m}$

06
정답 ④

좌굴하중 $P_{cr} = \frac{\pi^2 EI}{(KL)^2}$ 에서 양단이 고정되어 있으므로 $K = 0.5$ 이다.

즉, $P_{cr} = \frac{\pi^2 EI}{(KL)^2} = \frac{\pi^2 EI}{(0.5L)^2} = \frac{4\pi^2 EI}{L^2}$ 이다.

07
정답 ②

단순보에 집중하중이 작용할 때 중앙 최대의 처짐공식

$$\sigma = \frac{Pl^3}{48EI} = \frac{10 \times (8 \times 10^2)^3}{48 \times 1,205 \times 10^4} = 8.852\text{cm}$$

08
정답 ⑤

축척과 면적과의 관계를 살펴보면

$$\left(\frac{1}{m}\right)^2 = \frac{a(\text{도상면적})}{A(\text{실제면적})} \text{으로}$$

$A = am^2$임을 알 수 있다.
실제 면적은 축척분모수 제곱에 비례하므로
$1,000^2 : 24,000 = 2,000^2 : A$
$\rightarrow A = 96,000\text{m}^2$
따라서 실제 면적은 $96,000\text{m}^2$ 이다

09
정답 ③

방위각법은 오차가 이후의 측량에 계속 누적되는 단점이 있다.

> **방위각법**
> 각 측선이 일정한 기준선(진북, 자오선) 방향과 이루는 각을 우회로 관측하는 다각측량에서의 각 관측의 한 방법으로서, 반전법과 고정법의 2가지 방법이 있다. 각 관측값의 계산과 제도에 편리하며 신속히 관측할 수 있어 노선측량 또는 지형측량에 널리 쓰인다.

10
정답 ④

지형측량의 순서는 '측량계획 - 골조측량 - 세부측량 - 측량원도 작성'의 순서이다.

11
정답 ①

오차의 범위를 제외한 면적을 $A_0\text{m}^2$이라 하면,
$A_0 = 75 \times 100 = 7,500$이다. 이때, 면적 A의 오차의 범위
$dA = \pm\sqrt{(100 \times 0.003)^2 + (75 \times 0.008)^2} = \pm 0.670$이므로
$A = 7,500 \pm 0.670$이다.

제1회 정답 및 해설

12
정답 ④

후처리 DGPS는 반송파를 이용함으로 정밀도가 높은 편이다.

13
정답 ③

$f = \dfrac{124.5n^2}{D^{\frac{1}{3}}} \rightarrow 0.02 = \dfrac{124.5n^2}{0.4^{\frac{1}{3}}}$ 이므로

$\therefore n = 0.011$

$V = \dfrac{1}{n}R^{\frac{2}{3}}I^{\frac{1}{2}}$ 식에 대입하면

$V = \dfrac{1}{0.011}\left(\dfrac{0.4}{4}\right)^{\frac{2}{3}}\left(\dfrac{2}{100}\right)^{\frac{1}{2}} = 2.77\text{m/sec}$

따라서 관내의 유속은 약 2.8m/s이다.

14
정답 ③

$Q = CAV = c \cdot bd\sqrt{2gh}$

$200 \times 10^{-3} = 0.62 \times (0.2 \times 0.05) \times \sqrt{2 \times 9.8 \times h}$

$h = 53\text{m}$

15
정답 ②

베르누이 정리를 통해 계산하도록 한다.

물의 단위중량(ω)의 경우, $\omega = \dfrac{1,000kg_f}{m^3} = \dfrac{9,800N}{m^3} = \dfrac{9.8kN}{m^3}$

이며,

베르누이 방정식을 보면

$Z_A + \dfrac{P_A}{\omega} + \dfrac{v_A^2}{2g} = Z_B + \dfrac{P_B}{\omega} + \dfrac{v_B^2}{2g}$ 이다.

여기서 관이 수평으로 설치되어 있으므로, $Z_A = Z_B = 0$

따라서 $\dfrac{P_A}{\omega} - \dfrac{P_B}{\omega} = \dfrac{v_B^2}{2g} - \dfrac{v_A^2}{2g}$ 이고,

$P_A - P_B = \omega\left(\dfrac{v_B^2}{2g} - \dfrac{v_A^2}{2g}\right)$

$P_A - 9.8 = 9.8\left(\dfrac{3^2}{2 \times 9.8} - \dfrac{2^2}{2 \times 9.8}\right)$

$\therefore P_A = 12.3\text{kN/m}^2$

따라서 관 A에서의 유체압력은 12.3kN/m² 이다.

16
정답 ④

$D = 2\text{m} = 200\text{cm}$이므로

레이놀드수(R_e) $= \dfrac{VD}{v}$ 에 대입하면,

$R_e = \dfrac{50 \times 200}{0.0101} = 990,000$이다.

17
정답 ②

홍수량 $Q = \dfrac{1}{360}CIA$에서 $I = \dfrac{6,000}{(5+35)} = 150$이므로

$Q = \dfrac{1}{360} \times 0.6 \times 150 \times 20 = 5$이다.

18
정답 ②

20분 동안의 최대강우강도는 다음과 같다.

- $I_{5 \sim 20} = 20$
- $I_{10 \sim 25} = 35 - 2 = 33$
- $I_{15 \sim 30} = 40 - 5 = 35$
- $I_{20 \sim 35} = 43 - 10 = 33$

$\therefore I_{\max} = \dfrac{35}{20} \times \dfrac{60}{1} = 105$

19
정답 ①

DAD 해석 요소
강우깊이, 유역면적, 강우의 지속시간

20
정답 ③

일반적인 상수도 계통도는 수원 및 저수시설 → 취수 → 도수 → 정수 → 송수 → 배수 → 급수 순으로 이루어진다.

21
정답 ①

축동력 P를 계산하기 위해 전수두를 이용하면 다음과 같다.
(전수두) = (실 양정) + (손실수두)이므로

$P = 9.8 \times \dfrac{QH_t}{\eta} = 9.8 \times \dfrac{0.03 \times (50+5)}{0.8} = 20.2\text{kW}$

22
정답 ③

부유물농도는 $\dfrac{200mg}{L} \times \dfrac{1,000}{1,000} = \dfrac{200g}{m^3} = \dfrac{0.2kg}{m^3}$ 이다.

다음으로 슬러지의 비중이 1.1이므로 슬러지 단위중량은 $\dfrac{1,100kg}{m^3}$ 이다.

슬러지발생량은 (처리수량) × (제거된 부유물 농도) × $\dfrac{100}{100 - (\text{함수율})} \times \dfrac{1}{(\text{단위중량})}$ 으로 구한다.

$\dfrac{3,000m^3}{day} \times \dfrac{0.2kg}{m^3} \times \dfrac{70}{100} \times \dfrac{100}{100-95} \times \dfrac{m^3}{1,100kg} = \dfrac{7.64m^3}{day}$

이므로

슬러지의 양은 약 7.6m³/day이다.

23

정답 ④

• F/M비(kg BOD/m^3 · day)

(F/M비)$=\dfrac{\text{(BOD 용적부하)}}{\text{(MLSS 농도)}}$ 식을 사용하면

$1.0=\dfrac{\text{(BOD 용적부하)}}{2,000\times10^{-3}}$가 된다. 이를 통해 값을 구하면, (BOD 용적부하)$=2$kg BOD/m^3 · day

24

정답 ①

유효 부산물(메탄가스) 생성은 혐기성 소화의 장점이다. 호기성 소화법의 장점으로는 상징수 수질 양호, 악취발생 감소, 운전용이, 저렴한 최초 시공비 등이 있다.

25

정답 ④

KDS 57 70 00
급수관을 지하층 또는 2층 이상에 배관할 경우에는 각 층마다 지수밸브와 함께 진공파괴기 등의 역류방지밸브를 설치해서 보수나 개조공사 등에 대비해야 한다.

26

정답 ④

TBM공법은 터널 전단면을 동시에 굴착하는 공법으로 굴착단면이 원형이고, 암반자체를 지보재로 활용한다.

오답분석
① 터널내의 반발량이 크고 분진량이 많은 공법은 숏크리트 공법이다.
② TBM공법은 암반을 압쇄하기 때문에 초기투자비가 크다.
③ 터널의 품질관리가 어려운 공법은 NATM공법이다.
⑤ 숏크리트와 록볼트를 사용하는 공법은 강지보재 공법이다.

27

정답 ⑤

• 수동토압계수(K_p)

$K_p=\dfrac{1+\sin\phi}{1-\sin\phi}=\dfrac{1+\sin30°}{1-\sin30°}=3$

• 주동토압계수(K_a)

$K_a=\dfrac{1-\sin\phi}{1+\sin\phi}=\dfrac{1-\sin30°}{1+\sin30°}=\dfrac{1}{3}$

수동토압계수와 주동토압계수의 비

$K_p : K_a \rightarrow \dfrac{K_p}{K_a}=\dfrac{3}{\left(\dfrac{1}{3}\right)}=9$

28

정답 ③

N값은 보링을 한 구멍에 스플릿 스푼 샘플러를 넣고, 처음 흐트러진 시료를 15cm 관입한 후 63.5kg의 해머로 76cm 높이에서 자유 낙하시켜 샘플러를 30cm 관입시키는 데 필요한 타격횟수로, 표준관입시험 값이라고도 한다.
표준관입 시험(SPT)에서 샘플러는 스플릿 스푼 샘플러를 사용하며, 해머무게는 64kg, 낙하높이는 76cm, 관입깊이는 30cm이다.

29

정답 ③

정수위 투수시험의 공식은 k$=\dfrac{QL}{hAt}$이다.

k$=\dfrac{86.3(cm^3)\times20(cm)}{40(cm)\times\dfrac{\pi\times(10cm)^2}{4}\times5\sec}=10.988\times10^{-2}$cm/sec

30

정답 ④

현행 구조기준에서는 벽체 및 슬래브에서의 휨 주철근의 간격은 중심간격을 규정하며, 두께의 3배 이하, 450mm 이하로 규정하고 있다.

31

정답 ②

인장철근의 겹침이음길이
(1) A급 이음 : $1.0l_d$ 이상, 300mm 이상
(2) B급 이음 : $1.3l_d$ 이상, 300mm 이상

32

정답 ②

$V_u \le \phi V_n$
$0.1 \le 0.75\,V_n$
$\therefore\ V_n=0.133$MN

33

정답 ③

횡방향 비틀림 철근의 간격은 $P_h/8$ 이하, 300mm 이하라야 한다.

34

정답 ③

부재는 곡선으로 주로 축방향 압축력을 지지한다.

35

정답 ④

$I_p=I_x+I_y$

$=\dfrac{bh^3}{12}+\dfrac{b^3h}{12}$

$=\dfrac{bh}{12}(b^2+h^2)$

36

$$[\text{세장비}(\lambda)]=\frac{[\text{기둥의 길이}(l)]}{[\text{최소 회전 반경}(r)]}=\frac{l}{\sqrt{\dfrac{I}{A}}}$$

37

전단탄성계수 공식은 $G=\dfrac{E}{2(1+\nu)}$ 이다.

위의 공식을 푸아송비로 표현한다면,

$$\nu=\frac{E}{2G}-1=\frac{230,000}{2(60,000)}-1\fallingdotseq0.917$$

38

전단탄성계수 $G=\dfrac{\tau}{\gamma}$ 에서

$\tau=G\cdot\gamma=(8.15\times10^5)(750\times10^{-6})=611.25\text{kg}_f/\text{cm}^2$ 이다.

다음으로 원형 단면의 단면 2차 극모멘트를 구하면,

$I_P=I_x+I_y=2I_x=2\times\left[\dfrac{\pi}{64}(7.5^4-6^4)\right]\fallingdotseq183.397\text{cm}^4$ 이다.

여기서 비틀림응력 $\tau=\dfrac{T\cdot r}{I_P}$ 에서 비틀림력은 $T=\dfrac{\tau\cdot I_P}{r}$ 이므로

$$T=\frac{(611.25)(183.397)}{\left(\dfrac{7.5}{2}\right)}\fallingdotseq29,893\text{kg}_f\cdot\text{cm}=29.9\text{t}\cdot\text{cm}\text{이다.}$$

따라서 비틀림력 T는 29.9t · cm이다.

39

면적의 정밀도$\left(\dfrac{dA}{A}\right)$와 거리정밀도$\left(\dfrac{dl}{l}\right)$와의 관계

$dl=0.2\times600=120\text{mm}=0.12\text{m}$이며, $\dfrac{dA}{A}=2(\dfrac{dl}{l})$이다.

따라서 $\dfrac{dA}{A}=2(\dfrac{0.12}{10})\times100=2.4\%$이다.

40

3점법에 의해 계산하면 평균유속은 다음과 같다.

$$\begin{aligned}V_m&=\frac{1}{4}(V_{0.2}+2V_{0.6}+V_{0.8})\\&=\frac{1}{4}[0.622+(2\times0.442)+0.332]\\&=0.4695\text{m/s}\end{aligned}$$

제2회 모의고사 정답 및 해설

제1영역 직업기초능력평가

01	02	03	04	05	06	07	08	09	10
②	①	①	③	④	③	④	③	③	④
11	12	13	14	15	16	17	18	19	20
②	⑤	②	③	①	④	③	②	①	③
21	22	23	24	25	26	27	28	29	30
④	②	⑤	④	④	④	④	⑤	③	②
31	32	33	34	35	36	37	38	39	40
①	③	⑤	③	④	⑤	④	③	④	②

01 정답 ②

글은 사회보장제도가 무엇인지 정의하고 있으므로 제목으로는 사회보장제도의 의의가 가장 적절하다.

오답분석

① 두 번째 문단에서만 사회보험과 민간보험의 차이점을 언급하고 있다.
③ 우리나라만의 사회보장에 대한 설명은 아니다.
④ 대상자를 언급하고 있지만 글 내용의 일부로 글의 전체적인 제목으로는 적절하지 않다.
⑤ 소득보장에 대해서는 언급하고 있지 않다.

02 정답 ①

INT 함수는 소수점 아래를 버리고 가장 가까운 정수로 내림하는 함수이다. 따라서 결괏값으로 100이 표시된다.

03 정답 ①

피터의 법칙(Peter's Principle)이란 무능력이 개인보다는 위계조직의 메커니즘에서 발생한다고 보는 이론으로, 무능력한 관리자를 빗대어 표현한다. 우리 사회에서 많이 볼 수 있는 무능력, 무책임으로 인해 우리는 많은 불편을 겪으며 막대한 비용을 지출하게 된다. 그렇지만 이러한 무능력은 사라지지 않고 있으며, 오히려 무능한 사람들이 계속 승진하고 성공하는 모순이 발생하고 있다. 대부분의 사람은 무능과 유능이 개인의 역량에 달려 있다고 생각하기 쉬우나, 로런스 피터(Laurence J. Peter)와 레이몬드 헐 (Raymond Hull)은 우리 사회의 무능이 개인보다는 위계조직의 메커니즘에서 발생한다고 주장하였다.

04 정답 ③

마지막 문단에 따르면 우리나라도 유럽과 같이 첨단 안전장치를 검사하기 위하여 검사장비 및 검사기준 개발 등을 적극적으로 추진하고 있다고 하였다.

05 정답 ④

• 그때의 감정은 4년이 지난 지금, 다시 떠올려도 (형언)할 길이 없다.
• 그렇게 올곧은 사람이 왜 그 사건은 (묵인)하고 넘어갔는지 모르겠다.
• 태풍으로 인해 비행기가 어쩔 수 없이 연착되는 것을 (양해)해 줄 것을 부탁했다.
• 팀장님은 프로젝트 시 어떠한 실수도 (용납)하지 않는다.
• 팀원들의 (양해)를 구하지 않고 막무가내로 결정하는 그의 행동은 정말 불쾌하다.
• 1년 반 만의 취업으로 (형언)할 수 없는 기쁨을 느꼈다.

오답분석

'공인'이라는 어휘 속에도 '인정하다'라는 뜻이 있어 모호할 수 있다. 하지만 인정함의 주체가 '국가'나 '공공단체 또는 사회단체'이기 때문에, 빈칸의 어떠한 곳에도 '공인'은 문맥상 어울리지 않음을 알 수 있다.
• 공인하다(公認−) : 국가나 공공 단체 또는 사회단체 등이 어느 행위나 물건에 대하여 인정한다.

06 정답 ③

제시문은 동양과 서양에서 서로 다른 의미를 부여하고 있는 달에 대해 설명하고 있는 글이다. 따라서 (나) 동양에서 나타나는 해와 달의 의미 → (라) 동양과 상반되는 서양에서의 해와 달의 의미 → (다) 최근까지 지속되고 있는 달에 대한 서양의 부정적 의미 → (가) 동양에서의 변화된 달의 이미지의 순서대로 배열하는 것이 적절하다.

07
정답 ④

식사 속도는 윗사람에게 맞추는 것이 예의이다.

오답분석

① 식사 중에는 음식 먹는 소리를 내지 않는 것이 좋다.
② 회식 중에 주량이 넘을 경우 정중하게 거절하는 것이 좋다.
③ 식사 중에 국은 그릇째 들고 마시지 않는다.
⑤ 식사는 윗사람보다 먼저 시작하지 않도록 한다.

08
정답 ③

승강기 이용 시 승강기 문이 이미 닫히기 시작한 경우에는 무리하게 타지 말고 다음 승강기를 이용하도록 한다.

09
정답 ③

잘못된 것, 실패한 것, 실수한 것에 대하여 정직하게 인정하고 밝히는 것이 중요하다.

10
정답 ④

인·적성검사 합격자의 조 구성은 은경씨가 하지만, 합격자에게 몇 조인지를 미리 공지하는지는 알 수 없다.

11
정답 ②

'조직목표 간에는 수평적 상호관계가 있다.'와 '불변적 속성을 가진다.' 2가지가 옳지 않은 내용이다.

조직목표의 특징

• 공식적 목표와 실제적 목표가 다를 수 있다.
 − 조직목표는 조직이 존재하는 이유와 관련된 조직의 사명과 사명을 달성하기 위한 세부목표를 가지고 있다. 조직의 사명은 조직의 비전, 가치와 신념, 조직의 존재이유 등을 공식적인 목표로 표현한 것이다. 반면에 세부목표는 조직이 실제적인 활동을 통해 달성하고자 하는 것으로 사명에 비해 측정 가능한 형태로 기술되는 단기적인 목표이다.
• 다수의 조직목표를 추구할 수 있다.
• 조직목표 간에는 위계적 상호관계가 있다.
 − 조직은 다수의 조직목표를 추구할 수 있으며, 이러한 조직목표들은 위계적 상호관계가 있어 서로 상하관계에 있으면서 영향을 주고받는다.
• 가변적 속성을 가진다.
 − 조직목표는 한번 수립되면 달성될 때까지 지속되는 것이 아니라, 환경이나 조직 내의 다양한 원인들에 의하여 변동되거나 없어지고, 새로운 목표로 대치되기도 한다.
• 조직의 구성 요소와 상호관계를 가진다.
 − 조직목표들은 조직의 구조, 조직의 전략, 조직의 문화 등과 같은 조직체제의 다양한 구성 요소들과 상호관계를 가지고 있다.

12
정답 ⑤

D대리의 청렴도 점수를 a로 가정하고, 승진심사 평점 계산식을 세우면 $60 \times 0.3 + 70 \times 0.3 + 48 \times 0.25 + a \times 0.15 = 63.6$점

$$\rightarrow a \times 0.15 = 12.6 \rightarrow a = \frac{12.6}{0.15} = 84$$

따라서 D대리의 청렴도 점수는 84점임을 알 수 있다.

13
정답 ②

B과장의 승진심사 평점은 $80 \times 0.3 + 72 \times 0.3 + 78 \times 0.25 + 70 \times 0.15 = 75.6$점이다.
따라서 승진후보에 들기 위해 필요한 점수는 $80 - 75.6 = 4.4$점임을 알 수 있다.

14
정답 ③

ㄱ. '다' 카드를 활용해 9와 1이 적힌 낱말퍼즐 조각을 바꾸고, '가' 카드를 이용해 3과 11이 적힌 낱말퍼즐 조각을 바꾸면 가로로 'BEAR'라는 단어를 만들 수 있다.
ㄷ. '가' 카드를 활용하여 5와 13이 적힌 낱말퍼즐 조각을 바꾸고, '나' 카드를 활용하여 6과 11이 적힌 낱말퍼즐 조각을 바꾸면 가로로 'COLD'라는 단어를 만들 수 있다.

오답분석

ㄴ. 2와 9가 적힌 낱말퍼즐 조각을 바꿀 수 있는 카드 조건이 없으며, 낱말퍼즐 조각들을 3번 자리바꿈을 하는 것도 규칙에 어긋난다.

15
정답 ①

'PLAY'라는 단어를 만들기 가장 쉬운 줄은 위에서부터 두 번째 가로줄이다. 하지만 이 경우에도 Y, L, A를 모두 이동시켜야 하므로 최소한 3번의 자리바꿈이 필요하다. 따라서 불가능하다.

오답분석

ㄴ. 3번째 게임규칙에 따르면 카드 2장을 모두 사용할 필요는 없다. 따라서 '가' 카드는 사용하지 않고, '마' 카드를 이용해 11과 12가 적힌 낱말퍼즐 조각을 맞바꾸면 가로로 'XERO'라는 단어를 만들 수 있다.
ㄷ. '라' 카드를 활용하여 5와 13의 낱말퍼즐 조각을 맞바꾸고, '마' 카드를 활용하여 6과 11의 낱말퍼즐 조각을 맞바꾸면 가로로 'COLD'라는 단어를 만들 수 있다.

16
정답 ④

'일부 시설물 노후 심화'는 기업의 내부환경으로 볼 수 있다. 따라서 SWOT 분석의 약점(Weakness) 요인에 적절한 내용이다.

17
정답 ③

수출 자동차의 환적 물동량이 급증하는 것은 기회(Opportunity) 요인이며, 경기침체 위기는 위협(Threat) 요인으로 WO전략(약점 –기회)의 내용으로 적절하지 않다.

오답분석

① 다기능 항만의 역량 요구(기회)를 위해 경쟁력 있는 화물창출 인프라(강점)를 활용하는 SO전략이다.
② 경기 침체(위협)를 회피하기 위해 수출 · 입 국내 1위(강점)인 점을 내세우는 ST전략이다.
④ 글로벌 해운동맹의 M&A(위협)에 대비하고 자체적으로 물량 (약점)을 더 창출하도록 하는 WT전략이다.
⑤ 정부의 정책 변화(기회)에 발맞춰 다기능 항만으로 전환하여 고부가가치를 창출(강점)하도록 하는 SO전략이다.

18
정답 ②

영업부장이 실수할 수도 있으므로 바로 생산계획을 변경하는 것보다는 이중 확인 후 생산라인에 통보하는 것이 좋다.

19
정답 ①

실행 중인 여러 개의 작업 창에서 다른 프로그램 실행 창으로 전환할 때 〈Alt〉를 누른 상태에서 〈Tab〉을 계속 눌러 전환할 창을 선택한다.

20
정답 ③

데이터 레이블은 데이터 계열을 대상으로 전체 데이터나 하나의 데이터 또는 하나의 데이터 요소를 선택하여 계열 이름, 항목 이름, 값 등을 표시하는 것이다. 이러한 데이터 레이블은 차트에서는 입력이 가능하나, 스파크라인에서는 입력이 불가능하다.

21
정답 ④

오답분석

① (가)에 들어갈 내용으로, '라틴아메리카'가 아니라 '아메리카'가 되어야 의견에 부합한다.
② (나)에 들어갈 내용으로, 180여 명의 군대에 의해 멸망한 것이 아니라 민간 무장 집단이 주도했다고 언급하고 있다.
③ (가)에 들어갈 내용으로, 코르테스는 16세기 중반이 아니라 16세기 초반인 1519년에 멕시코의 베라크루스 지역에 도착했다.
⑤ (가)에 들어갈 내용으로, 엘도라도는 '황금으로 가득 찬 도시'가 아니라 '황금의 사나이'란 뜻이다.

22
정답 ②

본인의 컴퓨터가 32bit 운영체제인지 64bit 운영체제인지 확인하는 방법은 다음과 같다.

1) [시작] – [컴퓨터]–[바로 가기 메뉴] – [속성]에서 확인
2) [시작] – [제어판] – [시스템]을 통해 확인

23
정답 ⑤

이런 문제 유형은 시간차이를 각 나라별로 따져서 실제 계산을 해도 되지만, 각각의 선지가 옳은지를 하나씩 검토하는 것도 방법이다. 이때 모든 나라를 검토하는 것이 아니라 한 나라라도 안 되는 나라가 있으면 다음 선지로 넘어간다.

• 헝가리 : 서머타임을 적용해 서울보다 6시간 느리다.
• 호주 : 서머타임을 적용해 서울보다 2시간 빠르다.
• 베이징 : 서울보다 1시간 느리다.

오답분석

① 헝가리가 오전 4시로 업무 시작 전이므로 회의가 불가능하다.
② 헝가리가 오전 5시로 업무 시작 전이므로 회의가 불가능하다.
③ 헝가리가 오전 7시로 업무 시작 전이므로 회의가 불가능하다.
④ 헝가리가 오전 8시로 업무 시작 전이므로 회의가 불가능하다.

24
정답 ④

• 한국시각 기준 비행기 탑승 시각 : 21일 8시 30분+13시간=21일 21시 30분
• 비행기 도착 시각 : 21일 21시 30분+17시간=22일 14시 30분
∴ 김사원의 출발 시각 : 22일 14시 30분−1시간 30분−30분= 22일 12시 30분

25
정답 ④

손과 몸의 상하좌우 움직임은 2차원적인 것, 앞뒤 움직임은 3차원적인 것이다. TOF 카메라는 깊이 정보를 측정하는 기계이므로 3차원 공간 좌표에서 이루어지는 손과 몸의 앞뒤 움직임도 인지할 수 있다.

오답분석

① TOF 카메라는 밝기 또는 색상으로 표현된 동영상 형태로 깊이 정보를 출력한다.
② · ⑤ TOF 카메라는 적외선을 사용하기 때문에 태양광이 있는 곳에서는 사용하기 어렵고, 보통 10m 이내로 촬영 범위가 제한된다.
③ TOF 카메라는 대상에서 반사된 빛을 통해 깊이 정보를 측정한다. 따라서 빛 흡수율이 높은 대상은 깊이 정보를 획득하기 어렵다.

26 정답 ④

자기실현의 욕구는 자신의 목표를 끊임없이 추구하며 성취를 통해 만족을 얻고자 하는 욕구로, 한 번 충족되면 더 이상 추구되지 않는 하위단계의 욕구들과 달리 완전히 충족되지 않아 끊임없이 자기성장과 실현을 위해 노력하게 하는 욕구이다.

27 정답 ④

회사와 팀의 업무 지침은 변화하는 환경 속에서 그 일의 전문가들에 의해 확립된 것이므로, 기본적으로 지켜야 할 것은 지키되 그 속에서 자신의 방식을 발견해야 한다. 따라서 본인이 속한 팀의 업무 지침이 마음에 들지 않는다는 이유로 이를 지키지 않고 본인만의 방식을 찾겠다는 D대리의 행동전략은 적절하지 않다.

28 정답 ⑤

에피쿠로스의 주장에 따르면 신은 인간사에 개입하지 않으며, 육체와 영혼은 함께 소멸되므로 사후에 신의 심판도 받지 않는다. 그러므로 인간은 사후의 심판을 두려워할 필요가 없고, 이로 인해 죽음에 대한 모든 두려움에서 벗어날 수 있다고 주장한다. 따라서 이러한 주장에 대한 비판으로 ⑤가 가장 적절하다.

29 정답 ③

전자레인지를 사용하면서 불꽃이 튀는 경우와 조리 상태에 만족하지 않을 때 확인해야 할 사항에 사무실, 전자레인지의 전압을 확인해야 한다는 내용은 명시되어 있지 않다.

30 정답 ②

제품설명서 중 A/S 신청 전 확인 사항을 살펴보면, 비데 기능이 작동하지 않을 경우 수도필터가 막혔거나 착좌센서 오류가 원인이라고 제시되어 있다. 따라서 K사원으로부터 접수받은 현상(문제점)의 원인을 파악하려면 수도필터의 청결 상태를 확인하거나 비데의 착좌센서의 오류 여부를 확인해야 한다. 따라서 ②가 가장 적절하다.

31 정답 ①

앞의 문제에서 확인한 사항(원인)은 '수도필터의 청결 상태'이다. 즉, 수도필터의 청결 상태가 원인이 되는 또 다른 현상(문제점)으로는 수압이 약해지는 것이다. 따라서 ①이 가장 적절한 행동이다.

32 정답 ③

앞의 문제에서 확인한 원인은 수도필터가 막히거나 이물질이 끼는 것으로, 이는 흐르는 물에 수도필터를 닦음으로써 문제를 해결할 수 있다. 따라서 ③과 같이 수도필터가 청결함을 유지할 수 있도록 수시로 닦아주는 것이 가장 적절한 해결방안이다.

33 정답 ⑤

고객이 요청한 업무를 처리함에 있어 수수료 발생 등과 같이 고객이 반드시 알아야 하는 사항은 업무를 처리하기 전에 고객에게 확인을 받고 진행하는 것이 옳다. 업무가 완료된 후에 고객이 알아야 할 사항을 전달해야 한다는 것은 적절하지 않다.

34 정답 ③

제시문은 고객에게 사전에 반품 배송비가 있다는 것을 공지하지 않아서 발생한 상황이다. 따라서 반품 배송비가 있다는 항목을 명시하겠다는 내용이 가장 적절하다.

35 정답 ④

아무리 사적인 통화가 아닌 업무 관련 전화라고 하더라도 응대 받고 있는 고객 입장에서는 자신을 무시하고 있다는 생각에 불쾌할 수 있다. 고객을 응대하고 있지 않은 다른 행원에게 통화를 부탁하거나, 꼭 자신이 해야 하는 것이면 나중에 다시 걸 것을 약속하고 전화를 끊는 것이 적절한 고객 응대 태도이다.

36 정답 ⑤

플라잉 요가의 강좌 1회당 수강료는 플라잉 요가가 $\frac{330,000}{20}=$ 16,500원이고, 가방 공방은 $\frac{360,000}{12}=30,000$원이다. 따라서 플라잉 요가는 가방 공방보다 강좌 1회당 수강료가 30,000-16,500=13,500원 저렴하다.

오답분석

① 운동 프로그램인 세 강좌는 모두 오전 시간에 신청할 수 있으며, 공방 프로그램의 강좌시간은 모두 오후 1시 이후에 시작하므로 가능하다.
② 가방 공방의 강좌시간은 2시간 30분이며, 액세서리 공방은 2시간이므로 가방 공방 강좌시간이 30분 더 길다.
③ 공방 중 하나를 수강하는 경우 오후 1시 이전에 수강이 가능한 필라테스와 플라잉 요가를 모두 들을 수 있으므로 최대 두 프로그램을 들을 수 있다.
④ 프로그램을 최대로 수강할 경우는 필라테스와 플라잉 요가를 오전에 수강하고, 오후에는 액세서리 공방, 가방 공방, 복싱 중 한 강좌를 듣는 것이다. 따라서 세 강좌 중 가장 비싼 수강료는 가방 공방이므로 총 수강료가 가장 비쌀 경우는 가방 공방을 수강하는 것이다.

37 정답 ④

B보다 시대가 앞선 유물은 두 개다.

1	2	3	4
		B	

나머지 명제를 도식화하면 'C−D, C−A, B−D'이다. 따라서 정리하면 다음과 같다.

1	2	3	4
C	A	B	D

38 정답 ③

ㄱ. • 검수대상 : 1,000×0.1=100건(∵ 검수율 10%)
　• 모조품의 적발개수 : 100×0.01=1건
　• 평균 벌금 : 1,000만 원×1=1,000만 원
　• 인건비 : 30만 원×10=300만 원
　∴ (평균 수입)=1,000만 원−300만 원=700만 원
ㄴ. • 전수조사 시 검수율 : 100%
　• 조사인력 : 10+20×9=190명
　• 인건비 : 30만 원×190=5,700만 원
　• 모조품의 적발개수 : 1,000×0.01=10건
　• 벌금 : 1,000만 원×10=1억 원
　• 수입 : 1억 원−5,700만 원=4,300만 원
　따라서 전수조사를 할 때 수입보다 인건비가 더 크다.
ㄹ. • 검수율이 30%일 때
　− 조사인력 : 10+20×2=50명
　− 인건비 : 30만 원×50=1,500만 원
　− 검수대상 : 1,000×0.3=300건
　− 모조품의 적발개수 : 300×0.01=3건
　− 벌금 : 1,000만 원×3=3,000만 원
　− 수입 : 3,000만 원−1,500만 원=1,500만 원
　• 검수율을 10%로 유지한 채 벌금을 2배 인상하는 방안
　− 검수대상 : 1,000×0.1=100건
　− 모조품의 적발개수 : 100×0.01=1건
　− 벌금(2배) : 1,000만 원×2×1=2,000만 원
　− 인건비 : 30만 원×10=300만 원
　− 수입 : 2,000만 원−300만 원=1,700만 원
　따라서 벌금을 인상하는 방안의 1일 평균 수입이 더 많다.

오답분석

ㄷ. 검수율이 40%일 때
　• 조사인력 : 10+20×3=70명
　• 인건비 : 30만 원×70=2,100만 원
　• 검수대상 : 1,000×0.4=400건
　• 모조품의 적발 개수 : 400×0.01=4건
　• 벌금 : 1,000만 원×4=4,000만 원
　• 수입 : 4,000만 원−2,100만 원=1,900만 원
　현재 수입은 700만 원이므로 검수율이 40%일 때 1일 평균 수입은 현재의 1,900÷700≒2.71배이다.

39 정답 ④

도표에 나타난 프로그램 수입비용을 모두 합하면 380만 불이며, 이 중 영국에서 수입하는 액수는 150만 불이므로 그 비중은 약 39.47%에 달한다.

40 정답 ②

미술과 수학을 신청한 학생의 비율 차이는 16−14=2%p이고, 신청한 전체 학생은 200명이므로 수학을 선택한 학생 수는 미술을 선택한 학생 수보다 200×0.02=4명 더 적다.

제**2**영역 직무수행능력평가

| 01 | 기계일반

01	02	03	04	05	06	07	08	09	10
⑤	②	①	⑤	③	③	②	①	④	②
11	12	13	14	15	16	17	18	19	20
④	⑤	④	④	③	④	②	③	④	②
21	22	23	24	25	26	27	28	29	30
④	④	③	③	②	④	③	②	④	④
31	32	33	34	35	36	37	38	39	40
①	③	④	④	④	②	④	③	②	④

01
정답 ⑤

단위 체적 당 탄성에너지=최대 탄성 에너지이므로,

$$u = \frac{U}{V} = \frac{\sigma^2}{2E} = \frac{E \times \epsilon^2}{2}$$

$$u_1 = \frac{\sigma^2}{2E} \rightarrow u_2 = \frac{(4\sigma)^2}{2E} = \frac{16\sigma^2}{2E}$$

$\therefore u_2 = 16u_1$ 이므로 16배가 된다.

02
정답 ②

내압을 받는 얇은 원통에서 원주(후프)응력 $\sigma_r = \frac{Pd}{2t}$,

축방향의 응력 $\sigma_s = \frac{Pd}{4t}$ 이므로,

$$\sigma_r = \sigma_y = \frac{Pd}{2t} = \frac{860,000 \times 3}{2 \times 0.03} = 43,000,000 N/m^2 = 43MPa$$

$$\sigma_s = \sigma_x = \frac{Pd}{4t} = \frac{860,000 \times 3}{4 \times 0.03} = 21,500,000 N/m^2$$
$$= 21.5MPa$$

2축 응력에서 최대 전단응력은 $\theta = 45°$ 일 때,

$$\therefore \tau_{max} = \frac{1}{2}(\sigma_x - \sigma_y) = \frac{1}{2}(21.5 - 43) = -10.75MPa$$

03
정답 ①

2축 응력(서로 직각인 두 수직응력의 합성)에서

$$\sigma_n = \sigma_x \cos^2\theta + \sigma_x \sin^2\theta$$

법선응력(σ_n)

$$= \frac{1}{2}(\sigma_x + \sigma_y) + \frac{1}{2}(\sigma_x - \sigma_y)\cos2\theta$$

$$= \frac{1}{2}(132.6 + 45.6) + \frac{1}{2}(132.6 - 45.6) \times \cos(2 \times 60°)$$

$$= 67.4MPa$$

전단응력(τ)

$$= \sigma_x \cos\theta\sin\theta - \sigma_y \sin\theta\cos\theta = (\sigma_x - \sigma_y)\cos\theta\sin\theta$$

$$= \frac{1}{2}(\sigma_x - \sigma_y)\sin2\theta$$

$$= \frac{1}{2}(132.6 - 45.6) \times \sin(2 \times 60°)$$

$$= 37.7MPa$$

04
정답 ⑤

비틀림각(θ) $= \frac{Tl}{GI_p} = \frac{32Tl}{G\pi d^4}$

$$T = \frac{G\pi d^4 \theta}{32l}$$

$$= \frac{(100 \times 10^9) \times \pi \times 0.15^4 \times \frac{1}{20}}{32 \times 1}$$

$$= 248,504.9N \cdot m \doteqdot 248.5kN \cdot m$$

05
정답 ③

$$\delta = \frac{PL^3}{3EI} = \frac{PL^3}{3E} \times \frac{12}{bh^3} = \frac{8 \times 10^3 \times 1.5^3}{3 \times 200 \times 10^9} \times \frac{12}{0.3 \times 0.1^3}$$

$$= 0.18 \times 10^{-2}m = 1.8mm$$

06
정답 ③

응력집중계수(k)는 노치부의 유무나 급격한 단면변화와 같이 재료의 모양변화에는 영향을 받지만, 재료의 크기나 재질에는 영향을 받지 않는다. 응력집중현상 감소를 위해서는 필릿의 반지름을 크게 하고, 단면부분을 열처리하거나 표면거칠기를 향상시킨다.

07
정답 ②

크리프(Creep) 현상은 금속을 고온에서 오랜 시간 외력을 가하면 시간의 경과에 따라 서서히 변형이 증가하는 현상을 말한다.

오답분석

① 전성 : 얇은 판으로 넓게 펼 수 있는 성질
③ 가단성 : 금속을 두들려 늘릴 수 있는 성질
④ 연성 : 가느다란 선으로 늘어나는 성질
⑤ 피로 : 재료의 파괴력보다 적은 힘으로 오랜 시간 반복 작용하면 파괴되는 현상

08

$$\delta = \frac{PL}{AE}$$

$$2 = \frac{50 \times 10^3 \times 100}{500 \times E}$$

$$E = \frac{50 \times 10^3 \times 100}{500 \times 2}$$
$$= 5,000 \text{N/mm}^2$$
$$= 5,000 \times 10^6 \text{N/m}^2$$
$$= 5 \times 10^9 \text{N/m}^2$$
$$= 5 \text{GPa}$$

변형량(δ) 구하기

$$\delta = \frac{PL}{AE}$$

P : 작용한 하중[N]

L : 재료의 길이[mm]

A : 단면적[mm^2]

E : 세로탄성계수[N/mm^2]

09

스페로다이징(Spherodizing)은 공석온도 이하에서 가열하는 것으로 최고의 연성을 가진 재료를 얻고자 할 때 사용하는 열처리법이다. 미세한 펄라이트 조직을 얻기 위해 공석온도 이상으로 가열후 서랭하는 열처리법은 불림(Normalizing)이다.

10

구상흑연주철은 황 성분이 적은 선철을 용해로, 전기로에서 용해한 후 주형에 주입 전 마그네슘, 세륨, 칼슘 등을 첨가시켜 흑연을 구상화하여 보통주철보다 강력한 성질을 갖은 주철이다.

오답분석

① 합금주철 : 보통주철에 니켈, 구리 등을 첨가하여 특수강 성질을 갖게 하는 주철

③ 칠드주철 : 표면의 경도를 높게 만들기 위해 금형에 접해서 주철용탕을 응고하고, 급랭하여 제조한 주철

④ 가단주철 : 주조성이 좋은 주철을 용해하여 열처리를 함으로써 견인성을 높인 주철

⑤ 백주철 : 회주철을 급랭시킨 주철로 파단면이 백색을 띠며, 흑연의 함유량이 매우 적고, 다른 주철보다 시멘타이트의 함유량이 많아서 단단하지만 취성이 있는 주철

11

고주파 경화법은 고주파 유도 전류로 강(Steel)의 표면층을 급속 가열한 후 급랭시키는 방법으로 가열 시간이 짧고, 피가열물에 대한 영향을 최소로 억제하며 표면을 경화시키는 표면경화법이다. 고주파수는 소형 제품이나 깊이가 얕은 담금질 층을 얻고자 할 때, 낮은 주파수는 대형 제품이나 깊은 담금질 층을 얻고자 할 때 사용한다.

기본 열처리 4단계

- 담금질(Quenching ; 퀜칭) : 재료를 강하게 만들기 위하여 변태점 이상의 온도인 오스테나이트 영역까지 가열한 후 물이나 기름 같은 냉각제 속에 집어넣어 급랭시킴으로써 강도와 경도가 큰 마텐자이트 조직을 만들기 위한 열처리 조작이다.

- 뜨임(Tempering ; 템퍼링) : 잔류 응력에 의한 불안정한 조직을 A_1변태점 이하의 온도로 재가열하여 원자들을 좀 더 안정적인 위치로 이동시킴으로써 잔류응력을 제거하고 인성을 증가시키기 위한 열처리법이다.

- 풀림(Annealing ; 어닐링) : 강 속에 있는 내부 응력을 제거하고 재료를 연하게 만들기 위해 A_1변태점 이상의 온도로 가열한 후 가열 노나 공기 중에서 서랭함으로써 강의 성질을 개선하기 위한 열처리법이다.

- 불림(Normalizing ; 노멀라이징) : 주조나 소성가공에 의해 거칠고 불균일한 조직을 표준화 조직으로 만드는 열처리법으로 A_3변태점보다 30～50[℃] 높게 가열한 후 공랭시킴으로써 만들 수 있다.

12

쇼트피닝는 일종의 표면경화법으로써 금속 재료의 표면에 강이나 주철의 작은 입자들을 고속으로 분사시켜, 가공경화에 의하여 표면층의 경도를 높이는 방법이다.

항온 열처리

- 오스템퍼링 : A'과 Ar'' 사이 염욕에 퀜칭하여 베이나이트조직을 얻는 열처리

- 마템퍼링 : Ms점과 Mf점 사이에서 항온처리하며 마텐자이트와 베이나이트의 혼합조직을 얻는 방식

- Ms퀜칭 : Ms보다 약간 낮은 온도에서 항온 유지 후 급랭하여 잔류 오스테나이트를 감소

- 오스포밍 : 과랭 오스테나이트 상태에서 소성 가공을 한 후 냉각 중에 마텐자이트화

- 마퀜칭 : 담금균열과 변형이 적은 마텐자이트 조직을 얻는 방식

13
정답 ③

스테인리스강은 일반 강재료에 Cr(크롬)을 12% 이상 합금하여 부식이 잘 일어나지 않는다. 스테인리스강에 탄소량이 많아지면 부식이 잘 일어나게 되므로 내식성은 저하된다.

구분	종류	주요성분	자성
Cr계	페라이트계 스테인리스강	Fe+Cr(12% 이상)	자성체
	마텐자이트계 스테인리스강	Fe+Cr(13%)	자성체
Cr+Ni계	오스테나이트계 스테인리스강	Fe+Cr(18%)+ Ni(8%)	비자성체
	석출경화계 스테인리스강	Fe+Cr+Ni	비자성체

14
정답 ④

ㄱ. 쇼어 경도(H_S) : 낙하시킨 추의 반발높이를 이용하는 충격경도 시험

ㄴ. 브리넬 경도(H_B) : 구형 누르개를 일정한 시험하중으로 시험편에 압입시켜 시험하며, 이때 생긴 압입 자국의 표면적을 시험편에 가한 하중으로 나눈 값이다.

ㄷ. 로크웰 경도(H_R) : 원추각이 120°, 끝단 반지름이 0.2mm인 원뿔형 다이아몬드를 누르는 방법(HRC)과 지름이 1.588mm인 강구를 누르는 방법(HRB)의 2가지가 있다.

15
정답 ③

오답분석

① Al : 면심입방격자
② Au : 면심입방격자
④ Mg : 조밀육방격자

금속의 결정 구조

종류	성질	원소	단위격자	배위수	원자충진율
체심입방격자(BCC ; Body Centered Cubic)	• 강도가 크다. • 용융점이 높다. • 전성과 연성이 작다.	W, Cr, Mo, V, Na, K	2개	8	68%
면심입방격자(FCC ; Face Centered Cubic)	• 전기전도도가 크다. • 가공성이 우수하다. • 장신구로 사용된다. • 전성과 연성이 크다. • 연한 성질의 재료이다.	Al, Ag, Au, Cu, Ni, Pb, Pt, Ca	4개	12	74%
조밀육방격자(HCP ; Hexagonal Close Packed lattice)	• 전성과 연성이 작다. • 가공성이 좋지 않다.	Mg, Zn, Ti, Be, Hg, Zr, Cd, Ce	2개	12	74%

16
정답 ④

Y합금(내열합금은 Al-Cu 4% - Ni 2% - Mg 1.5%로 내연기관의 실린더 및 피스톤에 사용된다.

오답분석

① 실루민 : Al-Si계 합금으로 절삭성은 나쁘나 주조성이 좋고 적당량의 규소 함유 시 고열에 대한 내성이 증가한다..
② 하이드로날륨 : Al-Mg계 합금으로 내식성이 가장 우수하다.
③ 두랄루민 : Al-Cu-Mg-Mn계 합금으로 주로 항공기 재료로 사용된다.
⑤ 코비탈륨 : Y합금에 Ti, Cu 0.5%를 첨가한 내열합금이다.

17
정답 ②

심냉처리의 목적

• 공구강의 경도 상승, 성능 향상
• 기계부품 조직의 안정화, 형상 변화 방지
• 스테인리스강의 기계적 성질 향상

> **심냉처리(Sub zero-treatment)**
> 담금질 후 시효변형을 방지하기 위해 잔류 오스테나이트를 마텐자이트로 만드는 처리과정

18
정답 ③

조직의 결정격자 및 특징

기호	조직명	결정격자 및 특징
α	페라이트 (α-ferite)	BCC (탄소 0.025%)
γ	오스테나이트 (austenite)	FCC (탄소 2.11%)
δ	페라이트 (δ-ferite)	BCC
Fe_3C	시멘타이트 (Cementite)	금속간 화합물 (탄소 6.68%)
$\alpha+Fe_3C$	펄라이트 (Pearlite)	$\alpha+Fe_3C$의 혼합 조직 (탄소 0.8%)
$\gamma+Fe_3C$	레데부라이트 (Ledeburite)	$\gamma+Fe_3C$의 혼합 조직 (탄소 4.3%)

19
정답 ④

가공도$\left(= \dfrac{A'}{A_0} \times 100\%\right)$가 커 거친가공에 적합한 것은 열간가공의 특징이다.

냉간가공의 특징
- 가공면이 아름답다(치수 정밀도가 높다).
- 기계적 성질이 개선된다.
- 가공방향으로 섬유조직이 되어 방향에 따라 강도가 달라진다.
- 인장강도, 항복점, 탄성한계, 경도가 증가한다.
- 연신율(신장률), 단면수축률, 인성 등은 감소한다.

20
정답 ②

열영향부(HAZ ; Heat Affected Zone)는 용접 시 발생된 열 중 철의 용융점인 1,538℃ 이하의 온도에 의해 용용부(융합부)와 인접한 금속조직이 용융되지는 않았으나 용접열에 의해 조직이 변하게 된 부분이다. 열영향부는 융합부와 직접 접촉된 부분이나 그 경계는 뚜렷하지 않다.

21
정답 ④

선반은 공작물의 회전운동과 절삭공구의 직선운동에 의해 절삭가공을 하는 공작기계이다.

공작기계의 절삭가공 방법

종류	공구	공작물
선반	축 방향 및 축에 직각 (단면 방향) 이송	회전
밀링	회전	고정 후 이송
보링	직선 이송	회전
	회전 및 직선 이송	고정
드릴링 머신	회전하면서 상·하 이송	고정
셰이퍼, 슬로터	전·후 왕복운동	상하 및 좌우 이송
플레이너	공작물의 운동 방향과 직각 방향으로 이송	수평 왕복운동
연삭기 및 래핑	회전	회전, 또는 고정 후 이송
호닝	회전 후 상하운동	고정
호빙	회전 후 상하운동	고정 후 이송

22
정답 ④

발생열을 흡수하여 열전도율이 좋아야 한다.

윤활유의 구비조건
- 온도에 따른 점도 변화가 적을 것
- 적당한 점도가 있고 유막이 강할 것
- 인화점이 높을 것
- 변질되지 않으며 불순물이 잘 혼합되지 않을 것
- 발생열을 흡수하여 열전도율이 좋을 것
- 내열, 내압성이면서 가격이 저렴할 것
- 중성이며 베어링이나 메탈을 부식시키지 않을 것

23
정답 ③

사출성형품에 수축 불량이 발생하는 원인은 금속이 응고할 때 부피가 수축되는 현상 때문인데, 이를 방지하기 위해서는 용탕을 추가로 보충해 주거나 급랭을 피해야 한다. 따라서 성형수지의 온도를 낮추는 것은 해결방안이 아니다.

24
정답 ③

상향절삭은 마찰이 커서 마모가 더 빨리되어 공구수명도 짧다.

상향절삭과 하향절삭의 특징

상향절삭	하향절삭
커터날의 절삭방향과 공작물 이송방향이 반대이다.	커터날의 절삭방향과 공작물 이송방향이 같다.
• 마찰열이 커서 가공면이 거칠다. • 공구날의 마모가 빨라서 공구 수명이 짧다. • 백래시의 영향이 적어 백래시 제거장치가 필요 없다. • 하향절삭에 비해 가공면이 깨끗하지 못하다. • 기계에 무리를 주지 않아 강성은 낮아도 된다. • 칩이 가공할 면 위에 쌓이므로 시야가 안 좋다. • 날 끝이 일감을 치켜 올리므로 일감을 단단히 고정해야 한다. • 동력 소비가 크다.	• 표면거칠기가 좋다. • 날의 마멸이 적어서 공구의 수명이 길다. • 백래시 제거장치가 반드시 필요하다. • 가공면이 깨끗하고 고정밀절삭이 가능하다. • 절삭가공 시 마찰력은 작으나 충격량이 크기 때문에 높은 강성이 필요하다. • 절삭된 칩이 이미 가공된 면 위에 쌓이므로 작업시야가 좋아서 가공하기 편하다. • 커터날과 일감의 이송방향이 같아서 날이 가공물을 누르는 형태이므로 가공물 고정이 간편하다. • 날 하나마다의 자리 간격이 짧다.

25
정답 ②

절삭가공은 바이트와 같은 절삭공구로 공작물을 깎아 내는 작업으로 전성, 연성과는 관련성이 낮다. 따라서 절삭가공에 속하는 구멍 뚫기와 밀링가공, 선삭가공은 정답에서 제외된다.

- 전성 : 넓게 펴지는 성질로 가단성으로도 불린다. 전성(가단성)이 크면 큰 외력에도 쉽게 부러지지 않아서 단조가공의 난이도를 나타내는 척도로 사용된다.
- 연성 : 탄성한도 이상의 외력이 가해졌을 때 파괴되지 않고 잘 늘어나는 성질을 말한다.

26
정답 ④

인베스트먼트주조법은 제품과 동일한 형상의 모형을 왁스(양초)나 파라핀으로 만든 다음 그 주변을 슬러리상태의 내화재료로 도포한다. 그리고 가열하면 주형은 경화되면서 왁스로 만들어진 내부 모형이 용융되어 밖으로 빠지고 주형이 완성되는 주조법이다.

오답분석

① 셸몰드법 : 금속모형을 대략 240~280℃로 가열한 후, 모형 위에 박리제인 규소수지를 바른다. 규사와 열경화성 합성수지를 배합한 주형재에 잠기게 하여 주형을 제작하는 주조법이다.
② 다이캐스팅법 : 용융금속을 금형에 고속으로 주입한 뒤 응고될 때까지 고압을 가해 주물을 얻는 주조법이다. 또한 주형을 영구적으로 사용할 수 있고 주입 시간이 매우 짧아서 생산속도가 빨라 대량생산에 적합하다.
③ 원심주조법 : 고속으로 회전하는 사형이나 금형주형에 용탕을 주입한 후 회전시켜 작용하는 원심력이 주형의 내벽에 용탕이 압착된 상태에서 응고시키는 주조법이다.
⑤ 풀몰드법 : 모형에 발포 폴리스티렌을 사용하고 주형 모래로 이 모형을 감싸서 굳히므로 주형에 분할면이 생기지 않으며, 코어는 미리 주형 속에 고정시켜 놓고 연소하여 모형 공동 속에 남는 것은 극히 적으며, 거의 쇳물과 모형이 교체되듯이 쇳물 주입이 이루어지는 것이 특징으로 하는 주조법이다.

27
정답 ③

유동형 칩은 바이트 경사면에 따라 흐르듯이 연속적으로 발생하는 칩으로, 절삭 저항의 크기가 변하지 않고, 진동을 동반하지 않아 양호한 치수 정도를 얻을 수 있다.

오답분석

① 열단형 칩(Tear Type Chip)에 대한 설명이다.
② 유동형 칩은 절삭 저항의 크기가 변하지 않고, 진동을 동반하지 않는다.
④ 전단형 칩(Shear Type Chip)에 대한 설명이다.
⑤ 유동형 칩은 바이트가 충격에 의한 결손을 일으키지 않아 양호한 절삭 상태이다.

28
정답 ②

불활성가스 아크용접법의 종류로는 TIG용접과 MIG용접이 있다. 이 두 용접법에는 용제(Flux)가 사용되지 않으며 따로 넣어주지도 않는다. 용접봉으로는 피복되지 않은 용접 Wire가 사용된다.

29
정답 ④

핀의 종류

- 테이퍼 핀 : 1/50의 테이퍼가 있는 핀으로 구멍에 박아 부품을 고정시키는 데 사용된다.
- 평행 핀 : 테이퍼가 붙어 있지 않은 핀으로 빠질 염려가 없는 곳에 사용된다.
- 조인트 핀 : 2개 부품을 연결할 때 사용되고 조인트 핀을 축으로 회전한다.
- 분할 핀 : 한쪽 끝이 2가닥으로 갈라진 핀으로 축에 끼워진 부품이 빠지는 것을 방지한다.
- 스프링 핀 : 스프링 강대를 원통형으로 성형, 종방향으로 틈새를 부여한 핀으로 외경보다 약간 작은 구멍경에 삽입함으로써 핀의 이탈을 방지한다.

30
정답 ④

웜 기어(웜과 웜휠기어로 구성)는 회전운동하는 운동축을 90°로 회전시켜서 다시 회전운동을 시키는 기어장치로 역회전을 방지할 수 있다.

웜과 웜휠기어의 특징
- 부하용량이 크다.
- 잇 면의 미끄럼이 크다.
- 역회전을 방지할 수 있다.
- 감속비를 크게 할 수 있다.
- 운전 중 진동과 소음이 거의 없다.
- 진입각이 작으면 효율이 떨어진다.
- 웜에 축방향의 하중이 발생된다.

31
정답 ①

(최대 틈새)=(구멍의 최대 허용치수)-(축의 최소 허용치수)
45.024-45.003=0.021
(최대 죔새)=(축의 최대 허용치수)-(구멍의 최소 허용치수)
45.017-45=0.017

틈새와 죔새값 계산

최소 틈새	(구멍의 최소 허용치수)-(축의 최대 허용치수)
최대 틈새	(구멍의 최대 허용치수)-(축의 최소 허용치수)
최소 죔새	(축의 최소 허용치수)-(구멍의 최대 허용치수)
최대 죔새	(축의 최대 허용치수)-(구멍의 최소 허용치수)

32

나사를 풀기 위해 필요한 힘 $P' = Q\tan(p-\alpha)$에서

- P'가 0보다 크면, $p-\alpha > 0$이므로 나사를 풀 때 힘이 든다. 따라서 나사는 풀리지 않는다.
- P'가 0이면, $p-\alpha = 0$이므로 나사가 풀리다가 정지한다. 따라서 나사는 풀리지 않는다.
- P'가 0보다 작으면, $p-\alpha < 0$이므로 나사를 풀 때 힘이 안 든다. 따라서 나사는 스스로 풀린다.

33

오답분석

① $M8 \times 3$: 바깥지름이 8mm, 피치가 3mm인 미터 가는나사

② $\frac{1}{4} - 20\,UNC$: 바깥지름이 $\frac{1}{4}$인치이고 inch당 나사산 수가 20인 유니파이 보통 나사

③ $\frac{1}{2} - 10\,UNF$: 바깥지름이 $\frac{1}{2}$인치이고 inch당 나사산 수가 10인 유니파이 가는 나사

⑤ $Tr30 \times 2$: 바깥지름이 30mm이고 피치가 2mm인 미터 사다리꼴 나사

34

V벨트는 벨트 풀리와의 마찰이 크므로 접촉각이 작더라도 미끄럼이 생기기 어렵고 속도비를 높일 수 있어 동력 전달에 좋다.

V벨트의 특징
- 고속운전이 가능하다.
- 벨트를 쉽게 끼울 수 있다.
- 미끄럼이 적고 속도비가 크다.
- 이음매가 없어서 운전이 정숙하다.
- 접촉 면적이 넓어서 큰 회전력 전달이 가능하다.
- 조작이 간단하고 비용이 싸다.

35

카뮤의 정리에 따르면 2개의 기어가 일정한 속도로 회전하기 위해서는 접촉점의 공통법선은 일정한 점을 통과해야 한다.

오답분석

① 사이클로이드곡선 : 평면 위의 일직선상에서 원을 회전시킨다고 가정했을 때, 원의 둘레 중 임의의 한 점이 회전하면서 그리는 곡선을 치형으로 사용한 곡선이다. 피치원이 일치하지 않거나 중심거리가 다를 때는 기어가 바르게 물리지 않으며, 이뿌리가 약하다는 단점이 있으나 효율성이 좋고 소음과 마모가 적다는 장점이 있다.

② 인벌루트곡선 : 원기둥을 세운 후 여기에 감은 실을 풀 때, 실 중 임의 1점이 그리는 곡선 중 일부를 치형으로 사용한 곡선이다. 이뿌리가 튼튼하며 압력각이 일정할 때 중심거리가 다소 어긋나도 속도비가 크게 변하지 않고 맞물림이 원활하다는 장점이 있으나 마모가 잘된다는 단점이 있다.

③ 기어의 물림률이 클수록 소음은 작아진다.

※ 물림률(Contact Ratio) : 동시에 물릴 수 있는 이의 수로 물림 길이를 법선피치로 나눈 값이다.

36

표면거칠기 표시 중에서 산술평균 거칠기값인 Ra값이 가장 작다.

※ 산술 평균 거칠기(중심선 평균 거칠기), R_a
기준길이(L)의 표면거칠기 곡선에서 기준인 중심선을 기준으로 모든 굴곡부분을 더한 후 기준길이로 나눈 것을 마이크로미터[μm]로 나타낸 값

표면거칠기 기호 및 거칠기값[μm]

기호	용도	표면거칠기값		
		Ra (산술 평균 거칠기)	Ry (Rmax) (최대 높이)	Rz (10점 평균 거칠기)
w	다른 부품과 접촉하지 않는 면에 사용	25a	100S	100Z
x	다른 부품과 접촉해서 고정되는 면에 사용	6.3a	25S	25Z
y	기어의 맞물림 면이나 접촉 후 회전하는 면에 사용	1.6a	6.3S	6.3Z
z	정밀 다듬질이 필요한 면에 사용	0.2a	0.8S	0.8Z

37

체크 밸브는 유체의 한쪽 방향으로 흐름은 자유로우나 역방향의 흐름은 허용하지 않는 밸브이다.

오답분석

① 셔틀 밸브 : 항상 고압측의 압유만을 통과시키는 밸브

② 로터리 밸브 : 밸브의 구조가 간단하며 조작이 쉽고, 확실하므로 원격 제어용 파일럿 밸브

③ 스풀 밸브 : 스풀에 대한 압력이 평형을 유지하여 조작이 쉽고, 고압 대용량 밸브

⑤ 스톱 밸브 : 작동유의 흐름을 완전히 멈추게 하거나 또는 흐르게 하는 것을 목적으로 하는 밸브

38

유체 퓨즈는 유압 회로 내의 압력이 설정 압을 넘으면 유압에 의하여 막이 파열되어 유압유를 탱크로 귀환시키며, 압력 상승을 막아주는 기기이다.

오답분석

① 입력 스위치 : 액체 또는 기체의 압력이 일정범위를 벗어날 경우 다시 범위내로 압력을 유지하게 도와주는 스위치
② 감압밸브 : 유체의 압력을 감소시켜 동력을 절감시키는 밸브
④ 포핏 밸브 : 내연기관의 흡·배기 밸브로 사용하는 밸브
⑤ 카운터 밸런스 밸브 : 한쪽 흐름에 배압을 만들고, 다른 방향은 자유 흐름이 되도록 만들어 주는 밸브

39
정답 ②

원심 펌프의 특징
• 가격이 저렴하다.
• 맥동이 없으며 효율이 좋다.
• 평형공으로 축추력을 방지한다.
• 작고 가벼우며 구조가 간단하다.
• 고장률이 적어서 취급이 용이하다.
• 용량이 작고 양정이 높은 곳에 적합하다.
• 고속 회전이 가능해서 최근 많이 사용한다.
• 비속도를 통해 성능이나 적정 회전수를 결정한다.

40
정답 ④

베인 펌프의 작동유는 점도 제한이 있다. 동점도는 약 35cSt(Centi Stokes)이다.

베인 펌프의 특징
• 압력 저하량이 적다.
• 펌프 중량에 비해 형상치수가 작다.
• 송출(토출)압력의 맥동이 적고 소음이 작다.
• 작동유의 점도에 제한이 있다.
• 호환성이 좋고 보수가 용이하다.
• 다른 펌프에 비해 부품수가 많다.

| 02 | 전기일반

01	02	03	04	05	06	07	08	09	10
③	②	②	⑤	①	①	①	④	②	①
11	12	13	14	15	16	17	18	19	20
①	②	①	④	②	⑤	③	⑤	③	①
21	22	23	24	25	26	27	28	29	30
③	④	②	③	①	④	①	④	①	④
31	32	33	34	35	36	37	38	39	40
④	③	①	③	⑤	②	②	①	④	③

01
정답 ③

$F=9\times10^9\times\dfrac{Q_1Q_2}{\epsilon_s r^2}$ 이고 진공(공기 중)의 비유전율 $\epsilon_s=$이므로, $F=9\times10^9\times\dfrac{2\times10^{-5}\times2.5\times10^{-5}}{1\times2^2}=1.125\text{N}$이다.

02
정답 ②

전기력선의 성질
• 도체 표면에 존재(도체 내부에는 없다)
• $(+)\rightarrow(-)$ 이동
• 등전위면과 수직으로 발산
• 전하가 없는 곳에는 전기력선이 없음(발생, 소멸이 없다)
• 전기력선 자신만으로 폐곡선을 이루03지 않음
• 전위가 높은 곳에서 낮은 곳으로 이동
• 전기력선은 서로 교차하지 않음
• 전기력선 접선방향=그 점의 전계의 방향
• $Q[\text{C}]$에서 $\dfrac{Q}{\varepsilon_0}$ 개의 전기력선이 나옴
• 전기력선의 밀도는 전기장의 세기에 비례

03
정답 ②

정전용량 $Q=CV$ 에서 $C_1=\dfrac{Q}{V_1}$, $C_2=\dfrac{Q}{V_2}$

$\therefore \dfrac{C_1}{C_2}=\dfrac{\dfrac{Q}{V_1}}{\dfrac{Q}{V_2}}$, $V_1=V_2$이므로 $\dfrac{C_1}{C_2}=\dfrac{V_2}{V_1}=1$

04

정답 ⑤

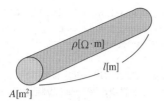

전선의 고유저항 $R=\rho\dfrac{l}{A}[\Omega]$일 때

ㄱ. 전기저항 $R[\Omega] \propto$ 고유저항 $\rho[\Omega\cdot\text{m}]$

ㄷ. 전기저항 $R[\Omega] \propto$ 길이 $l[\text{m}]$

ㄹ. 도체의 길이를 n배 늘리고, 단면적을 $\dfrac{1}{n}$배 감소 시, 전기저항 $R[\Omega]$은 n^2배로 증가한다.

오답분석

ㄴ. 전기저항 $R[\Omega] \propto$ 단면적 $\dfrac{1}{A[\text{m}^2]}$ 이다.

05

정답 ①

자유전자는 음전하를 가지므로 자유전자가 과잉된 상태는 음전하로 대전된 상태를 말한다.

오답분석

② 화학반응 등에 의해 물체가 열이 나는 상태이다.

③ 음전하와 양전하의 양이 같아 물체의 전하 합이 0인 상태이다.

④ 전자가 다른 곳으로 이동하여 전자가 있던 자리에 양전하를 갖는 양공이 생성되어 양전하로 대전된 상태이다.

⑤ 원자와 분자 등의 입자에서 내부의 전자 배치 상태가 다른 전자 배치 상태로 바뀌는 상태이다.

06

정답 ①

전력량 $W=Pt[\text{Wh}]$

• $W_{220\text{V}}=Pt=55\times\left(2\times\dfrac{1}{2}\times10\right)=550\text{Wh}$

• $W_{110\text{V}}=Pt=55\times(1\times1\times10)=550\text{Wh}$

따라서 전력량의 비는 1 : 1로 같다.

07

정답 ①

두 도선 사이의 간격이 $r[\text{m}]$인 경우 두 도선 사이에 작용하는 힘, $F=2\times10^{-7}\times\dfrac{I^2}{r}[\text{N/m}]$인데, 간격이 2r로 되었으므로 $F=2\times10^{-7}\times\dfrac{I^2}{2r}=\dfrac{1}{2}F$가 된다. 따라서 원래 작용하던 힘의 반으로 줄게 된다.

08

정답 ④

• a점에서의 자계의 세기

$H=\dfrac{I}{2\pi r}=\dfrac{1}{2\pi a}$ ∵ $I=1$, $r=a$ 대입

• b점에서의 자계의 세기

$H'=\dfrac{I}{2\pi r}=\dfrac{8}{2\pi b}$ ∵ $I=8$, $r=b$ 대입

$H=H'$라 두면 $\dfrac{1}{2\pi a}=\dfrac{8}{2\pi b}$, $\dfrac{1}{a}=\dfrac{8}{b}$

∴ $\dfrac{b}{a}=8$

09

정답 ②

상호인덕턴스 $M=k\sqrt{L_1 L_2}$

∴ 결합계수 $k=\dfrac{M}{\sqrt{L_1 L_2}}=\dfrac{10}{\sqrt{20\times80}}=\dfrac{10}{\sqrt{1,600}}=0.25$

10

정답 ①

인덕턴스 $LI=N\phi$

$L=\dfrac{N\phi}{I}=\dfrac{600\times10^{-3}}{3}=200\times10^{-3}\text{H}=200\text{mH}$

11

정답 ①

궁지선은 비교적 장력이 작고 협소한 장소에서 사용된다.

지선의 종류

지선의 설치목적은 지지물에 가하는 하중을 일부 분담하여 지지물의 강도를 보강하여 전도사고를 방지함에 있으며, 종류는 다음과 같다.

• 보통지선 : 일반적으로 사용되는 지선

• 궁지선 : 비교적 장력이 작고 협소한 장소에 사용되는 지선

• 공동지선 : 지지물 상호거리가 비교적 근접한 경우에 사용되는 지선

• Y지선 : 다단의 완철이 설치된 경우 장력의 불균형이 큰 경우 사용되는 지선

• 수평지선 : 도로나 하천을 지나가는 경우 사용되는 지선

12

ACSR은 강선과 경알루미늄연선의 합성연선으로 명칭은 강심알루미늄연선이다.

> **전선의 종류 및 용도**
> • 연동선 : 옥내배선 및 지중전선로 사용
>   – IV : 600V 비닐절연전선
>   – HIV : 내열용 비닐절연전선
>   – RB : 600V 고무절연전선
>   – FL : 1000V 형광방전등용전선
>   – GV : 접지용 비닐절연전선
> • 경동선 : 인입선 및 저압 가공전선로
>   – DV : 인입용 비닐절연전선
>   – OW : 옥외용 비닐절연전선
> • 합성연선
>   – ACSR : 강심알루미늄연선

13
정답 ①

충전용량 $Q = \omega C V^2$에서 전압을 2배하면 충전용량은 4배가 된다.

14
정답 ④

대지정전용량의 감소와 연가는 관계 없다.

> **연가(Transposition)**
> 전선로 각 상의 선로정수를 평형이 되도록 선로 전체의 길이를 3등분하여 각 상의 위치를 개폐소나 연가철탑을 통하여 바꾸어주는 것
>
> **연가의 목적**
> • 선로정수의 평형
> • 유도장해 감소
> • 소호리엑터 접지 시 직렬공진 방진
> • 임피던스의 평형

15
정답 ②

전압을 n배로 승압 시

항목	관계
송전전력	$P \propto V^2$
전압강하	$e \propto \dfrac{1}{V}$
단면적 A	
총중량 W	
전력손실 P_1	$[A, W, P_l, \epsilon] \propto \dfrac{1}{V^2}$
전압강하율 ϵ	

16
정답 ⑤

계통을 연계할 경우, 사고 시 타 계통으로 파급 확대가 우려된다.

> **전력계통 연계의 장·단점**
> • 장점
>   – 전력의 융통으로 설비용량이 절감된다.
>   – 건설비 및 운전 경비 절감으로 경제 급전이 용이하다.
>   – 계통 전체로서의 신뢰도가 증가한다.
>   – 부하 변동의 영향이 작아 안정된 주파수 유지가 가능하다.
> • 단점
>   – 연계설비를 신설해야 한다.
>   – 사고 시 타 계통으로 파급 확대가 우려된다.
>   – 병렬회로수가 많아져 단락전류가 증대하고 통신선의 전자 유도장해가 커진다.

17
정답 ③

고압 배전선로의 길이가 길어서 전압강하가 너무 클 경우 배전선로의 중간에 승압기를 설치하여 2차측 전압을 높여줌으로서 말단의 전압강하를 방지한다.

18
정답 ⑤

고조파 제거와 서지흡수기는 관계가 없다.

> **고조파 제거방법**
> • △결선하여 3고조파 제거
> • 직렬리엑터를 설치하여 제5고조파의 제거
> • 1차측 필터 설치
> • 고조파 전용변압기 사용
> • 무효전력 보상장치 설치

19
정답 ③

선간 단락 고장 발생 시 영상분은 나타나지 않고, 정상분과 역상분만 나타나므로 정상 임피던스도와 역상 임피던스도가 필요하다.

> **고장의 종류별 대칭분**
> • 1선지락 고장 : 정상분, 역상분, 영상분
> • 선간단락 고장 : 정상분 역상분
> • 3산단락 고장 : 정상분

20

계통의 단락전류를 제한하기 위해서는 계통의 전압을 높여야 한다.

> **단락전류의 억제 대책**
> • 계통의 전압을 높인다.
> • 임피던스가 큰 기기를 채택한다.
> • 송전선 또는 모선 간에 한류리엑터를 삽입한다.
> • 계통분할방식을 채택한다.
> • 계통연계기를 사용한다.

21
정답 ③

$N = K(\text{기계정수}) \times \dfrac{E}{\Phi}$, $E = V - I_a R_a$,

$N = K \times \dfrac{V - R_a I_a}{\Phi}$

식에서 N을 $\dfrac{1}{2}$로 하려면 Φ는 2가 되어야 한다.

22
정답 ④

$V = I_f(R_f + R)$에서 $R_f = \dfrac{V}{I_f} - R = \dfrac{100}{2} - 10 = 40\Omega$ 이다.

23
정답 ②

동기 발전기의 병렬운전 조건은 기전력의 크기, 위상, 주파수, 파형, 상회전 방향이 같아야 한다.

24
정답 ③

동기 발전기의 단락비를 크게 한 것은 안정도를 높이기 위한 대책이다. 단락비가 큰 동기 발전기는 동기 임피던스·전압변동률·전기자 반작용·효율이 작고, 출력·선로의 충전 용량·계자기자력·단락전류·공극이 크다. 또한 안정도가 좋으며, 중량은 무겁고 가격이 비싸다.

25
정답 ①

단상 변압기 4대(Pvv) : $Pvv = 2\sqrt{3}\, P_a = 2\sqrt{3} \times 100$

$2\sqrt{3} \times P = 200\sqrt{3}\,\text{kVA}$

26
정답 ④

30kVA인 변압기가 3대이므로 각각의 변압기에 $\dfrac{30}{3} = 10\text{kVA}$ 부하가 걸리므로 2차 상전류는 $I_{2p} = \dfrac{10 \times 10^3}{200} = 50\text{A}$이며, 따라서 1차 상전류는 변압비가 20이므로 $I_{1p} = \dfrac{I_{2p}}{a} = \dfrac{50}{20} = 2.5\text{A}$가 된다.

27
정답 ①

$s = \dfrac{N_s - N}{N_s}$, $N_s = \dfrac{120f}{p} = \dfrac{120 \times 60}{6} = 1,200$

$\therefore s = \dfrac{1,200 - 1,152}{1,200} = 0.04$

따라서 $E_{2s} = sE_2 = 0.04 \times 200 = 8\text{V}$이다.

28
정답 ④

1극의 전기각은 $a = \pi$이며, 1극의 홈 수는 $\dfrac{(\text{홈수})}{(\text{극수})} = \dfrac{36}{4} = 9$이다.

따라서 홈 간격의 전기각은 $\dfrac{\pi}{9} = \dfrac{180°}{9} = 20°$이다.

29
정답 ①

• 직류 평균 전압 $E_d = \dfrac{2\sqrt{2}}{\pi}E - e_a = \dfrac{2\sqrt{2}}{\pi} \times 100 - 15$
$= 72\text{V}$

• 평균 부하 전류 $I_d = \dfrac{E_d - 60}{0.2} = \dfrac{75 - 60}{0.2} = 75\text{A}$

평균 출력 $P_0 = E_d I_d \rightarrow P_0 = 75 \times 75 = 5,625\text{W}$

30
정답 ④

주어진 회로는 단상 전파 정류 회로 이므로, $E_d = 0.9E = 9$이다.

따라서 $I_d = \dfrac{E_d}{R} = \dfrac{9}{5,000} = 1.8\text{mA}$이다.

31
정답 ④

• a점에서의 전위 $V_a = \dfrac{Q}{4\pi\varepsilon a}$

• b점에서의 전위 $V_b = \dfrac{Q}{4\pi\varepsilon b}$

$\therefore V_{ab} = V_a - V_b = \dfrac{Q}{4\pi\varepsilon}\left(\dfrac{1}{a} - \dfrac{1}{b}\right)$

$Q = CV$에서

$$C = \frac{Q}{V_{ab}} = \frac{Q}{\dfrac{Q}{4\pi\varepsilon}\left(\dfrac{1}{a} - \dfrac{1}{b}\right)} = 4\pi\varepsilon\left(\frac{ab}{b-a}\right)$$

a, b 각각 2배 증가, 내부를 비유전율 $\varepsilon_r = 2$인 유전체로 채울 때,

$$4\pi 2\varepsilon\left(\frac{4ab}{2b-2a}\right) = 4\pi 2\varepsilon\left(\frac{4ab}{2(b-a)}\right) = 4\times 4\pi\varepsilon\left(\frac{ab}{(b-a)}\right)$$
$$= 4C$$

32
정답 ③

• 정상상태 초기전류

$$I_L = \frac{12}{2+2+2} = \frac{12}{6} = 2\text{A}$$

• 과도상태 최종전류

$$I_L = \frac{4}{2+2} = 1\text{A}$$

• 시정수

$$\tau = \frac{L}{R} = \frac{2}{4} = \frac{1}{2}$$

$$t = \frac{1}{\tau} = 2$$

$$\therefore\ i_L(t) = 1 + e^{-2t}$$

33
정답 ①

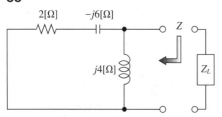

$$Z = \frac{(2-j6)\times(j4)}{(2-j6)\times(j4)} = \frac{24+j8}{2-j2}$$

$$Z = \frac{(24+j8)\times(2+j2)}{(2-j2)\times(2+j2)} = \frac{48+j48+j16-16}{4+j4-j4+4}$$

$$= \frac{32+j64}{8} = 4+j8$$

$$\therefore\ |Z| = \sqrt{(4)^2+(8)^2} = \sqrt{80} = 4\sqrt{5}$$

34
정답 ③

• 정상상태 L = 단락

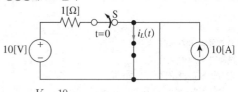

$$I_V = \frac{V}{R} = \frac{10}{1} = 10\text{A}$$

$$I_A = 10\text{A}$$

$$\therefore\ i_L(t) = I_V + I_A = 10 + 10 = 20\text{A}$$

35
정답 ⑤

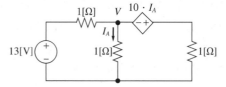

• $\dfrac{V-13}{1} + \dfrac{V}{1} + \dfrac{V+10I_A}{1} = 0$

$V - 13 + V + V + 10I_A = 0$

• $V = I_A \times 1 = I_A$

$I_A = V$

$\therefore\ V - 13 + V + V + 10V = 0$

$13V = 13$

$\therefore\ V = 1\text{V}$

전류 $I_A = \dfrac{V}{R} = \dfrac{1}{1} = 1\text{A}$

36
정답 ②

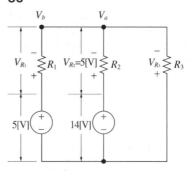

• $V_{R2} = 5\text{V}$이므로 $V_a = 14 - 5 = 9\text{V}$

• $V_a = V_b$이므로 $5 - V_{R1} = V_b$에서 $V_b = V_a = 9\text{V}$ 대입

$5 - V_{R1} = 9$

$\therefore\ V_{R1} = -4\text{V}$

37

정답 ②

전압과 전류가 동위상일 경우는 부하가 순저항일 경우이며, 위상차 $\theta = 0°$가 된다. 따라서 역률 $\cos\theta = \cos0° = 1$이 된다.

38

정답 ①

기전력에 대하여 90° 늦은 전류가 통할 때 자극축과 일치하는 감자작용이 일어난다.

• 감자작용 : 전압이 앞설 때(지상) – 유도성
• 증자작용 : 전류가 앞설 때(진상) – 용량성

39

정답 ④

교류는 직류와 달리 전압과 전류의 곱이 반드시 전력이 되지는 않는다. 위상차를 이용한 역률까지 곱해야 전력을 얻을 수 있는 것이다. 여기서 역률은 $\cos\theta$를 의미한다. 즉 교류의 전류는 $P = VI$가 아니고 $P = VI\cos\theta$이다.

40

정답 ③

전류 $i = 50\sin(\omega t + \frac{\pi}{2})$의 $\frac{\pi}{2}$는 90°를 뜻하고 +이므로, 전류가 전압보다 90° 앞서는 '용량성회로'이다.

용량성 회로의 전압, 전류 및 전하의 순시값
• 전압 $V = V_m \sin\omega t$[V]
• 전류 $I = I_m \sin(\omega t + \pi/2)$[A]
• 전하 $Q = CV = CV_m \sin\omega t$[C]

용량성 회로의 특성
• 정전기에서 콘덴서의 전하는 전압에 비례한다.
• 전압과 전류는 동일 주파수의 사인파이다.
• 전류는 전압보다 위상이 90° 앞선다.

| 03 | 전자일반

01	02	03	04	05	06	07	08	09	10
②	③	⑤	①	③	④	②	⑤	②	⑤
11	12	13	14	15	16	17	18	19	20
⑤	④	④	①	②	②	⑤	④	⑤	②
21	22	23	24	25	26	27	28	29	30
③	④	③	①	③	②	③	①	②	④
31	32	33	34	35	36	37	38	39	40
④	③	③	②	③	⑤	⑤	④	②	⑤

01

정답 ②

제시된 그림의 회로는 전류와 자속의 방향이 같은 가극성$(+ M)$이다.

• 합성인덕턴스
$$L = L_1 + L_2 + 2M = L_1 + L_2 + 2 \times k\sqrt{L_1 L_2} = 30 + 60 + 2 \times 1$$
$$\times \sqrt{30 \times 60} = 90 + 2 \times \sqrt{1,800} ≒ 132.4 \times 10^{-3} H$$

• 합성코일에 축적되는 에너지
$$W = \frac{1}{2}LI^2 = \frac{1}{2} \times 132.4 \times 10^{-3} \times 1^2 = 66.2 \times 10^{-3}$$
$$≒ 6.6 \times 10^{-2} J$$

02

정답 ③

플레밍의 오른손 법칙(직류발전기의 원리)에 따르면 도체의 양단에 유기되는 기전력 $e = Blv\sin\theta$이다.

따라서 기전력 $e = Blv\sin\theta = 0.4 \times 0.3 \times 30 \times \sin30° = 3.6 \times \frac{1}{2}$
$= 1.8V$이다.

03

정답 ⑤

암페어의 오른나사 법칙
전류에 의해서 발생하는 자계의 방향은 전류 방향에 따라 결정된다는 법칙이다. 전류의 방향이 오른나사가 진행하는 방향이라면 자계의 방향은 오른나사의 회전 방향이 된다.

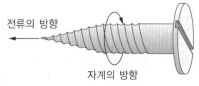

전류의 방향

자계의 방향

오답분석

① 전자유도에 의해 유기되는 기전력의 방향은 자속의 변화를 방해하는 방향이라는 식($e = -N\frac{d\phi}{dt} = -L\frac{di}{dt}$[V])이다.

② 전류(I)와 자계(H)의 관계를 정의한 식($\triangle H = \frac{I\triangle l\sin\theta}{4\pi r^2}$ [AT/m])이다.

제2회 정답 및 해설

③ 키르히호프의 제1법칙은 회로에서 전류의 총계는 0으로 공식

$$\sum_{k=1}^{n} i_k = 0$$이고, 제2법칙은 폐회로 내에 전위차의 합은 0으로

$$\sum_{K=1}^{n} E_K - IR_K = 0$$이다.

④ 직류발전기의 원리로서, 유기된 기전력 $e = Blv\sin\theta$[V]으로 정의된다.

04
정답 ①

무한평면도체와 점전하 $+Q$[C] 사이에 작용하는 전기력은 영상 전하 $-Q$[C]과의 작용력이다. 따라서 쿨롱의 힘 $F = k\dfrac{Q_1 Q_2}{r^2} = \dfrac{-Q^2}{4\pi\epsilon(2a)^2} = \dfrac{-Q^2}{16\pi\epsilon a^2}$[N]이고, 힘의 방향은 음의 부호로 서로 끌어당기는 흡인력이 작용한다. 또한, 힘의 크기는 $\dfrac{Q^2}{16\pi\epsilon a^2}$[H] 이다.

05
정답 ③

유전율이 서로 다른 유전체의 경계면에서 전속밀도의 수직(법선) 성분은 서로 같고 연속적이다($D_1\cos\theta_1 = D_2\cos\theta_2$).

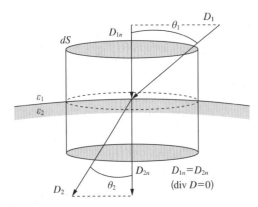

06
정답 ④

2개의 자극판 사이의 에너지는 $W = \dfrac{1}{2}LI^2$이며, 인덕턴스 $L = \dfrac{N\phi}{I}$ 를 대입하면 $W = \dfrac{1}{2} \times \dfrac{N\phi}{I} \times I^2 = \dfrac{1}{2}N\phi \cdot I = \dfrac{1}{2} \ni \cdot$ $\phi = \dfrac{1}{2}Hl \cdot BS = \dfrac{1}{2}HBSl$[J]이다. 따라서 단위체적당 에너지밀 도는 $W = \dfrac{1}{2}HB = \dfrac{1}{2}H \times \mu H = \dfrac{1}{2}\mu H^2$[J/m^3]이 된다($B = \mu H$).

07
정답 ②

$$\oint_c H \cdot dl = \int_s rot\, H ds = \int_s (\nabla \times H) \cdot ds$$

스토크스(Stokes)의 정리는 자계의 연속성을 정리한 것으로, 자계의 경계면 조건에서 자계의 수평(접선) 성분은 경계면의 양쪽이 같다.

08
정답 ⑤

막대자석이 받는 회전력(Torque)은 $T = MH\sin\theta$이다. 따라서 $T = MH\sin\theta = mlH\sin\theta = 6 \times 10^{-6} \times 4 \times 10^{-2} \times 100 \times \dfrac{1}{2} = 1,200 \times 10^{-8} = 1.2 \times 10^{-5}$N·m이다($M$: 자기 모멘트, m : 자극의 세기).

09
정답 ②

4단자 회로망의 기초방정식의 전압과 전류 방정식은 각각 $V_1 = AV_2 + BI_2$, $I_1 = CV_2 + DI_2$(역방향 기준)에서 2차 개방의 경우 $I_2 = 0$이며, 4단자 정수의 정의는 다음과 같다.

• 전압궤환율 $A = \dfrac{V_1}{V_2}\big|_{I_2 = 0}$

• 단락 전달 임피던스(임피던스 차원식) $B = \dfrac{V_1}{I_2}\big|_{V_2 = 0}$

• 개방 전달 어드미턴스(어드미턴스 차원식) $C = \dfrac{I_1}{V_2}\big|_{I_2 = 0}$

• 전류궤환율 $D = \dfrac{I_1}{I_2}\big|_{V_2 = 0}$

10
정답 ⑤

최고의 권선비 $a = \dfrac{V_1}{V_2} = \dfrac{I_2}{I_1} = \dfrac{N_1}{N_2} = \dfrac{3}{1} = 3$이며, 권선비를 제 곱하여 저항에 관한 식으로 바꾸면 $a^2 = \dfrac{V_1}{V_2} \times \dfrac{I_2}{I_1} = \dfrac{I_2}{V_2} \times \dfrac{V_1}{I_1} = \dfrac{1}{R_L} \times R \rightarrow R = a^2 R_L$ 이 된다. 따라서 부하에 전력을 최대로 공급하기 위한 입력 저항은 $R = a^2 R_L = 3^2 \times 9 = 81\,\Omega$이 되어야 한다.

11
정답 ⑤

등가저항 R_{AB}는 정전압이 단락되었을 때 AB 단자에서 본 합성 저항이며, $R_{AB} = 15 + \dfrac{4 \times 4}{4 + 4} = 15 + \dfrac{16}{8} = 15 + 2 = 17\,\Omega$이다. 또한, 등가전압 $V = IR$이므로 $V = \dfrac{4}{4+4} \times 8 = \dfrac{1}{2} \times 8 = 4$V 이다.

12
정답 ④

자속 방향과 전류가 같으므로 상호 인덕턴스는 가극성($+M$)이다. 따라서 2개의 단자 사이 인덕턴스 L은 L_1+L_2+2M[H]가 된다.

13
정답 ④

중첩의 정리에 따라 정전압원이 단락되었을 때 저항에 걸리는 전압 $V_1=IR=0\times7=0$V, 정전류원이 개방되었을 때 걸리는 전압 $V_2=IR=\dfrac{8}{7}\times7=8$V이다. 따라서 정전압원과 정전류원이 동시에 있을 때 걸리는 전압 $V=V_1+V_2=0+8=8$V이다.

14
정답 ①

RL 직렬회로의 과도현상에서 스위치를 닫는 순간($t=0$)의 과도전류 $i(t)=\dfrac{E}{R}(1-e^{-\frac{R}{L}t})$[A]이다. 반대로 스위치를 열어 기전력을 제거할 때의 과도전류 $i'(t)=\dfrac{E}{R}e^{-\frac{R}{L}t}$[A]이다.

15
정답 ②

직각좌표 $4+j3$의 극좌표 형식은 $\sqrt{4^2+3^2}\angle\tan^{-1}\dfrac{3}{4}=5\angle36.9°$가 된다.

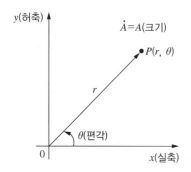

16
정답 ②

가극성($+M$)은 자속과 전류의 방향이 같은 등가 회로의 합성 인덕턴스는 다음과 같다.

$$L_{eq}=M+\dfrac{(L_1-M)(L_2-M)}{L_1+L_2-2M}$$

$$=\dfrac{M(L_1+L_2-2M)+L_1L_2-M(L_1+L_2)+M^2}{L_1+L_2-2M}$$

$$=\dfrac{L_1L_2-M^2}{L_1+L_2-2M}\text{[H]}$$

17
정답 ⑤

드리프트(Drift) 현상은 기기나 증폭기의 특성 등이 시간적으로 서서히 변동하는 것을 말한다. 이러한 드리프트가 일어나는 원인으로는 전원 전압의 변동에 의한 것, 온도 변화에 수반하는 트랜지스터나 저항기의 특성 변화에 의한 것, 부품의 경년 변화에 의한 것 등이 있다.

18
정답 ④

부울(Boole) 대수의 흡수법칙 : $X+XY=X$

오답분석

① 부울 대수의 기본법칙 : $X+0=X$(기본 법칙)
② 부울 대수의 분배법칙 : $X+YZ=(X+Y)(X+Z)$(분배법칙)
③ 드모르간의 정리 : $(X+Y)'=X'Y'$(드모르간의 정리)
⑤ 부울 대수의 흡수법칙 : $X(X+Y)=X$(흡수 법칙)

19
정답 ⑤

발진회로는 궤환을 거는 방법에 따라 컬렉터 동조, 베이스 동조, 콜피츠, 하틀레이, CR형 등이 있다.

20
정답 ②

오답분석

① 버퍼(Buffer) : 구동 장치가 구동되는 장치로부터의 반작용을 받지 않도록 그 중간에 두는 격리 장치 혹은 반작용 흡수 장치이다.
③ 팬 인(Fan In) : 논리 회로에서 한 게이트에 들어가는 입력선의 개수이다.
④ 드라이브(Drive) : 자기 디스크나 테이프를 그 속에서 회전 이동시켜 데이터 블록을 판독 또는 기록하기 위해 헤드를 수용한 장치이다.
⑤ 마운트(Mount) : 진동이나 충격을 받는 부분과 지지해야 할 장치 사이에 탄성체를 개재시켜 여기서 진동이나 충격을 흡수하는 장치이다.

21
정답 ③

전압 변동률(ε)은 다음과 같이 계산할 수 있다.

$$\varepsilon(\%)=\dfrac{\text{무부하 시 단자전압}-\text{단자전압}}{\text{단자 전압}}\times100$$

$$=\dfrac{15-10}{10}\times100=50$$

따라서 전압 변동률은 50%이다.

22
정답 ④

증폭기에서 부궤환을 하면 이득은 감소하지만 일그러짐을 완화할 수 있고, 이득의 변동을 억제하여 안정된 동작을 시킬 수 있다.

23
정답 ③

QAM(Quadrature Amplitude Modulation : 직교 진폭 변조)은 두 개의 직교 반송파를 이용해 각각 ASK로 변조한 것을 합성, 동일 전송로에 송출시켜 비트 전송 속도의 2배 향상이 가능하다.

24
정답 ①

오답분석

② ASK(진폭 위상 변조) : 2진수를 반송 주파수의 두 가지 다른 진폭에 의해 표현하는 방식으로, 펄스의 유무에 따라 특정 주파수의 사인파 진폭을 다르게 대응시킴으로써 변조한다.

③ FSK(주파수 편이 변조) : 반송파로 사용되는 정현파의 주파수에 정보를 실어 보내는 변조 방식이다.

④ PCM(펄스 부호 변조) : 송신측에서 아날로그 파형을 일단 디지털화하여 전송하고 수신측에서 그것을 다시 아날로그화 함으로써 아날로그 정보를 전송하는 방식이다.

⑤ FDM(주파수 분할 다중) : 입력 정보 파형이 주어진 주파수대역 내에 있을 때, 이것을 변조하여 조금씩 주파수를 추이시켜 서로 중복되지 않게 하나의 전송로에서 다수의 통신을 동시에 행하는 다중화 방식이다.

25
정답 ③

진성반도체의 Fermi 준위는 온도에 관계없이 일정하며, 에너지 갭(금지대)의 중앙에 위치한다.

오답분석

① 진성반도체의 Fermi 준위는 금지대의 중앙에 위치한다.

②·④ N형 반도체와 P형 반도체의 Fermi 준위는 도핑의 종류와 농도 및 온도에 따라 변한다.

⑤ N형 반도체의 Fermi 준위는 도너 준위 위에, P형 반도체는 억셉터 준위 밑에 있다.

26
정답 ②

파울리의 베타원리는 원자 내 2개 이상의 전자가 같은 양자상태에 있을 수 없는 전자 배열을 지배하는 법칙으로, 원자의 전자껍질구조를 설명한다. 하나의 양자궤도에는 반대의 스핀을 가진 2개의 전자가 존재하고, 원자 내 존재하는 어떠한 전자도 4개의 양자수가 전부 같을 수 없다.

27
정답 ③

서미스터는 반도체의 일종이며, 일반적으로 부(−)의 온도계수를 가진다. NTC 서미스터(Negative Temperature Coefficient Thermistor)는 온도가 높아지면 저항이 감소하는 것으로 온도 측정, 전류 제한 등의 용도로 사용되며, PTC 서미스터(Positive Temperature Coefficient Thermistor)는 온도가 높아지면 저항이 증가하는 것으로 가열방지용 온도 제어 등에 사용된다.

28
정답 ①

PN접합 다이오드에 역방향 바이어스 전압을 걸어주면 공간전하의 영역, 전위장벽, 공핍층, 이온화가 증가하고, 접합용량은 감소한다.

29
정답 ②

드브로이 파장은 $\lambda = \dfrac{h}{mv}$ 이므로 전자 속도는 $v = \dfrac{h}{m\lambda}$ 이다. 드브로이 파장이 2×10^{-8} m인 경우 플랑크 상수 $h = 6.6 \times 10^{-34}$ J·sec와 전자의 질량 $m = 9.1 \times 10^{-31}$ kg을 대입하여 전자 속도를 구하면 다음과 같다.

$$\therefore v = \frac{h}{m\lambda} = \frac{6.6 \times 10^{-34}}{9.1 \times 10^{-31} \times 2 \times 10^{-8}} = \frac{6.6 \times 10^{-34}}{18.2 \times 10^{-39}}$$

$$\fallingdotseq 3.6 \times 10^4 \text{m/s}$$

30
정답 ④

페르미 디락 통계에서 어떤 에너지 준위 내에 전자가 존재할 수 있는 확률 분포 함수는 다음과 같다(K : 볼츠만 상수, T : 절대온도, E : 에너지 준위, E_f : 페르미 준위).

$$f(E) = \frac{1}{1 + e^{\frac{E - E_f}{KT}}} = \frac{1}{1 + e^{\frac{-0.03}{0.026}}} \fallingdotseq \frac{1}{1 + e^{-1.2}} \fallingdotseq \frac{1}{1 + 0.3}$$

$$\fallingdotseq 0.77$$

따라서 300K에서 페르미 준위보다 0.03eV만큼 낮은 에너지 준위에 전자가 점유하는 확률은 약 0.77이다.

31
정답 ④

전기장의 세기가 $E = 400$ V/m인 곳에 놓인 전자는 쿨롱의 법칙에 의해 쿨롱의 힘(F)을 받는다. 쿨롱의 법칙에서 힘은 전하량(e)과 전기장(E)의 곱으로 $F = eE$이며, 가속도의 법칙($a = \dfrac{F}{m}$)에 대입하여 가속도를 구한다(m은 전자의 질량이다).

$$F = eE = ma$$

$$\rightarrow a = \frac{eE}{m} = \frac{1.602 \times 10^{-19} \times 400}{9.11 \times 10^{-31}} = \frac{640.8 \times 10^{12}}{9.11}$$

$$\fallingdotseq 70.3 \times 10^{12}$$

따라서 전자에 가해지는 가속도는 70.3×10^{12} m/s^{2}이다.

32
정답 ③

Schottky 효과

전자전류가 증가하는 것은 강한 외부전기장의 작용에 의해 음극으로부터 전자를 방출하는데 필요한 에너지가 낮아지는 현상이며, 즉 일함수가 낮아지는 것이다.

오답분석
① Zener 현상 : pn접합 다이오드에 특정 전압보다 높은 전압을 가해주면 역방향 전류가 급격히 증가하는 현상이다.
② Piezo 효과 : 물체에 압력을 가하면 전기 분극에 의해 전압이 발생하는 현상이다.
④ Shot 효과 : 진공관에서 음극으로부터 방출된 전자가 속도와 비율이 균일하지 않게 움직이는 현상이다.
⑤ Edison 효과 : 가열된 금속이나 반도체 표면에서 전자가 방출되는 현상이다.

33
정답 ③

전계(E)와 전압(V)의 관계식은 $E = -\nabla V$이고, 전속밀도(D)와 전계의 관계식은 $D = \epsilon E$

전속밀도의 발산은 전하밀도와 같고($\nabla D = \rho$), $D = \epsilon E$을 $\nabla D = \rho$에 대입하면 $\nabla \epsilon E = \rho$가 나온다. 이 식에 전계(E)와 전압(V)의 관계식 $E = -\nabla V$을 대입하면,

$$\nabla E = \frac{\rho}{\epsilon} \rightarrow \nabla(-\nabla V) = \frac{\rho}{\epsilon} \rightarrow -\nabla^2 V = \frac{\rho}{\epsilon}$$

$$\rightarrow \nabla^2 V = -\frac{\rho}{\epsilon}$$

따라서 전압 V를 두 번 미분한 값으로 체적전하밀도를 구할 수 있는 푸아송 방정식은 $\nabla^2 V = -\frac{\rho}{\epsilon}$ 이다.

34
정답 ②

연관기억장치는 저장된 내용을 이용해 접근하는 기억장치로, 보통 한 CPU에 하나의 연관기억장치가 사용된다.

35
정답 ③

2진수와 16진수 사이의 변환은 16이 2^4이라는 점을 이용해서 10진수를 거치지 않고 간단히 변환시킬 수 있다. 16진수 한 자리는 2진수 네 자리에 해당하며, 역으로 2진수 네 자리는 16진수 한 자리에 해당된다. 16진수 연산은 0~9까지 10개의 숫자와 두 자리 숫자 10~15는 차례대로 영문자 A, B, C, D, E, F로 표현하며, 16개의 기호를 사용한다.

이를 통해 2진수 10111101001의 경우, 오른쪽부터 네 자리씩 묶어서 변환시키면,

$101 \rightarrow 2^2 + 2^0 = 5$

$1110 \rightarrow 2^3 + 2^2 + 2^1 = 14 = E$

$1001 \rightarrow 2^3 + 2^0 = 9$

따라서 2진수 10111101001을 16진수로 변환시킨 것은 $5E9_{(16)}$ 이다.

36
정답 ③

코딩은 알고리즘을 기호가 아닌 컴퓨터가 이해할 수 있는 언어로 바꾸어 컴퓨터에 입력하는 작업이다.

37
정답 ⑤

2의 보수 10101101을 우측 시프트로 세 번 수행하면, 우선 맨 앞자리 1은 부호비트로 변하지 않으며, 나머지는 우측으로 3자리씩 이동하게 된다. 따라서 맨 뒤에 101은 이동할 자리가 없으므로 사라지고, 이동하면서 비는 세 자리는 부호비트 값인 1로 채워진다. 따라서 111101010 된다.

38
정답 ④

라이트웨어는 상용 소프트웨어 버전에서 몇 가지 핵심기능을 제거한 채 유료가 아닌 무료로 배포되는 소프트웨어이다.

39
정답 ②

C언어는 ASCII코드 체계로 영문 소문자 집합을 바탕으로 하고 있다.

40
정답 ⑤

부동 소수점은 하드웨어의 비용이 증가하고 고정 소수점 방식에 비해 연산 속도가 느리다.

01	02	03	04	05	06	07	08	09	10
③	④	①	①	③	②	①	①	①	①
11	12	13	14	15	16	17	18	19	20
①	③	③	③	②	①	②	②	②	①
21	22	23	24	25	26	27	28	29	30
③	②	①	③	⑤	⑤	①	③	④	①
31	32	33	34	35	36	37	38	39	40
②	③	④	②	②	②	①	②	②	①

01
정답 ③

오답분석

흐름 제어는 단말기와 네트워크 사이의 데이터 전송량의 조절에 관계되고, 순서 제어는 패킷 통신망에서의 데이터그램 제어에 해당된다.

02
정답 ④

반이중 통신은 동시 양방향 전송을 수행하기 보다는 전송 회선의 용량이 작을 때 사용하며, 실질적으로 단방향 통신에 해당된다.

03
정답 ①

LAN은 비교적 좁은 범위(100m~1km)에서 네트워크를 구축할 때 사용된다.

LAN의 기술적 특징
• 물리적(또는 논리적)인 네트워크 토폴로지(배선 형태)로서는 버스형, 링형, 스타형이 있다.
• 매체 액세스 제어(케이블에 언제 데이터를 송출하면 좋은지 등의 제어)로서 CSMA / CD, 토큰링, 토큰버스 방식이 표준화되어 있다.
• 사용하는 네트워크의 매체로 동축 케이블, 트위스트 페어 케이블, 광섬유 케이블, 무선 등이 사용된다.
• 전송 방식으로는 베이스 밴드 방식과 브로드 밴드 방식이 있다.
• 전송 속도는 1Mbps 이상으로 한다.

04
정답 ①

IEEE1394는 Apple사에서 Fore Wire라는 이름으로 개발되었고 이 후에는 Sony사에서 iLink라는 이름으로 개발된 것으로 USB는 직렬 전송에 대한 규약이다.

05
정답 ③

마이크로파 통신은 광대역성 신호를 쉽게 전송하는 것이 가능하다. 여기서 마이크로파 통신의 특징을 고려하면 다음과 같다.
• 300~3,000MHz대의 UHF 및 3,000~30,000MHz대의 SHF의 전파
• 이 영역에서 통신을 행하는 경우에는 파장이 짧고, 지향성이 강하며, 타 회선에 대한 영향을 적게 받는다.

06
정답 ②

병렬 전송은 동시에 전송하고자 하는 데이터의 비트수만큼의 전송 회선이 필요하므로 직렬 전송에 비하여 비용이 증가된다.

07
정답 ①

FSK 방식은 1,200bps 이내의 비동기식 모뎀에서 널리 이용된다.

FSK(Frequency Shift Key)
디지털 클럭이 0일 때는 낮은 주파수를, 1일 때는 높은 주파수를 보내는 형식의 FM 디지털 전송 방법이다. 전반적으로 ASK와 FSK의 차이점은 AM과 FM의 근본적인 차이와 유사하다.

08
정답 ①

압축 팽창 방법은 입력 신호에 이득을 다르게 주는 방법이다.

09
정답 ①

①은 UDP에 대한 설명이다.

UDP는 TCP와 달리 데이터의 수신에 대한 책임을 지지 않는다. 이는 송신자는 정보를 보냈지만, 정보가 수신자에게 제 때에 도착했는지 또는 정보 내용이 서로 뒤바뀌었는지에 관해서 송신자는 상관할 필요가 없다는 말이다. 또 TCP보다 안정성 면에서는 떨어지지만, 속도는 훨씬 빠르다.

10
정답 ①

통신망
• PSTN(Public Service Telecommunication Network, 공중통신망) : PSTN은 전세계적으로 연결된 음성 위주의 공중 전화망 집합을 의미하며, 상용망과 국가소유 모두를 포함한다. PSTN은 전화를 발명한 벨(Alexander Graham Bell)의 시대로부터 계속해서 발전해온 회선 교환 방식 전화망의 집합체이다. 오늘날의 PSTN은 전화국에서 사용자까지의 종단 링크 부분을 제외하고는 기술적으로 거의 완전히 디지털 방식으로 변화되었다.

- PSDN(Public Service Data Network, 공중 데이터 통신망) : PSDN은 컴퓨터와 통신 회선의 이용률을 높이기 위한 교환 방식으로 보통 1024비트의 정보를 하나의 패킷으로 구분하여 전송하는 방식이다. 전송될 데이터는 전송되기 전에 패킷단위로 분할되어 각 패킷에 수신측의 주소와 일련번호가 붙여진다. 이와 같이 하여 동일한 회선 상에 여러 사람의 메시지가 섞여 전송되는데 이렇게 하더라도 수신측의 주소와 일련번호에 따라 정확하게 구분되어 목적한 수신측으로 전송된다. 또한 회선의 상태와 통신량을 미리 알아 통신량이 적은 곳으로 패킷을 전송하며 하나의 회선으로 여러 사용자의 데이터를 전송할 수 있어 회선을 경제적으로 이용할 수 있는 통신 방식이다. PSDN은 지연의 발생은 크게 문제가 되지 않지만 데이터 오류의 발생은 억제되어야 하는 통신 서비스(예를 들어, 은행의 예금 데이터)를 목표로 설계된 네트워크이다.

11
정답 ①

전송 에러는 열잡음, 상호 변조 잡음, 지연 왜곡, 누화 등에 의하여 발생되며 전송 지연은 데이터 전송률을 저하시킬 뿐 에러를 직접적으로 발생시키는 요소에는 해당되지 않는다.

12
정답 ③

4상차분위상 변조에서는 1회의 변조로 2비트를 전송할 수 있으므로, 신호 속도$=1,600\times2=3,200$bps이다.

13
정답 ③

$f_s=2f_m$을 nyquist의 표본화 주파수라고 부른다.

14
정답 ③

마이크로파 웨이브 중계 방식 중 펄스 통신 시 S/N비가 가장 좋은 중계 방식은 검파 중계방식이다.

15
정답 ②

전송 제어 문자

1. SOH(Start of Heading) : 정보 메시지의 헤딩 개시를 나타냄.
2. STX(Start of Text) : 텍스트 개시 및 헤딩 종료
3. ETX(End of Text) : 텍스트의 끝
4. ETB(End of Transmission Block) : 전송 블록의 끝
5. EOT(End of Transmission) : 전송을 종료하고 데이터 링크를 초기화
6. ENQ(Enquiry) : 상대국에 데이터 링크 설정 및 응답을 요구
7. DLE(Data Link Escape) : 다른 전송 제어 문자 앞에 붙어 본래의 의미를 바꿈.
8. SYN(Syncronous / Idle) : 문자 동기를 유지

9. ACK(Acknowledge) : 수신한 메시지에 대한 긍정 응답
10. NAK(Negative Acknowledge) : 수신한 메시지에 대한 부정 응답

16
정답 ①

$$P_m=P_c\left(1+\frac{m^2}{2}\right)=P_c\left(1+\frac{1}{2}\right)=\frac{3}{2}P_c$$

17
정답 ②

성질이 빛에 가깝기 때문에 날카로운 지향성, 직선성, 반사성을 가진다.

18
정답 ②

현재 위성에서 가장 많이 사용되는 주파수 대는 $4\sim8$GHz(C 밴드)와 12.5GHz ~18GHz(Ku 밴드)이다.

19
정답 ②

야간 오차는 무선 방향 탐지기에서 야간에 일어나는 방위 오차로, 장파나 중파에서 전리층으로부터의 반사파에 포함되는 수평 편파 성분 때문에 생긴다.

오답분석

① 편파 오차 : 전파 방향 탐지기에서 대기권의 상태 변화 등으로 수신 전파의 편파면이 변화함으로써 생기는 오차. 이것은 보통 야간에서 최대가 되므로 야간 효과라고도 한다.

③ 해안선 오차 : 방향 탐지기에서 해안선을 가로지르는 전파를 굴절하기 때문에 방향 측정에 오차가 생긴다. 이 현상을 해안선 효과 또는 해안선 오차라고 한다.

④ 대척점 효과 : 무선의 송수신소가 지구의 대척점에 있을 경우 그 두 지점을 연결하는 큰 원은 수없이 존재한다. 이 때문에 이 사이를 단파로 연락하려고 하면 그 전파통로는 많이 존재할 가능성이 있다. 이 경우 수신점에는 전파가 각 방면으로부터 도래하여 수신 전계 강도는 전파거리가 커짐에도 불구하고 그에 비하여 크고, 또 도래방향을 탐지하려고 해도 그 방향이 불명확하거나 또는 그 방향이 계절, 시간 등에 따라 거의 전 방향에 걸쳐서 변화한다. 이러한 특이한 현상을 대척점 효과라고 한다.

⑤ 계기 오차 : 측정에 사용한 계측기에 기인하는 오차. 예를 들면, 계기의 부정확한 교정에 의해 생기는 눈금 오차나, 같은 입력량에 대해서 같은 출력량을 주지 않는 재현 오차 등이다. 전자는 계기 구조에 관계하는 계통 오차이고, 후자는 일종의 우연 오차이다.

20
정답 ①

FDMA(Frequency Division Multiple Access)는 사용 가능한 주파수 대역을 여러 대역으로 분할하여 각 지구국에 할당하고 각 지구국은 할당 받은 주파수 대역만을 이용해 위성에 접속하는 방식이다.

21
정답 ③

$$T = \frac{1}{f} = \frac{1}{15,750} = 63.5\mu s$$

유효 주사기간 $T_n = 63.5 \times \frac{84}{100} = 53.3\mu s$

22
정답 ②

PPI 방식은 Plane Position Indication의 약자로서 반사파의 휘도변조를 이용해서 거리 반경의 방향으로 표시되고, 방위는 원주 방향으로 측정된다.

23
정답 ①

GCA(Ground Control Approach)는 지상에서 레이더로 항공기를 유도하여 항공기와 무선통신을 함으로써 레이더 상의 위치를 조절하며 활주로로 착륙시키는 장치이다.

24
정답 ③

멀티바이브레이터는 2개의 트랜지스터를 사용하여 RC결합 증폭기의 출력을 양 되먹임시키고 2개의 트랜지스터를 교대로 ON, OFF하여 두 상태를 반복 유지하며 펄스를 발생시키는 회로이다. 회로의 시정수(C와 R)로써 주기(T)가 결정된다.

25
정답 ⑤

푸시풀 증폭기는 B급으로 동작시키기 때문에 직류 바이어스 전류가 작아도 되며, 입력이 없을 때 컬렉터 손실이 적으므로 짝수(우수) 고조파의 성분이 상쇄된다.

26
정답 ⑤

전달 함수(Transfer Function)는 제어계에 가해지는 입력 신호에 대하여 출력 신호가 어떤 모양으로 나오는가 하는 신호 전달 특성을 제어 요소에 따라 수식적으로 표현하는 것이다.

27
정답 ①

FET는 잡음이 적고 방사능의 영향이 적은 장점이 있으나 입력 임피던스가 비교적 높고 증폭도가 떨어지는 단점이 있다.

28
정답 ③

주파수가 높아지면 증폭회로 내의 병렬 커패스턴스나 도선 등의 표유(Stray) 커패시턴스의 영향으로 이득이 떨어진다.

29
정답 ④

단상 반파 정류 회로에서 정류 효율의 이론적인 최대값은

$$\sigma = \frac{4R_i}{(R_i + r_i)^2 \pi^2} \times 100$$

여기서 $R_i \rightarrow \infty$이면 $\frac{4}{\pi^2} \times 100 = 40.6\%$이다.

30
정답 ①

이미터 접지형 증폭기의 전압 증폭률은

$$A_v = -h_{fe}\frac{R_0}{h_{ie}} = -50,000 \times \frac{20}{4,000} = -250$$

31
정답 ②

궤환 증폭기의 저역 차단 주파수는

$$f_{lf} = \frac{f_l}{1 + \beta A} + \frac{200}{1 + 0.01 \times 70} = 117.6\text{Hz}$$

32
정답 ③

반결합 발진기의 주파수는 모두 같은 식으로 계산된다.

발진 주파수 $f = \frac{1}{2\pi\sqrt{LC}}$

$$= \frac{1}{2 \times 3.14 \times \sqrt{0.02 \times 10 \times 10^{-12}}} = 356,061.78[\text{Hz}]$$

$$\fallingdotseq 356[\text{kHz}]$$

33
정답 ④

충격계수=펄스폭/반복 주기=펄스폭×주파수
$=20×10-6×20×103=0.4$

34
정답 ②

리미터 회로의 복조 감도는 포스터-실리 회로에 비하여 약 1/2 정도로 감도가 낮다.

35
정답 ②

오답분석

① 맥류 : 단속적인 교류의 반파 성분
③ 정현파 : 기본적인 교류 파형으로, 사인파라고도 한다.
④ 트리거 : 순간적인 전압 또는 전류의 변화에 의한 피크 입력
⑤ 구형파 : 방형파라고도 부르는 사각형의 파형

36
정답 ②

주파수 변조 방식에서의 주파수 변조 지수는

$$m_f = \frac{\Delta f_c}{f_s} = \frac{24}{2} = 12[\text{Hz}]$$

변조파의 주파수 점유 대역폭은

$$B = 2f_s(1+m_f) = 2(\Delta f_c + f_s)$$
$$= 2 \times (24+2) = 52[\text{kHz}]$$

37
정답 ①

GCA(Ground Control Approach)는 지상에서 레이더로 항공기를 유도하여 항공기와 무선통신을 함으로써 레이더 상의 위치를 조절하며 활주로로 착륙시키는 장치이다.

38
정답 ②

PDM 변조방식은 반송파를 펄스에 의해서 변조하는 것이 아니고, 음성신호파를 PDM 방식으로 처리하고 변조관과 출력관을 직결하여 원래의 음성신호파로 재생시켜 양극변조를 하는 것이다.

39
정답 ②

우리 나라의 표준 TV 방식은 주사선수 525개, 2 : 1 비월주사, 프레임수 30매/초이다.

40
정답 ①

수직 접지 안테나의 임피던스는 약 36Ω이고 실효고는 $\frac{\lambda}{2\pi}$ 이다.

| 05 | 건축일반

01	02	03	04	05	06	07	08	09	10
①	④	①	③	④	④	③	④	①	③
11	12	13	14	15	16	17	18	19	20
③	③	④	④	①	④	④	④	③	①
21	22	23	24	25	26	27	28	29	30
①	①	①	③	③	④	①	④	①	②
31	32	33	34	35	36	37	38	39	40
②	②	④	②	②	③	②	④	④	①

01
정답 ①

보의 바닥/슬래브 거푸집은 설계 시 고정하중(철근콘크리트와 거푸집의 무게), 충격하중, 작업하중을 고려한다.

거푸집의 설계 시 적용하는 하중

보의 바닥/슬래브	보의 측면/벽/기둥
고정하중, 충격하중, 작업하중 등	콘크리트에 의한 측압

02
정답 ④

커버플레이트는 플레이트보의 휨내력을 보강하기 위해 플랜지에 접합시키는 부재이다. ⑤의 내용은 거싯플레이트의 목적이다.

03
정답 ①

조명설비는 약전설비가 아니라 강전설비이다.

강전설비와 약전설비

강전설비	• 교류, 110V 이상의 전력을 사용하는 설비이다. • 변전설비, 발전설비, 축전지설비, 동력설비, 조명설비, 전열설비 등이 있다.
약전설비	• 직류, 24V 정도의 전력을 사용하는 설비이다. • 표시설비, 주차관제설비, 전기음향설비, 전기방재설비, 감시제어설비 등이 있다. • 정보·통신설비를 포함하면 전화설비, 인터폰설비, 전기시계설비, 안테나 및 방송설비, 정보통신설비 등이 해당한다.

04

정답 ③

1대$+(12,000\text{m}^2-3,000\text{m}^2)\div3,000\text{m}^2=4$대

승용 승강기의 설치대수

건축물의 용도	6층 이상 거실면적의 합계	
	$3,000\text{m}^2$ 이하	$3,000\text{m}^2$ 초과
공연장, 집회장, 관람장, 판매시설, 의료시설	2대	2대에 $3,000\text{m}^2$를 초과하는 $2,000\text{m}^2$ 이내마다 1대를 더한 대수
전시장, 동물원, 식물원, 업무시설, 숙박시설, 위락시설	1대	1대에 $3,000\text{m}^2$를 초과하는 $2,000\text{m}^2$ 이내마다 1대를 더한 대수
공동주택, 교육연구시설, 노유자시설, 기타	1대	1대에 $3,000\text{m}^2$를 초과하는 $3,000\text{m}^2$ 이내마다 1대를 더한 대수

※ 8인승 이상 15인승 이하 1대 기준이며, 16인승 이상의 승강기는 2대로 본다.

05

정답 ④

오픈 시스템은 미국·유럽식 운영방식이며, 클로즈드 시스템은 한국·일본식 운영방식이다.

외래진료부의 운영 방식

오픈 시스템 Open system	• 종합병원에 등록된 일반 개업 의사가 종합병원의 진찰실과 시설을 사용하는 미국·유럽식 운영방식이다.
클로즈드 시스템 Closed system	• 종합병원 내에 대규모의 각종 과(외과, 내과 등)를 설치하고 진료하는 한국·일본식 운영방식이다.

06

정답 ④

도로와 대지의 관계

• 건축물의 대지는 2m 이상이 도로(자동차만의 통행에 사용되는 도로는 제외)에 접하여야 한다.
• 연면적의 합계가 $2,000\text{m}^2$(공장인 경우에는 $3,000\text{m}^2$) 이상인 건축물의 대지는 너비 6m 이상의 도로에 4m 이상 접하여야 한다.

07

정답 ③

$D=1.13\sqrt{\dfrac{\frac{1}{60}}{2.5}}\fallingdotseq0.09226\text{m}\fallingdotseq92.26\text{mm}$

펌프의 구경

펌프의 구경$(D)=1.13\sqrt{\dfrac{Q}{V}}$

※ Q=펌프 토출량(m^3/min), V=펌프의 유속(m/s)

08

정답 ④

• $\Sigma M_B=0, -P_1\times(a+b+c)+V_A\times(b+c)-P_2\times c=0$
• $-20\text{kN}\times6\text{m}+V_A\times4\text{m}-40\text{kN}\times2\text{m}=0$
• $R_A=V_A=50\text{kN}$

09

정답 ①

13매$/\text{m}^2\times2\text{m}^2=26$매

기본블록쌓기

구분	할증	단위	블록매수
기본블록	포함(4%)	m^2당	13매

10

정답 ③

종교시설의 부설주차장 설치기준은 시설면적 150m^2당 1대이다.

시설면적당 부설주차장 설치기준

400m^2당 1대	창고시설, 학생용 기숙사
350m^2당 1대	수련시설, 공장(아파트형 제외), 발전시설
300m^2당 1대	기타 건축물
200m^2당 1대	제1, 2종근린생활시설, 숙박시설
150m^2당 1대	문화 및 집회시설(관람장 제외), 종교시설, 판매시설, 운수시설, 의료시설(정신병원·요양병원·격리병원 제외), 운동시설(골프장·골프연습장·옥외수영장 제외), 업무시설(외국공관·오피스텔 제외), 방송국, 장례식장
100m^2당 1대	위락시설

11

정답 ③

금속관 공사에는 제3종 접지공사를 실시한다.

금속관 배선공사

• 금속관 내부에 절연전선을 넣어서 설치하는 공사이다.
• 은폐 및 노출장소, 옥내, 옥외, 다습한 장소에도 시공이 가능하다.
• 과열에 의한 화재의 우려가 없고 기계적인 보호성이 우수하다.
• 고압, 저압, 통신설비 등 옥내배선의 모든 공사에 널리 사용된다.
• 전선의 인입이 우수하며 철근콘크리트건물의 매입배선으로 사용된다.

12
정답 ③

가우징은 용접부의 수정 등을 위하여 고온의 아크열로 홈을 파내는 것을 말한다.

가우징(Gouging)
- 용접이 잘못된 부분을 수정하기 위해 사용되는 방법이다.
- 고온의 아크열로 모재를 순간적으로 녹이는 동시에 압축공기의 강한 바람으로 용해된 금속을 뿜어내어 용접부에 깊은 홈을 파내는 방식으로, 불완전 용접부 제거 및 밑면 파내기 등에 사용된다.

13
정답 ③

스프레이도장(뿜칠)은 운행의 한 줄마다 뿜칠 폭의 1/3 정도를 겹쳐서 뿜어야 한다.

스프레이도장(뿜칠)의 시공
- 스프레이건의 운행은 항상 평행하게 한다.
- 운행의 한 줄마다 뿜칠 폭의 1/3 정도를 겹쳐 뿜는다.
- 뿜칠의 각도는 칠바탕에 직각으로 한다.
- 각회의 뿜칠장 방향은 전회의 방향에 직각으로 한다.
- 매회 붓도장과 동등한 정도의 두께로 한다.
- 2회분의 도막 두께를 한 번에 도장하지 않는다.
- 뿜칠 공기압은 $2 \sim 4 \mathrm{kg/cm^2}$를 표준으로 한다.

14
정답 ④

후드의 설치 공간에 따라 부엌의 크기를 결정하는 것은 비합리적이다.

부엌(주방)의 크기

주작업인의 동작범위, 설비기구의 규모, 주택의 연면적, 가족 수, 평균 작업인의 수 등을 고려한다.

15
정답 ①

건물이 대지의 북측에 배치되는 것이 대지와 건물의 남향 일조에 좋다.

주택 부지의 자연적 고려사항

대지의 위치	• 자연환경이 좋고 소음, 공해, 재해 등의 염려가 없어야 한다.
대지의 방위	• 건물의 일조와 관계가 깊고, 남향으로 열린 것이 가장 좋다. • 동지 때 최소 4시간 이상의 일조가 가능해야 한다.
대지의 형태	• 대지는 직사각형, 정사각형에 가까운 것이 좋다. • 건물은 남향 일조를 위해 대지의 북측에 배치되는 것이 좋으며, 가능한 한 동서로 긴 형태가 좋다.
지형과 지반상태	• 경사지 주택은 평지 주택에 비해 통풍, 조망, 프라이버시 확보 등이 유리하나, 접근성이 떨어진다. • 부동침하 등이 우려되지 않는 견고한 지반이 좋다.

16
정답 ④

공사관리[CM]는 관리기술을 서비스하는 계약방식이며, 이에 속하지 않는 것은 ④이다.

공사관리[CM]의 주요업무
- 설계부터 공사관리까지 전반적인 지도·조언·관리업무
- 입찰 및 계약관리, 원가관리업무
- 현장조직관리, 공정관리업무

17
정답 ④

구조물의 부정정 차수
- $m = (n + s + r) - 2k$
  $=$ 지점 반력수(n)+부재수(s)+강절점수$(r)-2\times$절점수(k)
- 불안정$(m < 0)$, 안정·정정$(m = 0)$, 안정·부정정$(m > 0)$이다.

절점과 부재의 개수

절점수(k) 산정 시 지점과 자유단의 끝점도 개수에 포함한다.

- $m = (n + s + r) - 2k$
  $= (3 + 3 + 3) + (5) + (2) - (2 \times 6) = 4$
- $m > 0$, 4차 부정정 구조물이다.

18
정답 ②

- $1\mathrm{W} = 3.6\mathrm{kJ/h}$이므로, $7,000\mathrm{W} = 25,200\mathrm{kJ/h}$이다.
- $\dfrac{25,200\mathrm{kJ/h}}{1.2\mathrm{kg/m^3} \times 1.01\mathrm{kJ/kg \cdot K} \times (22-12)℃} ≒ 2,079.2\mathrm{m^3/h}$

필요환기량 및 송풍량의 계산
- $[$필요환기량$(\mathrm{m^3/h})] = \dfrac{(현열부하)}{(밀도) \times (비열) \times (온도의 차이)}$
- $[$밀도$(\mathrm{kg/m^3})] \times [$비열$(\mathrm{kJ/kg \cdot K})] = [$비열$(\mathrm{kJ/m^3 \cdot K})]$

19
정답 ③

높이 6m를 넘는 장식탑이 축조 시 신고 대상이다.

축조 시 신고 대상 주요 공작물
- 높이 8m를 넘는 고가수조
- 높이 6m를 넘는 굴뚝, 장식탑, 기념탑, 골프연습장 등의 운동시설을 위한 철탑, 주거지역·상업지역에 설치하는 통신용 철탑
- 높이 5m를 넘는 태양에너지를 이용하는 발전설비
- 높이 4m를 넘는 광고탑, 광고판
- 높이 2m를 넘는 옹벽 또는 담장
- 바닥면적 30m2를 넘는 지하대피호

20
정답 ①

디오라마 전시는 특정 사실 또는 주제를 전시물과 각종 특수효과 등을 사용하여 가장 실감나게 표현하는 기법이다.

디오라마 전시

개요	• 특정 장면을 전시물, 영상, 음향, 조명 등으로 실제처럼 연출하는 기법이다.
특징	• 하나의 사실 또는 주제의 시간상황을 고정시켜 연출한다. • 현장에 임한 느낌을 주며, 현장감을 가장 실감나게 표현한다.

21
정답 ①

피시아이는 용착금속 단면에 수소의 영향으로 생긴 은색의 점으로, 100℃로 가열하여 24시간 정도 방치하면 회복된다.

주요 용접결함

블로홀	• 금속이 녹아들 때 용접부분 안에 발생하는 기포이다.
언더컷	• 용착금속이 채워지지 않고 홈이 남아있는 것이다.
오버랩	• 용착금속이 모재와 융합하지 않고 겹쳐져 있는 상태이다.
피시아이	• 용착금속 단면에 수소의 영향으로 생긴 은색의 점이다. • 100℃로 가열하여 24시간 정도 방치하면 회복된다.
피트	• 블로홀이 용접부분 표면에 부상하여 생긴 작은 구멍이다. • 도료, 녹, 밀 스케일, 모재의 수분 등에 의해 발생한다.
크랙	• 용착금속과 모재 사이에 냉각 속도의 차이 또는 가스 등의 요인으로 인해 발생하는 균열이다.
슬래그 섞임	• 용접부분 안에 슬래그가 섞여 있는 것을 말한다.
크레이터	• 용접부분 비드 종단부가 움푹 패인 것을 말한다.

22
정답 ①

$\dfrac{P_1(2l)^3}{3EI} = \dfrac{P_2 l^3}{3EI} \times 2$ 이므로, $\dfrac{P_1}{P_2} = \dfrac{2}{8}$, $P_1 : P_2 = 1 : 4$

캔틸레버보의 처짐

집중하중		등분포하중	
최대처짐	처짐각	최대처짐	처짐각
$\dfrac{Pl^3}{3EI}$	$\dfrac{Pl^2}{2EI}$	$\dfrac{wl^4}{8EI}$	$\dfrac{wl^3}{6EI}$
끝단	끝단	끝단	끝단

23
정답 ①

옥내 가스배관은 외부에 노출하여 시공한다.

가스배관의 시공
• 배관은 원칙적으로 직선, 직각으로 한다.
• 배관 도중에 신축 흡수를 위한 이음을 한다.
• 건물의 주요구조부를 관통하여 설치하지 않는다.
• 건축물 내의 배관은 외부에 노출하여 시공한다.
• 보호조치를 한 배관을 이음매 없이 설치할 때에는 매설할 수 있다.
• 건물 규모가 크고 배관 연장이 긴 경우는 계통을 나누어 배대한다.
• 가스사용시설의 지상배관은 황색으로 도색하는 것이 원칙이다.

24
정답 ③

㉠ 조경면적 $= 1,500\text{m}^2 \times 0.1 = 150\text{m}^2$

㉡ 조경면적의 $50\% = 150\text{m}^2 \times 0.5 = 75\text{m}^2$

㉢ 옥상조경면적의 $\dfrac{2}{3} = 150\text{m}^2 \times \dfrac{2}{3} = 100\text{m}^2$

• ㉠에서 ㉡과 ㉢ 중 작은 면적을 차감한다.
• 대지의 조경면적 $= 150\text{m}^2 - 75\text{m}^2 = 75\text{m}^2$

건축물의 옥상조경
• 건축물의 옥상에 조경이나 그 밖에 필요한 조치를 하는 경우에는 옥상부분 조경면적의 3분의 2에 해당하는 면적을 대지의 조경면적으로 산정할 수 있다.
• 조경면적으로 산정하는 옥상부분 조경면적은 조경면적의 100분의 50을 초과할 수 없다.

25
정답 ③

1대 $+ (5,000\text{m}^2 - 1,500\text{m}^2) \div 3,000\text{m}^2 = 2.17$대 ≒ 3대

비상용 승강기 설치기준

설치대상	• 높이 31m를 초과하는 건축물	
설치대수	높이 31m를 넘는 각 층의 바닥면적 중 최대바닥면적	
	1,500m² 이하	1,500m² 초과
	1대 이상	1대에 1,500m²를 넘는 3,000m² 이내마다 1대씩 더한 대수 이상

26

정답 ④

복사난방은 방열기가 필요하지 않으므로 실의 바닥면적의 이용도가 높다.

> **복사난방의 장점**
> - 실내의 온도분포가 균등하고 쾌감도가 높다.
> - 방열기가 필요하지 않으며 바닥면의 이용도가 높다.
> - 대류가 적으므로 바닥면의 먼지가 상승하지 않는다.
> - 방이 개방상태인 경우에도 난방효과가 있다.
> - 실내 상하온도차가 작아 천장고가 높은 공장에 적합하다.
> - 실온을 낮게 유지할 수 있어서 열손실이 적다.

27

정답 ①

- ㉠ A지점의 반력
  - $\Sigma M_E = 0$,
    $$V_A \times l - P_1 \times (l-a) - P_2 \times (c+d) - P_3 \times d = 0$$
  - $V_A \times 5.5\text{m} - 30\text{kN} \times 4.5\text{m} - 30\text{kN} \times 2.5\text{m} - 60\text{kN} \times 1\text{m} = 0$
  - $V_A \fallingdotseq 49.09\text{kN}$
- ㉡ BC구간 내 x점에 작용하는 전단력
  - $S_x = V_A - P_1 = 49.09\text{kN} - 30\text{kN} = +19.09\text{kN}$
  - 부호가 정(+)이므로, 전단력은 시계진행방향(↑↓)으로 가해진다.

28

정답 ④

도막방수 공사는 바탕면 시공과 관통공사가 종결된 후에 실시한다.

> **도막방수의 바탕면·관통부 시공**
> 바탕면 및 바닥을 관통하거나 매설되는 파이프, 고정철물 등과의 접속부에서는 누수 등의 결함이 발생하기 쉬우므로 사전에 접속부 처리를 계획하여야 하며, 시공이 종결된 후 세심하게 방수처리를 실시한다.

29

정답 ①

체육관의 크기는 농구코트 기준이며, $400 \sim 500\text{m}^2$의 면적이 필요하다.

> **체육관의 크기**
> - 표준적으로 농구코트를 둘 수 있는 크기가 필요하다($400 \sim 500\text{m}^2$).
> - 천정 높이는 6m 이상, 징두리벽 높이는 $2.5 \sim 2.7\text{m}$ 정도로 한다.

30

정답 ②

승객의 층별 대기시간은 평균 운전간격 이하가 되어야 한다.

> **사무소 엘리베이터 대수의 산정**
> - 건축물의 종류, 규모, 임대 상황 등을 고려한다.
> - 승객의 층별 대기시간은 평균 운전간격 이하가 되게 한다.
> - 출입층이 2개 층일 경우 각각의 교통 수요량 이상이 되도록 한다.
> - 5분간 총 수송능력이 5분간 최대 교통 수요량(아침 출근시간)과 같거나 그 이상이 되도록 한다.

31

정답 ②

②는 오수처리시설 공사의 착공 전 신고사항이다.

> **공사 착공시점의 주요 인허가항목**
> 비산먼지 발생사업 신고, 특정공사 사전신고, 사업장폐기물 배출자 신고, 가설건축물 축조신고, 도로점용허가 등이 있다.

32

정답 ②

내민보에 작용하는 집중하중·반력
- $\Sigma M_B = 0$,
  $$-P_1 \times (a+b+c) + V_A \times (b+c) - P_2 \times c + P_3 \times d = 0$$
- $-1\text{kN} \times 8\text{m} + V_A \times 6\text{m} - 3\text{kN} \times 2\text{m} + 1\text{kN} \times 2\text{m} = 0$
- $V_A = 2\text{kN}$
- $P_1 + P_2 + P_3 = V_A + V_B$이므로, $V_B = 5\text{kN} - 2\text{kN} = 3\text{kN}$

33

정답 ④

- 보수율은 감광보상률의 역수이므로, 10/15이다.
- $(\text{램프수량}) = \dfrac{800\text{lx} \times 10\text{m}^2}{2,000\text{lm} \times 0.6 \times 10/15} = 10$개

조도의 계산
- 보수율은 램프의 신설 시와 교체 시의 조도 차이의 비이다.
- 감광보상률은 보수율의 역수이다.

평균조도	• (평균조도)= $\dfrac{(\text{램프당 광속}) \times (\text{램프수량}) \times (\text{조명률}) \times (\text{보수율})}{(\text{실의 면적})}$
램프수량	• (램프수량)= $\dfrac{[\text{평균조도}(E)] \times [\text{실의 면적}(A)]}{[\text{램프당 광속}(F)] \times [\text{조명률}(U)] \times [\text{보수율}(M)]}$

34

정답 ②

전용주거지역이나 일반주거지역에서 건축물의 높이 9m 이하인 부분은 건축물의 각 부분을 정북방향의 인접 대지경계선으로부터 1.5m 이상 거리를 띄어야 한다.

> **일조 등의 확보를 위한 건축물의 높이 제한**
> - 전용주거지역과 일반주거지역 안에서 건축하는 건축물의 높이는 일조(日照) 등의 확보를 위하여 정북방향의 인접 대지경계선으로부터의 거리에 따라 대통령령으로 정하는 높이 이하로 하여야 한다.
> - 건축물의 각 부분을 정북(正北) 방향으로의 인접 대지경계선으로부터 일정 거리 이상을 띄어 건축한다.
>   - 높이 9m 이하인 부분은 인접 대지경계선으로부터 1.5m 이상
>   - 높이 9m를 초과하는 부분은 인접 대지경계선으로부터 해당 건축물 각 부분 높이의 2분의 1 이상

35

정답 ②

- $(수용률)=\dfrac{(최대수용전력)}{(총부하설비용량)}\times100\%$

- $(총부하설비용량)=\dfrac{500\text{kW}}{80\%}\times100\%=625\text{kW}$

수전설비용량의 추정

수용률	• 최대수용전력을 구하기 위한 것이다. • 최대수용전력÷총부하설비용량×100(%)
부등률	• 합성최대수용전력을 구하는 계수이다. • 각 부하의 최대수용전력의 합계÷합성최대수용전력
부하율	• 전기설비가 어느 정도 유효하게 사용되는가를 나타내는 것이다. • 부하의 평균전력÷최대수용전력×100(%)

36

정답 ③

$l_{hb}=\dfrac{0.24\times1\times15.9\times400}{1\times\sqrt{30}}≒278.68\text{mm}$

표준갈고리를 갖는 인장 이형철근의 정착길이

- 정착길이(l_{dh})는 기본정착길이(l_{hb})×적용 가능한 모든 보정계수이며, 항상 150mm 이상이어야 한다.

- $l_{hb}=\dfrac{0.24\times\beta\times d_b\times f_y}{\lambda\sqrt{f_{ck}}}$

37

정답 ②

0.5B 정미량 : $40\text{m}^2\times75매/\text{m}^2=3,000장$

기본벽돌쌓기

- 기본벽돌은 정미량, 모르타르는 소요량이다.
- 할증률 : 붉은벽돌 3%, 내화벽돌 3%, 시멘트벽돌 5%

구분	단위	0.5B	1.0B	1.5B
기본벽돌	m^2당	75매	149매	224매
모르타르	1,000매당	0.25m^3	0.33m^3	0.35m^3

38

정답 ④

안전개가식은 서가에 접근하여 열람 후 도서를 선택하고, 대출 수속 후 열람실로 이동하는 방식이다.

안전개가식 출납시스템

절차	• 서가 접근 → 열람 후 선택 → 대출 수속 → 열람석
특징	• 서고와 열람실이 분리되어 있다. • 서가 열람이 가능하여 도서를 직접 뽑을 수 있다. • 검열 · 기록 · 감시를 위한 관원이 필요하다.
적용	• 1실 15,000권 이하의 소규모 도서관에 적합하다.

39

정답 ④

④는 애리나형에 대한 설명이며, 프로시니엄형은 객석 수용 능력에 제한이 있다.

프로시니엄형(Proscenium) 극장

개요	연기자와 관객의 접촉면이 한 면으로 한정된 가장 일반적인 형태로, Picture frame stage라고도 한다.
특징	• 투시도법을 무대공간에 응용한 형식이다. • 연기는 한정된 액자 속에서 나타나는 구성화의 느낌을 준다. • 배경이 한 폭의 그림과 같은 느낌을 주므로 전체적인 통일의 효과를 얻는 데 가장 좋은 형태이다. • 객석 수용 능력에 제한이 있다. • 강연, 콘서트, 독주, 연극 공연 등에 적합하다.

40

정답 ①

이동식 보도

- 승객을 수평으로 수송하는 데 사용된다.
- 수평으로부터 10° 이내의 경사로 되어 있다.
- 주로 역이나 공항, 박람회장 등에 이용된다.
- 수송능력은 1시간당 최대 1,500명 정도이다.
- 이동속도는 30~50m/min 정도이다.

| 06 | 토목일반

01	02	03	04	05	06	07	08	09	10
②	②	④	②	③	③	④	③	④	③
11	12	13	14	15	16	17	18	19	20
④	①	③	②	⑤	④	①	⑤	④	④
21	22	23	24	25	26	27	28	29	30
③	⑤	⑤	④	②	②	②	③	④	①
31	32	33	34	35	36	37	38	39	40
①	①	⑤	②	③	①	③	②	②	②

01
정답 ②

• 허용오차 범위

$E = 20'' \sqrt{5} \sim 30'' \sqrt{5}$
$= 44.7'' \sim 67''$

허용범위 이내 이므로 모든 각에 등배분(경중율 같으므로) 한다.

02
정답 ②

오답분석

① 상대측위란 두 대 이상의 수신기를 사용하여 동시에 측량을 한 후 데이터를 처리하여 측량정도를 높이는 GNSS 측량법이다.
③ 위상차의 계산은 단일차분, 이중차분, 삼중차분 기법으로 한다.
④ 절대측위보다 정밀도가 높다.
⑤ 고전적인 삼각측량에 해당된다.

03
정답 ④

$A = 240 \times 240 = 57,600\text{m}^2$

$\dfrac{dA}{A} = 2 \times \dfrac{dl}{l}$ 이므로, $\dfrac{dA}{57,600} = 2 \times \dfrac{0.04}{60}$

$\therefore dA = 76.8\text{m}^2$

04
정답 ②

DGPS란 GPS가 갖는 오차를 보정하여 정확도를 높이고자 기준국을 설치하고 여기서 보정신호를 받아 수신기의 위치오차를 보정하는 방식이다. 여기서 보정되는 오차에는 위성의 궤도오차, 위성의 시계오차, 전리층 신호 지연, 대류권 신호지연 등이 있다. 다중경로 오차는 수신기에서 신호의 세기를 비교하여 약한 신호를 제거하여 오차를 보정한다.

05
정답 ③

유관이란 옆면이 유선으로 둘러싸인 관을 말한다.

06
정답 ③

강우자료의 일관성을 조사하는 방법은 이중누가우량분석이다.

07
정답 ④

$D = 2\text{m} = 200\text{cm}$이므로

레이놀드수$(Re) = \dfrac{VD}{v}$ 에 대입하면,

$Re = \dfrac{50 \times 200}{0.0101} = 990,000$이다.

08
정답 ③

마찰손실계수

$f = \dfrac{64}{Re} = \dfrac{64}{1,000} = 0.064$

$V = C\sqrt{RI} = \sqrt{\dfrac{8g}{f}} \times \sqrt{RI}$

$= \sqrt{\dfrac{8 \times 9.8}{0.064}} \times \sqrt{10 \times \dfrac{1}{200}} \fallingdotseq 7.826\text{m/s}$

09
정답 ④

수리학적 상사

• 시간비(T_r)

$T_r = \dfrac{T_m(\text{모형시간})}{T_P(\text{원형시간})}$

• 축적비 = 길이비(L_r)

$L_r = \dfrac{L_m(\text{모형길이})}{L_P(\text{원형길이})}$

• 시간비와 축척비 관계

$T_r = (L_r)^{\frac{1}{2}}$

$\dfrac{4}{T_P} = \left(\dfrac{1}{225}\right)^{\frac{1}{2}} \rightarrow T_P = 60$분

10
정답 ③

오답분석

① 흄관 : 내압력이 낮고, 현장에서 시공성이 좋다.
② PVC관 : 내식성이 크고, 자외선에 약하다.
④ 주철관 : 충격에 약하고, 이형관의 제작이 용이하다.
⑤ 덕타일 주철관 : 강도가 크고, 절단가공이 쉬우며 시공성이 높다.

11
정답 ④

생물화학적 산소요구량(BOD)은 수중 유기물이 호기성 미생물에 의해 5일간 분해될 때 소비되는 산소량을 PPm(mg/L)으로 표시한다.

12
정답 ①

슬러지 용량 지표(SVI)는 폭기조 혼합액 1L를 30분간 침전시킨 후 1g의 MLSS가 슬러지로 형성시 차지하는 부피를 말하며, SVI $=SV \times 10^4/MLSS$의 식으로 계산할 수 있다. 적정 SVI는 50 ~ 150이며, $SVI \geq 200$의 경우 슬러지 팽화를 의심할 수 있다.

13
정답 ③

KDS 57 45 00(상수도 취수시설 설계 기준)

유입속도는 $0.4 \sim 0.8 m/s$를 표준으로 한다.

14
정답 ②

간극수압의 증가량의 공식은 $\Delta u = B[\Delta \sigma_3 + A(\Delta \sigma_1 - \Delta \sigma_3)]$ 이다.

위의 식에서 $2.0 kg_f/cm^2$의 구속응력을 가하여 시료를 완전히 압밀시킨 이후, 축차응력을 가하여 비배수 상태로 전단시켜 파괴되었기 때문에 $\Delta \sigma_3 = 0$이다[$\because$ 들어가는 힘이 없기 때문에 $\Delta \sigma_3 = 0$ 이다].

따라서 $A = \dfrac{\Delta u}{\Delta \sigma_1} = \dfrac{1.5}{2.6} \fallingdotseq 0.58$이다.

15
정답 ⑤

액상화현상

포화된 모래가 비배수(非排水) 상태로 변하여 전단 응력을 받으면, 모래 속의 간극수압이 차례로 높아지면서 최종적으로는 액상 상태가 되는 현상으로, 액상화현상의 요인 중 외적 요인으로는 지진의 강도나 그 지속시간 등을 들 수가 있으며, 내적 요인으로는 모래의 밀도(간극비, 상대밀도 등), 지하수면의 깊이, 모래의 입도 분포, 기반암의 지질구조 등이 있다.

16
정답 ④

$1.4 kg_f/cm^2 = 14 t/m^2$이므로 한계고 $H_c = \dfrac{2q_u}{\gamma_t} = \dfrac{2 \times 14}{2} = 14$ 이다(단, q_u는 일축압축강도이다).

따라서 안전율은 $F_s = \dfrac{H_c}{H} = \dfrac{14}{7} = 2.0$이다.

17
정답 ①

베인전단시험(Vane Shear Test)은 깊이 10m 미만의 연약한 점토지반의 점착력을 측정하는 시험으로 회전저항모멘트(kg·cm)를 측정하여 비배수 점착력을 측정한다.

18
정답 ⑤

부피와 무게와의 관계를 보면, $\omega \times G_s = S \times e$이므로 $0.3 \times 2.60 = S \times 0.8 \rightarrow S = 97.5\%$
따라서 포화도는 97.5%이다.

19
정답 ④

나선철근으로 둘러싸인 경우 축방향 주철근의 최소 개수는 6개이다.

축방향 주철근의 최소 개수
- 삼각형 띠철근 : 3개
- 사각형 및 원형 띠철근 : 4개
- 나선철근 : 6개

20
정답 ④

벽체 최소 전단 철근 배치 예외 규정
- 슬래브와 기초판(또는 확대기초)
- 콘크리트 장선 구조
- 전체깊이가 250mm 이하인 보
- I형보와 T형보에서 그 깊이가 플랜지 두께의 2.5배와 복부폭 1/2 중 큰값 이하인 보
- 교대 벽체 및 날개벽, 옹벽의 벽체, 암거 등과 같이 휨이 주거동인 판 부재

21
정답 ③

보통골재를 사용하는 경우 $f_{ck} \leq 40 Mpa \rightarrow \triangle f = 4 Mpa$
$E_e = 8,500 \times \sqrt[3]{(38+4)} \fallingdotseq 29,546 MPa$

22
정답 ⑤

$V_s > \dfrac{1}{3} \lambda \sqrt{f_{ck}} b_w d$의 경우에는 전단철근의 간격(s)은 1, 2, 3 중에서 작은 값을 선택한다.

1. $\dfrac{1}{4}$ 이하

2. 300mm 이하

3. $[간격(s)] = \dfrac{f_{yt} \times A_v \times d}{V_s}$ 이하

23

정답 ⑤

$w_u = 1.2w_D + 1.6w_L = (1.2 \times 18) + (1.6 \times 26) = 63.2\text{kN}$

$63.2\text{kN} \geq 1.4w_D = 1.4 \times 18 = 25.2\text{kN}$이므로 w_u를 택한다.

$M_u = \dfrac{w_u \times L^2}{8} = \dfrac{(63.2) \times (10)^2}{8} = 790\text{kN} \cdot \text{m}$

24

정답 ④

복부판의 두께가 너무 얇으면 지간 중앙부의 휨모멘트가 증가하여 복부판에는 큰 압축응력이 생기므로 좌굴의 우려가 있다. 따라서 강종에 따라 복부판의 두께를 제한하고 있다.

25

정답 ②

$\sum F = -100 + F - 300 - P + 200 = 0$

$\sum M_A = (-100 \times 0) - (2 \times F) + (4 \times 300) + (5 \times P) - (7 \times 200)$
$\qquad = 0$

연립하여 풀면 $F = 400\text{kg}_f$, $P = 200\text{kg}_f$

26

정답 ②

• 양단 활절 기둥의 좌굴 하중 : $P_{cr} = \dfrac{\pi^2 EI}{L^2}$

• 양단 고정 기둥의 좌굴 하중 : $P_{cr} = \dfrac{\pi^2 EI}{\left(\dfrac{L}{2}\right)^2}$

27

정답 ②

$R_A = \dfrac{3}{8}wl$, $R_B = \dfrac{5}{8}wl$

$R_A = \dfrac{3}{8} \times 2 \times 10 = 7.5\text{t}(\uparrow)$

28

정답 ③

$V_c = +\left[-30 - \left(\dfrac{1}{2} \times 40 \times 3\right)\right] = -90\text{kN}$

$M_c = +\left[-(30) \times (4) - \left(\dfrac{1}{2} \times 40 \times 3\right)\right] = -180\text{kN}$

29

정답 ④

$(\text{포아송비}) = \dfrac{\dfrac{\Delta l}{l}}{\dfrac{\Delta d}{d}} = \dfrac{10 \times \Delta d}{0.5 \times 0.1} = 0.2$

$\Delta d = \dfrac{0.2 \times 0.5 \times 0.1}{10} = 0.001\text{m}(=0.1\text{cm})$

반지름 $\dfrac{\Delta d}{2} = \dfrac{0.1}{2} = 0.05$

30

정답 ①

우력(偶力 ; Couple of Forces)

일직선상이 아니고 크기가 같으며, 방향이 서로 평행으로 반대인 두 힘을 우력이라 한다. 우력은 두 힘이 작용하는 평면으로 수직인 축 둘레에 회전시키는 작용을 한다. 두 힘의 작용선 사이의 거리 a(우력의 팔의 길이)와 각 힘의 크기 F의 곱 aF를 우력의 모멘트라 한다.

31

정답 ①

$\sum M_A = 0$, $2 \times 8 \times 4 - H_D \times 2 - R_D \times 8 = 0$

$R_D = 8 - \dfrac{H_D}{4}$

$M_E = 0$, $2 \times 2 \times 1 + H_D \times 4 - R_D \times 2 = 0$

$H_D = \dfrac{12}{\dfrac{9}{2}} \fallingdotseq 2.67\text{t}$

32

정답 ①

$\sigma_a = \dfrac{My}{I} = \dfrac{6M}{bh^2}$

$h = \sqrt{\dfrac{6M}{b \cdot \sigma_a}} = \sqrt{\dfrac{6 \times 8,000 \times 100}{25 \times 120}} = 40\text{cm}$

33

정답 ⑤

구차(h)를 구하면

$h = \dfrac{D^2}{2R} = \dfrac{7.1^2}{2 \times 6,370} = 0.0039\text{km}$이다.

따라서 $h \geq 3.9\text{m}$

측표의 최소 높이는 4m이다.

34

정답 ②

평균유속(V_m)에 있어 2점법은 $\frac{1}{2}(V_{0.2}+V_{0.8})$이므로, 수면으로부터 수심의 $\frac{1}{5}$, $\frac{4}{5}$ 지점을 관측해야 한다.

1점법은 $V_{0.6}$, 3점법은 $\frac{1}{4}(V_{0.2}+2V_{0.6}+V_{0.8})$이다.

평균유속(V_m)
- 1점법 $V_m = V_{0.6}$
- 2점법 $V_m = \frac{1}{2}(V_{0.2}+V_{0.8})$
- 3점법 $V_m = \frac{1}{4}(V_{0.2}+2V_{0.6}+V_{0.8})$

35

정답 ③

삼각망 중에서 정확도가 가장 높은 것은 조건식의 수가 가장 많은 사변형망이다.

36

정답 ①

수평각 관측법은 트랜싯, 데오돌라잇, 토털스테이션 등으로 수평축을 기준하여 교각법, 편각법, 방위각법 등으로 관측한다.
- 교각법 : 각 측선 간의 교각을 측정해 가는 방법
- 편각법 : 각 측선이 그 앞 측선의 연장과 이루는 각을 관측하는 방법
- 방위각법 : 각 측선이 일정한 기준선(진북, 자오선) 방향과 이루는 각을 우회로 관측하는 방법

37

정답 ③

A의 거리는 2km이므로, A → P의 거리비는 $\frac{2+3+1}{2}=3$

B의 거리는 3km이므로, B → P의 거리비는 $\frac{2+3+1}{3}=2$

C의 거리는 1km이므로, C → P의 거리비는 $\frac{2+3+1}{1}=6$

$124.00 + \dfrac{(3\times0.583)+(2\times0.295)+(6\times0.792)}{3+2+6} \fallingdotseq 124.645\text{m}$

38

정답 ②

$$\frac{1}{m}=\frac{f}{H-h}$$
$$=\frac{0.153}{3,000-600}=\frac{1}{15,686}$$

따라서 사진축척은 $\frac{1}{15,686}$ 이다.

39

정답 ②

$Q=AV \rightarrow V=\dfrac{Q}{A}=\dfrac{0.1}{\dfrac{\pi\times0.3^2}{4}} \fallingdotseq 1.414\text{m/sec}$이고,

$R=\dfrac{d}{4}=\dfrac{0.3}{4}=0.075\text{m}$이므로

$v=C\sqrt{RI}$에서 $I=\dfrac{v^2}{RC^2}=\dfrac{1.414^2}{0.075\times63^2} \fallingdotseq 0.0067$임을 확인할 수 있다.

이때, $I=\dfrac{h_L}{l}$ 이므로 관 마찰 손실수두(h_L)는
$h_L=I\times l=0.0067\times100=0.67\text{m}$이다.

40

정답 ②

DAD 해석은 최대우량깊이, 유역면적, 강우지속시간과의 관계를 수립하는 작업으로 유역면적을 대수축에 최대 평균강우량을 산술축에 표시한다.

제3회 모의고사 정답 및 해설

제 1 영역 직업기초능력평가

01	02	03	04	05	06	07	08	09	10
②	④	①	③	③	④	③	⑤	②	④
11	12	13	14	15	16	17	18	19	20
③	④	④	⑤	④	③	③	④	③	③
21	22	23	24	25	26	27	28	29	30
①	④	③	④	④	④	②	①	②	③
31	32	33	34	35	36	37	38	39	40
①	⑤	③	③	⑤	④	②	③	④	③

01 정답 ②

ㄱ. 남한의 도로 부문 관련 법규는 도로법, 고속국도법, 한국도로공사법, 유료도로법, 사도법, 도로교통법, 교통안전법으로 총 7개이며, 북한의 도로 부문 관련 법규는 도로법, 도로교통법, 차량운수법으로 총 3개이다. 따라서 남한의 도로부문 관련 법규의 수는 북한의 2배인 6개 이상이므로 옳은 설명이다.
ㄹ. 남한의 교통 관련 법규는 도로법, 고속국도법, 한국도로공사법, 유료도로법, 사도법, 도로교통법, 교통안전법, 철도건설법, 도시철도법, 철도안전법, 항공·철도 사고조사에 관한 법률, 철도사업법, 한국철도공사법 총 13개이므로 옳은 설명이다.

오답분석

ㄴ. 표에 명시된 법규 중 남한과 북한이 동일한 명칭을 사용하는 교통 관련 법규는 도로법, 도로교통법으로 총 2개이다.
ㄷ. 북한의 철도부문 관련 법규는 철도법, 지하철도법, 철도차량법 3개이며, 북한의 교통수단의 운영과 관련된 법규는 도로법, 도로교통법, 차량운수법, 철도법, 지하철도법, 철도차량법 6개이므로 옳지 않은 설명이다.

02 정답 ④

'국토교통부장관은 철도차량의 안전하고 효율적인 운행을 위하여 철도시설의 운용상태 등 철도차량의 운행과 관련된 조언과 정보를 철도종사자 또는 철도운영자등에게 제공할 수 있다.'는 제39조의2(철도교통관제)의 내용이다.

여객 등의 안전 및 보안(제48조의2)
① 국토교통부장관은 철도차량의 안전운행 및 철도시설의 보호를 위하여 필요한 경우에는 사법경찰관리의 직무를 수행할 자와 그 직무범위에 관한 법률 제5조 제11호에 규정된 사람("철도특별사법경찰관리")으로 하여금 여객열차에 승차하는 사람의 신체·휴대물품 및 수하물에 대한 보안검색을 실시하게 할 수 있다.
② 국토교통부장관은 제1항의 보안검색 정보 및 그 밖의 철도보안·치안 관리에 필요한 정보를 효율적으로 활용하기 위하여 철도보안정보체계를 구축·운영하여야 한다.
③ 국토교통부장관은 철도보안·치안을 위하여 필요하다고 인정하는 경우에는 차량 운행정보 등을 철도운영자에게 요구할 수 있고, 철도운영자는 정당한 사유 없이 그 요구를 거절할 수 없다.
④ 국토교통부장관은 철도보안정보체계를 운영하기 위하여 철도차량의 안전운행 및 철도시설의 보호에 필요한 최소한의 정보만 수집·관리하여야 한다.
⑤ 제1항에 따른 보안검색의 실시방법과 절차, 보안검색장비의 종류 등에 필요한 사항과 제2항에 따른 철도보안정보체계 및 제3항에 따른 정보 확인 등에 필요한 사항은 국토교통부령으로 정한다.

03 정답 ①

네 번째 문단에 따르면 2000년대 초 연준의 금리 인하는 국공채에 투자했던 퇴직자들의 소득을 감소시켰고, 노년층에서 정부로, 정부에서 금융업으로 부의 대규모 이동이 이루어져 불평등을 심화시켰다. 따라서 금융업으로부터 정부로 부가 이동하였다는 ①은 제시문의 내용으로 적절하지 않다.

오답분석

② 마지막 문단에 따르면 2000년대 초 연준이 고용 증대를 기대하고 시행한 저금리 정책은 노동을 자본으로 대체하는 투자를 증대시킴으로써 오히려 실업률이 떨어지지 않는 구조를 만들었다.
③ 세 번째 문단에 따르면 2000년대 초는 대부분의 부문에서 설비 가동률이 낮은 상황이었기 때문에 당시의 저금리 정책이 오히려 주택 시장의 거품을 초래하였다.

④ 2000년대 초 연준의 저금리 정책으로 주택 가격이 상승하여 주택 시장의 거품을 초래하였고, 주식 가격 역시 상승하였지만 이에 대한 이득은 대체로 부유층에 집중되었다.

⑤ 두 번째 문단에 따르면 부동산 거품 대응 정책에서는 주택 담보 대출에 대한 규제가 금리 인상보다 더 효과적인 정책이다.

04
정답 ③

직장에서 업무와 관련되어 보내는 이메일과 같은 비즈니스 서신에는 감정 표현을 담는 것을 피하도록 한다.

05
정답 ③

1 ~ 2월 이앙기 관리방법에 모두 방청유를 발라 녹 발생을 방지하는 내용이 있다.

오답분석
① 트랙터의 브레이크 페달 작동 상태는 2월의 점검 목록이다.
② 이앙기에 커버를 씌워 먼지 및 이물질에 의한 부식을 방지하는 것은 1월의 점검 목록이다.
④ 트랙터의 유압실린더와 엔진 누유 상태의 점검은 트랙터 사용 전 점검이 아니라 보관 중 점검 목록이다.
⑤ 매뉴얼에 없는 내용이다.

06
정답 ④

본 제품에는 배터리 보호를 위하여 과충전 보호회로가 내장되어 있어 적정 충전시간을 초과하여도 큰 손상이 없으므로 고장의 원인으로 적절하지 않다.

07
정답 ③

청소기 전원을 끄고 이물질 제거 후 전원을 켜면 파워브러쉬가 재작동하며 평상시에도 파워브러쉬가 멈추었을 때는 전원 스위치를 껐다 켜면 재작동한다.

08
정답 ⑤

사용 중 갑자기 흡입력이 떨어지는 이유는 흡입구를 커다란 이물질이 막고 있거나, 먼지 필터가 막혀 있거나, 먼지통 내에 오물이 가득 차 있을 경우이다.

09
정답 ②

A/S 접수 현황에서 잘못 기록된 일련번호는 총 7개이다.

분류1	• ABE1C6100121 → 일련번호가 09999 이상인 것은 없음
	• MBE1DB001403 → 제조월 표기기호 중 'B'는 없음
분류2	• MBP2CO120202 → 일련번호가 09999 이상인 것은 없음
	• ABE2D0001063 → 제조월 표기기호 중 '0'은 없음
분류3	• CBL3S8005402 → 제조년도 표기기호 중 'S'는 없음
분류4	• SBE4D5101483 → 일련번호가 09999 이상인 것은 없음
	• CBP4D6100023 → 일련번호가 09999 이상인 것은 없음

10
정답 ④

제조연도는 시리얼 번호 중 앞에서 다섯 번째 알파벳으로 알 수 있다. 2012년도는 'A', 2013년도는 'B'로 표기되어 있으며, A/S 접수 현황에서 찾아보면 총 9개이다.

11
정답 ③

A/S 접수 현황에 제품 시리얼 번호를 보면 네 번째 자리의 숫자가 분류1에는 '1', 분류2에는 '2', 분류3에는 '3', 분류4에는 '4'로 나눠져 있음을 알 수 있다. 따라서 네 번째 자리가 의미하는 메모리 용량이 시리얼 번호를 분류하는 기준이다.

12
정답 ④

월 급여가 300만 원 미만인 직원은 $1,200 \times (0.18+0.35)=636$명, 월 급여가 350만 원 이상인 직원은 $1,200 \times (0.12+0.11)=276$명으로 $\frac{636}{276} \doteqdot 2.30$배이다. 따라서 2.5배 미만이다.

오답분석
① 직원 중 4년제 국내 수도권 지역 대학교 졸업자 수는 $1,200 \times 0.35 \times 0.45=189$명으로, 전체 직원의 $\frac{189}{1,200} \times 100=15.75\%$로 15% 이상이다.
② 고등학교 졸업의 학력을 가진 직원은 $1,200 \times 0.12=144$명, 월 급여 300만 원 미만인 직원은 $1,200 \times (0.18+0.35)=636$명이다. 이 인원이 차지하는 비율은 $\frac{144}{636} \times 100 \doteqdot 22.6\%$이다.
③ 4년제 대학교 졸업 이상의 학력을 가진 직원은 $1,200 \times 0.35=420$명, 월 급여 300만 원 이상인 직원은 $1,200 \times (0.24+0.12+0.11)=564$명이다. 이 인원이 차지하는 비율은 $\frac{420}{564} \times 100 \doteqdot 74.46\%$로 78% 이하이다.
⑤ 전체 직원이 1,000명이라면 외국 대학교 졸업의 학력을 가진 직원은 $1,000 \times 0.35 \times 0.2=70$명이다.

13 정답 ④

국내 소재 대학 및 대학원 졸업자는 $1,200 \times (0.17 + 0.36) + 1,200 \times 0.35 \times (0.25 + 0.45 + 0.1) = 972$명으로, 이들의 25%는 $972 \times 0.25 = 243$명이다.

월 급여 300만 원 이상인 직원은 $1,200 \times (0.24 + 0.12 + 0.11) = 564$명이므로, 이들이 차지하는 비율은 $\frac{243}{564} \times 100 \fallingdotseq 43\%$이다.

14 정답 ⑤

강수량의 증감추이를 나타내면 다음과 같다.

1월	2월	3월	4월	5월	6월	7월	8월	9월	10월	11월	12월
–	증가	감소	증가	감소	증가	증가	감소	감소	감소	감소	증가

이와 동일한 추이를 보이는 그래프는 ⑤이다.

오답분석
① 증감추이는 같지만 4월의 강수량이 50mm 이하로 표현되어 있다.

15 정답 ④

A, B, C에 해당되는 청소 주기 6, 8, 9일의 최소공배수는 $2 \times 3 \times 4 \times 3 = 72$이다. 9월은 30일, 10월은 31일까지 있으므로 9월 10일에 청소를 하고 72일 이후인 11월 21일에 세 사람이 같이 청소하게 된다.

16 정답 ③

IF문의 구문은 다음과 같다. IF(조건, 조건이 참일 경우, 조건이 거짓일 경우)
③을 풀어보면 '거주지가 '팔달구'이거나 '영통구'이면 '매탄2동점'에, 아니라면 '금곡동점'에 배치'하라는 의미이기 때문에 답은 ③이다.

오답분석
① 거주지가 '장안구'이거나 '영통구'이면 '금곡동점'에, 아니라면 '매탄2동점'에 배치하시오.
② 거주지가 '팔달구'이거나 '영통구'이면 '금곡동점'에, 아니라면 '매탄2동점'에 배치하시오.
④ 거주지가 '팔달구'이면서 '영통구'이면 '매탄2동점'에, 아니라면 '금곡동점'에 배치하시오.
⑤ 거주지가 '팔달구'이면서 '영통구'이면 '금곡동점'에, 아니라면 '매탄2동점'에 배치하시오.

17 정답 ③

[폴더 옵션]에서는 파일 및 폴더의 숨김 표시 여부를 수정 할 수 있으나 속성 일괄 해제는 폴더 창에서 직접 해야 한다.

오답분석
① 숨김 파일 및 폴더를 표시할 수 있다.
② 색인된 위치에서는 파일 이름뿐만 아니라 내용도 검색하도록 설정할 수 있다.
④ 파일이나 폴더를 한 번 클릭해서 열 것인지, 두 번 클릭해서 열 것인지를 설정할 수 있다.
⑤ 파일 확장자명을 숨길 수 있다.

18 정답 ④

바탕화면에 생성한 바로가기 아이콘을 삭제시 연결된 파일에는 아무런 이상이 없다.

오답분석
① 바로가기 아이콘의 왼쪽 아래에는 화살표 모양의 그림이 표시된다.
② 바로가기 아이콘의 이름, 크기, 형식, 수정한 날짜 등의 순으로 정렬하여 표시할 수 있다.
③ 바로가기 아이콘의 바로가기를 또 만들 수 있다.
⑤ 〈F2〉 키로 바로가기 아이콘의 이름을 바꿀 수 있다.

19 정답 ③

조직은 목적을 가지고 있어야 하고, 구조가 있어야 한다. 또한 목적을 달성하기 위해 구성원들은 서로 협동적인 노력을 하고, 외부환경과 긴밀한 관계를 가지고 있어야 한다. 따라서 야구장에 모인 관중들은 동일한 목적만 가지고 있을 뿐 구조를 갖춘 조직으로 볼 수 없다.

20 정답 ③

오답분석
• B : 사장 직속으로 4개의 본부가 있다는 설명은 옳지만, 인사를 전담하고 있는 본부는 없으므로 적절하지 않다.
• C : 감사실이 분리되어 있다는 설명은 옳지만, 사장 직속이 아니므로 적절하지 않다.

21 정답 ①

A씨의 행동을 살펴보면, 무계획적인 업무처리로 인하여 일이 늦어지거나 누락되는 경우가 많다는 것을 알 수 있다. 이러한 행동에 대해서 피드백으로는 업무를 계획적으로 진행하라는 맥락인 ①이 적절하다.

22
정답 ④

업무환경에 '자유로운 분위기'라고 명시되어 있으므로 '중압적인 분위기를 잘 이겨낼 수 있다.'라는 문구는 옳지 않다.

23
정답 ③

[A1:B4] 영역으로 차트를 만들었기 때문에 [A5:B5]는 차트의 원본데이터 범위가 아니므로 자동추가되지 않는다.

24
정답 ④

갈등을 발견하고도 즉각적으로 다루지 않는다면 나중에는 팀 성공을 저해하는 장애물이 될 것이다. 그러나 갈등이 존재한다는 사실을 인정하고 해결을 위한 조치를 취한다면, 갈등을 해결하기 위한 하나의 기회로 전환할 수 있다.

25
정답 ④

갈등을 성공적으로 해결하기 위해서는 누가 옳고 그른지 논쟁하는 일은 피하는 것이 좋으며, 상대방의 양 측면을 모두 이해하고 배려하는 것이 중요하다.

26
정답 ④

모스크바에서의 체류시간을 구하기 위해서는 모스크바에 도착하는 시각과 모스크바에서 런던으로 출발하는 시각을 알아야 한다. 우선 각국의 시차를 알아보면, 러시아는 한국보다 6시간이 느리고(GMT+9−GMT+3), 영국보다는 3시간이 빠르다(GMT+0−GMT+3). 이를 참고하여 모스크바의 도착 및 출발시각을 구하면 다음과 같다.
- 모스크바 도착시간 : 7/14 09:00(대한민국 기준)+09:30(비행시간)−06:00(시차)=7/14 12:30(러시아 기준)
- 모스크바 출발시간(런던행) : 7/14 18:30(영국 기준)−04:00(비행시간)+03:00(시차)=7/14 17:30(러시아 기준)
∴ 모스크바에서는 총 5시간(12:30 ~ 17:30)을 체류한다.

27
정답 ②

제시문의 중심 내용은 칸트가 생각하는 도덕적 행동에 대한 것이며, 그는 도덕적 행동을 '남이 나에게 해주길 바라는 것을 실천하는 것'이라 말했다.

28
정답 ①

주문 음료들의 할인 전 가격을 정리하면 다음과 같다.

구분	음료 가격 (원)	추가메뉴 가격(원)	총주문금액 (원)
A팀장	2,100	300	
B주임	2,500	400+200	
C대리	3,200	–	14,900
D연구원	3,400	300	
E연구원	2,200	300	

이 중 가장 가격이 높은 추가메뉴인 초콜릿 시럽을 무료 제공 받고(−400원), 무료 사이즈업을 고려하여 포도주스를 중 사이즈로 주문하고(−400원), 적립금 1,000원을 사용하여 총 1,800원을 할인받을 수 있다. 이 금액은 13,100원으로서 10,000원 이상이므로 5%를 할인받아 최종적으로 12,445원을 지불하게 된다.

29
정답 ②

주문 음료들의 할인 전 가격을 정리하면 다음과 같다.

구분	음료 가격 (원)	추가메뉴 가격(원)	총주문금액 (원)
A팀장	2,100	300	
B주임	2,500	400+200	
C대리	3,200	–	14,900
D연구원	3,400	300	
E연구원	2,200	300	

이 중 A팀장의 아메리카노(중)을 20% 할인받고(−420원), E연구원의 카페라테를 200원 할인받고, 마일리지 1,500원을 사용하여 총 2,120원을 할인받을 수 있다. 이 금액은 12,780원으로서 12,000원 이상이므로 7%를 할인받아 최종적으로 11,885.4원, 즉 11,885원을 지불하게 된다.
B주임이 주문한 카페모카는 소 사이즈이므로 회원카드 혜택을 받을 수 없음에 주의한다.

30
정답 ③

제시문은 신앙 미술에 나타난 동물의 상징적 의미와 사례, 변화와 그 원인, 그리고 동물의 상징적 의미가 지닌 문화적 가치에 대하여 설명하는 글이다. 따라서 (나) 신앙 미술에 나타난 동물의 상징적 의미와 그 사례 → (다) 동물의 상징적 의미의 변화 → (라) 동물의 상징적 의미가 변화하는 원인 → (가) 동물의 상징적 의미가 지닌 문화적 가치의 순서대로 배열하는 것이 가장 적절하다.

31
정답 ①

앞부분에서 위기 상황을 제시해 놓았고, 뒷부분에서는 인류의 각성을 촉구하는 내용을 다루고 있다. 앞뒤의 내용을 논리적으로 자연스럽게 연결시키기 위해서는 각성의 당위성을 이끌어내는 데 필요한 전제가 들어가야 하므로 ①이 가장 적절하다.

32

정답 ⑤

성찰은 지속적인 연습을 통하여 보다 잘 할 수 있게 되므로, 성찰이 습관화되면 문제가 발생하였을 때 축적한 노하우를 발현하여 이를 해결할 수 있다. 이러한 성찰 연습 방법으로는 매일 자신이 잘한 일과 잘못한 일을 생각해보고, 그 이유와 개선점 등을 생각나는 대로 성찰노트에 적는 방법이 있다. 따라서 한 번의 성찰로 같은 실수를 반복하지 않도록 도와준다는 ⑤의 조언은 적절하지 않다.

33

정답 ③

이 문제의 핵심은 소요시간이 가장 큰 두 명을 함께 이동시키는 것과 바톤을 다시 가져오는 사람은 소요시간이 가장 짧은 사람이어야 한다는 것이다.
시설보수과의 총소요시간을 최소화하기 위한 방법은 다음과 같다.
1) 먼저 가장 빠른 두 명인 B주임과 D사원을 도착점으로 이동시킨다.
   이 경우 바톤은 B주임과 D사원 중 한 명이 들고 있으며, 이때 소요시간은 둘 중 느린 직원인 B주임의 소요시간인 11초가 된다.
2) D사원이 혼자 바톤을 들고 출발점으로 돌아온다.
   이때 7초가 소요된다.
3) A대리와 D사원이 함께 도착점으로 이동한다.
   이때 바톤은 두 사람 중 한 명이 들고 있다. 소요시간은 17초이다.
4) D사원이 혼자 바톤을 들고 출발점으로 돌아온다.
   이때 7초가 소요된다.
5) 출발점에 있는 C주임과 D사원이 함께 도착점으로 이동한다.
   이때 바톤은 두 사람 중 한 명이 들고 있으며, 소요시간은 14초이다.
따라서 총 소요시간은 11+7+17+7+14=56초이다.

오답분석

ㄱ. B주임은 첫 번째로 1번 이동한다.
ㄴ. B주임이 C주임과 함께 이동하는 경우는 없으므로 틀린 설명이다.

34

정답 ②

C주임 대신에 E사원이 출전하게 된 경우 시설보수과의 총소요시간을 최소화하기 위한 방법은 다음과 같다.
1) 먼저 가장 빠른 두 명인 D사원과 E사원을 도착점으로 이동시킨다.
   이 경우 바톤은 두 사람 중 한 명이 들고 있으며, 이때 소요시간은 둘 중 느린 직원인 E사원의 소요시간인 8초가 된다.
2) D사원(혹은 E사원)이 혼자 바톤을 들고 출발점으로 돌아온다.
   이때 7초가 소요된다. (E사원의 경우 8초)
3) 가장 느린 두 명인 A대리와 B주임이 함께 도착점으로 이동한다.
   이때 바톤은 두 사람 중 한 명이 들고 있다. 소요시간은 17초이다.

4) E사원(혹은 D사원)이 혼자 바톤을 들고 출발점으로 돌아온다.
   이때 8초가 소요된다.(D사원의 경우 7초)
5) 출발점에 있는 D사원과 E사원이 함께 도착점으로 이동한다.
   이때 바톤은 두 사람 중 한 명이 들고 있으며, 소요시간은 8초이다.
따라서 총소요시간은 8+7+17+8+8=48초이다.

35

정답 ⑤

- (가) : $\dfrac{34,273-29,094}{29,094} \times 100 \fallingdotseq 17.8$

- (나) : $66,652+34,273+2,729=103,654$

- (다) : $\dfrac{103,654-91,075}{91,075} \times 100 \fallingdotseq 13.8$

36

정답 ④

봉사는 물질적인 보상이나 대가를 바라지 않고 사회의 공익, 행복을 위해서 하는 일이다. 따라서 적절한 보상에 맞춰 봉사에 참여하는 것은 적절하지 않은 설명이다.

37

정답 ②

직장인 D씨는 자신이 벌인 일을 책임감 있게 마무리하지 못하여 주변 동료들에게 피해를 주고 있다. 따라서 D씨에게 해줄 조언으로는 ②가 가장 적절하다.

38

정답 ③

㉠은 생리적 욕구가 자기개발을 방해하는 장애요인으로 작용한 것으로, 생리적 욕구는 인간의 생명 자체를 유지시켜 주는 기본적인 욕구로서 음식물, 수면, 성생활 등 본능적 생리현상에 따른 욕구를 말한다.

> **매슬로우의 욕구단계**
> - 생리적 욕구 : 인간의 생명 자체를 유지시켜 주는 기본적인 욕구
> - 안전의 욕구 : 위협으로부터의 해방, 안정을 추구하는 욕구
> - 사회적 욕구 : 다른 사람들과 인간관계를 맺고 싶어 하고, 집단에 소속되고 싶어 하는 욕구
> - 존경의 욕구 : 다른 사람에게 인정받기를 원하는 욕구
> - 자기실현의 욕구 : 자신의 목표를 끊임없이 추구하며 성취를 통해 만족을 얻고자 하는 욕구

39
정답 ④

자기개발의 특징
- 자기개발의 주체는 타인이 아니라 자기 자신이다. 따라서 자신을 이해하는 것이 자기개발의 첫걸음이다.
- 자기개발은 개별적인 과정으로서, 자기개발을 통해 지향하는 바와 선호하는 방법 등이 사람마다 다르다.
- 자기개발은 평생에 걸쳐서 이루어지는 과정이다.
- 자기개발은 생활 가운데 이루어져야 한다.
- 자기개발은 모든 사람이 해야 하는 것이다.

40
정답 ③

성찰을 통해서 현재의 부족한 부분을 알게 되고, 미래의 목표에 따라 매일매일 노력하게 된다면 지속적으로 성장할 수 있는 기회가 된다.

제**2**영역 직무수행능력평가

| 01 | 기계일반

01	02	03	04	05	06	07	08	09	10
②	③	②	③	③	④	②	②	④	⑤
11	12	13	14	15	16	17	18	19	20
④	④	④	①	④	④	④	④	①	③
21	22	23	24	25	26	27	28	29	30
①	②	④	①	②	③	②	②	③	①
31	32	33	34	35	36	37	38	39	40
④	②	③	③	③	③	②	④	③	③

01
정답 ②

인장강도는 최초의 단면적을 기준으로 하기 때문에 최대 공칭응력으로 나타낼 수 있다.
- 응력 : 재료나 구조물에 외력이 작용했을 때 그 외력에 대한 재료 내부의 저항력으로 일반적으로 응력이라고 하면 공칭응력을 말한다.
- (공칭응력) $= \dfrac{(외력)}{(최초의\ 단면적)} = \dfrac{F}{A}$

02
정답 ③

- 전단응력

$\tau = r \times G$, (τ : 전단응력, G : 탄성계수, r : 전단변형률)

따라서 전단변형률은

$r = \dfrac{\tau}{G} = \dfrac{1 \times 10^3}{80 \times 10^9} = 0.0125 \times 10^{-6} = 12.5 \times 10^{-9}$ 이다.

03
정답 ②

단순지지보가 균일분포하중을 받고 있을 때 최대 전단력은 양끝단 지지부의 반력으로 볼 수 있으며, 양쪽의 반력은 같기 때문에 한쪽 부분의 반력을 구하면 다음과 같다.

$R_A = \dfrac{wl}{2} = \dfrac{10 \times 500}{2} = 2,500\text{N} = 2.5\text{kN}$

04
정답 ③

비틀림각 $\theta = \dfrac{T \cdot L}{G \cdot I_P} = \dfrac{T \cdot L}{G \cdot \dfrac{\pi d^4}{32}} = \dfrac{32\,T \cdot L}{G \cdot \pi d^4}$

단면 극관성모멘트(극단면 2차 모멘트 ; I_P) 값이 분모에 있으므로 이 값이 클수록 비틀림각(θ)은 감소한다.

① 분모에 있는 전단탄성계수(G)값이 작을수록 비틀림각(θ)은 커진다.

② 분자에 있는 축길이(L)가 증가할수록 비틀림각(θ)은 커진다.

④ 분자에 있는 축지름(d)이 작을수록 비틀림각(θ)은 커진다.

비틀림각(θ) 구하는 식

$$\theta = \frac{T \cdot L}{G \cdot I_P} = \frac{T \cdot L}{G \cdot \frac{\pi d^4}{32}} = \frac{32 T \cdot L}{G \cdot \pi d^4}$$

여기서, I_P : 극단면 2차 모멘트, G : 전단탄성계수

$$I_P = \frac{\pi d^4}{32} \text{(중실축)}, \quad \frac{\pi(d_2^4 - d_1^4)}{32} \text{(중공축)}$$

05
정답 ③

• 안전율(S) : 외부의 하중에 견딜 수 있는 정도를 수치로 나타낸 것

$$S = \frac{[\text{극한강도}(\sigma_u)]}{[\text{허용응력}(\sigma_a)]} = \frac{[\text{인장강도}(\sigma_u)]}{[\text{허용응력}(\sigma_a)]}$$

① 안전율은 일반적으로 플러스($+$)값을 취한다.

② 기준강도가 100MPa이고, 허용응력이 1,000MPa이면 안전율은 0.1이다.

④ 안전율이 1보다 작아지면 안전성은 떨어진다.

⑤ 일반적인 강재 안전율은 3 ~ 3.5정도이고, 콘크리트 안전율은 3 ~ 4정도이다.

06
정답 ④

원형봉의 늘어난 길이인 변형량(δ)을 구하면

$$\delta = \frac{PL}{AE} = \frac{100 \times 10^3 \times 3}{0.01 \times 300 \times 10^9} \rightarrow \delta = \frac{3 \times 10^5}{3 \times 10^9}$$

$$\therefore \delta = 0.0001\text{m}$$

07
정답 ②

전단 탄성계수 $G = \dfrac{E}{2(1+\mu)}$ (E : 탄성계수, μ : 푸아송 비)

따라서 전단 탄성계수는

$$G = \frac{E}{2(1+\mu)} = \frac{200}{2(1+0.3)} \fallingdotseq 76.9\text{GPa}\text{이다.}$$

08
정답 ②

• 원형 중심축 관성모멘트(단면 2차 모멘트)

$$I = \frac{\pi d^4}{64}, \ (d : \text{지름})$$

따라서 관성모멘트는 $I = \dfrac{\pi d^4}{64} = \dfrac{\pi \times 80^4}{64} = 2 \times 10^6 \text{mm}^4$

09
정답 ④

단면계수

• 원형 중실축 : $Z = \dfrac{\pi d^3}{32}$

• 원형 중공축 : $Z = \dfrac{\pi d_2^3}{32}(1 - x^4)$, 여기서 $x = \dfrac{d_1}{d_2}$

• 삼각형 : $Z = \dfrac{bh^3}{36}$

• 사각형 : $Z = \dfrac{bh^2}{6}$

10
정답 ⑤

연성파괴는 소성변형을 수반하면서 서서히 끊어지므로 균열도 매우 천천히 진행되면서 갑작스럽게 파괴된다. 또한, 취성파괴에 비해 덜 위험하고, 컵 – 원뿔 파괴(Cup and Cone Fracture)현상이 나타난다.

11
정답 ④

재결정의 특징으로 가공도가 클수록, 가열시간이 길수록, 냉간가공도가 커질수록 재결정온도는 낮아진다. 강도가 약해지고 연성은 증가한다. 일반적으로 약 1시간 안에 95% 이상 재결정이 이루어지는 온도로 정의되며, 금속의 용융온도를 절대온도 T_m 이라 할 때 재결정온도는 대략 $0.3 \sim 0.5\,T_m$ 범위에 있다.

12
정답 ④

형상기억합금

항복점을 넘어서 소성변형된 재료는 외력을 제거해도 원래의 상태로 복원이 불가능하지만, 형상기억합금은 고온에서 일정시간 유지함으로써 원하는 형상으로 기억시키면 상온에서 외력에 의해 변형되어도 기억시킨 온도로 가열만 하면 변형 전 형상으로 되돌아오는 합금이다. Ni–Ti계, Ni–Ti–Cu계, Cu–Al–Ni계 합금이 있으며 니티놀이 대표적인 제품이다.

① 비정질합금 : 일정한 결정구조를 갖지 않는 아모르포스(Amor-phous) 구조이며 재료를 고속으로 급랭시키면 제조할 수 있다. 강도와 경도가 높으면서도 자기적 특성이 우수하여 변압기용 철심재료로 사용된다.

② 내열금속 : 상당한 시간 동안 고온의 환경에서도 강도가 유지되는 재료이다.
③ 초소성 재료 : 금속재료가 일정한 온도와 속도 하에서 일반 금속보다 수십에서 수천 배의 연성을 보이는 재료로 연성이 매우 커서 작은 힘으로도 복잡한 형상의 성형이 가능한 신소재로 최근 터빈의 날개 제작에 사용된다.

13 정답 ④
전기 전도율이 높은 순서대로 금속을 나열하면 'Ag(은)>Ni(니켈)>Fe(철)>Sn(주석)>Pb(납)'이므로 Ag(은)의 전기 전도율이 가장 높다.

14 정답 ①
청열 취성은 철이 산화되어 푸른빛으로 보이는 상태를 말하며, 탄소강이 $200℃ \sim 300℃$에서 인장강도와 경도 값이 상온일 때보다 커지지만 연신율이 낮아져 취성이 커지는 현상이다.

15 정답 ④
강(Steel)은 철과 탄소 기반의 합금으로, 탄소함유량이 증가함에 따라 성질이 달라진다. 탄소함유량이 증가하면 경도, 항복점, 인장강도는 증가하고, 충격치와 인성은 감소한다.

> **탄소함유량 증가에 따른 강(Steel)의 특성**
> • 경도 증가
> • 취성 증가
> • 항복점 증가
> • 충격치 감소
> • 인장강도 증가
> • 인성 및 연신율 감소

16 정답 ④
인성(Toughness)은 파괴되기(파괴강도) 전까지 재료가 에너지를 흡수할 수 있는 능력이다.

오답분석
① 재료에 응력이 증가하게 되면 탄성영역을 지나 항복점까지 도달하면 재료는 파괴된다.
② 탄력(Resilience)은 탄성범위 내에서 에너지를 흡수하거나 방출할 수 있는 재료의 능력이다.
③ 연성(Ductility)은 탄성한계보다 큰 외력이 가해졌을 때 파괴되지 않고 잘 늘어나는 성질이다.
⑤ 연성은 일반적으로 부드러운 금속 재료일수록 크고, 동일의 재료에서는 고온으로 갈수록 크게 된다.

17 정답 ④
재결정의 특징으로 가공도가 클수록, 가열시간이 길수록, 냉간가공도가 커질수록 재결정온도는 낮아지며 강도가 약해지고 연성은 증가한다. 일반적으로 약 1시간 안에 95% 이상 재결정이 이루어지는 온도로 정의되며, 금속의 용융온도를 절대온도 T_m이라 할 때 재결정온도는 대략 $0.3 \sim 0.5 \, T_m$ 범위에 있다.

18 정답 ④
침탄법의 처리온도는 약 900~950℃로 질화법의 처리온도인 500℃보다 더 높다.
• 질화법
암모니아(NH_3)가스 분위기(영역) 안에 재료를 넣고 500℃에서 $50 \sim 100$시간을 가열하면 재료표면에 Al, Cr, Mo원소와 함께 질소가 확산되면서 강재료의 표면이 단단해지는 표면경화법이다. 내연기관의 실린더 내벽이나 고압용 터빈날개를 표면경화할 때 주로 사용된다.
• 침탄법
순철에 0.2% 이하의 탄소(C)가 합금된 저탄소강을 목탄과 같은 침탄제 속에 완전히 파묻은 상태로 약 900~950℃로 가열하여 재료의 표면에 탄소를 침입시켜 고탄소강으로 만든 후 급랭시킴으로써 표면을 경화시키는 열처리법이다. 기어나 피스톤 핀을 표면경화할 때 주로 사용된다.

침탄법과 질화법의 특징

특성	침탄법	질화법
경도	질화법보다 낮다.	침탄법보다 높다.
수정여부	침탄 후 수정 가능하다.	불가능하다.
처리시간	짧다.	길다.
열처리	침탄 후 열처리가 필요하다.	불필요하다.
변형	변형이 크다.	변형이 작다.
취성	질화층보다 여리지 않다.	질화층부가 여리다.
경화층	질화법에 비해 깊다.	침탄법에 비해 얇다.
가열온도	질화법보다 높다.	낮다.

19 정답 ①
소르바이트(=솔바이트) 조직은 트루스타이트보다 냉각속도를 더 느리게 했을 때 얻어지는 조직으로 펄라이트보다 강인하고 단단하다.

20
정답 ③

노멀라이징(불림, 소준)은 미세한 조직을 얻기 위해 변태점 이상 가열 후 공기 중에서 냉각시키는 것으로, 연질화되며 항복점 강도가 증가된다.

오답분석

① 템퍼링(뜨임, 소려) : 변형점 이하(600℃)로 가열 후 서서히 냉각시켜 안정시킨다. 담금질한 강의 취성 개선이 목적이다. 경도와 강도가 감소되고 신장률, 수축율이 증가한다.
② 퀜칭(담금질, 소입) : 고온가열 후(오스테나이트 상태) 물이나 기름으로 급냉시켜 마텐자이트 조직을 얻는다. 경도, 내마모성이 증가되고 신장률, 수축율은 감소한다.
④ 어닐링(풀림, 소둔) : 고온(800℃)으로 가열하여 노중에서 서서히 냉각하여 강의 조직이 표준화, 균질화되어 내부변형이 제거된다. 인장강도가 저하되고 신율과 점성이 증가된다.
⑤ 오스포밍 : 과랭 오스테나이트 상태에서 소성가공하고, 그 후의 냉각 중에 마텐자이트화하는 방법으로 인장강도 300kg/mm^2, 신장 10%의 초강력성이 발생된다.

21
정답 ①

압출가공이란 소재를 용기에 넣고 높은 압력을 가하여 다이구멍으로 통과시켜 형상을 만드는 가공법이다.

오답분석

② 단조가공
③ 인발가공
④ 압연가공
⑤ 전조가공

22
정답 ②

구성인선이 발생되지 않으려면 윤활성이 높은 절삭제를 사용해야 한다.

구성인선(Built-up Edge)
연강이나 스테인리스강, 알루미늄과 같이 재질이 연하고 공구재료와 친화력이 큰 재료를 절삭가공할 때, 칩과 공구의 윗면 사이의 경사면에 발생되는 높은 압력과 마찰열로 인해 칩의 일부가 공구의 날 끝에 달라붙어 마치 절삭날과 같이 공작물을 절삭하는 현상으로 발생 → 성장 → 분열 → 탈락의 과정을 반복한다. 구성인선이 발생되면 공작물의 정밀 절삭이 어렵게 되며 공구의 손상을 가져온다.

구성인선의 방지대책
• 절삭깊이를 작게 한다.
• 세라믹공구를 사용한다.
• 절삭속도를 빠르게 한다.
• 바이트의 날 끝을 예리하게 한다.
• 윤활성이 높은 절삭유를 사용한다.
• 바이트의 윗면 경사각을 크게 한다.

• 마찰계수가 작은 절삭공구를 사용한다.
• 피가공물과 친화력이 작은 공구재료를 사용한다.
• 공구면의 마찰계수를 감소시켜 칩의 흐름을 원활하게 한다.

23
정답 ④

카운터 싱킹은 접시머리 나사의 머리가 완전히 묻힐 수 있도록 원뿔 자리를 만드는 작업이다.

24
정답 ①

압출가공이란 소재를 용기에 넣고 높은 압력을 가하여 다이구멍으로 통과시켜 형상을 만드는 가공법이다.

오답분석

② 단조가공
③ 인발가공
④ 압연가공
⑤ 전조가공

25
정답 ②

제시된 설명은 싱크마크현상에 대한 내용이다.

오답분석

① 플래시현상 : 금형의 주입부 이외의 부분에서 용융된 플라스틱이 흘러나와 고화되거나 경화된 얇은 조각의 수지가 생기는 불량현상으로 금형의 접합부에서 발생하는 성형불량이다. 금형 자체의 밀착성을 크게 하기 위해 체결력을 높여 예방한다.
③ 플로마크현상 : 딥드로잉가공에서 성형품의 측면에 나타나는 외관결함으로 성형재료의 표면에 유선 모양의 무늬가 있는 불량현상이다.
④ 제팅현상 : 게이트에서 공동부에 분사된 수지가 광택과 색상의 차이를 일으켜 성형품의 표면에 꾸불거리는 모양으로 나타나는 불량이다.
⑤ 웰드마크현상 : 열가소성 수지나 고무를 사출 또는 압출하여 성형할 때 수지의 둘 이상의 흐름이 완전히 융합되지 않은 경우에 생기는 줄무늬의 얼룩이 나타나는 불량현상이다.

26
정답 ③

고상용접은 모재를 용융시키지 않고 부품표면을 인력이 작용할 수 있는 거리까지 접근시킨 후 기계적으로 접합면에 열과 압력을 동시에 가함으로써 원자와 원자를 밀착시켜 접합시키는 용접법이다. 일렉트로 슬래그용접은 모재표면을 서로 용융시켜 접합시키는 용접에 속하며, 용융시키지 않고 접합시키는 고상용접과는 거리가 멀다.

제3회 정답 및 해설

고상용접의 종류

- 확산용접 : 모재의 접합면을 오랜 시간동안 재결정온도나 그 이상의 온도로 장시간 가압하면 원자의 확산에 의해 재료가 접합되는 용접법이다.
- 마찰용접 : 모재를 서로 강하게 맞대어 접촉시킨 후 상대운동을 시켜 이때 발생하는 마찰열로 접합하는 방법이다.
- 폭발압접 : 화약에 의한 폭발을 이용하여 재료를 접합시키는 용접법으로, 용가재에 폭약을 부착시켜 이를 모재의 표면에서 일정거리로 띄운 상태에서 뇌관으로 폭발시켜 재료를 접합한다.
- 초음파용접 : 모재를 서로 가압한 후 초음파의 진동에너지를 국부적으로 작용시키면 접촉면의 불순물이 제거되면서 금속 원자간 결합이 이루어져 접합이 되는 용접법이다.

27
정답 ②

인베스트먼트주조법은 생산성이 낮고 제조원가가 비싸다는 단점이 있다.

인베스트먼트주조법

제품과 동일한 형상의 모형을 왁스(양초)나 파라핀(합성수지)으로 만든 후 그 주변을 슬러리 상태의 내화재료로 도포한 다음 가열하면 주형은 경화되면서 왁스로 만들어진 내부 모형이 용융되어 밖으로 빼내어짐으로써 주형이 완성되는 주조법이다. 다른 말로는 로스트왁스법, 치수정밀도가 좋아서 정밀주조법으로도 불린다.

인베스트먼트주조법의 특징

- 패턴을 내열재로 코팅한다.
- 생산성이 낮고 제조원가가 비싸다.
- 사형주조법에 비해 인건비가 많이 든다.
- 복잡하고 세밀한 제품을 주조할 수 있다.
- 제작공정이 복잡하며 고비용의 주조법이다.
- 주물의 표면이 깨끗하고 치수정밀도가 높다.
- 패턴(주형)은 왁스, 파라핀과 같이 열을 가하면 녹는 재료로 만든다.

28
정답 ②

$V = \dfrac{\pi dN}{1,000}$ 에서

$N = \dfrac{1,000\,V}{\pi d} = \dfrac{1,000 \times 150}{\pi \times 50} = 954.93\text{rpm}$

$\therefore$ 가공시간(T) $= \dfrac{l}{Nf} = \dfrac{700}{954.93 \times 0.34} = 2.2\text{min}$

29
정답 ③

전조가공은 절삭칩이 발생하지 않으므로 표면이 깨끗하고 재료의 소실이 거의 없는 가공법이다.

전조가공

재료와 공구를 각각이나 함께 회전시켜 재료 내부나 외부에 공구의 형상을 새기는 특수 압연법이다. 대표적인 제품으로는 나사와 기어가 있으며 절삭칩이 발생하지 않아 표면이 깨끗하고 재료의 소실이 거의 없다. 또한 강인한 조직을 얻을 수 있고 가공속도가 빨라서 대량생산에 적합하다.

30
정답 ①

스터드볼트는 양쪽 끝이 모두 수나사로 되어 있는 볼트로, 한쪽 끝은 암나사가 난 부분에 반영구적인 박음 작업을 하고, 반대쪽 끝은 너트를 끼워 고정시킨다.

오답분석

② 관통볼트 : 구멍에 볼트를 넣고 반대쪽에 너트로 죄는 일반적인 형태의 볼트
③ 아이볼트 : 나사의 머리 부분을 고리 형태로 만들고 고리에 로프나 체인, 훅 등을 걸어 무거운 물건을 들어 올릴 때 사용하는 볼트
④ 나비볼트 : 볼트를 쉽게 조일 수 있도록 머리 부분을 날개 모양으로 만든 볼트
⑤ 탭볼트 : 죄려고 하는 부분이 두꺼워서 관통 구멍을 뚫을 수 없거나 길다란 구멍을 뚫었다고 하더라도 구멍이 너무 길어서 관통 볼트의 머리가 숨겨져서 죄기 곤란할 때 상대편에 직접 암나사를 깎아 너트 없이 죄어서 체결하는 볼트

31
정답 ④

- 최소 자승중심법(LSC ; Least Square Center) : 측정한 도형의 중심으로부터 충분한 수의 선을 반지름 방향으로 그려서 n등분한 후에 평균원을 구한 뒤 그 중심을 기준으로 외접원과 내접원의 반지름 차를 진원도로 결정하는 방법
- 진원도(Roundness) : 둥근 형상의 물체가 기준원인 진원에서 벗어난 정도를 말하는데 그 측정법에는 크게 직경법과 3점법, 반경법이 있다. 반경법의 종류에 최소 영역중심법, 최소 외접원중심법, 최대 내접원중심법, 최소 자승중심법이 있다.

32
정답 ②

- 결합용 기계요소 : 나사, 볼트, 너트, 키, 핀, 코터, 리벳 등
- 동력 전달용 기계요소 : 축, 커플링, 클러치, 베어링, 마찰차, 벨트, 체인, 스프로킷 휠, 로프, 기어, 캠 등
- 동력 제어용 기계요소 : 클러치, 브레이크, 스프링 등

33

정답 ③

공기 마이크로미터 특징
- 배율이 높다(1,000~4,000배).
- 치수가 중간과정에서 확대되지 않아 항상 그 정도를 유지한다.
- 다원측정이 쉽다.
- 측정력이 거의 0에 가까울 정도로 정확한 측정이 가능하다.
- 안지름 측정이 용이하고, 대량생산에 효과적이다.
- 복잡한 구조나 형상, 숙련을 요하는 구조도 간단히 측정 가능하다.

34

정답 ③

구멍은 150.04mm 이하 150mm 이상이고, 축은 150.03mm 이하 149.92mm 이하이다.
축의 최소 치수가 구멍이 최대 치수보다 작고, 축의 최대 치수가 구멍의 최소 치수보다 클 때 중간 끼워맞춤에 속한다.

분류	축과 구멍의 상관관계
억지끼워맞춤	축의 크기 > 구멍의 크기
중간끼워맞춤	축의 크기 = 구멍의 크기
헐거움끼워맞춤	축의 크기 < 구멍의 크기

35

정답 ③

탄소강의 5대 원소
C(탄소), Si(규소), Mn(망간), P(인), S(황)

36

정답 ③

평벨트는 바로걸기와 엇걸기가 가능하나 V벨트는 바로걸기만 가능하다.

37

정답 ②

- 기초원지름$(D_g) = D\cos\alpha$
- 기초원피치 = 원주피치$(p) = \dfrac{\pi D}{z}$

D 대신 기초원지름 $D_g = D\cos\alpha$를 대입하면

$$p = \frac{\pi D\cos\alpha}{z} = \frac{\pi D}{z}\cos\alpha$$

38

정답 ④

코킹(Caulking)은 물이나 가스 저장용 탱크를 리벳팅한 후 밀폐를 유지하기 위해 날 끝이 뭉뚝한 정(코킹용 정)을 사용하여 리벳 머리 등을 쪼아서 틈새를 없애는 작업이다.

39

정답 ③

축의 위험 회전속도(n_c)를 구하기 위해서는 각속도(ω) 구하는 식을 응용해야 한다.

$$\omega = \frac{2\pi n}{60}$$

위 식에 ω 대신 위험각속도(ω_c), 회전수 n 대신 축의 위험 회전수 (n_c)를 대입하면

위험각속도 $\omega_c = \dfrac{2\pi n_c}{60}$

$$n_c = \frac{60\omega_c}{2\pi} = \frac{30}{\pi}w_c = \frac{30}{\pi}\sqrt{\frac{k}{m}}$$

고유진동수(f)는 강성(k)에 비례하고, 질량(m)에 반비례하므로 $f \propto \sqrt{\dfrac{k}{m}}$ 로 표시한다.

따라서 n_c와 f 모두 $\sqrt{\dfrac{k}{m}}$ 와 관련되므로 축의 위험속도(n_c)는 고유진동수(f)와 관련이 크다.

> **고유진동수(f)**
> 단위시간당 진동하는 횟수이다. 구조물의 동적 특성을 표현하는 가장 대표적인 개념으로 단위는 [Hz]를 사용한다.
> $$f \propto \sqrt{\frac{k}{m}}$$
> 여기서, k : 강성, m : 질량

40

정답 ③

수격현상은 배관 내의 압력차로 인해 진동과 음이 발생하는 것을 말한다.

오답분석
① 서징현상 : 펌프에서 일어나는 현상 중, 송출압력과 송출유량 사이에 주기적인 변동이 발생하는 현상
② 공동현상 : 수중에 녹아있던 용존산소가 낮은 압력으로 인하여 기포가 발생하는 현상

| 02 | 전기일반

01	02	03	04	05	06	07	08	09	10
⑤	②	⑤	①	②	①	①	②	③	①
11	12	13	14	15	16	17	18	19	20
①	④	⑤	②	③	①	⑤	④	③	①
21	22	23	24	25	26	27	28	29	30
②	②	①	③	③	③	③	③	②	②
31	32	33	34	35	36	37	38	39	40
③	①	④	④	②	①	②	①	③	②

01   정답 ⑤

- 점전하 전계의 세기

$$E=\frac{Q}{4\pi\varepsilon_0 r^2}[\text{V/m}]$$

- 선전하 전계의 세기

$$E=\frac{\lambda}{2\pi\varepsilon_0 r}[\text{V/m}](무한직선)$$

- 면전하 전계의 세기

$$E=\frac{\sigma}{2\varepsilon_0}[\text{V/m}](무한평면도체)$$

∴ 면전하에서 전계의 세기와 거리는 아무런 관계가 없다.

02   정답 ②

전기력선의 성질

- 양전하의 표면에서 나와 음전하의 표면으로 끝나는 연속 곡선이다.
- 전기력선상의 어느 점에서 그어진 접선은 그 점에 있어서 전장 방향을 나타낸다.
- 전기력선은 전위가 높은 점에서 낮은 점으로 향한다.
- 전장에서 어떤 점의 전기력선 밀도는 그 점의 전장의 세기를 나타낸다.
- 전기력선은 서로 교차하지 않는다.
- 단위 전하에서는 $\frac{1}{\varepsilon_0}$개의 전기력선이 출입한다.
- 전기력선은 도체 표면에 수직으로 출입한다.
- 도체 내부에는 전기력선이 없다.

03   정답 ⑤

- 도체의 저항

$$R=\rho\frac{l}{A}[\Omega],\ A=\pi r^2 에서\ r=\frac{1}{2} 로\ 한다.$$

$$\therefore\ R=\rho\frac{l}{\pi r^2},\ r=\frac{1}{2}r\ 대입$$

$$=\rho\frac{l}{\pi\left(\frac{1}{2}r\right)^2}=\rho\frac{l}{\pi\left(\frac{1}{4}r^2\right)}$$

- 체적이 고정되어 있는 상태에서 단면적 $A=\frac{1}{4}$이 되면, 길이 l은 비례해서 4배가 된다.

$$R=\rho\frac{4l}{\frac{\pi r^2}{4}}=\rho\frac{16l}{\pi r^2}$$

∴ 도체의 저항은 16배 커진다.

04   정답 ①

진공(공기)의 유전율 $\epsilon_0=8.855\times10^{-12}$이고,

$C=\epsilon_0\frac{A}{d}$이므로,

$$C=8.855\times10^{-12}\times\frac{5\times10^{-4}}{1\times10^{-3}}=4.428\times10^{-12}\text{F}$$

05   정답 ②

전류를 흐르게 하는 원동력을 기전력이라 하며 단위는 V이다.

$$E=\frac{W}{Q}[\text{V}](Q:전기량,\ W:일의\ 양)$$

06   정답 ①

$$I=\frac{Q}{t}=\frac{600}{5\times60}=\frac{600}{300}=2\text{A}$$

07   정답 ①

코일 중심의 자기장 세기는 $H=\frac{N\times I}{2r}[\text{AT/m}]$이므로 주어진 조건을 대입하면, $\frac{10\times5\text{A}}{2\times0.1\text{m}}=250\text{AT/m}$이다.

08
정답 ②

$$F = BIL\sin\theta = 2\text{Wb/m}^2 \times 8\text{A} \times 0.5\text{m} \times \cos 30° = 4\text{N}$$

09
정답 ③

유도기전력의 크기는 쇄교자속의 시간에 대한 변화율에 비례하므

로 $v = -N\dfrac{\Delta\Phi}{\Delta t} = -100 \times \dfrac{2}{10 \times 10^{-3}} = -20,000\text{V}$

10
정답 ①

유도기전력 $e = L\dfrac{di}{dt}[\text{V}]$이므로

$$L = \dfrac{e \times dt}{di}[\text{H}] = \dfrac{20 \times 0.1}{16} = 0.125\text{H}이다.$$

11
정답 ①

케이블의 전력손실
케이블에 교류가 흐르면, 도체로부터 전자유도작용으로 연피에
전압이 유기되고, 또 그 와전류가 흐르게 되어 손실이 발생한다.

12
정답 ④

선택 배류기는 전기적 부식을 방지해주는 역할을 하며 지하 전력
케이블에 설치한다.

> **선택 배류기**
> 선택 배류기는 지중 케이블의 전기적 부식을 방지해주는 역
> 할을 하며 지하 전력케이블에 설치한다. 매설 금속과 전철
> 레일사이에 선택 배류기를 접속한 것으로 선택 배류기는 매
> 설 금속의 전위가 전철 레일에 대해 가장 높게 그리고 장시간
> 에 걸쳐 정전위가 되는 곳에 설치하는 것이 효과적이다.

13
정답 ⑤

C_s = 대지정전용량, C_m = 선간정전용량 일 때,
- 단상 2선식 : 전선 1가닥에 대한 작용정전용량
  단도체 $C = C_s + 2C_m \, \mu\text{F/km}$
- 3상 3선식 : 전선 1가닥에 대한 작용정전용량
  단도체 $C = C_s + 3C_m \, \mu\text{F/km}$

14
정답 ②

충전전류는 일반적으로 앞선전류이다.

> **충전전류**
> 송전선과 대지간에는 대지전압이 걸리게 되며 이 전압에 의
> 하여 정전용량이 발생한다. 송전선과 대지간에는 전압차가
> 있기 때문에 전류가 흐르게 되는 이를 충전전류라 한다.

15
정답 ③

$$\delta = \dfrac{V_S - V_R}{V_R} \times 100 = \dfrac{66 - 63}{63} \times 100 ≒ 4.76\%$$

16
정답 ①

송전용량
교류송전에서는 송전거리가 멀어질수록 동일 전압에서의 송전 가
능 전력이 적어지는 이유는 선로의 유도성 리액턴스는 선로의 길
이가 클수록 커지기 때문이다.

17
정답 ⑤

전력용 콘덴서에 방전코일을 설치하는 주 목적은 전원 개방 시 잔
류전하를 방전시키기 위함이다.

> **방전코일**
> 콘덴서 또는 콘덴서 뱅크가 계통에서 분리되는 경우 단 시간
> 에 잔류전하를 방전하여 인체의 위험을 방지한다.
> - 저압 : 1분 이내 50V 이하로 방전
> - 고압, 특고압 : 5초 이내 50V 이하로 방전

18
정답 ④

선로 전압강하 보상기는 배전선의 전압강하를 보상하는 방법으로
부하의 탭절환변압기를 이용하여 배전전압을 중부하시에는 높게,
경부하시에는 낮게 자동적으로 조정하여 정격전압으로 위치시
킨다.

19

계통연계기 방식 사용 시 전압변동이 작다.

계통연계기

계통연계기는 일종의 가변 임피던스 소자로서 계통에 직렬로 삽입하여 평상시에는 낮은 임피던스로 전류를 자유로이 통과시키고 사고 시에는 높은 임피던스로 단락전류를 억제시키는 방법으로 대용량 설비에 적용하며, 설치방법은 수전점, 급전 피더, 모선과 모선사이, 변압기 2차 등에 직결 설치방법이 있다.

계통연계기의 특징

- 단락사고 발생 시 단락전류를 억제시켜 계통의 단락전류를 억제한다.
- 설치된 차단기를 교체하지 않고 계통용량을 늘릴 수 있다.
- 정전범위가 축소되어 공급신뢰도가 향상된다.
- 전압변동이 거의 없다.
- 응답속도가 빠르다(0.5Hz이내에서 한류동작).
- 차단기가 고장전류 차단 후 연계기는 즉시 평상시 회로로 회복된다.

20

정답 ①

3상 차단기 용량 $P_s = \sqrt{3} \times (정격전압) \times (차단전류)$

$(차단전류) = \dfrac{P_s}{\sqrt{3} \times (정격전압)}$

$= \dfrac{250 \times 10^6}{\sqrt{3} \times 7.2 \times 10^3} = 20,047\text{A}$

21

정답 ②

전기자의 유도기전력 $E = \dfrac{pZ}{60a}\Phi n[\text{V}]$

- 자극수 $p = 10$
- 전기자 도체수 $Z = 600$
- 권선의 병렬회로 수 $a = 10$
  ($\because$ 중권의 병렬회로 수는 극수와 같다)
- 1극당 자속수 $\Phi = 0.01$
- 전기자의 회전속도 $n = 1,200$

$E = \dfrac{pZ}{60a}\Phi n = \dfrac{10 \times 600}{60 \times 10} \times 0.01 \times 1,200 = 120\text{V}$

22

정답 ②

주변속도 $v = \pi D \dfrac{N}{60}[\text{m/s}]$이다. 전기자 지름 $D = 0.2\text{m}$, 회전수 $N = 1,800\text{rpm}$을 대입하면 주변속도 $v = \pi \times 0.2\text{m} \times \dfrac{1,800\text{rpm}}{60}$

$= 3.14 \times 6 = 18.84\text{m/s}$임을 알 수 있다.

23

정답 ①

발전기 속도 $N = \dfrac{120f}{P}$에서 주파수 $f = \dfrac{N \times P}{120} = \dfrac{600 \times 10}{120} = 50\text{Hz}$이다.

24

정답 ③

단절권 계수 $K_S = \sin\dfrac{\beta\pi}{2}\left(\beta : \dfrac{권선피치}{자극피치}\right) = \sin\left(\dfrac{13}{15} \times \dfrac{\pi}{2}\right)$

$= \sin\dfrac{13}{30}\pi$

25

정답 ③

$\%Z = \dfrac{I_n Z}{E_n} \times 100 = \dfrac{PZ}{10V^2}$

(I_n : 정격전류, Z : 내부임피던스, P : 변압기용량, E_n : 상전압, 유기기전력, V : 선간전압 또는 단자전압)

26

정답 ③

V결선 시의 출력 $P = \sqrt{3}K$

$\triangle$결선 시의 출력 $3K = 3 \times \dfrac{P}{\sqrt{3}} = \sqrt{3}P$

27

정답 ③

소형은 5 ~ 10%의 슬립, 중대형은 2.5 ~ 5% 슬립을 사용한다.

28

정답 ②

유도 전동기 회전수가 $N = (1-s)N_s = (1-0.03) \times N_s = 1,164\text{rpm}$이면, 동기회전수 $N_s = \dfrac{1,164}{0.97} = 1,200\text{rpm}$이다. 따라서 동기회전수 $N_s = \dfrac{120f}{P} = \dfrac{120 \times 60}{P} = 1,200\text{rpm}$에서 극수를 구하면 $P = \dfrac{120 \times 60}{1,200} = 6$극이다.

29

정답 ②

$PIV = \sqrt{2}\,E$이므로,

$E = \dfrac{\pi}{\sqrt{2}}(E_d + v_a) = \dfrac{\pi}{2}(100+15) = 255.4\text{V}$

$\therefore \ PIV = \sqrt{2} \times 255.4 = 361.2\text{V}$

30

정답 ②

$\eta = \dfrac{\left(\dfrac{I_m}{\pi}\right)^2 \times R}{\left(\dfrac{I_m}{2}\right)^2 \times R} \times 100 = \dfrac{4}{\pi^2} \times 100 ≒ 40.6\%$

31

정답 ③

$P = VI\cos\theta = 90 \times 5 \times 0.6 = 270\text{W}$

32

정답 ①

최대 전력을 전달하기 위한 조건은 전원측의 내부 저항과 외부 저항이 같을 때이다.

$\therefore \ r = R$

33

정답 ④

△결선(상전압＝선전압)

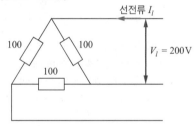

선전류 I_l

$V_l = 200\text{V}$

- 상전류 $I_p = \dfrac{V_p}{Z_p} = \dfrac{200}{100} = 2\text{A}$

- 선전류 $I_l = \sqrt{3}\,I_p[\text{A}] = 2\sqrt{3}\,[\text{A}]$

34

정답 ④

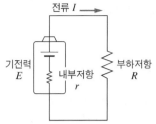

전류 I

기전력 E — 내부저항 r — 부하저항 R

- 직렬접속 시
  - 내부저항 $r_0 = n \times R = 15개 \times 0.2 = 3\Omega$
  - 기전력 $E_0 = n \times E = 15개 \times 1.5 = 22.5\text{V}$
  - 전류 $I_{직렬} = \dfrac{E}{r+R} = \dfrac{22.5}{3+3} = 3.75\text{A}$

- 병렬접속 시
  - 내부저항 $r_0 = \dfrac{R}{n} = \dfrac{0.2}{15개} ≒ 0.013\Omega$
  - 기전력 $E_0 = E = 1.5\text{V}$
  - 전류 $I_{병렬} = \dfrac{E}{r+R} = \dfrac{1.5}{0.013+3} = 0.4978 ≒ 0.5\text{A}$

35

정답 ②

코일의 자체 인덕턴스 $L = \dfrac{N\Phi}{I}$이므로

$L = \dfrac{200 \times 0.025}{5} = 1\text{H}$이다.

36

정답 ①

$e = V_m \sin\omega t$이고

정현파의 실횻값 $V = \dfrac{V_m}{\sqrt{2}}$이므로 $V_m = \sqrt{2}\,V$, $w = 2\pi f$이다.

따라서 전압의 순시값 $e = \sqrt{2}\,V\sin(2\pi f t) = \sqrt{2} \times 100 \times \sin(2\pi \times 60 \times t) ≒ 141.4\sin 377t$

37

정답 ②

공진 시 $\omega L = \dfrac{1}{\omega C}$

$\therefore \ C = \dfrac{1}{\omega^2 L} = \dfrac{1}{(2\pi f)^2 \times L}$

$= \dfrac{1}{4 \times 3.14^2 \times (710 \times 10^3)^2 \times 200 \times 10^{-6}} ≒ 250\text{PF}$

38

정답 ①

선전류 $I_P = \dfrac{V_P}{Z}$, $Z = \sqrt{6^2 + 8^2} = 10$

$I_P = \dfrac{220}{10} = 22\text{A}$

$I_l = \sqrt{3}\,I_P = \sqrt{3} \times 22 = 38\text{A}$

39

정답 ③

RLC 직렬회로

임피던스 $Z = R + j(X_L - X_C)[\Omega]$

$X_L = j\omega L = j(5,000 \times 32 \times 10^{-3}) = j160$

$X_C = \dfrac{1}{j\omega C} = \dfrac{1}{j(5,000 \times 5 \times 10^{-6})} = \dfrac{40}{j} = j40$

$Z = 90 + j(160 - 40) = 90 + j120\,\Omega$

∴ 리액턴스 $= 120\,\Omega$

40

정답 ②

• 직류전력 $P_{DC} = VI = 100 \times 40 = 4,000\text{W}$

• 교류 기본파의 전력 $P_1 = VI\cos\theta$

$= \left(\dfrac{80}{\sqrt{2}} \angle 0° \times \dfrac{30}{\sqrt{2}} \angle 60° \right) = \dfrac{2,400}{2} \angle 60°$

위상차 $60° = 1,200 \times \cos 60° \left(= \dfrac{1}{2} \right) = 600\text{W}$

• 교류 제7고조파의 전력 $P_7 = VI\cos\theta$

$= \left(\dfrac{40}{\sqrt{2}} \angle 60° \times \dfrac{10}{\sqrt{2}} \angle 60° \right) = \dfrac{400}{2} \angle 0°$

위상차 $0° = 200 \times \cos 0° (= 1) = 200\text{W}$

∴ 전력 $P = P_{DC} + P_1 + P_7 = 4,000 + 600 + 200$

$= 4,800\text{W}$

| 03 | 전자일반

01	02	03	04	05	06	07	08	09	10
①	④	④	⑤	①	③	④	③	③	④
11	12	13	14	15	16	17	18	19	20
⑤	①	⑤	①	④	③	②	⑤	④	④
21	22	23	24	25	26	27	28	29	30
⑤	③	③	①	③	①	①	③	③	③
31	32	33	34	35	36	37	38	39	40
④	①	①	③	⑤	④	①	③	④	②

01

정답 ①

유전체나 진공 중의 전속밀도(D)는 전하밀도(σ)와 같으므로 대전체의 전속은 같다. 전속은 매질에 관계없이 $Q[\text{C}]$로 일정하다.

02

정답 ④

$v = \dfrac{\omega}{\beta} = \dfrac{\omega}{\omega\sqrt{LC}} = \dfrac{1}{\sqrt{LC}} = \dfrac{1}{\sqrt{\varepsilon\mu}} = \dfrac{1}{\sqrt{\varepsilon_o \varepsilon_r \mu_o \mu_r}}$

$= \dfrac{1}{\sqrt{\varepsilon_o \mu_o}} = 3 \times 10^8 = c(\text{광속도})[\text{m/s}]$

따라서 $c = \dfrac{1}{\sqrt{\epsilon_o \mu_o}}$ 이므로 비투자율(μ_r)과 비유전율(ε_r)이 모두 1이 되어야 한다.

03

정답 ④

$E = 30\text{V/m}$의 평등전계 내에서 이동거리에 따른 전위차 $V_{AB} = 30 \times 0.9 = 27\text{V}$이다. 전하는 전계 방향으로 이동되었으므로 이동한 후의 전위 V_B는 이동하기 전의 전위 $V_A = 60\text{V}$보다 27V 낮아진다. 따라서 $V_{AB} = V_A - V_B \rightarrow V_B = V_A - V_{AB} = 60 - 27 = 33\text{V}$이다.

$V_A = 60$ _____ V_B

1C

$r = 90\text{cm}$

04

정답 ⑤

정사각형 한 변에서 중심($\dfrac{a}{2}[\text{m}]$ 떨어진 점)에 미치는 자계의 세기 (H_1)는 $H_1 = \dfrac{I}{4\pi\dfrac{a}{2}}(\sin\beta_1 + \sin\beta_2)$ 이고 여기서 $\beta_1 = \beta_2 = 45°$ 이다.

따라서 $H_1 = \dfrac{I}{4\pi\dfrac{a}{2}}(\sin45° + \sin45°) = \dfrac{I}{4\pi\dfrac{a}{2}} \times 2 \times \dfrac{1}{\sqrt{2}}$

$= \dfrac{I}{\sqrt{2}\,\pi a}$ [AT/m]이다. 정사각형 단일 코일의 중심에서 자계의 세기는 4개의 변이 있으므로 $H = 4H_1$이다.

따라서 $H = 4 \times \dfrac{I}{\sqrt{2}\,\pi a} = \dfrac{2\sqrt{2}\,I}{\pi a}$ AT/m이다.

05
정답 ①

전하(Q) 공식 $Q = CV$에서 전압(V)에 대한 식으로 바꾸면 $V = \dfrac{Q}{C}$이다. 따라서 $V = \dfrac{3 \times 10^{-3}}{20 \times 10^{-6}} = 150$V이다.

06
정답 ③

코일과 쇄교하는 자속수 $N\phi = LI$이고, 여기서 자기 인덕턴스 $L = \dfrac{N\phi}{I}$이므로 $L = \dfrac{4}{8} = 0.5$H이다. 따라서 코일에 축적되는 자기 에너지 $W = \dfrac{1}{2}LI^2$이므로 $W = \dfrac{1}{2} \times 0.5 \times 8^2 = 16$J이다.

07
정답 ④

$k = \dfrac{1}{\rho}$ [℧/m], $E = \dfrac{V}{l}$ [V/m], 전류밀도(i)는 $i = \dfrac{I}{S} = \dfrac{V}{RS}$이다. 전류밀도에 $R = \rho\dfrac{l}{S}$를 대입하면 $i = \dfrac{V}{RS} = \dfrac{V}{\rho\dfrac{l}{S} \times S} \rightarrow i = \dfrac{V}{\rho l}$이 된다. 고유저항 ρ은 도전율 k의 역수로 $\rho = \dfrac{1}{k}$과 전계의 세기 $E = \dfrac{V}{l}$를 대입하면 $i = \dfrac{V}{l/k} = k \times \dfrac{V}{l} = kE$[A/m²]이 된다.

08
정답 ③

기자력 $F = NI = R\phi = Hl$[AT]이다. 따라서 자속 $\phi = \dfrac{NI}{R} = \dfrac{\ni}{\dfrac{l}{\mu S}} = \dfrac{\mu SNI}{l}$[Wb]가 된다($R = \dfrac{l}{\mu S}$).

09
정답 ③

반사계수 $\rho = \dfrac{Z_L - Z_0}{Z_L + Z_0}$이므로 $\rho = \dfrac{4Z_0 - Z_0}{4Z_0 + Z_0} = \dfrac{3Z_0}{5Z_0} = \dfrac{3}{5} = 0.6$이다. 또한 정재파비 $S = \dfrac{1 + |\rho|}{1 - |\rho|} = \dfrac{1 + 0.6}{1 - 0.6} = \dfrac{1.6}{0.4} = 4$이다.

10
정답 ④

저역필터회로의 저항조건은 $R = \dfrac{1}{\omega C}$이므로 차단 주파수 $\omega = \dfrac{1}{RC}$[rad]에서 $CR = \dfrac{1}{\omega}$이 된다.

따라서 이득 $\dfrac{V_2}{V_1} = \dfrac{\dfrac{1}{SC}}{R + \dfrac{1}{SC}} = \dfrac{1}{SCR + 1}$이며,

이득에 $S = jw$를 대입하면 $\dfrac{V_2}{V_1} = \dfrac{1}{1 + j\omega \times \dfrac{1}{\omega}} = \dfrac{1}{|1 + j|}$

$= \dfrac{1}{\sqrt{1^2 + 1^2}} = \dfrac{1}{\sqrt{2}}$이다.

11
정답 ⑤

R - C 직렬회로에 직류전압 15V를 인가하고 $t = 0$에서 스위치를 켰을 때 커패시터 C에 충전된 전하 $q = CE(1 - e^{-\frac{1}{CR}t})$[C]이고, 커패시터 양단에 걸리는 전압 $V_c = \dfrac{q}{C} = \dfrac{CE}{C}(1 - e^{-\frac{1}{CR}t}) = E(1 - e^{-\frac{1}{CR}t})$[V]이다. 따라서 커패시터 양단에 걸리는 전압 $V_c = 15(1 - e^{-\frac{t}{2 \times 0.5}}) = 15(1 - e^{-t})$[V]이다.

12
정답 ①

π형 4단자 망에서 4단자 정수 $\begin{vmatrix} A & B \\ C & D \end{vmatrix} = \begin{vmatrix} 1 & 0 \\ \dfrac{1}{5} & 1 \end{vmatrix}\begin{vmatrix} 1 & 10 \\ 0 & 1 \end{vmatrix}\begin{vmatrix} 1 & 0 \\ \dfrac{1}{5} & 1 \end{vmatrix} = $

$\begin{vmatrix} 1 & 10 \\ \dfrac{1}{5} & 3 \end{vmatrix}\begin{vmatrix} 1 & 0 \\ \dfrac{1}{5} & 1 \end{vmatrix} = \begin{vmatrix} 1 + \dfrac{10}{5} & 10 \\ \dfrac{1}{5} + \dfrac{3}{5} & 3 \end{vmatrix} = \begin{vmatrix} 3 & 10 \\ \dfrac{4}{5} & 3 \end{vmatrix}$이 된다. 따라서 임피던 스 파라미터는 역방향이므로 $Z_{21} = \dfrac{1}{C} = \dfrac{1}{\dfrac{4}{5}} = \dfrac{5}{4}$가 된다.

13

전류비(N)를 이용하여 Neper단위와 국제표준단위인 [dB] 단위의 식은 다음과 같다.

• Neper단위

$$: N = \ln\frac{I_1}{I_2} = \log_e\frac{I_1}{I_2} = \frac{1}{\log_e}\log\frac{I_1}{I_2} = 2.3026\log\frac{I_1}{I_2}$$

• [dB] 단위 : $N' = 20\log\frac{I_1}{I_2}$

따라서 1dB을 Neper단위로 환산하면 다음과 같다.

$$\frac{N}{N'} = \frac{\ln_e\frac{I_1}{I_2}}{20\log_{10}\frac{I_1}{I_2}} = \frac{2.3026\log_{10}\frac{I_1}{I_2}}{20\log_{10}\frac{I_1}{I_2}} = \frac{2.3026}{20}$$

$$\fallingdotseq 0.115\text{Nep/dB}$$

14

정답 ①

피상전력 $P_a = \frac{P}{\cos\theta} = \frac{60}{0.6} = 100\text{kVar}$이고, 역률 $\cos\theta = \frac{(유효전력)}{(피상전력)}$

$= \frac{P}{P_a} = 0.6$, 무효율 $\sin\theta = \frac{(무효전력)}{(피상전력)} = \frac{P_r}{P_a} = \sqrt{1-\cos^2\theta} =$

$\sqrt{1-(0.6)^2} = 0.8$이다. 따라서 무효전력 $P_r = P_a\sin\theta = 100 \times$

$0.8 = 80\text{kVar}$이다.

15

정답 ④

공진곡선에서 선택도 $Q_o = \frac{(공진주파수)}{(대역폭)} = \frac{f_o}{B} = \frac{f_o}{f_H-f_L}$ 이다.

따라서 $Q_o = \frac{20}{10.1-9.9} = \frac{20}{0.2} = 100$이 된다.

16

정답 ③

과도현상은 $t=0$인 시간을 기준으로 $t=0$에서 어떤 상태의 변화가 일어난 후에 정상적인 현상이 발생하기 전에 나타나는 전압, 전류 등의 여러 가지 과도기적 현상을 뜻한다. 이러한 과도현상은 시정수(시상수, i)가 클수록 오래 지속되며, 시정수는 특성근의 절댓값의 역수(e^{-1}이 되는 t의 값)이다.

R-L 직렬회로의 전류 $i(t) = \frac{E}{R}(1-e^{-\frac{R}{L}t})[\text{A}]$이며, 시정수 $\tau =$

$\frac{L}{R}[\text{sec}]$이다. 따라서 $\frac{L}{R}$ 초 후의 전류 $i(t) = \frac{E}{R}(1-e^{-\frac{R}{L} \times \frac{L}{R}}) =$

$\frac{110}{5}(1-e^{-1}) = 22(1-\frac{1}{e}) = 22(1-\frac{1}{2.718}) = 22(1-0.368)$

$= 22 \times 0.632 = 13.904\text{A}$가 된다.

17

정답 ②

A급 증폭은 동작점에 대응하는 평균 전압·전류가 B급 증폭과 C급 증폭에 비해 크기 때문에 전력의 효율은 낮다.

18

정답 ⑤

터널 다이오드는 불순물 농도를 증가시킨 반도체로서 PN 접합을 만들면 공핍층이 아주 얇게 되어 터널 효과가 발생하고, 갑자기 전류가 많이 흐르게 되며, 순방향 바이어스 상태에서 부성 저항 특성이 나타난다.

오답분석

① 제너 다이오드 : 제너 항복을 응용한 정전압 소자로, 정전압 다이오드와 전압 표준 다이오드의 두 종류가 있다.
② 발광 다이오드 : 전류를 빛으로 변환시키는 반도체 소자로, LED(Light Emitting Diode)라고도 한다.
③ 포토 다이오드 : 반도체 다이오드의 일종으로 광다이오드라고도 하며, 빛에너지를 전기에너지로 변환한다.
④ 쇼트키 다이오드 : 금속과 반도체의 접촉면에 생기는 장벽의 정류 작용을 이용한 다이오드이다.

19

정답 ④

안티몬(Sb)은 N형 반도체의 불순물이며 이외에 As(비소), P(인), Bi(비스무트)가 있다.

오답분석

P형 반도체에 들어가는 3가 원소는 인듐(In), 알루미늄(Al), 갈륨(Ga), 붕소(B)이다.

20

정답 ④

바리스터(Varistor)란 인가전압에 크기에 따라 저항이 민감하게 변하는 비선형 저항소자이다. 또한 바리스터는 전압이 높아지면 저항이 감소하여 과잉전류를 흡수하는 것으로 전압 제한 회로, 트랜지스터 보호, 과전압 방지에 사용한다.

21

정답 ⑤

실리콘 제어 정류소자(Silicon Controlled Rectifier)의 게이트는 P형 반도체에 단자를 연결하여 전류가 흐르도록 한다. SCR은 사이리스터(Thyristor)라고 일반적으로 불리며, 무접점 스위치로 작동하고, 소전력용부터 대전력용까지 각종 제어 정류소자로 쓰인다.

22
정답 ③

초전도 현상은 어떤 물질을 특정 임계 온도 이하로 냉각시켰을 때 저항이 0이 되고 내부 자기장을 밀쳐내는 현상이다. 초전도체의 임계 자기장은 온도가 높아질수록 낮아지고, 모든 초전도체는 외부 자기장이 없거나 외부 자기장의 세기가 특정한 값 미만일 때 낮은 전류에 대하여 전기저항이 0이 되는 현상을 보인다.

23
정답 ④

게르마늄(Ge)인 진성반도체가 전자가 전도대의 바닥상태일 때의 불순물 농도 $N_v = 1$이다. 전자 확률 공식에 대입하여 구하면 다음과 같다(n_i는 자유전자, K는 볼츠만상수, T는 절대온도이다).

$$n_i = N_v e^{-\frac{E_g}{2KT}} = 1 \times e^{-\frac{0.67 \times 1.602 \times 10^{-19}}{2 \times 1.38 \times 10^{-23} \times 300}} = e^{-\frac{1.07334 \times 10^4}{828}}$$

$$\fallingdotseq e^{-13} \fallingdotseq 2.3 \times 10^{-6}$$

24
정답 ③

금속 표면에서 전자를 튀어나오게 하는 필요한 일의 양을 일함수(E_w)라고 하며, 일함수는 표면전위 장벽에서 페르미 준위를 빼준 값으로 나타낸다. 따라서 이 금속의 일함수는 $E_w = E_B - E_f = 17.69 - 6.45 = 11.24 \text{eV}$이다.

25
정답 ①

태양전지는 광기전력 효과를 이용한 광전지로 빛에너지를 전기로 변환시킨다.

오답분석

광도전 효과를 이용한 도전체는 광도전 셀(화재경보기, 자동점멸장치 등), 광다이오드, Cds도전셀이 있다.

26
정답 ③

부울 대수에 따라 제시된 논리식을 간소화하면

$Z = ABC + A\overline{B}C + AB\overline{C} + A\overline{B}\,\overline{C} + \overline{ABC}$

$\quad = AB(C + \overline{C}) + A\overline{B}(C + \overline{C}) + \overline{ABC}$

$\quad = AB + A\overline{B} + \overline{ABC}$

$\quad = A(B + \overline{B}) + \overline{ABC}$

$\quad = A + \overline{ABC}$

$\quad = A + \overline{BC}$

따라서 논리식 $Z = A + \overline{BC}$로 간소화된다.

27
정답 ①

오답분석

② 간접번지 : 대상 데이터의 기억 장소를 직접 지정하지 않고, 이 어드레스를 저장하고 있는 기억 장소의 어드레스를 지정하는 것이다.

③ 절대번지 : 주 메모리에는 미리 번지가 고정적으로 매겨져 있는데, 이것을 절대번지라고 한다.

④ 상대번지 : 절대번지에 대해서 별도로 지정한 번지를 기준으로 하여 상대적으로 나타낸 번지를 말한다.

⑤ 참조번지 : 임시적 상태 번지를 최종적 절대 번지로 변환시키는 데 사용되는 번지이다.

28
정답 ①

N 주소 명령어 형식은 명령 내에 N개의 주소를 나타낼 수 있는 형식이다. 프로그램 내장형 컴퓨터의 경우 N은 3보다 작으며, 대부분 컴퓨터의 경우 N은 2 이하인데, 누산기를 1개 가지고 있는 컴퓨터에서는 N이 1, 스택을 사용하는 컴퓨터에서는 N이 0인 명령 형식을 사용한다. 따라서 스택(Stack)이 반드시 필요한 명령문 형식은 0 – 주소 형식이다.

스택(Stack)

컴퓨터에서 사용되는 기본 데이터 구조 중 하나이며, 추상 데이터형이다.

29
정답 ③

오답분석

① BCD 코드 : 숫자, 영문자, 특수 기호를 나타내기 위한 6비트로 이루어지는 코드. 오류 검사용의 1비트가 부가되어, 전체로서는 7비트로 구성된다.

② EBCDIC 코드 : 8비트의 조합에서 1자를 표현하는 부호체계로, 이 8비트를 1바이트라 하며, 1바이트로 영문자(A ~ Z), 숫자(0 ~ 9), 특수기호 등 256종의 문자를 표현할 수 있다.

④ 유니코드 : 세계 모든 나라의 언어를 통일된 방법으로 표현할 수 있게 제안된 국제적인 코드 규약이다.

⑤ 확장 유닉스 코드 : 1985년 일본어 유닉스 시스템 자문 위원회의 제안에 따라 AT&T가 정한 복수 바이트의 문자를 취급할 수 있는 문자 코드 방식이다.

30
정답 ③

n비트의 저장공간이 부호화된 2의 보수에서 표현할 수 있는 범위는 $-2^{n-1} \sim (2^{n-1}-1)$을 통해 계산할 수 있다. 따라서 8비트로 표현할 수 있는 수의 표현 범위는 $-2^7 \sim (2^7-1) \rightarrow -128 \sim 127$이다.

31 정답 ④

객체지향프로그래밍은 객체라는 작은 단위로 모든 처리를 기술하는 프로그래밍 방법이다. 이러한 객체지향프로그래밍 언어로는 C++, C#, JAVA, PYTHON, RUBY, PERL, ASP 등을 볼 수 있다. FORTRAN은 프로그램을 작성할 때 실행 순서를 지정하게 되는 프로그램 작성 언어인 절차지향프로그래밍 언어로, 절차지향프로그래밍 언어로는 C언어, PASCAL, COBOL, FORTRAN, ALGOL, PL/1 등이 있다.

32 정답 ①

오답분석

② 명령 해독기(Instruction Decoder) : 명령어 레지스터에 입력되는 신호의 조합(1과 0)에 의해 어떤 명령인가를 해독하는 회로이며, 중앙 처리 장치 내부의 중요 회로이다.
③ 제어 장치(Control Unit) : 데이터 처리 시스템에서 하나 이상의 주변장치를 제어하는 기능 단위로 기억장치에 축적되어 있는 일련의 프로그램 명령을 순차적으로 꺼내 이것을 분석·해독하여 각 장치에 필요한 지령 신호를 주고, 장치간의 정보 조작을 제어하는 구실을 한다.
④ 인코더(Encoder) : 디지털 전자회로에서 어떤 부호계열의 신호를 다른 부호계열의 신호로 바꾸는 변환기이다.
⑤ 멀티플렉서(Multiplexer) : 최선의 유효이용을 꾀하기 위하여 각 통신로(채널)의 필요 성분을 재배치하는 장치이며, 다중화 장치라 총칭된다.

33 정답 ①

컴퓨터의 중앙처리장치에서 더하기, 빼기, 곱하기, 나누기 등의 연산을 한 결과 등을 일시적으로 저장해 두는 레지스터를 누산기라고 한다.

오답분석

② 가산기에 대한 설명이다.
③ 미분기에 대한 설명이다.
④ 부호기에 대한 설명이다.
⑤ 보수기에 대한 설명이다.

34 정답 ③

Perl(Practical Extraction and Report Language)은 텍스트를 스캐닝하고, 형식화된 보고서를 프린트한다. 또한 중첩된 데이터 구조와 객체 지향의 기능을 지원함으로써, 자료를 추출하고 그에 의거한 보고서를 작성하는 데 적합한 프로그래밍 언어로 볼 수 있다.

오답분석

① C언어 : 운영 체제나 언어 처리계 등의 시스템 기술에 적합한 프로그래밍 언어이다.
② Java : C/C++에 비해 간략하고 쉬우며 네트워크 기능의 구현이 용이하기 때문에, 인터넷 환경에서 가장 활발히 사용되는 프로그래밍 언어이다.
④ HTML : 인터넷 서비스의 하나인 월드 와이드 웹을 통해 볼 수 있는 문서를 만들 때 사용하는 웹 언어의 한 종류이다.
⑤ PHP : 하이퍼텍스트 생성 언어(HTML)에 포함되어 동작하는 스크립팅 언어이다.

35 정답 ③

주기억장치는 처리속도가 빠르기는 하지만, 대부분 전원이 끊어지면 저장된 자료가 소멸되고 가격이 비싸 다량의 자료를 영구적으로 보관할 수가 없다. 그러나 보조기억장치는 속도가 상대적으로 느리기는 하지만, 다량의 자료를 영구적으로 저장할 수 있는 특징이 있다.

36 정답 ④

전파 삼각파의 최댓값 전류는 I_m, 실효값 전류는 $\dfrac{I_m}{\sqrt{3}}$, 평균값 전류는 $\dfrac{I_m}{2}$ 이다. 또한 파고율은 실효값 대비 최댓값 비율로 $\dfrac{I_m}{\dfrac{I_m}{2}} = \sqrt{3}$ 이다.

37 정답 ①

내부 임피던스를 갖는 전압원들이 병렬로 접속된 때에는 그 병렬 접속점에서 나타나는 합성 전압은 개개의 전원이 단락된 경우의 전류 대수합을 개개의 전원의 내부 어드미턴스 대수합으로 나눈 것과 같다는 밀만의 정리를 이용한다. 정전압원이 단락되었을 때 a, b단자에 걸리는 전압 $V_1 = I \times \dfrac{4 \times 6}{4+6} = 12 \times 2.4 = 28.8\text{V}$이다. 또한 정전류원이 개방되었을 때 a, b단자에 걸리는 전압 $V_2 = I \times R = \dfrac{20}{4+6} \times 6 = 12\text{V}$이다. 따라서 정전압원이 단락되고 정전류원이 개방되었을 때 a, b단자에 나타나는 전압 $V_{ab} = V_1 + V_2 = 28.8 + 12 = 40.8\text{V}$이다.

38

정답 ③

실효치는 $\dfrac{(최댓값)}{\sqrt{2}} = \dfrac{220\sqrt{2}}{\sqrt{2}} = 220\text{V}$이며, 전기각속도는 $\omega = 2\pi f = 140\pi$이므로 $f = 70\text{Hz}$이다.

39

정답 ④

회로에서 유도 리액턴스는 $X_L = 10\Omega$, 용량 리액턴스는 $X_C = 4\Omega$이며, 직렬 연결 합성저항 $R = 6+2 = 8\Omega$이다.

따라서 합성 임피던스 $Z = \sqrt{R^2 + (X_L - X_C)^2}$ 이므로 해당되는 수치를 대입하면

$Z = \sqrt{R^2 + (X_L - X_C)^2} = \sqrt{(6+2)^2 + (10-4)^2}$
$= \sqrt{8^2 + 6^2} = \sqrt{100} = 10\Omega$이다.

40

정답 ②

상호 인덕턴스 $M = K\sqrt{L_1 L_2}$ 에 자체 인덕턴스와 결합계수를 대입하면 $M = K\sqrt{L_1 L_2} = 0.7\sqrt{40 \times 10} = 0.7\sqrt{400} = 14\text{H}$가 된다.

| 04 | 통신일반

01	02	03	04	05	06	07	08	09	10
④	②	④	④	⑤	④	①	①	①	④
11	12	13	14	15	16	17	18	19	20
②	①	③	①	①	③	①	①	④	①
21	22	23	24	25	26	27	28	29	30
②	④	④	①	①	①	④	④	③	③
31	32	33	34	35	36	37	38	39	40
③	③	③	②	③	②	①	④	④	①

01

정답 ④

위성 통신은 Point-to-Point 방식만이 가능하므로 다양한 네트워크를 구성할 수 없다.

02

정답 ②

DSU(Digital Service Unit)는 디지털 전송 회선에 설치되어 디지털 신호를 전송되기 적합한 형태로 바꾸어준다.

오답분석

① 리피터(Repeater) : 통신 시스템의 중간에서 약해진 신호를 받아 증폭하여 재송신하거나 찌그러진 신호의 파형을 정형하는 중계 장치

③ 통신 제어 장치 : 컴퓨터 시스템과 모뎀 사이에 설치되어 컴퓨터와 데이터 통신망 사이에 데이터를 전송할 수 있는 통로를 만드는 장치

④ 변복조기 : 데이터 통신을 위해 컴퓨터나 단말기 등의 통신 기기를 통신 회선에 접속시키는 장치

⑤ 라우터(Router) : 서로 다른 네트워크를 연결해주는 장치

03

정답 ④

원신호가 1kHz일 때 초당 8개(8개/sec)의 샘플을 얻으려면 8kHz가 되어야 한다.

04

정답 ④

아날로그 전이중 통신 방식에서는 FDM을 사용하므로 2개의 송수신 채널의 주파수가 같으면 반이중 모드로 동작된다.

05

정답 ⑤

데이터 전송률=초당 전송되는 데이터의 비트수
data rate=64×8bit=512bps

06 정답 ④

다중화 장비의 입력측의 전송 속도의 합은 전송 선로측의 전송 속도와 같다.

07 정답 ①

산란광의 세기는 λ^4에 반비례한다.

08 정답 ①

비동기식 데이터 전송에서는 패리티 비트를 포함한 전체 데이터의 1의 개수가 짝수가 되도록 짝수 패리티 비트의 값을 선정한다.

09 정답 ①

인코딩 기법의 평가 요소
1. 신호의 스펙트럼
2. 신호의 동기화 능력
3. 에러 검출 능력
4. 신호 간 간섭도
5. 잡음에 대한 면역성

10 정답 ④

HDLC의 특성
1. 고속의 전송에 적합한 비트 전송을 기본으로 한다.
2. 컴퓨터 네트워크에도 적합하다.
3. 전송 효율이 높다.
4. 부호에 대한 독립성이 있다.
5. 단말 장치는 고가이다.

11 정답 ②

QPSK, QAM의 전송 대역폭, B_T

$$B_T \fallingdotseq \frac{r_b}{\log_2 4} = \frac{r_b}{2}$$

12 정답 ①

신호 세력이 적을 때 양자화 오차와 신호 세력은 거의 비슷하게 되어 S/N비가 적어지며, 신호 세력이 클 때 양자화 오차는 상대적으로 신호 세력에 비해 월등히 작아 S/N비는 증가하게 된다. 즉, 신호 세력이 적을 때 불리한 입장이 된다.

13 정답 ③

전화의 경우 표본화는 1초에 8,000회로서 1표본 펄스는 7 또는 8비트로 부호화되므로 $7 \times 8,000 = 56\text{kb/s}$ 또는 $8 \times 8,000 = 64\text{kb/s}$로 전송된다.

14 정답 ①

$$\lambda = \frac{1}{4} \times \frac{c}{f}$$
$$= \frac{1}{4} \times \frac{3 \times 10^8}{50 \times 10^6} = 1.5\text{m}$$

15 정답 ①

델린저 현상은 주간의 구역에 한하여 발생하며 저위도 지방에서 발생하며, 돌발적으로 발생하여 10분 혹은 수십분 계속된다. 일반적으로 델린저 현상을 가장 강하게 하는 주파수대는 단파이다. 즉 델린저 현상은 주파수가 낮은 저단파대에서 영향이 심하다.

16 정답 ③

$P = I^2 \cdot R_a[\text{W}]$에서
$$R_a = \frac{P}{I^2} = \frac{300}{5^2} = 12\Omega$$

17 정답 ①

TWTA(Travelling Wave Tube Amplifier)는 3~15[GHz]대의 마이크로파를 증폭하는 진행파관으로 위성 중계기의 대전력 증폭기(HPA)로 많이 사용된다.

18 정답 ①

위성 통신은 전송 지연이 발생한다.

19 정답 ④

휩 안테나는 자동차, 항공기 및 모터 보드 등에 이용되는 안테나이다. 일반적으로 반사기를 사용하여 단일 지향성을 얻을 수 있는 안테나가 휩 안테나이다.

20 정답 ①

전파고도계란 전파를 사용하여 고도를 측정하는 계기로, 항공기에서 대지를 향하여 발사한 전파가 지표면으로 되돌아오는 지연시간을 측정한다.

21
정답 ②

중간주파수를 증폭할수록 원 주파수와의 분리 특성이 증가되므로 선택도가 높아진다.

22
정답 ④

AM과 FM 모두 중간 주파수를 사용하는 슈퍼 헤테로다인 방식을 사용하므로 중간 주파수를 발생시키는 국부 발진 회로를 공통으로 사용한다.

23
정답 ④

FM 수신기의 저주파 출력단에서는 반송파 입력이 없거나 약할 때에 일반적으로 큰 잡음이 나타난다. 이러한 잡음을 제거하기 위하여 수신 입력 전압이 어느 정도 이하일 때 저주파 증폭기의 동작을 자동적으로 정지시키는 스켈치 회로를 사용한다.

24
정답 ①

웨이브 트랩(Wave Trap)은 특정 주파수의 혼신을 제거하기 위하여 공중선에 직렬 또는 병렬로 접속하는 공진 회로이다.

25
정답 ①

공중선 능률 $(\eta) = \dfrac{1}{1 + (R_L / R_r)} \times 100\%$

(단, R_L : 손실저항, R_r : 안테나의 반사저항)

$\therefore \eta = \dfrac{1}{1 + (50/250)} \times 100 = 83.3\%$

26
정답 ①

전력 스펙트럼 밀도를 낮게 해서 전송하기 때문에 간섭이나 페이딩 등에 매우 강하다.

27
정답 ④

지구국에서는 파라볼라나 카세그레인 안테나를 사용하지만 반사형 광학 망원경의 원리를 이용한 것은 카세그레인 안테나이다.

28
정답 ④

$G = 20 \log_{10} \dfrac{V_o}{V_i} \mathrm{dB}$

$\therefore G = 20 \log_{10} \dfrac{1}{10 \times 10^{-3}} = 20 \log_{10}{}^2 = 40 \mathrm{db}$

29
정답 ③

리플 함유율을 감소하는 방법으로 브리지(Bridge)정류를 이용하며 필터 콘덴서의 용량을 크게 하는 것이 바람직하다.

30
정답 ③

반도체는 자체의 온도가 증가하면 자유 전자가 많이 발생되므로 캐리어의 농도가 높아져서 저항률은 감소한다.

> **반도체의 성질**
> 1. 대부분의 금속은 열을 가하면 저항이 증가하나, 반도체는 저항이 감소된다.
> 2. 순도가 높은 규소(Si)는 거의 부도체에 가까우나 규소 결정에 비소(As)나 인듐(In) 등의 물질을 불순물로 소량 넣으면 전기가 잘 통하는 반도체가 된다.
> 3. 반도체 결정에 빛을 비추면 저항이 감소한다.

31
정답 ③

FET의 게이트 내의 공간 전하층은 게이트 역전압의 크기에 따라서 폭이 넓어지거나 좁아지게 되는데 완전히 막혀서 차단되는 경우의 게이트 전압을 핀치 오프 전압이라고 한다.

32
정답 ③

드레인 전류 $I_D = I_{DSS} \left(1 - \dfrac{V_{GS}}{V_P} \right)^2$

$= 15 \times \left(1 - \dfrac{4}{2} \right)^2 = 15 \mathrm{mA}$

33
정답 ③

반전 연산 증폭기의 출력 전압

$V_o = -\dfrac{R_f}{R_i} V_s = -\dfrac{300}{15} \times 0.5 = -10 \mathrm{V}$

34
정답 ②

수정 발진기는 높은 주파수를 얻기가 곤란하지만 발진 주파수가 안정한 특징을 지닌다. 일반적으로 수정 발진기는 수정편의 압전 현상에 의해서 발진이 일어난다.

35
정답 ③

트리거가 없을 경우 안정 상태로 돌아가는 것은 단안정 멀티바이브레이터 회로의 특성에 해당된다.

36
정답 ②

PN 접합 다이오드 내에서 전위 장벽(Potential Barrier, 전기 2중층 또는 천이 영역)은 정공과 전자가 그 이상 서로 반대쪽으로 흘러나가는 것을 방해한다.

37
정답 ①

온오프(on-off) 제어는 제어 동작이 목표값에서 어느 이상 벗어나면 미리 정해진 일정한 조작량이 제어 대상에 가해지는 단속적인 제어 동작으로 불연속 동작에 해당되며 동작 신호가 연속일지라도 조작량이 단계적인 값으로 변화하는 on-off 동작이다.

38
정답 ④

파형을 정형하는 회로의 한 형태인 클램프(Clamp)회로는 파형을 재생하거나 레벨 변동을 하는 회로이다. 클램핑 회로는 입력 파형에 (+) 또는 (−)의 직류 전압을 가해 입력 파형의 기준 레벨을 변화시키는 회로이므로 클램핑 레벨은 일정하다.

39
정답 ④

컨덴서 입력형 필터는 초크 결합형의 컨덴서 필터이므로 비교적 맥동률이 낮고 대용량의 컨덴서의 사용으로 높은 전압의 출력을 낼 수 있다.

40
정답 ①

1. 분배 잡음 : 주파수에 비례
2. 플리커 잡음 : 신호 주파수에 반비례

| 05 | 건축일반

01	02	03	04	05	06	07	08	09	10
②	③	④	①	②	①	①	①	①	③
11	12	13	14	15	16	17	18	19	20
③	③	③	②	②	④	③	③	③	②
21	22	23	24	25	26	27	28	29	30
③	②	③	④	③	①	④	②	③	①
31	32	33	34	35	36	37	38	39	40
①	④	①	⑤	①	④	①	④	③	①

01
정답 ②

동일 재료의 차음성능과 흡음성능은 비례하지 않는다.

02
정답 ③

전압이 0.9배 감소하였을 때, 전력은 9^2배로 감소한다.
즉, 500W×0.81=405W

03
정답 ④

전화설비는 약전설비이다.

04
정답 ①

수변전실의 위치는 가능한 최하층을 피하며, 침수 및 누수로 인한 사고에 대비해야 한다.

05
정답 ②

수용률은 최대수용전력과 부하설비용량의 비로 표현된다.

06
정답 ①

옥내조명의 설계는 소요조도계산 → 조명방식, 광원의 선정 → 조명기구의 선정 → 조명기구의 배치 결정 순으로 진행된다.

07
정답 ①

$$평균조도 = \frac{(3,300lm \times 20개) \times 0.5 \times 0.76}{50m^2}$$
$$= 501.6 ≒ 500lx$$

08 정답 ①

조도는 거리의 제곱에 반비례하므로, 거리가 2배 멀어지면 1/4배 작아진다.

즉, $200lx \times 1/4 = 50lx$

09 정답 ①

수관식 보일러는 하부의 물드럼과 상부의 기수드럼을 연결하는 수관을 연소실 주위에 배치한 보일러이다.

10 정답 ③

$$\frac{5,000kg/h \times 4.2kJ/kg \cdot K \times (70-10)℃}{3,600} = 350kW$$

※ $5m^3 = 5,000kg$

11 정답 ③

휴식각을 고려할 경우, 터파기 경사각도는 흙의 휴식각(자연상태의 최대경사각)의 2배 정도로 한다.

12 정답 ③

재래식 현장타설콘크리트말뚝의 분류

컴프레솔파일 (Compressol Pile)	원뿔형 추를 낙하시켜 지반에 구멍을 뚫고, 그 구멍에 콘크리트를 타설하면서 추로 다짐하여 시공하는 공법이다.
심플렉스파일 (Simplex Pile)	선시공한 중공형 강관 내부에 콘크리트를 타설하고 무거운 추로 다져가며 강관을 뽑아내는 공법이다.
페데스탈파일 (Pedestal Pile)	내관과 외관으로 구성된 이중강관을 선시공한 후 강관 내부에 콘크리트를 타설하고 내관으로 다짐하며 외관을 뽑아내는 공법이다.
레이먼드파일 (Raymond Pile)	심대를 넣은 외관을 선시공한 후 강관 내부에 콘크리트를 타설하고 외관을 지중에 남겨둔 채 심대로 다지는 공법이다.
프랭키파일 (Franky Pile)	심대 끝에 주철제 원추형의 마개가 달린 외관을 선시공한 후 내부의 마개를 제거하고 콘크리트를 타설하고 추로 다지는 공법이다.

13 정답 ③

슬리브압착이음은 원형의 슬리브 내에 이형철근을 삽입하고 상온에서 압착가공하여 접합하는 방식이다.

14 정답 ②

$$\frac{3,600 \times 3.5kW}{4.2kJ/kg \cdot K \times (90-85)℃} = 600kg/h$$

15 정답 ②

②는 전수방식에 속한다.

16 정답 ④

측압은 물 – 시멘트비가 작을수록 작다.

17 정답 ③

[압축강도(MPa)]=[최대하중(N)]÷[$\pi \times$ {공시체의 지름(mm)^2} ÷ 4]

$200,000N ÷ (\pi \times 100 \times 100 ÷ 4) ≒ 25.464N/mm^2$

∴ $25.464N/mm^2 = 25.46MPa$

18 정답 ③

AE 콘크리트의 공기량 표준값은 굵은골재 최대치수가 20mm이고 보통 노출(간혹 수분과 접촉하여 결빙이 되면서 제빙화학제를 사용하지 않는 경우)인 경우 5.0%이다.

19 정답 ③

단일덕트 방식은 각 실이나 존의 부하변동에 즉시 대응할 수 없다.

20 정답 ②

고강도 콘크리트에서 단위수량은 $180kg/m^3$ 이하로 최소화한다.

단위시멘트량	소요 워커빌리티 내에서 최소화한다.
단위수량	$180kg/m^3$ 이하로 최소화한다.
물 – 결합재비	50% 이하로 한다.
슬럼프치	150mm(유동화콘크리트 : 210mm) 이하로 한다.
잔골재율	소요 워커빌리티 내에서 최소화한다.
공기연행제	기상의 변화가 심하거나 동결융해에 대한 대책이 필요한 경우에만 사용한다.

21 정답 ③

매스 콘크리트로 다루어야 하는 구조물의 치수는 평판구조의 경우 두께 0.8m 이상, 하단이 구속된 벽조의 경우 두께 0.5m 이상으로 한다.

22 정답 ②

타일의 흡수율은 도기>석기>자기 순서이다.

도기질 타일	석기질 타일	자기질 타일	클링커 타일
18% 이하	5% 이하	3% 이하	8% 이하

23 정답 ③

망입유리는 금속망이 삽입된 안전유리로, 방화·방재, 도난방지용 및 진동이 심한 장소에 사용된다.

24 정답 ④

④는 단일덕트 방식에 대한 설명이며, 2중덕트 방식은 각 실의 혼합상자에서 공기를 혼합하는 방식이다.

25 정답 ③

표준관입시험은 지반의 지지력이나 지층의 분포 상태 및 지질을 파악하기 위한 조사 방법으로, 사질토에 대한 정확도가 높아 모래의 밀도나 전단력을 측정하는 데 적합하다.

오답분석

① 보링(Boring) : 지중의 토질 분포, 토층의 구성, 지하수의 수위 등을 알아보기 위하여 기계를 이용해 지중에 구멍을 뚫고 그 안에 있는 토사를 채취하여 조사하는 방법
② 베인시험(Vane Test) : 점토의 비배수 전단 강도를 측정하기 위해 실시하는 시험
④ 재하시험(Load Test) : 지반에 정적인 하중을 가하여 지반의 지지력과 안정성을 살피기 위한 시험
⑤ 콘관입시험(Cone Penetration Test) : 원뿔형 콘이 땅속을 뚫고 들어갈 때 생기는 저항력으로 지반의 단단함과 다짐 정도를 조사하는 시험

26 정답 ①

갱폼은 주로 고층 아파트와 같이 평면상 상·하부가 동일한 단면 구조물에서 외부 벽체 거푸집과 발판용 케이지를 일체로 제작하는 대형 거푸집이다. 이때, 케이지(Cage)는 갱폼에서 외부 벽체 거푸집을 제외한 부분으로, 거푸집의 설치 및 해체, 후속 미장 및 견출 등의 작업을 안전하게 수행할 수 있도록 설치한 작업 발판이다.

오답분석

② 슬라이딩 폼(Sliding Porm) : 단면의 변화가 없는 구조물을 수직으로 이동하면서 콘크리트를 타설하는 연속 거푸집
③ 동바리(Floor Post) : 타설된 콘크리트의 하중을 고정하기 위해 설치하는 가설 부재
④ 스틸 폼(Steel Form) : 강판이나 형강 등을 조합하여 만든 콘크리트 거푸집
⑤ 슬립 폼(Slip Form) : 단면의 변화가 있는 구조물을 수직으로 이동하면서 콘크리트를 타설하는 연속 거푸집

27 정답 ④

플라스티시티(성형성)는 거푸집 등의 형상에 순응하여 채우기 쉽고, 재료분리가 일어나지 않는 성질을 말한다.

28 정답 ②

부순굵은골재의 실적률은 55% 이상이다.

29 정답 ③

오답분석

①·⑤ 팬코일유닛은 전수방식이다.
② 수 – 공기방식은 각 실의 온도제어가 용이하다.
④ 팬의 소요동력이 크다.

30 정답 ①

고속덕트는 마찰저항을 줄이기 위해 주로 원형덕트를 사용한다.

31 정답 ①

강구조(철골구조)는 콘크리트구조물에 비해 처짐 및 진동 등의 사용성 측면에서 불리하다.

32 정답 ④

잔류응력은 외력을 제거한 후에도 내부에 존재하는 응력을 말하며, 소성설계에 적용되지는 않는다.

철골구조의 소성설계법

개요	강재의 단면이 항복하면서 발생한 소성힌지로 인해 붕괴기구에 이를 때의 하중을 산출하여 설계하는 경제적인 설계법이다.
주요 용어	소성모멘트, 항복모멘트, 형상계수, 하중계수, 소성힌지, 종국하중(붕괴하중), 붕괴기구 등

33 정답 ①

완전용입된 맞댄용접(그루브용접)의 유효목두께는 접합판 중 얇은 쪽 판두께로 한다.

34 정답 ⑤

- 모살치수 8mm, 용접길이 80mm, 2면에 용접한다.
- 유효목두께 : $8mm \times 0.7 = 5.6mm$
- 유효길이 : $80mm - 8mm \times 2 = 64mm$
- 유효면적 : $64mm \times 5.6mm \times 2 = 716.8mm^2$

35

정답 ①

- A : 루트간격
- B : 루트면
- C : 덧용접(덤용접, 여분)
- D : 개선각
- E : 목두께

36

정답 ④

냉각과정에서 건구온도는 낮아지며, 포화수증기량의 감소에 따라 상대습도는 높아진다.

37

정답 ①

불쾌지수의 결정요소는 기온과 습도이다.

38

정답 ④

- 현열부하(kJ/h)＝질량×비열×온도의 차이
- $400 \text{kg} \times 4.2 \text{kJ/kg} \cdot \text{K} \times (50-0)℃ \times \dfrac{60}{30} = 168,000 \text{kJ/h}$

39

정답 ③

- 환기량 : $400 \text{m}^3 \times 0.5$회/h＝$200 \text{m}^3$/h
- 현열부하(kJ/h)＝밀도×환기량×비열×온도의 차이
- $1.2 \text{kg/m}^3 \times 200 \text{m}^3/\text{h} \times 1.01 \text{kJ/kg} \cdot \text{K} \times (20-0)℃$
  ＝$4,848 \text{kJ/h}$
- 1W＝3.6kJ/h이므로, 4,848kJ/h≒1,347W

40

정답 ①

방위별 조닝은 외부존의 조닝 방법이다.

공기조화 조닝의 종류

외부존	방위별, 층별 조닝
내부존	용도에 따른 시간별, 관리별, 부하 특성별, 온습도 설정별, 현열비별, 부하변동별, 외기의 비율별, 용량별, 소음별, 취기별, 배기별, 공기의 청정도별, 생산 제품의 종류별 조닝

| 06 | 토목일반

01	02	03	04	05	06	07	08	09	10
③	⑤	③	③	④	②	④	②	③	①
11	12	13	14	15	16	17	18	19	20
①	③	④	⑤	③	④	④	②	③	③
21	22	23	24	25	26	27	28	29	30
④	③	④	④	①	⑤	③	④	②	④
31	32	33	34	35	36	37	38	39	40
②	⑤	④	②	③	④	②	④	②	④

01

정답 ③

균일한 평야지역의 작은 유역에 발생한 강우량 산정은 산술평균법 사용이 적절하다.

02

정답 ⑤

- 레이놀즈 수 $Re = \dfrac{VD}{\nu}$

$$Re = \dfrac{(\dfrac{4 \times 0.03}{0.15^2 \times \pi}) \times 0.15}{1.35 \times 10^{-4}} ≒ 1,886.28$$

- 레이놀즈 수 비교
  $Re < 2,000$: 층류
  $Re > 2,000$: 난류
∴ 층류

03

정답 ③

속도 $V = \dfrac{Q}{A} = \dfrac{12(m^3/\text{sec})}{1m \times 4m} = 3\text{m/sec}$

후르드수(Froude number) $Fr = \dfrac{V}{\sqrt{gh}} = \dfrac{3.0}{\sqrt{9.8 \times 4}} ≒ 0.4,792$

Fr＝0.479 < 1.0이므로 상류이다.

04

정답 ③

오답분석

① 오수관로는 계획시간 최대오수량을 기준으로 한다.
② 내부검사 및 보수가 곤란하므로 가급적 역사이펀을 피하는 것이 좋다.
④ 오수관로와 우수관로가 교차하여 역사이펀을 피할 수 없는 경우는 오수관로를 역사이펀으로 한다.
⑤ 우수관로는 계획우수량을 기준으로 계획한다.

05 정답 ④

오존처리에서 오존살균은 염소살균에 비해 잔류성이 약하다.

06 정답 ②

KDS 61 45 00(펌프장시설 설계 기준)

표면부하율은 오수침사지의 경우 $1,800 \, \mathrm{m^3/m^2 \cdot d}$ 정도로 하고, 우수침사지의 경우 $3,600 \, \mathrm{m^3/m^2 \cdot d}$ 정도로 한다. 따라서 ②는 옳지 않은 설명이다.

07 정답 ④

정수지의 바닥은 저수위보다 15cm 이상 낮게 설치해야 하므로 ④는 옳지 않은 설명이다.

08 정답 ②

BOD농도(C_m)

$$C_m = \frac{(C_1 \times Q_1) + (C_2 \times Q_2)}{Q_1 + Q_2}$$

$$= \frac{(2 \times 100,000) + (1,000 \times 100)}{100,000 + 1,000} \fallingdotseq 2.97 \mathrm{mg/L}$$

09 정답 ③

사질토의 경우 진동 롤러(Vibratory Roller)로, 점성토의 경우 탬핑 롤러(Tamping Roller), 양족롤러(Sheeps Foot Roller)로 다지는 것이 유리하다.

10 정답 ①

점토지반에서의 최대접지압은 기초 모서리 부분에서 발생하므로 ①이 적절하다.

11 정답 ①

베인전단 시험에 의한 전단강도(c_u)

$$S = c_u = \frac{T}{\pi \cdot D^2 \cdot \left(\dfrac{H}{2} + \dfrac{D}{6}\right)}$$

$$= \frac{5,900}{\pi \times 5^2 \times \left(\dfrac{10}{2} + \dfrac{5}{6}\right)} \fallingdotseq 12.88 \mathrm{N/cm^2}$$

12 정답 ③

토질조사에서 심도가 깊어지면 Rod의 변형에 의한 타격에너지의 손실과 마찰로 인해 N치가 크게 나오므로 로드(Rod)길이에 대한 수정을 하게 된다.

13 정답 ③

흙의 투수계수에 영향을 미치지 않는 것은 활성도, 흙의 비중이다.

투수계수는 $K = D_s^2 \cdot \dfrac{\gamma_w}{\eta} \cdot \dfrac{e^3}{1+e} \cdot C$와 같이 나타낼 수 있으며, 계산식에서 각 요소들은 다음을 나타낸다.

D_s : 흙입자의 입경(보통 D_{10})

γ_w : 물의 단위중량($\mathrm{g/cm^3}$)

η : 물의 점성계수($\mathrm{g/cm \cdot sec}$)

e : 공극비

C : 합성형상계수(Composite Shape Factor)

K : 투수계수($\mathrm{cm/sec}$)

흙의 투수계수에서 나타나는 특징
- 흙입자의 크기가 클수록 투수계수가 증가한다.
- 물의 밀도와 농도가 클수록 투수계수가 증가한다.
- 물의 점성계수가 클수록 투수계수가 감소한다.
- 온도가 높을수록 물의 점성계수가 감소하여 투수계수는 증가한다.
- 간극비가 클수록 투수계수가 증가한다.
- 지반의 포화도가 클수록 투수계수가 증가한다.
- 점토의 구조에 있어서 면모구조가 이산구조(분산구조)보다 투수계수가 크다.
- 점토는 입자에 붙어 있는 이온농도와 흡착수 층의 두께에 영향을 받는다.
- 흙 입자의 비중은 투수계수와 관계가 없다.

14 정답 ⑤

강도 설계로 전단과 휨만을 받는 부재를 설계할 때 공칭 전단 강도는 $V_c = \dfrac{1}{6} \sqrt{f_{ck}} \cdot b_w \cdot d$이다.

15 정답 ③

$$n = \frac{E_s}{E_c} = \frac{2 \times 10^5}{8,500 \sqrt[3]{f_{ck}}} = \frac{2 \times 10^5}{8,500 \sqrt[3]{23+4}} = \frac{2 \times 10^5}{2.55 \times 10^4}$$

$$\fallingdotseq 7.84$$

$$\fallingdotseq 8$$

16 정답 ④

전단철근의 설계기준 항복강도는 500MPa을 초과할 수 없다.

17 정답 ③

콘크리트 지압력의 강도감소계수 $\phi = 0.65$이다.

18
정답 ②

②는 장기처짐에 대한 설명이다.

19
정답 ③

$\sum M_B = 0$, $R_A \times l - \left(\frac{1}{2} lq \right) \times \frac{1}{3} l = 0 \rightarrow R_A = \frac{1}{6} ql$

$V_x = 0$, $\frac{ql}{6} - \frac{1}{2} x \cdot \frac{x}{l} q = 0 \rightarrow x = \frac{l}{\sqrt{3}}$

20
정답 ③

세장비 $\lambda = \dfrac{l_k}{r_{\min}}$

$r_{\min} = \sqrt{\dfrac{I_{\min}}{A}} = \sqrt{\dfrac{1,600}{100}} = 4\text{cm}$

$\therefore \lambda = \dfrac{400}{4} = 100$

21
정답 ④

$I = \dfrac{bh^3}{12}$ 또는 $\dfrac{hb^3}{12}$

22
정답 ③

전단응력은 보의 복부에서 가장 크며, 구형단면의 경우 최대전단 응력이 평균전단응력보다 $\frac{3}{2}$ 배 더 크다.

23
정답 ④

일단고정 일단힌지의 경우의 좌굴하중(P_{cr})

$P_{cr} = \dfrac{\pi^2 EI}{(KL)^2} = \dfrac{\pi^2 \times 20,000 \times \left(\dfrac{150 \times 350^3}{12} \right)}{(0.7 \times 5000)^2}$

$\qquad = 8,635,903,851\text{N} = 863.590\text{kN}$

24
정답 ④

Hooke의 법칙

$\sigma = E\varepsilon$ 에서

$E = \dfrac{\sigma}{\varepsilon} = \dfrac{2,400}{1.143 \times 10^{-3}} \fallingdotseq 2.1 \times 10^6 \,\text{kg}_f/\text{cm}^2$

25
정답 ①

$P_L = 8 \times \dfrac{3}{4} + 2 \times \dfrac{3}{8} = 6.75\text{t}$

26
정답 ⑤

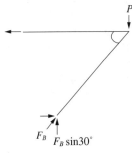

$\sum F_y = 0$, $P - F_B \sin30° = 0$

$F_B = \dfrac{P}{\sin30°} = \dfrac{P}{\cos60°}$

27
정답 ③

전시와 후시의 거리를 같게 하면 시준축오차, 구차와 기차, 초점나사로 인해 생기는 오차를 제거할 수 있다.

28
정답 ④

제1측선의 배횡거는 제1측선의 경거이므로 $(\overline{\text{AB}}$측선의 배횡거$)$ $=81.57\text{m}$이다. 임의 측선의 배횡거는 '(전 측선의 배횡거)+(전 측선의 경거)+(그 측선의 경거)'이므로 $(\overline{\text{BC}}$측선의 배횡거$)=$ $81.57+81.57+18.78=181.92\text{m}$이다.

29
정답 ②

측량의 정도 ≤ 허용정도 : 평면측량
측량의 정도 > 허용정도 : 측지측량(=대지측량)

30
정답 ④

$1 : 10^5 = \dfrac{D^2}{2R} : D$에서

$D = \dfrac{2R}{10^5} \fallingdotseq 127\text{m}$

31
정답 ②

토적곡선은 굴착 공사 현장에서 흙 쌓기와 땅깎기의 양을 조절하기 위하여 기록하는 곡선이며, 곡토량을 누적한 것으로 경제적인 노선을 만들기 위함이다.
토적곡선을 작성하는 목적으로는 토량 배분, 토량의 운반거리 산출, 토공기계 선정, 토량과 건축물의 중량 산정을 위한 시공방법 결정이 있다.

토적곡선(Mass Curve)을 작성하는 목적
• 토량 배분
• 평균운반거리 산출
• 토공기계 선정
• 운반토량 산출
• 시공방법 결정(작업환경 결정)

32
정답 ⑤

$\ell = \sqrt{100} = 10$이다.

이때 면적의 정밀도 $\dfrac{dA}{A}$는 거리정밀도 $\dfrac{d\ell}{\ell}$의 2배이므로 $d\ell$은 다음과 같다.

$$\dfrac{dA}{A} = 2\left(\dfrac{d\ell}{\ell}\right) \rightarrow \dfrac{0.2}{100} = 2\left(\dfrac{d\ell}{10}\right)$$

$\therefore\ d\ell = 0.01$

33
정답 ④

지하수 투수계수의 영향인자로는 토양의 평균입경, 지하수의 단위중량, 지하수의 점성계수, 지하수의 온도 등이 있다. ④는 지하수의 투수계수에 영향을 주는 인자로는 거리가 멀다.

34
정답 ②

유출계수 $C = 0.8$, 강우강도 $I = 80$, 유역면적 $A = 4$이므로 홍수량 Q는 다음과 같다.

$Q = \dfrac{1}{3.6} CIA = \dfrac{1}{3.6} \times 0.8 \times 80 \times 4 = 71.1\text{m}^3/\text{s}$이다.

35
정답 ③

$Re = \dfrac{VD}{\nu} = \dfrac{(관성력)}{(점성력)}$에서 난류는 $Re > 4,000$일 때이므로 관성력의 점성력에 대한 비율은 난류일수록 큰 것을 의미하며, 층류의 경우보다 크다. 따라서 ③은 옳은 설명이다.

36
정답 ③

물의 단위중량 $w = 9.8\text{kN/m}^3$이며, [정체압력(P)] = (정압력) + (동압력)이므로 $P = wh + \dfrac{wv^2}{2g}$이다. 이에 대입하면,

$$P = (9.8 \times 3) + \left(\dfrac{9.8 \times 3^2}{2 \times 9.8}\right) = 33.9\text{kN/m}^2$$

따라서 정체압력은 33.90kN/m^2이다.

37
정답 ②

유의파고란 특정시간 주기 내에서 일어나는 모든 파고 중 큰 순서부터 $\dfrac{1}{3}$안에 드는 파고의 평균 높이이다.

따라서 자료의 유의파고 $H_{1/3} = \dfrac{9.5 + 8.9 + 7.4}{3} = 8.6\text{m}$이다.

38
정답 ④

유기물 농도값은 일반적으로 TOD > COD > BOD > TOC이다.

39
정답 ②

가장 일반적인 장방형 침사지의 표면부하율은 $200 \sim 500\text{mm/min}$을 표준으로 한다.

40
정답 ④

정수지의 바닥은 저수위보다 15cm 이상 낮게 설치해야 하므로 ④는 옳지 않은 설명이다.